MARTIN FORD

AUFSTIEG DER ROBOTER

Wie unsere Arbeitswelt gerade auf den Kopf gestellt wird – und wie wir darauf reagieren müssen

PLASSEN
VERLAG

Die Originalausgabe erschien unter dem Titel
Rise of the Robots: technology and the threat of a jobless future
ISBN 978-0-465-05999-7

Copyright der Originalausgabe 2015:
© 2015 by Martin Ford. Published by Basic Books, a member of the Perseus
Books Group. All rights reserved.

Copyright der deutschen Ausgabe 2016:
© Börsenmedien AG, Kulmbach

Übersetzung: Matthias Schulz
Gestaltung Cover: Johanna Wack
Gestaltung, Satz und Herstellung: Martina Köhler
Lektorat: Karla Seedorf
Druck: CPI – Ebner & Spiegel, Ulm

ISBN 978-3-86470-352-2

Bibliografische Information der Deutschen Nationalbibliothek:
Die Deutsche Nationalbibliothek verzeichnet diese Publikation in der
Deutschen Nationalbibliografie; detaillierte bibliografische Daten
sind im Internet über <http://dnb.d-nb.de> abrufbar.

BÖRSEN MEDIEN
AKTIENGESELLSCHAFT

Postfach 1449 · 95305 Kulmbach
Tel: +49 9221 9051-0 · Fax: +49 9221 9051-4444
E-Mail: buecher@boersenmedien.de
www.plassen.de
www.facebook.com/plassenverlag

Für Tristan, Colin,
Elaine und Xiaoxiao

INHALT

EINLEITUNG

Irgendwann während der 1960er-Jahre. Der Ökonom und Nobelpreisträger Milton Friedman war als Berater eines asiatischen Entwicklungslands tätig. Man führte ihn zu einem groß angelegten öffentlichen Bauprojekt, wo er zu seiner Überraschung Scharen von Bauarbeitern sah, die mit Schaufeln bewehrt ihrer Arbeit nachgingen. An Planierraupen, Zugmaschinen oder anderer schwerer Erdbau-Maschinerie dagegen war nur wenig zu sehen. Auf Friedmans verwunderte Nachfrage erwiderte der zuständige Beamte, das Projekt diene der Arbeitsbeschaffung. Friedmans bissige Antwort wurde legendär: „Warum geben Sie den Männern dann statt Schaufeln nicht Löffel?"

Friedmans Äußerung steht sinnbildlich für die Skepsis – und oftmals auch für den nackten Spott –, mit der Ökonomen auf Ängste reagieren, Maschinen könnten Arbeitsplätze vernichten und Langzeitarbeitslosigkeit schaffen. Historisch betrachtet scheint diese Skepsis angebracht. In den Vereinigten Staaten hat technischer Fortschritt unserer Gesellschaft beständig zu mehr Wohlstand verholfen, insbesondere während des 20. Jahrhunderts. Natürlich gab es unterwegs immer wieder einmal Rückschläge bis hin zu schweren Störungen. Die Mechanisierung der Landwirtschaft vernichtete Millionen Arbeitsplätze, scharenweise strömten daraufhin Landarbeiter auf der Suche nach Fabrikarbeit in die Städte. Später verdrängten die Automatisierung und die Globalisierung Arbeiter aus der verarbeitenden Industrie und trieben sie in neue Anstellungen im Dienstleistungssektor. Während der Übergangsphasen war kurzzeitige Arbeitslosigkeit immer wieder ein Problem, aber die Zustände wurden nie systemisch oder dauerhaft. Neue Arbeitsplätze entstanden und vertriebenen Arbeitern eröffneten sich neue Möglichkeiten.

Das Besondere daran: Diese neuen Jobs waren oftmals besser als die vorherigen Beschäftigungen. Die Ansprüche waren höher, ebenso die Gehälter. Das galt ganz besonders für die zweieinhalb Jahrzehnte nach dem Zweiten Weltkrieg. Für Amerikas Wirtschaft war es ein Goldenes Zeitalter, charakterisiert durch eine scheinbar perfekte Symbiose aus schnellem technischem Fortschritt und Wohlergehen der amerikanischen Arbeitnehmer. Die in der Herstellung eingesetzten Maschinen wurden besser, gleichzeitig stieg die Produktivität der Arbeiter an, die diese Maschinen bedienten. Dadurch wurden sie wertvoller und konnten höhere Gehälter verlangen. In den Jahren nach dem Krieg sorgte der technische Fortschritt dafür, dass Geld direkt in die Taschen des durchschnittlichen Arbeiters floss, sein Gehalt stieg im selben Tempo an wie die Produktivität. Die Arbeiter wiederum gingen los und gaben ihr ständig ansteigendes Einkommen wieder aus, was die Nachfrage nach den von ihnen produzierten Produkten und Dienstleistungen beflügelte.

Diese Aufwärtsspirale trieb die US-Wirtschaft voran, zugleich erlebte der Berufsstand der Wirtschaftswissenschaften seine eigene Goldene Ära. Es war die Phase, in der Größen wie Paul Samuelson daran arbeiteten, die Ökonomie in eine Wissenschaft mit einer starken mathematischen Grundlage zu verwandeln. Mit der Zeit wurde die Wirtschaftswissenschaft zu einem Fach, in dem fast nur noch ausgeklügelte quantitative und statistische Techniken dominierten. Die Ökonomen begannen, komplexe mathematische Modelle zu entwickeln, die bis heute die intellektuelle Basis des Felds bilden. Während die Ökonomen der Nachkriegsjahre ihrer Arbeit nachgingen, war es für sie nur natürlich, sich die blühende Wirtschaft um sich herum anzusehen und daraus abzuleiten, sie hätten den Normalzustand vor sich. So sollte eine Volkswirtschaft doch funktionieren und so würde sie immer funktionieren, oder?

In seinem Buch „Kollaps: Warum Gesellschaften überleben oder untergehen" von 2005 erzählt Jared Diamond die Geschichte der Landwirtschaft in Australien. Als die Europäer im 19. Jahrhundert Australien besiedelten, fanden sie eine vergleichsweise üppige und grüne Landschaft vor. Ähnlich wie die amerikanischen Ökonomen der 1950er-Jahre gingen die Siedler davon aus, dass das, was sie da sahen, der Normalzustand sei. Dieser Zustand würde sich niemals ändern, glaubten sie, und investierten massiv in den Ausbau von Höfen und Farmen, denn das Land schien doch fruchtbar.

Ein, zwei Jahrzehnte später holte die Realität sie ein. Die Bauern mussten feststellen, dass das Klima in Wahrheit deutlich trockener war, als sie ursprünglich angenommen hatten. Sie hatten schlichtweg das Glück (oder doch das Pech?) gehabt, während einer „Goldlöckchen-Phase" des Klimas einzutreffen, so nennt man eine seltene Phase, in der die Rahmenbedingungen für die Landwirtschaft alle gerade perfekt sind. Bis heute kann man in Australien die Überreste dieser unseligen frühen Investitionen entdecken – verlassene Farmhäuser inmitten einer wüstengleichen Landschaft.

Es gibt gute Gründe zu der Annahme, dass auch Amerikas wirtschaftliche „Goldlöckchen-Phase" vorüber ist. Die symbiotische Beziehung zwischen verbesserter Produktivität und steigenden Gehältern zerfällt seit den 1970er-Jahren. Inflationsbereinigt verdiente 2013 ein typischer Arbeitnehmer aus der Produktion oder auf einem Posten ohne Vorgesetztenaufgaben durchschnittlich etwa 13 Prozent weniger als 1973. Im selben Zeitraum legte die Produktivität um 107 Prozent zu und die Kosten großer Posten wie Wohnen, Bildung und Gesundheit explodierten.[1] Am 2. Januar 2010 meldete die *Washington Post*, im ersten Jahrzehnt des 21. Jahrhunderts seien unter dem Strich keine neuen Arbeitsplätze entstanden.[2] Null. So etwas hatte es seit der Weltwirtschaftskrise während keines Jahrzehnts mehr gegeben. Tatsächlich war die Zahl der verfügbaren Jobs in keinem Jahrzehnt nach dem Zweiten Weltkrieg nicht um mindestens 20 Prozent gewachsen. Sogar während der 1970er-Jahre – ein Jahrzehnt, das mit Stagflation und Energiekrise assoziiert wird – nahm die Zahl der Arbeitsplätze noch um 27 Prozent zu.[3] Das verlorene Jahrzehnt der 2000er ist umso erstaunlicher, wenn man bedenkt, dass die US-Wirtschaft jedes Jahr rund eine Million Arbeitsplätze schaffen muss, nur um mit dem Wachstum der arbeitsfähigen Bevölkerung Schritt zu halten. Anders gesagt: In den ersten zehn Jahren des Jahrhunderts hätten rund zehn Millionen neue Arbeitsplätze entstehen sollen, aber sie tauchten niemals auf.

Die Schieflage bei den Gehältern ist seitdem auf ein Niveau geklettert, wie man es seit 1929 nicht beobachtet hat. Eines ist klar: Schlug sich die Produktivitätssteigerung in den 1950er-Jahren noch direkt in den Lohntüten der Arbeiter nieder, so werden diese Zugewinne inzwischen nahezu vollständig von den Firmeneigentümern und Investoren eingestrichen. Der Anteil des Volkseinkommens, der nicht ans Kapital, sondern an die Arbeiter geht, ist dramatisch gefallen und befindet sich augenscheinlich in einem anhaltenden Sturzflug. Unsere „Goldlöckchen-Phase" hat ihr Ende erreicht und die amerikanische Wirtschaft tritt in eine neue Ära ein.

Diese Ära wird definiert werden von einer grundlegenden Veränderung im Verhältnis zwischen Arbeiter und Maschine. Diese Veränderung wird letztlich dazu führen, dass wir eine unserer fundamentalsten Annahmen zur Technologie hinterfragen müssen – die Annahme nämlich, dass Maschinen Geräte sind, die dazu dienen, die Produktivität der Arbeiter zu steigern. Stattdessen werden sich die Maschinen selbst in Arbeiter verwandeln. Die Grenzen zwischen den Möglichkeiten von Arbeitswelt und Kapital werden stärker denn je verschwimmen.

Angetrieben wird dieser Fortschritt natürlich von der nicht erlahmenden Innovation im Bereich der Computertechnologie. Das Mooresche Gesetz ist den meisten Menschen inzwischen vertraut: Es besagt, dass sich die Rechenleistung etwa alle 18 bis 24 Monate verdoppelt. Was dieser außergewöhnliche, exponentielle Fortschritt allerdings bedeutet, ist nicht allen vollständig bewusst.

Stellen Sie sich vor, Sie steigen in Ihr Auto und fahren mit acht Kilometer pro Stunde (km/h) los. Nach einer Minute verdoppelt sich Ihr Tempo, jetzt fahren Sie 16 km/h. Nach einer weiteren Minute verdoppelt sich Ihr Tempo wieder und so weiter. Das wirklich Erstaunliche daran ist nicht nur die Verdopplung an sich, sondern welchen Weg Sie nach einer Weile zurückgelegt haben werden. In der ersten Minute legen Sie ungefähr 135 Meter zurück, in der dritten Minute, bei 32 km/h, sind es bereits 536 Meter. In der fünften Minute rasen Sie mit 128 Stundenkilometern dahin und legen dabei über 1,5 Kilometer zurück. Für die sechste Minute benötigen Sie vermutlich ein schnelleres Auto – und eine Rennstrecke. Jetzt überlegen Sie, wie schnell Sie wären – und welche Strecke Sie in dieser finalen Minute zurücklegen würden –, wenn Sie Ihre Geschwindigkeit 27-mal verdoppeln würden. Etwa so häufig hat sich die Rechenleistung seit 1958 verdoppelt, also seit der Erfindung des integrierten Schaltkreises. Dass jetzt eine Revolution im Gange ist, liegt nicht nur an der Beschleunigung selbst, sondern auch daran, dass die Beschleunigung schon so lange im Gange ist, dass der mit jedem verstreichenden Jahr zu erwartende Fortschritt einfach atemberaubend ist.

Übrigens: Ihr Auto würde nach 27 Verdopplungen 1,07 Milliarden km/h schnell sein. Allein in dieser finalen Minute würden Sie mehr als 17,5 Millionen Kilometer zurücklegen. Fünf Minuten bei diesem Tempo und Sie wären beim Mars. Und das ist, kurz gesagt, der heutige Stand der Informationstechnologie im Vergleich zu Ende der 1950er-Jahre, als die ersten primitiven Schaltkreise ihren Dienst aufnahmen.

Ich habe über 25 Jahre in der Software-Entwicklung gearbeitet und konnte sozusagen aus der allerersten Reihe beobachten, wie diese außergewöhnliche Beschleunigung der Rechenleistung vonstattenging. Gleichzeitig habe ich aus nächster Nähe gesehen, welch enorme Entwicklung das Softwaredesign durchlaufen hat und wie sich die Werkzeuge verändert haben, dank denen die Programmierer produktiver geworden sind. Als Eigentümer eines kleinen Unternehmens konnte ich zudem beobachten, wie die Technologie die Art und Weise beeinflusste, wie ich mein Unternehmen führe – und wie dramatisch die Notwendigkeit gesunken ist, für viele der Routineaufgaben, die immer im Mittelpunkt einer jeden Geschäftsaktivität standen, Mitarbeiter einzustellen.

Als 2008 die globale Finanzkrise ausbrach, begann ich, ernsthaft darüber nachzudenken, welche Folgen diese beständige Verdopplung der Rechenleistung hat. Wie groß, fragte ich mich, ist die Wahrscheinlichkeit, dass diese Entwicklung in den kommenden Jahren und Jahrzehnten den Arbeitsmarkt und die Wirtschaft insgesamt grundlegend umwälzt? Das Ergebnis war mein erstes Buch „The Lights in the Tunnel: Automation, Accelerating Technology and the Economy of the Future", erschienen 2009.

Obwohl ich ein Buch darüber geschrieben hatte, wie wichtig die Beschleunigung der technischen Entwicklung ist, unterschätzte ich doch, wie schnell sich die Dinge tatsächlich weiterentwickeln würden. So schrieb ich darüber, dass Autohersteller an Notbremsassistenten arbeiten würden, die helfen sollten, Unfälle zu vermeiden. Ich schrieb, dass „im Laufe der Zeit" aus diesen Systemen Technologie entstehen könnte, die imstande ist, das Auto eigenständig zu fahren. Tja, wie sich herausgestellt hat, war „im Laufe der Zeit" keine sonderlich lange Spanne. Kaum ein Jahr nach Veröffentlichung des Buches stellte Google ein vollständig automatisiertes Auto vor, das im normalen Straßenverkehr unterwegs sein kann. Inzwischen haben drei amerikanische Bundesstaaten (Nevada, Kalifornien und Florida) Gesetze verabschiedet, die es selbstfahrenden Fahrzeugen zumindest eingeschränkt erlauben, am Straßenverkehr teilzunehmen.

Ich schrieb auch über die Fortschritte im Bereich der Künstlichen Intelligenz. Die zum damaligen Zeitpunkt wohl beeindruckendste Demonstration dessen, was Künstliche Intelligenz zu leisten imstande ist, war wohl die Geschichte von Deep Blue. Dieser von IBM entwickelte Rechner besiegte 1997 den Schach-Weltmeister Garry Kasparow. Auch hier wurde ich kalt erwischt, als IBM Watson vorstellte, den Nachfolger von Deep Blue. Dieser Rechner stellte sich einer deutlich komplizierteren Herausforderung, nämlich der Quizshow „Jeopardy!". Schach ist ein Spiel mit genau definierten Regeln, bei so etwas sollte man von einem Computer erwarten, dass er darin sehr gut ist. „Jeopardy!" dagegen ist etwas völlig Anderes – ein Spiel, das auf dem nahezu unbegrenzten Wissensschatz der Menschheit basiert und ein hohes Maß an Sprachverständnis erfordert wie auch die Fähigkeit, Witze und Wortspiele zu begreifen. Dass Watson bei „Jeopardy!" so erfolgreich war, ist nicht nur beeindruckend, sondern auch in hohem Maße praxistauglich. Kein Wunder, dass IBM dabei ist, Watson für eine gewichtige Rolle in Bereichen wie Medizin und Kundendienst vorzubereiten.

Man kann mit einiger Gewissheit davon ausgehen, dass wir alle davon überrascht sein werden, welche Fortschritte in den kommenden Jahren und Jahrzehnten erzielt werden. Und diese Überraschungen werden sich nicht nur auf die technischen Neuerungen selbst erstrecken – die Folgen, die der rascher voranschreitende Fortschritt auf den Arbeitsmarkt und die Gesamtwirtschaft haben wird, dürfte viele der bislang gültigen Annahmen zum Verhältnis zwischen Technologie und Ökonomie auf den Kopf stellen.

Eine These, die gewiss ins Wanken geraten dürfte: Die Automatisierung stellt in erster Linie eine Bedrohung für wenig gebildete und niedrig qualifizierte Arbeitskräfte dar. Dahinter steht die Überlegung, dass derartige Jobs meistens Routinearbeiten sind, die sich ständig wiederholen. Aber bevor Sie jetzt zustimmend nicken, sollten Sie sich noch einmal in Erinnerung rufen, wie rasch sich die Grenzen verschieben. Früher einmal hätte vermutlich zu den „Routinejobs" das Stehen am Fließband gehört. Die heutigen Realitäten dagegen sehen völlig anders aus. Natürlich werden auch weiterhin Berufsbilder mit geringen Qualifikationen betroffen sein, aber viele studierte Angestellte werden feststellen, dass auch ihre Arbeitsplätze auf die Abschussliste geraten, wenn die Fähigkeiten von Softwareautomatisierung und Prognosealgorithmen weiter so rasant zunehmen.

Vielleicht ist „Routine" kein guter Begriff, um die Art von Job zu beschreiben, die durch technologische Neuerungen bedroht wird. Treffender wäre vermutlich der Begriff „berechenbar". Könnte eine Person, wenn sie ausführliche Unterlagen über all Ihre bisherigen Aktivitäten studierte, Ihren Job übernehmen? Wenn eine Person alle Aufgaben wiederholte, die Sie bereits abgeschlossen haben (so, wie Studierende sich mit Praxistests auf eine Prüfung vorbereiten), könnte diese Person dann gute Arbeit leisten? Falls ja, ist die Wahrscheinlichkeit groß, dass ein Algorithmus eines Tages lernen könnte, einen Großteil Ihrer Arbeit zu übernehmen, wenn nicht gar alles. Das gilt umso mehr, wenn sich das „Big Data-Phänomen" in diesem Maße weiterentwickelt. Firmen und Organisationen sind derzeit dabei, unvorstellbare Mengen an Informationen zu praktisch jedem Aspekt ihrer Aktivitäten zu sammeln. In diesen Daten werden zahlreiche Berufe und Aufgaben enthalten sein. Eines Tages wird ein kluger, lernfähiger Algorithmus des Wegs kommen und sich selbst schulen, indem er die Daten gründlich studiert, die ihm seine menschlichen Vorgänger hinterlassen haben.

Letzten Endes wird man sich auch nicht wirksam vor einer Automatisierung schützen können, indem man sich mehr Bildung und mehr Fähigkeiten aneignet. Nehmen Sie als ein Beispiel Radiologen. Diese Ärzte sind darauf spezialisiert, beispielsweise Röntgenbilder oder

Aufnahmen einer Magnetresonanztomografie (MRT) zu interpretieren und auszuwerten. Radiologen benötigen ein unglaublich hohes Maß an Ausbildung und lernen normalerweise nach Verlassen der Highschool noch mindestens 13 Jahre weiter. Doch heutzutage werden Computer immer besser darin, Bilder zu analysieren. Es ist absolut vorstellbar, dass in nicht allzu ferner Zukunft Radiologie eine Aufgabe ist, die praktisch exklusiv von Maschinen durchgeführt wird.

Allgemein lässt sich sagen, dass Computer sehr gut darin werden, sich Fähigkeiten anzueignen. Das gilt insbesondere dann, wenn eine große Menge an Übungsdaten zur Verfügung steht. Vor allem Einstiegsjobs dürften stark betroffen sein. Genau genommen spricht einiges dafür, dass dies bereits der Fall ist. Die Gehälter für Arbeitskräfte, die frisch von der Hochschule kommen, sind im Verlauf des vergangenen Jahrzehnts zurückgegangen, und bis zu 50 Prozent der Absolventen waren gezwungen, Stellen anzutreten, für die kein Hochschulabschluss benötigt wird. Wie ich in diesem Buch zeigen werde, haben sich die Chancen vieler gut ausgebildeter Fachkräfte – darunter Anwälte, Journalisten, Wissenschaftler und Apotheker – am Arbeitsmarkt bereits deutlich eingetrübt. Das ist die Folge der Neuerungen in der Informationstechnologie. Und diese Berufe stehen keineswegs allein da – bis zu einem gewissen Grad sind die allermeisten Jobs Routineangelegenheiten und berechenbar. Nur vergleichsweise wenig Menschen verdienen ihr Geld vor allem damit, wirklich kreative Arbeit zu leisten.

Wenn Maschinen diese berechenbaren Routineaufgaben übernehmen, stehen die Arbeiter bei dem Versuch, sich an den Wandel anzupassen, vor einer beispiellosen Herausforderung. In der Vergangenheit war Automatisierungstechnologie vergleichsweise spezialisiert und sorgte immer nur in jeweils einem Industriezweig für Störungen, sodass die Arbeiter zu einer neu entstehenden Branche wechseln konnten. Heute stellt sich die Situation ganz anders dar. Informationstechnologie ist eine wirkliche Allzwecktechnologie und sie wird sich quer durch alle Bereiche hindurch bemerkbar machen. Wenn neue Technologien in die Geschäftsmodelle integriert werden, dürfte praktisch jeder bestehende Industriezweig weniger arbeitsaufwendig werden – ein Übergang, der ziemlich rasch erfolgen könnte. Und was an neuen Industriezweigen entsteht, dürfte vermutlich fast immer von Geburt an sehr wirksame Technologie enthalten, die den Arbeitsaufwand möglichst gering hält. Firmen wie Google und Facebook beispielsweise haben sich zu weltweit bekannten Marken mit milliardenschweren Börsenbewertungen entwickelt, aber ihre Belegschaftsgröße steht in deutlichem Gegensatz zu Größe und Einfluss des Unternehmens. Man kann davon ausgehen, dass es bei nahezu allen neuen Industriezweigen, die noch entstehen werden, ähnlich aussehen dürfte.

All das bedeutet: Wir steuern wahrscheinlich auf einen Umbruch zu, der sowohl die Wirtschaft als auch die Gesellschaft insgesamt vor enorme Belastungsproben stellen wird. Was man üblicherweise Arbeitern und den Studenten, die sich auf ihren Einstieg in den Arbeitsmarkt vorbereiten, an Ratschlägen mitgegeben hat, dürfte wahrscheinlich untauglich sein. Die Realität sieht unglücklicherweise so aus: Sehr viele Menschen werden alles richtig machen, sie werden eine höhere Bildung anstreben und sich zusätzliche Fähigkeiten aneignen, aber dennoch werden sie es nicht schaffen, in der neuen Wirtschaft Fuß zu fassen.

Langzeitarbeitslosigkeit und Unterbeschäftigung haben möglicherweise verheerende Folgen auf das Leben Einzelner und auf den Zusammenhalt der Gesellschaft. Aber nicht nur das: Auch der wirtschaftliche Preis wird beträchtlich sein. Die Aufwärtsspirale aus Produktivität, steigenden Gehältern und wachsenden Verbraucherausgaben wird endgültig in sich zusammenfallen. Schon jetzt ist dieser Effekt stark in Mitleidenschaft gezogen – nicht nur beim Einkommen, sondern auch beim Konsum hat sich eine rasch wachsende Schieflage entwickelt. Die obersten fünf Prozent der Haushalte sind derzeit für fast 40 Prozent der Ausgaben verantwortlich. Mit ziemlicher Sicherheit dürfte sich dieser Trend fortsetzen und die Ausgaben werden sich mehr und mehr an der Spitze der Pyramide bündeln. Noch immer sind Arbeitsplätze der zentrale Mechanismus, durch den Kaufkraft in die Hände der Verbraucher gerät. Zerfällt dieser Mechanismus weiter, droht uns ein Szenario, bei dem es zu wenige Verbraucher gibt, um weiterhin wirksam in unserer Massenmarktwirtschaft das Wachstum voranzutreiben.

Die Fortschritte in der Informationstechnologie drängen uns auf einen Wendepunkt zu, das wird dieses Buch verdeutlichen. Ist dieser Punkt überschritten, wird letztlich die komplette Wirtschaft weniger arbeitsintensiv sein. Dieser Wandel wird jedoch nicht zwingend einheitlich oder voraussehbar verlaufen. Bislang haben sich vor allem zwei Bereiche als sehr resistent gegen die Art Umwälzung gezeigt, die in der allgemeinen Wirtschaft bereits einsetzt. Die Rede ist von der Hochschulbildung und dem Gesundheitsbereich. Das Ironische daran: Gelingt es der Informationstechnologie nicht, diese Branchen zu verwandeln, könnte das an anderer Stelle die negativen Folgen verstärken, da die Kosten für Gesundheit und Bildung zu einer immer stärkeren Belastung werden.

Natürlich wird die Zukunft nicht ganz allein von der Technologie geprägt werden, stattdessen kommt es zum Zusammenspiel mit anderen grundlegenden gesellschaftlichen und umweltpolitischen Herausforderungen: Überalterung der Bevölkerung, Klimawandel, schwindende Bodenschätze. Vielen Prognosen zufolge werden die Arbeitskräfte knapp werden, wenn sich die geburtenstarken Nachkriegsjahrgänge aufs Altenteil zurückziehen. Dies, so die Theorie, werde die Folgen der Automatisierung ausgleichen oder eventuell sogar mehr als wettmachen. Schnelle Innovation wird gerne als ausgleichende Kraft verkauft, die das Potenzial besitzt, die Belastungen, die wir der Umwelt auferlegen, zu minimieren oder gar umzukehren. Wie wir sehen werden, stehen viele dieser Annahmen allerdings auf sehr wackligen Füßen. Die Wahrheit dürfte sich deutlich komplizierter gestalten und die beängstigende Realität sieht so aus: Wenn wir die Folgen der technischen Innovation nicht erkennen und uns anpassen, laufen wir Gefahr, in einen Riesenschlamassel zu geraten. Dann würden die Auswirkungen des dramatischen Ungleichgewichts, des Arbeitsplatzwegfalls aufgrund technischen Fortschritts und des Klimawandels in etwa gleichzeitig spürbar und sie würden sich gegenseitig hochschaukeln und verstärken.

„Disruptive Technologien" ist ein Begriff, mit dem man im Silicon Valley schnell zur Hand ist. Niemand bezweifelt, dass Technologien imstande sein können, ganze Industriezweige in den Abgrund zu stoßen und weite Bereiche von Wirtschaft und Arbeitsmarkt auf den Kopf zu stellen. Ich werde in diesem Buch jedoch eine noch größere Frage stellen: Kann der rascher werdende technische Fortschritt unser gesamtes System so stark aus dem Schritt bringen, dass eine grundlegende Neuordnung nötig wird, wenn der Wohlstand anhalten soll?

KAPITEL 1

Die

Automatisierungs-

welle

Ein Lagerarbeiter nähert sich einem Stapel mit Kisten. Die Kisten sind von unterschiedlicher Größe, unterschiedlicher Form und unterschiedlicher Farbe und sie sind ziemlich wild durcheinandergewürfelt.

Stellen wir uns für einen Moment vor, wir könnten diesem Lagerarbeiter ins Gehirn blicken, während er die Aufgabe angeht, die Kisten wegzubringen. So verschaffen wir uns einen Eindruck von der Komplexität des Problems, das es zu lösen gilt.

Viele der Kisten sind im üblichen Braun und stehen dicht aneinandergedrängt, sodass man die Ränder nur schwer ausmachen kann. Wo genau hört die eine Kiste auf, wo fängt die nächste an? An anderen Stellen klaffen Lücken und die Kisten sind verschoben. Einige sind verdreht, sodass eine Ecke hervorsteht. Ganz oben auf dem Haufen überbrückt eine kleine Kiste die Lücke zwischen zwei größeren Kisten. Die meisten Kisten sind in schlichtem Braun oder Weiß gehalten, aber einige weisen Firmenlogos auf, einige sind vierfarbig bedruckte Verpackungskartons, wie sie in Geschäften in den Regalen stehen.

Das menschliche Gehirn ist natürlich imstande, all diese vertrackten visuellen Informationen praktisch sofort in ein sinnvolles Bild zu übersetzen. Mühelos nimmt der Arbeiter die Dimensionen und Ausrichtungen der einzelnen Kisten wahr und weiß instinktiv, dass er zunächst einmal die Kisten an der Spitze des Stapels entfernen muss. Er weiß auch, in welcher Reihenfolge er die Kisten bewegen muss, will er vermeiden, dass der Rest des Stapels instabil wird.

Auf genau diese Art von Rätsel der visuellen Wahrnehmung ist das menschliche Gehirn im Laufe der Evolution trainiert worden. Es wäre völlig unspektakulär, wenn es dem Arbeiter gelingen sollte, die Kisten wegzuräumen – wenn da nicht der Umstand wäre, dass es sich in diesem Fall bei dem Lagerarbeiter um einen Roboter handelt. Genauer gesagt haben wir es hier mit einem schlangenartigen Roboterarm zu tun, dessen Kopf aus einem Greifer mit Saugvorrichtung besteht. Der Roboter ist in seiner Wahrnehmung langsamer, als es ein Mensch wäre. Er sieht sich die Kisten an, korrigiert seinen Blickwinkel etwas, überlegt noch etwas und stürzt dann schließlich nach vorne, um sich eine

Kiste von oben wegzunehmen.* Die Trägheit resultiert praktisch einzig daraus, dass diese vermeintlich einfache Aufgabe unglaublich komplexe Berechnungen erfordert. Und wenn uns die IT-Geschichte eines gelehrt hat, dann dass dieser Roboter schon sehr bald ein Upgrade bekommen wird, das ihn deutlich schneller macht.

Tatsächlich glauben die Ingenieure bei Industrial Perception, dem Silicon-Valley-Start-up, wo der Roboter entwickelt und gebaut wird, dass die Maschine letztlich eine Kiste pro Sekunde wird bewegen können. Zum Vergleich: Ein menschlicher Arbeiter kommt bestenfalls auf eine Kiste etwa alle sechs Sekunden.[1] Und es ist unnötig zu erwähnen, dass der Roboter ohne Unterbrechung arbeiten kann. Er wird nie müde, er wird auch nie Rückenprobleme bekommen ... und garantiert wird er auch nie auf Schadenersatz klagen.

Was den Roboter von Industrial Perception so besonders macht, ist der Umstand, dass seine Fähigkeit in der Schnittmenge von visueller Wahrnehmung, räumlichem Denken und Geschicklichkeit liegt. Anders gesagt: Er stößt vor in die letzte Grenze der maschinellen Automatisierung, wo er um die wenigen verbliebenen manuellen Routineaufgaben konkurrieren wird, die dem menschlichen Arbeiter noch geblieben sind.

Natürlich sind Roboter in Fabriken nichts Neues mehr. Sie sind heutzutage in praktisch jedem Bereich der Herstellung unersetzlich geworden, von der Automobilindustrie bis hin zum Halbleiterbereich. Tesla, der Hersteller von Elektroautos, hat ein neues Werk im kalifornischen Fremont stehen. Dort fertigen 160 hochflexible Industrieroboter circa 400 Fahrzeuge pro Woche. Sobald ein Chassis an der nächsten Position der Fertigungsstraße auftaucht, stürzen sich mehrere Roboter auf das Fahrgestell und arbeiten als Team. Damit sie eine Vielzahl von Aufgaben abarbeiten können, wechseln die Maschinen selbstständig die Werkzeuge an ihren Roboterarmen. So installiert ein und derselbe Roboter beispielsweise die Sitze, rüstet sich dann um, trägt Klebstoff

---

* Wie der Industrial-Perception-Roboter Kisten wegräumt, können Sie sich ansehen unter https://www.youtube.com/watch?v=LlsN7kXDjCU.

auf und setzt die Windschutzscheibe ein.[2] Nach Angaben des internationalen Verbands der Robotikindustrie wurden 2012 weltweit über 60 Prozent mehr Industrieroboter ausgeliefert als noch im Jahr 2000. Gesamtumsatz: etwa 28 Milliarden Dollar. Der mit Abstand am schnellsten wachsende Markt war China, wo zwischen 2005 und 2012 die Zahl der installierten Roboter jedes Jahr um etwa 25 Prozent zulegte.[3]

Industrieroboter sind konkurrenzlos, was Geschwindigkeit, Präzision und schiere Kraft angeht. Größtenteils sind sie jedoch blinde Akteure in einer streng durchchoreografierten Aufführung. Sie sind in erster Linie abhängig von präzisem Timing und präziser Positionierung. Es gibt einige Fälle, in denen Roboter über optische Fähigkeiten verfügen, aber dann können sie meist nur zweidimensional sehen und nur bei kontrollierten Lichtverhältnissen. Beispielsweise können sie Teile auswählen, die auf einer planen Oberfläche liegen, aber das Fehlen von Tiefenschärfe lässt sie in einer Umgebung, die auch nur ein gewisses Maß an Unberechenbarkeit aufweist, stark an Wirksamkeit einbüßen. Das führt dazu, dass es noch eine Reihe routinemäßiger Fabrikjobs gibt, die von Menschen ausgeübt werden. Bei diesen Aufgaben geht es meistens darum, die Lücken zwischen den Maschinen zu füllen, oder es handelt sich um Aufgaben am Ende des Fertigungsprozesses. So geht es vielleicht darum, Teile aus einem Korb zu wählen und die nächste Maschine damit zu füttern, oder darum, die Laster, die die Produkte transportieren, zu be- und entladen.

Die Technologie, die dazu führt, dass der Roboter von Industrial Perception dreidimensional sehen kann, ist ein Musterbeispiel dafür, wie wechselseitige Befruchtung Innovationsdurchbrüche in überraschenden Bereichen anstoßen kann. Man könnte nämlich sagen, dass die Ursprünge der Roboteraugen auf den November 2006 zurückgeführt werden können – damals stellte Nintendo seine Spielekonsole Wii vor.

Teil der Wii war ein völlig neuer Gamecontroller – ein schnurloses Gerät, das ein günstiges Bauteil enthielt, einen Beschleunigungssensor. Dieser Sensor kann Bewegungen in drei Dimensionen feststellen und daraus einen Datenstrom generieren, den die Spielekonsole verarbeiten kann. Jetzt ließen sich Videospiele durch Körperbewegungen und durch Gesten steuern. Das Resultat war ein völlig neues Spielerlebnis. Nintendos Neuerung bereitete dem Bild vom Computernerd ein Ende, der mit einem Joystick vor dem Bildschirm klebt. Es eröffneten sich völlig neue Möglichkeiten für Spiele als aktives Erlebnis. Nun mussten auch die anderen Größen des Videospielmarkts reagieren. Der PlayStation-Hersteller Sony kopierte im Grunde die Idee von Nintendo und entwickelte seinen eigenen bewegungsempfindlichen Controller. Microsoft dagegen wollte an Nintendo vorbeiziehen und etwas komplett Neues auf den Markt bringen. Mit dem Zusatzgerät Kinect für die Spielekonsole Xbox 360 fiel die Notwendigkeit eines Controllers völlig weg. Das gelang Microsoft, indem man ein Gerät ähnlich einer Webcam baute, die fähig zu dreidimensionalem maschinellem Sehen ist. Dahinter steckt bildgebende Technik, die das kleine israelische Unternehmen Prime Sense entwickelt hat. Um in drei Dimensionen blicken zu können, nutzt der Kinect im Grunde ein lichtschnelles Sonar – der Kinect schießt einen Infrarotstrahl auf die Menschen und Gegenstände in einem Raum. Je nachdem, wie lange das reflektierte Licht benötigt, um zum Sensor zurückzukehren, werden dann die Entfernungen berechnet. Nun konnten die Spieler ganz einfach mit der Xbox-Konsole interagieren, indem sie Handbewegungen machten oder sich vor der Kinect-Kamera bewegten.

Das eigentlich Revolutionäre an der Kinect-Hardware war ihr Preis. Noch vor nicht allzu langer Zeit hätte man für derart ausgeklügelte Technik für maschinelles Sehen Zehntausende, wenn nicht Hunderttausende Dollar hinlegen müssen und dafür große, sperrige Geräte bekommen. Jetzt gab es das Ganze in einem kompakten und leichten Stück Unterhaltungselektronik für 150 Dollar. In der Robotik erkannten die Forscher sofort, dass die Kinect-Technologie das Potenzial besaß, ihren Bereich grundlegend zu verwandeln. Nur wenige Woche nach Markteinführung des Produkts hatten Forscherteams von Hochschulen und Amateur-Erfinder den Kinect gehackt. Auf Youtube posteten sie Videos von Robotern, die nun dreidimensional sehen konnten.[4] Auch Industrial Perception beschloss, für sein optisches System die Technologie hinter dem Kinect zu nutzen. Das Resultat ist eine bezahlbare

Maschine, die sich in raschem Tempo den Fähigkeiten des Menschen annähert, was das Wahrnehmen und Interagieren mit der Umwelt angeht, und gleichzeitig mit den Ungewissheiten auszukommen lernt, die für die echte Welt typisch sind.

Ein vielseitig verwendbarer Arbeitsroboter

Der Roboter von Industrial Perception ist eine hoch spezialisierte Maschine. Ihre Aufgabe besteht explizit darin, mit größtmöglicher Effizienz Kisten zu bewegen. Einen anderen Weg hat das in Boston ansässige Unternehmen Rethink Robotics mit Baxter eingeschlagen. Baxter ist ein leichter, humanoider Produktionsroboter, dem man einfach eine Vielzahl repetitiver Aufgaben antrainieren kann. Gegründet wurde Rethink von Rodney Brooks, einer weltweiten Robotik-Koryphäe. Brooks forscht am MIT und ist Mitgründer von iRobot, dem Hersteller des Staubsaugerroboters Roomba. Das Unternehmen hat für das Militär aber auch Roboter hergestellt, die im Irak und in Afghanistan Bomben entschärfen. Baxter kostet deutlich weniger, als ein typischer amerikanischer Arbeiter aus dem Herstellungsbereich im Jahr verdient. Im Grunde handelt es sich um einen abgespeckten Industrieroboter, der dafür gedacht ist, direkt neben Menschen sicher und zuverlässig zu arbeiten.

Industrieroboter benötigen eine aufwendige und kostspielige Programmierung, wohingegen man Baxter einfach die erforderlichen Armbewegungen vormacht. Wenn ein Unternehmen mit mehreren Robotern arbeitet, kann man einen Baxter trainieren und das Wissen dann einfach per USB-Stick auf die anderen übertragen. Der Roboter kann eine Vielzahl von Dingen tun. Er kann leichte Montagetätigkeiten ausführen, er kann Teile zwischen Fließbändern transportieren, er kann Produkte für den Einzelhandel verpacken oder Maschinen in der Metallherstellung warten. Besonders gut ist Baxter darin, fertige Produkte in Transportbehälter zu packen. Weil Baxter die Produkte sehr eng packen kann, ist bei K'NEX, einem Unternehmen aus Hatfield, Pennsylvania, das Konstruktionsspielzeug herstellt, die Zahl der benötigten Verpackungen um 20 bis 40 Prozent gesunken.[5] Rethinks Roboter kann dank Kameras auf beiden Handgelenken zweidimensional sehen, er kann Teile aufheben und sogar einfache Qualitätskontrollen durchführen.

In der Robotik steht eine Explosion bevor

Baxter und der kistenrückende Roboter von Industrial Perception mögen zwei völlig unterschiedliche Maschinen sein, aber sie basieren beide auf derselben Software-Plattform. ROS (Robot Operating System) wurde vom Labor für Künstliche Intelligenz der Universität Stanford erdacht und dann von Willow Garage zu einer ausgewachsenen Robotik-Plattform entwickelt. Willow Garage ist ein kleines Unternehmen, das programmierbare Roboter entwirft und herstellt. Diese Roboter kommen vor allem bei Forschern an Universitäten zum Einsatz. ROS ähnelt Betriebssystemen wie Microsoft Windows, Macintosh OS oder Googles Android, ist aber speziell dafür ausgelegt, dass Roboter einfach programmiert und gesteuert werden können. ROS ist ein kostenloses Open-Source-Programm – was bedeutet, dass Entwickler einfach Veränderungen und Erweiterungen an der Software vornehmen können – und wurde rasch die Standardsoftware in der Roboterentwicklung.

Eines hat uns die EDV-Geschichte gelehrt: Hat sich beim Betriebssystem ein Standard herausgebildet und gibt es kostengünstige und leicht programmierbare Werkzeuge, dann kommt es bald darauf zu einer explosionsartigen Vermehrung von Angeboten. Das war so bei PC-Software und in jüngerer Vergangenheit gerade erst wieder bei Apps für iPhone, iPad und Android. Tatsächlich gibt es für diese Plattformen mittlerweile dermaßen viele Anwendungen, dass es sehr schwerfällt, sich etwas vorzustellen, was es noch nicht gibt.

Man kann mit ziemlicher Sicherheit davon ausgehen, dass es im Feld der Robotik ähnlich sein wird. Aller Wahrscheinlichkeit nach stehen wir an der Schwelle zu einer Innovationsexplosion, die zu Robotern führen wird, die für praktisch jede vorstellbare kommerzielle, industrielle und Verbraucheraufgabe geeignet sind. Vorangetrieben werden wird diese Sturzwelle von der Verfügbarkeit standardisierter Software- und Hardware-Bausätze. Sie werden es vergleichsweise einfach machen, neue Dinge zu entwerfen, ohne jedes Mal gleich das Rad neu erfinden zu müssen. So wie der Kinect maschinelles Sehen bezahlbar machte, werden die Kosten für andere Hardware-Komponenten (etwa Roboterarme) in den Keller rauschen, wenn die Massenproduktion von Robotern anläuft. 2013 gab es bereits Tausende Software-Komponenten, die unter ROS laufen, und die Entwicklungsplattformen waren so günstig, dass fast jeder anfangen konnte, neue Roboteranwendungen zu entwickeln. Willow Garage beispielsweise verkauft für rund 1.200 Dollar TurtleBot, einen kompletten Bausatz für einen mobilen Roboter, der über maschinelles Sehen verfügt. Berücksichtigt man die Inflation, ist das deutlich weniger, als man Anfang der 1990er-Jahre, als Microsoft Windows in der Frühphase seiner eigenen Software-Explosion stand, für einen günstigen PC mit Monitor bezahlen musste.

Im Oktober 2013 besuchte ich die „RoboBusiness", eine Konferenz und Fachmesse im kalifornischen Santa Clara. Dort war es ganz offensichtlich, dass sich die Roboterbranche bereits auf eine bevorstehende Explosion einstellte. Firmen in allen Größen waren dort vertreten und präsentierten Roboter, die Präzisionsfertigung beherrschten, medizinische Vorräte zwischen verschiedenen Krankenhausabteilungen transportieren konnten oder in Landwirtschaft oder Bergbau eigenständig schweres Gerät steuerten. Da gab es Budgee, ein Roboterbutler, der im Haus oder im Geschäft bis zu 22 Kilo tragen konnte. Da gab es eine Vielzahl von Lernrobotern zur Förderung der technischen Kreativität oder von autistischen Kindern oder von Kindern mit Lernschwierigkeiten. Am Stand von Rethink Robotics war Baxter zu bewundern, der inzwischen eine Halloween-Ausbildung absolviert hatte und nun damit beschäftigt war, kleine Schachteln mit Süßigkeiten auf kürbisförmige Eimerchen zu verteilen. Unternehmen bewarben Komponenten wie Motoren, Sensoren, Bildverarbeitungssysteme, Steuerungssysteme und spezielle Software zum Bau von Robotern. Das Silicon-Valley-Start-up Grabit zeigte einen innovativen Greifer, der mit Elektrostatik arbeitete. Allein durch eine kontrollierte elektrostatische Ladung kann dieser Roboter nahezu alles packen, tragen und an einem beliebigen Ort wieder absetzen. Und zu guter Letzt war auch noch eine globale Anwaltskanzlei vertreten, die über Erfahrung in der Roboterbranche verfügte

und anbot, Arbeitgeber über die arbeitsrechtlichen und sicherheits-
relevanten Bestimmungen zu informieren, die es zu beachten gilt,
wenn man Roboter anstelle von Menschen oder in nächster Nähe mit
Menschen arbeiten lässt.

Einen besonders erstaunlichen Anblick bei dieser Messe boten die
Gänge. Neben den vielen menschlichen Besuchern waren dort auch
Dutzende Roboter unterwegs, die Suitable Technologies bereitgestellt
hatte. Diese Roboter hatten einen Flachbildfernseher und eine Kamera
auf einem mobilen Untersatz montiert und waren ferngesteuert. So
konnten Teilnehmer, die nicht vor Ort waren, die Stände abklappern,
Vorführungen ansehen, Fragen stellen und sich ganz normal mit anderen Besuchern austauschen. Gegen eine kleine Gebühr konnte man
sogenannte „Remote Presence"-Roboter von Suitable Technologies auf
der Messe nutzen. So sparten sich Besucher, die nicht im Großraum San
Francisco lebten, Tausende Dollar Reisekosten. Es dauerte ein paar
Minuten, aber dann wirkten diese Roboter – jeder mit einem menschlichen Gesicht auf dem Bildschirm – gar nicht mehr fremd, wie sie
zwischen den Ständen hin- und herrollten und sich mit anderen Besuchern unterhielten.

Arbeitsplätze in der Herstellung und das Reshoring

Im September 2013 veröffentlichte die *New York Times* einen Artikel
von Stephanie Clifford. Darin schildert Clifford die Geschichte von
Parkdale Mills, einer Textilfabrik in Gaffney, South Carolina. In dem
Werk sind rund 140 Menschen beschäftigt. 1980 hätte Parkdale Mills für
ein derartiges Produktionsniveau, wie es heute erreicht wird, über 2.000
Mitarbeiter benötigt. Heute dagegen störe nur noch gelegentlich ein
Mensch die Automatisierung, schreibt Clifford, „und das vor allem des-
halb, weil einige Aufgaben von Hand immer noch billiger sind – zum
Beispiel das Bewegen von halb aufgebrauchtem Garn zwischen den
Maschinen per Gabelstapler".[6] Fertiges Garn gelangt automatisch per
Fließband zu Verpack- und Versandmaschinen. Die Strecken, auf de-
nen sich die Menschen bewegen, verlaufen oberhalb der Maschinen
unter der Decke.

Und dennoch: Allein schon diese 140 Arbeitsplätze stellen einen Wendepunkt dar, nachdem jahrzehntelang Jobs in der Herstellung weggefallen waren. Das große Ausbluten der Textilindustrie in den USA begann in den 1990er-Jahren, als die Fertigung in Niedriglohnländer verlagert wurde, vor allem nach China, Indien und Mexiko. Zwischen 1990 und 2012 wurden mehr als drei Viertel aller amerikanischen Arbeitsplätze im Textilsektor gestrichen, in Zahlen: 1,2 Millionen Jobs. In den letzten Jahren allerdings zog die Fertigung schlagartig wieder an. Zwischen 2009 und 2012 konnte die amerikanische Textil- und Bekleidungsindustrie ihre Exporte um 37 Prozent auf nahezu 23 Milliarden Dollar steigern.[7] Motor dieser Wende ist eine Automatisierungstechnologie, die dermaßen effizient ist, dass sie selbst im Vergleich zu den günstigsten Niedriglohnstandorten im Ausland noch wettbewerbsfähig ist.

Wie wirken sich in den USA und anderen Industrienationen diese hochmodernen arbeitssparenden Innovationen auf die Arbeitsmarktsituation in der verarbeitenden Industrie aus? Durchmischt. Fabriken wie Parkdale schaffen nicht direkt große Mengen an Stellen, aber sie kurbeln dennoch die Beschäftigung an, nicht zuletzt bei Lieferanten und in Randbereichen wie dem Güterverkehr, der die Rohstoffe und Endprodukte bewegt. Natürlich kann ein Roboter wie Baxter Menschen überflüssig machen, die Routineaufgaben erledigen, gleichzeitig trägt er dazu bei, dass die verarbeitende Industrie in den USA besser für den Wettbewerb mit Niedriglohnländern gerüstet ist. Tatsächlich ist ein echter „Reshoring"-Trend im Gang, also eine Umkehr der Offshoring-Prozesse. Auslöser ist die Verfügbarkeit neuer Technologien und der Umstand, dass auch im Ausland die Arbeitskosten steigen. Das gilt vor allem für China, wo der Durchschnittslohn für Fabrikarbeiter zwischen 2005 und 2010 jährlich um fast 20 Prozent wuchs. Im April 2012 führte die Boston Consulting Group unter amerikanischen Managern aus der verarbeitenden Industrie eine Umfrage durch und stellte dabei fest, dass fast die Hälfte aller Unternehmen mit mindestens zehn Milliarden Dollar Umsatz entweder schon dabei war, Produktionskapazitäten zurück in die USA zu holen oder zumindest darüber nachdachte.[8]

Reshoring senkt die Transportkosten drastisch und bietet zahlreiche weitere Vorteile. Liegen die Werke in der Nähe der Verbrauchermärkte und der Designzentren, können die Firmen ihre Vorlaufzeiten senken und schneller auf Kundenwünsche eingehen. Je flexibler und ausgeklügelter die Automatisierung wird, desto eher werden die Hersteller immer stärker maßgeschneiderte Produkte anbieten. So könnten Kunden ihre eigenen Entwürfe realisieren oder sich durch einfach zu bedienende Online-Eingabemasken Wünsche in ausgefallenen Kleidergrößen erfüllen. Eine inländische, automatisierte Herstellung könnte dann dafür sorgen, dass die Kundschaft das fertige Produkt nur wenige Tage später in Händen hält.

Allerdings hat die schöne neue Reshoring-Welt auch einen Pferdefuß: Selbst die vergleichsweise kleine Zahl neuer Arbeitsplätze, die jetzt im Zuge des Reshoring in Fabriken geschaffen werden, müssen nicht zwingend von Dauer sein. Je fähiger und geschickter die Roboter und je gebräuchlicher neue Technologien wie der 3D-Druck werden, desto wahrscheinlicher ist es, dass viele Werke irgendwann praktisch völlig automatisiert laufen. Auf die verarbeitende Industrie in den USA entfallen aktuell deutlich weniger als zehn Prozent aller Arbeitsplätze. Das bedeutet, Produktionsroboter und Reshoring werden sich auf den Gesamtarbeitsmarkt vermutlich nur marginal auswirken.

Ganz anders wird sich die Lage in Industrienationen wie China darstellen. Dort ist der Anteil der verarbeitenden Industrie am Gesamtarbeitsmarkt deutlich größer. Tatsächlich hat der technische Fortschritt bereits in den vergangenen Jahren dramatische Folgen für Chinas Arbeiter gehabt. Allein zwischen 1995 und 2002 schrumpfte die Arbeiterschaft in Chinas verarbeitender Industrie um rund 15 Prozent – oder 16 Millionen Stellen.[9] Und vieles spricht dafür, dass sich diese Entwicklung noch beschleunigen wird. 2012 kündigte Foxconn an, bis zu einer Million Roboter in seinen Werken einzusetzen. Und Foxconn ist immerhin der wichtigste Vertragsfertiger von Apple-Geräten. Der Netzteilhersteller Delta Electronics aus Taiwan hat seine Strategie umgestellt und konzentriert sich stärker auf günstige Roboter für die Präzisionsfertigung von Elektronikgeräten. Delta will einen einarmigen

Fertigungsroboter in der Größenordnung von 10.000 Dollar anbieten – er wäre damit nicht einmal halb so teuer wie Baxter. Europäische Hersteller von Industrierobotern wie ABB und KUKA investieren ebenfalls stark in den chinesischen Markt und bauen dort Werke, die irgendwann Tausende Roboter im Jahr produzieren sollen.[10]

Was sich auch positiv auf den Trend zur Automatisierung auswirken dürfte: Der chinesische Staat drückt die Zinsen, die die großen Konzerne für Darlehen bezahlen müssen. Kredite werden häufig wieder und wieder verlängert, sodass die Hauptschuld nie abgetragen wird. Das macht für die Firmen Kapitalinvestitionen auch angesichts niedriger Arbeitskosten extrem attraktiv und ist einer der wesentlichen Gründe dafür, dass Investitionen mittlerweile nahezu die Hälfte von Chinas Bruttoinlandsprodukt (BIP) ausmachen.[11] Viele Analysten vertreten die These, die künstlich niedrig gehaltenen Kapitalkosten hätten in ganz China zu massiven Fehlinvestitionen geführt. Der vielleicht bekannteste Auswuchs dieser Politik ist die Errichtung von offenbar bestenfalls spärlich besiedelten „Geisterstädten". Und ebenso können die niedrigen Kapitalkosten für große Unternehmen ein starker Anreiz sein, in kostspielige Automatisierung zu investieren, auch in Fällen, in denen es wirtschaftlich nicht zwingend von Vorteil ist.

Damit die Roboterfertigung in der chinesischen Elektronikindustrie großflächig Einzug halten kann, werden Roboter benötigt, die flexibel genug sind, um mit den raschen Produktzyklen Schritt halten zu können. Foxconn beispielsweise betreibt gewaltige Werksanlagen, wo die Arbeiter in Schlafsälen nächtigen. Auf diese Weise kann das Unternehmen auch aggressive Produktionspläne stemmen: Notfalls weckt man Tausende Arbeiter mitten in der Nacht und schickt sie sofort zur Arbeit. So gelingt es dem Unternehmen, extrem rasch Kapazitäten hochzufahren oder auf Änderungen am Design zu reagieren. Gleichzeitig bedeutet es extremen Druck für die Belegschaft – wie sich 2010 zeigte, als es in Foxconn-Werken fast zu einer Selbstmord-Epidemie gekommen wäre. Roboter wiederum sind imstande, rund um die Uhr zu arbeiten, und je flexibler und leichter trainierbar sie werden, desto attraktiver werden sie selbst bei niedrigen Löhnen als Alternative zu menschlichen Arbeitern.

China ist beileibe kein Einzelfall, wenn es um den Trend zu einer stärkeren Automatisierung in den Entwicklungsländern geht. Einer der arbeitsintensivsten Bereiche der verarbeitenden Industrie beispielsweise ist die Fertigung von Bekleidung und Schuhen. Hier sind die Hersteller aus China abgewandert in Länder mit noch geringeren Löhnen, etwa nach Vietnam und Indonesien. Im Juni 2013 teilte der Sportschuhhersteller Nike mit, steigende Löhne in Indonesien hätten sich negativ auf die Quartalszahlen ausgewirkt. Wie der Nike-Finanzvorstand erklärte, bestehe die Lösung des Problems langfristig darin, den Faktor Arbeit aus dem Produkt zu eliminieren.[12] Die Arbeitsbedingungen, die in vielen Textilfabriken der Dritten Welt existieren, werden häufig als ausbeuterisch kritisiert. Eine verstärkte Automatisierung kann, so die Theorie, als Möglichkeit gesehen werden, dieser Kritik die Spitze zu nehmen.

Der Dienstleistungsbereich – Wo die Jobs sind

In den Vereinigten Staaten und anderen Industrienationen werden die Folgen disruptiver Technologie vor allem im Dienstleistungssektor zu beobachten sein. Das ist nur logisch, schließlich ist heutzutage dort die absolute Mehrheit der arbeitenden Bevölkerung beschäftigt. Dieser Trend zeigt sich bereits an Dingen wie Geldautomaten oder Selbstbedienungskassen, aber in den kommenden zehn Jahren dürften wir im Servicebereich eine Explosion neuer Automatisierungen erleben. Die Folge: Millionen vergleichsweise niedrig bezahlter Arbeitsplätze wären in Gefahr.

Das Start-up Momentum Machines aus San Francisco will die Produktion von Hamburgern in Gourmetqualität vollständig automatisieren. Der Mitarbeiter eines Fast-Food-Restaurants wirft vielleicht einen gefrorenen Patty auf den Grill, aber die Geräte von Momentum Machines formen einen Burger aus frischem Hackfleisch und grillen ihn dann je nach Wunsch. Sie können sogar dafür sorgen, dass das Fleisch genau richtig angebrannt ist, während es gleichzeitig seine Saftigkeit bewahrt. 360 Burger pro Stunde kann die Maschine produzieren, dazu toastet sie das Brötchen und schneidet erst nach Eingang der Bestellung frische

Zutaten wie Tomaten, Zwiebeln und Gurken und belegt den Burger damit. Die Burger werden fertig zusammengesetzt und servierbereit über ein Fließband transportiert. Die meisten Roboterhersteller achten sorgfältig darauf, alles in ein positives Licht zu rücken, wenn es um die möglichen Folgen ihrer Produkte für den Arbeitsmarkt geht. Nicht so Alexandros Vardakostas, Mitgründer von Momentum Machines: „Unser Gerät ist nicht dafür gedacht, die Mitarbeiter noch effizienter zu machen. Es dient dazu, sie komplett zu umgehen."[13,*] Das Unternehmen schätzt, dass ein durchschnittliches Schnellrestaurant rund 135.000 Dollar jährlich an Gehältern für Mitarbeiter ausgibt, die Hamburger herstellen, und dass die gesamten Arbeitskosten, die für die US-Wirtschaft im Rahmen der Burger-Herstellung auflaufen, bei etwa neun Milliarden Dollar jährlich liegen.[14] Momentum Machines glaubt, dass sich seine Maschine in weniger als einem Jahr amortisiert, und will nicht nur Restaurants als Kunden gewinnen, sondern auch Convenience Shops und Food Trucks, selbst Verkaufsautomaten wären denkbar. Wenn die Arbeitskosten eliminiert wurden und in Küchen weniger Platz benötigt wird, könnten die Restaurantbetreiber mehr Geld für qualitativ hochwertige Zutaten ausgeben. So könne man Gourmet-Burger zu Fast-Food-Preisen anbieten.

So lecker diese Burger klingen mögen – der Preis für sie wäre beträchtlich. Millionen Menschen arbeiten, oftmals in Teilzeit, im Niedriglohnsektor der Fast-Food- und Getränkeindustrie. Allein McDonald's beschäftigt in seinen 34.000 Restaurants weltweit ungefähr 1,8 Millionen Menschen.[15] Dass im Fast-Food-Sektor nur Niedriglöhne gezahlt wurden, die Sozialleistungen gering waren und die Personalfluktuation groß, hat in der Vergangenheit dafür gesorgt, dass in diesem Segment Anstellung vergleichsweise einfach zu finden war. Der Fast-Food-Sektor

---

* Das Unternehmen ist sich aber durchaus der Folgen bewusst, die ihre Technologie auf den Arbeitsmarkt haben könnte. Laut Firmen-Website will man ein Programm unterstützen, das Arbeitnehmern, die aufgrund von Momentums Produkten ihre Stelle verloren haben, vergünstigt eine technische Ausbildung anbietet.

und andere Stellen im Einzelhandel, für die nur eine geringe Qualifikation erforderlich ist, fungierten als eine Art privatwirtschaftliches Sicherheitsnetz für Arbeitnehmer mit nur wenigen Optionen. Waren keine besseren Alternativen verfügbar, gab es ja immer noch diese Jobs. In den Jahren bis 2022 werde die Kategorie „Kombiniertes Vorbereiten und Servieren von Lebensmitteln" (dazu zählen keine Kellner und Kellnerinnen in Restaurants) beim Schaffen neuer Stellen zu den führenden Branchen zählen, prognostizierte im Dezember 2013 die amerikanische Behörde für Arbeitsmarktstatistik. Sie rechnet damit, dass im genannten Zeitraum nahezu eine halbe Million neue Stellen geschaffen werden und eine Million Arbeitsplätze nachbesetzt werden müssen.[16] Seit der Rezession allerdings verändern sich die Regeln, die bis dahin für die Lage am Fast-Food-Markt galten, sehr rasch. 2011 startete McDonald's begleitet von viel Öffentlichkeit eine Initiative, 50.000 neue Mitarbeiter an einem einzigen Tag anzustellen. Es gingen über eine Million Bewerbungen ein – bei diesem Verhältnis ist es statistisch wahrscheinlicher, in Harvard aufgenommen zu werden, als einen McJob zu ergattern. Früher dominierten in der Branche junge Menschen, die sich etwas dazuverdienen wollten, während sie zur Schule gingen. Heute arbeiten dort viel mehr ältere Menschen, für die diese Stelle ihre Haupteinnahmequelle ist. Fast 90 Prozent der Beschäftigten im Fast-Food-Segment sind 20 Jahre oder älter, das Durchschnittsalter liegt bei 35.[17] Viele von diesen älteren Arbeitnehmern haben Familien zu ernähren – eine nahezu unmögliche Aufgabe bei einem mittleren Einkommen von gerade einmal 8,69 Dollar pro Stunde.

Die niedrigen Gehälter und das Fehlen nahezu aller Sozialleistungen haben die Fast-Food-Branche stark in die Kritik gebracht. Im Oktober 2013 machte McDonald's negative Schlagzielen, als eine Mitarbeiterin für eine Beratung bei der Finanz-Hotline des Unternehmens anrief, nur um sich anhören zu müssen, sie solle doch Lebensmittelmarken und die (staatliche Krankenversicherung) Medicaid beantragen.[18] Tatsächlich hat eine Untersuchung des Labor Center der Universität von Kalifornien in Berkeley ergeben, dass mehr als die Hälfte der Familien, in denen die Lohnempfänger in der Fast-Food-Branche arbeiten, in irgendeiner Form staatliche Hilfe beziehen. Die resultierenden Kosten für den amerikanischen Steuerzahler bezifferten die Autoren der Untersuchung auf nahezu sieben Milliarden Dollar jährlich.[19]

In New York kam es im Herbst 2013 zu Protesten und spontanen Arbeitsniederlegungen in Schnellrestaurants. Die Aktionen breiteten sich auf über 50 amerikanische Städte aus. Die konservative und in der Restaurant- und Hotelbranche gut vernetzte Denkfabrik Employment Policies Institute schaltete daraufhin eine ganzseitige Anzeige im *Wall Street Journal*, in der sie warnte: „Schon bald könnten Roboter Fast-Food-Arbeiter ersetzen, die höhere Löhne fordern." Ganz offensichtlich war die Anzeige dazu gedacht, den Protestlern Angst einzujagen, aber das ändert nichts an den Realitäten: Wie das Gerät von Momentum Machines zeigt, ist es fast unvermeidlich, dass in der Fast-Food-Branche eine verstärkte Automatisierung Einzug hält. Firmen wie Foxconn führen in China Roboter ein, die hochpräzise elektronische Bauteile zusammenbauen. Angesichts dieser Tatsache spricht wenig dafür, dass Maschinen nicht eines Tages auch Burger, Tacos und Caffè Lattes servieren werden.[*]

Die japanische Sushi-Restaurantkette Kura setzt bereits erfolgreich auf Automatisierung. In den 262 Restaurants des Unternehmens helfen Roboter bei der Sushi-Zubereitung, während die Kellner durch Fließbänder ersetzt wurden. Das System weiß genau, wie lange einzelne Sushi-Teller bereits in Umlauf sind, und entfernt automatisch diejenigen, die ihr Haltbarkeitsdatum zu überschreiten drohen. Die Kunden bestellen über einen Touchscreen, und wenn sie mit dem Essen fertig sind, stellen sie die leeren Teller in eine Vorrichtung an ihrem Tisch. Das System erstellt dann automatisch eine Rechnung, säubert die Teller und transportiert sie zurück in die Küche. Kura arbeitet nicht mit Geschäftsführern für jeden einzelnen Standort, sondern setzt auf zentralisierte

---

[*] Für Ökonomen ist die Fast-Food-Branche Teil des Dienstleistungssektors. Von einem technischen Standpunkt aus betrachtet, ist sie dagegen eher eine Art Just-in-time-Produktion.

Einrichtungen, in denen die Manager praktisch jeden einzelnen Aspekt des Restaurantbetriebs aus der Ferne kontrollieren können. Dank des stark auf Automatisierung ausgerichteten Geschäftsmodells kann Kura seine Sushi-Portionen zu 100 Yen (etwa 0,80 Euro) anbieten und ist damit deutlich günstiger als die Konkurrenz.[20]

Viele der Strategien, mit denen Kura erfolgreich war – vor allem die automatisierte Nahrungsproduktion und das Fernmanagement –, werden möglicherweise in der gesamten Fast-Food-Branche Nachahmung finden. Erste wichtige Schritte in diese Richtung sind bereits eingeleitet worden. So kündigte McDonald's 2011 an, in 7.000 europäischen Restaurants Touchscreens für Bestellungen einzuführen.[21] Fangen die Branchengrößen erst einmal an, aus zunehmender Automatisierung spürbaren Nutzen zu ziehen, wird der Konkurrenz keine andere Wahl bleiben als nachzuziehen. Automatisierung wird zudem die Möglichkeit bieten, auf anderen Ebenen als nur über die Arbeitskosten zu konkurrieren. Eine Herstellung durch Roboter könnte als hygienischer gelten, da weniger Menschen mit der Nahrung in Kontakt geraten. Die Zweckmäßigkeit würde ebenso zunehmen wie die Geschwindigkeit und die Genauigkeit bei der Einhaltung der Bestellung, zudem würden sich den Kunden mehr Wahlmöglichkeiten eröffnen. Sind die Präferenzen eines Kunden bei einem Restaurant erst einmal eingespeichert, wäre es im Zuge der Automatisierung ein Leichtes, an anderen Standorten beständig dieselben Ergebnisse zu erzielen.

All dies verleitet mich zu der Annahme, dass ein typisches Schnellrestaurant mit der Zeit seine Belegschaftsgröße vermutlich mühelos halbieren kann, vielleicht sind die Einsparungen sogar noch größer. Zumindest in den USA ist der Fast-Food-Markt dermaßen übersättigt, dass es sehr unwahrscheinlich wäre, wenn Neueröffnungen einen derart dramatischen Stellenabbau auffangen könnten. Das wiederum bedeutet: Einen Großteil der neuen Stellen, die die Behörde für Arbeitsmarktstatistik prognostiziert hat, wird es möglicherweise niemals geben.

Der andere große Bereich, in dem sich Niedriglohnstellen konzentrieren, ist der Einzelhandel. Für die Ökonomen der Statistikbehörde ist

„Verkäufer/in im Einzelhandel" gleich nach „staatlich geprüfte/r Krankenschwester/pfleger" der Beruf, bei dem im Jahrzehnt bis 2020 die meisten neuen Arbeitsplätze entstehen werden, nämlich mehr als 700.000.[22] Doch auch hier könnte technischer Fortschritt diese Prognosen übertrieben optimistisch erscheinen lassen. Vermutlich dürften es drei große Kräfte sein, die in Zukunft Einfluss auf die Arbeitsverhältnisse im Einzelhandel haben werden.

Faktor eins ist die fortwährende Störung der Branche durch Online-Einzelhändler wie Amazon, Ebay und Netflix. Der Untergang großer Einzelhändler wie Circuit City, Borders und Blockbuster belegt, welchen Wettbewerbsvorteil sich die Online-Lieferanten gegenüber den traditionellen Ladengeschäften erarbeitet haben. Sowohl Amazon als auch Ebay experimentieren in einigen amerikanischen Städten mit Methoden, bestellte Artikel noch am selben Tag auszuliefern. Ziel ist es, den örtlichen Geschäften einen der letzten großen Wettbewerbsvorteile zu nehmen, über den sie noch verfügen: die Fähigkeit, nach einem Kauf für sofortige Bedürfnisbefriedigung zu sorgen.

Theoretisch sollte der Vormarsch der Online-Händler nicht zwingend Arbeitsplätze vernichten, sondern nur die traditionellen Einzelhandelsgeschäfte ersetzen durch Lagerhäuser und Vertriebszentren, mit denen die Online-Firmen arbeiten. Die Realität sieht jedoch anders aus: Sind Arbeitsplätze erst einmal in eine Lagerhalle verlegt, können sie deutlich einfacher automatisiert werden. 2012 übernahm Amazon Kiva Systems, einen Hersteller von Lager-Robotern. Kivas Roboter ähneln ein wenig überdimensionierten herumflitzenden Eishockeypucks und sind dafür gedacht, innerhalb von Lagerhäusern Gegenstände zu bewegen. Arbeiter müssen nicht mehr die Gänge entlangstreifen und die Artikel heraussuchen. Nun saust einfach ein Kiva-Roboter unter eine gesamte Palette oder ein Regal und bringt es direkt dem Arbeiter, der den Auftrag verpackt. Die Roboter bewegen sich autonom anhand eines Netzes aus am Boden angebrachten Barcodes. Auf diese Weise automatisiert nicht nur Amazon seine Lagerhaltung, sondern auch andere große Einzelhändler wie Toys „R" Us, Gap, Walgreens und Staples arbeiten so.[23] Bereits ein Jahr nach der Übernahme von Kiva betrieb Amazon rund 1.400

der Roboter und war dabei, die Maschinen in seine gewaltigen Lager zu integrieren. Ein Wall-Street-Analyst schätzte, dass die Roboter dem Unternehmen helfen werden, die Kosten der Auftragsabwicklung um bis zu 40 Prozent zu senken.[24]

Auch Kroger, einer der größten Lebensmittel-Einzelhändler der USA, hat hochgradig automatisierte Vertriebszentren eingeführt. Wenn Kroger Paletten mit großen Mengen eines einzigen Artikels erhält, ist das System imstande, diese Vorräte aufzuteilen und versandfertige, mit unterschiedlichen anderen Produkten gemischte Paletten zu erstellen. Gleichzeitig kann das System organisieren, wie die Produkte auf den gemischten Paletten so gestapelt werden, dass sie sich in den Läden bestmöglich abladen und einräumen lassen. Die automatisierten Warenhäuser kommen komplett ohne menschliche Unterstützung aus, Menschen werden nur benötigt, um die Laster mit den Paletten zu be- und entladen.[25] Die offensichtlichen Folgen, die diese automatisierten System auf die Arbeitsmarktlage haben, sind den Gewerkschaften natürlich nicht entgangen. Die Teamsters Union[26] ist wegen dieser Systeme wiederholt mit Kroger aneinandergeraten, ebenso mit anderen Lebensmittel-Einzelhändlern. Sowohl bei den Kiva-Robotern als auch bei den automatisierten Systemen von Kroger bleiben einige Jobs für menschliche Arbeitskräfte erhalten, und zwar vor allem in den Bereichen, die visuelles Erkennen und Geschicklichkeit erfordern, beispielsweise beim Zusammenpacken gemischter Lieferungen für die endgültige Verschiffung. Das wiederum sind nun aber genau die Bereiche, in denen innovative Pack-Roboter wie die von Industrial Perception rasch gegenüber dem Menschen aufholen.

Faktor zwei dürfte das explosionsartige Wachstum des vollautomatischen Selbstbedienungseinzelhandels sein. Oder anders gesagt: von intelligenten Verkaufsautomaten und Verkaufskiosken. Verkaufsautomaten können heute deutlich mehr, als bloß Limonaden, Snacks und grässlichen Instantkaffee zu verkaufen. So stehen beispielsweise in vielen Flughäfen und hochklassigen Hotels Automaten, die Unterhaltungselektronik wie iPods und iPads von Apple anbieten. Zu den führenden Anbietern automatisierter Verkaufsmaschinen gehört AVT. Das

Unternehmen behauptet, für praktisch jedes Produkt eine maßgeschneiderte Selbstbedienungsstation entwickeln zu können. Diese Automaten reduzieren drei der wichtigsten Kostenfaktoren des Einzelhandels dramatisch: Mieten, Arbeitskosten und Diebstahl durch Kunden und Mitarbeiter. Die Maschinen sind rund um die Uhr in Betrieb und viele sind mit Bildschirmen ausgestattet. Das heißt, sie können über zielgerichtete Werbung Kunden dazu verleiten, ähnliche Produkte zu kaufen – ganz so, wie es ein menschlicher Verkäufer vielleicht tun würde. Sie können auch die E-Mail-Adressen der Kunden erfassen und ihnen einen Kaufbeleg schicken. Im Grunde bieten die Maschine viele der Vorteile des Online-Handels mit dem zusätzlichen Vorteil der sofortigen Lieferung.

Die Ausbreitung von Verkaufsautomaten und Verkaufskiosken wird gewiss dazu führen, dass Arbeitsplätze im traditionellen Einzelhandel wegfallen. Natürlich schaffen diese Geräte aber auch wieder Arbeitsplätze, nämlich in Bereichen wie Wartung, Warenversorgung und Reparatur. Die Zahl dieser neuen Stellen dürfte aber deutlich kleiner ausfallen, als Sie es vielleicht vermuten würden. Die modernsten Geräte sind ständig mit dem Internet verbunden und liefern einen beständigen Strom an Verkaufsdaten und Diagnoseinformationen. Sie sind explizit so entwickelt, dass die für den Betrieb erforderlichen Arbeitskosten möglichst gering gehalten werden.

David Dunning war 2010 als regionaler Leiter verantwortlich dafür, 189 Redbox-Kioske im Großraum Chicago zu betreuen, zu warten und mit Ware zu bestücken.[27] Redbox betreibt über 42.000 Videoverleihkioske in den USA und Kanada, größtenteils stehen sie in Convenience-Shops und Supermärkten. Pro Tag verleiht das Unternehmen etwa zwei Millionen Videos.[28] Dunning leitete die Kioske im Bereich Chicago mit gerade einmal sieben Mitarbeitern. Das Wiederauffüllen ist größtenteils automatisiert. Tatsächlich besteht der größte Arbeitsaufwand darin, die durchsichtigen Filmanzeigen auszutauschen, die auf dem Kiosk zur Schau gestellt werden – ein Vorgang, der pro Maschine im Schnitt keine zwei Minuten dauert. Dunning und seine Mitarbeiter teilen ihre Zeit auf zwischen dem Lager, wo die neuen Filme eintreffen, ihren Autos und ihrem Zuhause, wo sie online Zugriff auf die Kioske haben und sie steuern können. Die Kioske sind voll und ganz darauf ausgelegt, aus der Ferne gewartet zu werden. Ein Beispiel: Ist eine Maschine verstopft, gibt sie unverzüglich eine Meldung aus. Ein Techniker kann sich dann über sein Laptop einwählen, auf die Mechanik zugreifen und das Problem reparieren – ohne dass er selbst vor Ort sein muss. Neue Filme erscheinen meist dienstags, aber die Kioske können zu jeder beliebigen Zeit vorher befüllt werden. Sie geben die Filme dann automatisch erst zum korrekten Zeitpunkt frei. So können Techniker zum Auffüllen in Zeiten kommen, in denen das Verkaufsaufkommen geringer ist.

Die Arbeit von Dunning und seinen Leuten ist zweifelsohne interessant und erstrebenswert, aber in nackten Zahlen handelt es sich um ein Bruchteil der Stellen, die ein traditioneller Einzelhändler erschaffen würde. Der mittlerweile bankrottgegangene Videoverleiher Blockbuster beispielsweise betrieb früher Dutzende Geschäfte im Großraum Chicago und in jedem arbeitete eigenes Vertriebspersonal.[29] In seinen besten Zeiten hatte Blockbuster etwa 9.000 Filialen und 60.000 Mitarbeiter. Das entspricht im Schnitt rund sieben Stellen pro Laden – also in etwa der Zahl, die Redbox für die gesamte Region beschäftigt, für die Dunnings Team zuständig ist.

Faktor drei dürften die Bestrebungen der herkömmlichen Einzelhändler sein, durch verstärkte Automatisierung und Einführung von Robotern wettbewerbsfähig zu bleiben. Dieselben Innovationen, dank derer Produktionsroboter in Bereichen wie Geschicklichkeit und visuelles Erkennen Fortschritte machen, werden es irgendwann ermöglichen, dass sich die Automatisierung im Einzelhandel über Lagerhäuser hinaus erweitert. Dann können Roboter auch in anspruchsvolleren und vielfältigeren Umgebungen eingesetzt werden, etwa beim Einräumen von Waren in den Geschäften selbst. Schon 2005 hat Wal-Mart bereits prüfen lassen, ob es möglich ist, nachts Roboter die Gänge seiner Supermärkte abfahren und durch Scannen der Barcodes automatisch den Warenbestand erfassen zu lassen.[30]

Gleichzeitig muss man davon ausgehen, dass Selbstbedienungskassen und Informationskioske in den Geschäften leichter zu bedienen sein und häufiger zum Einsatz kommen werden. Auch Mobilfunkgeräte werden in dieser Hinsicht eine immer wichtigere Rolle übernehmen. In Zukunft werden sich Konsumenten immer stärker auf ihr Smartphone verlassen, wenn es darum geht, im traditionellen Einzelhandel einzukaufen, zu bezahlen, sich helfen zu lassen und Informationen über Produkte einzuholen. Diese Umwandlung des Einzelhandels ist bereits im Gange. So testet beispielsweise Wal-Mart ein Programm, bei dem die Kunden Barcodes scannen und dann über das Handy bezahlen. So sollen lange Schlangen an den Kassen vermieden werden.[31] Beim Autoverleiher-Start-up Silvercar kann man sein Fahrzeug reservieren und abholen, ohne überhaupt in Kontakt mit Personal gekommen zu sein. Der Kunde scannt zum Aufschließen des Fahrzeugs einfach einen Barcode, schon kann er losfahren.[32] Wenn Spracherkennungssoftware wie Apples Siri oder rechenstärkere Systeme wie IBMs Watson noch besser und bezahlbarer werden, warum sollte es dann nicht bald möglich sein, sein Handy im Geschäft um Hilfe zu bitten, so wie man heute einen Mitarbeiter fragt? Mit einem Unterschied natürlich: Als Kunde wird man dann nie wieder warten müssen oder überhaupt erst einmal einen ansprechbaren Mitarbeiter finden müssen. Der virtuelle Assistent wird immer sofort zur Verfügung stehen und nur in den seltensten Fällen eine falsche Antwort geben.

Viele Einzelhändler werden die Automatisierung wohl in das traditionelle Einzelhandelsumfeld einbinden, aber es wird sicherlich auch Unternehmen geben, die ihre Geschäfte völlig neu gestalten – und sie im Grunde genommen in große Verkaufsautomaten verwandeln. Denkbar wäre ein automatisiertes Lager mit einem Schauraum, in dem die Kunden die Waren begutachten und Bestellungen aufgeben können. Die Aufträge werden dann direkt zum Kunden nach Hause geliefert oder vom Roboter ins Fahrzeug des Kunden geladen. Egal, welchen technologischen Pfad der Einzelhandel letztlich einschlagen wird – es fällt schwer, sich ein Szenario vorzustellen, bei dem am Ende nicht mehr Roboter und mehr Maschinen stehen. Und deutlicher weniger Arbeit für Menschen.

Cloud Robotics

Als eine wichtige Antriebskraft der Roboterrevolution könnte sich „Cloud Robotics" erweisen – darunter versteht man, dass ein Großteil der Intelligenz, die mobile Roboter lebendig macht, in leistungsstarke Rechenzentren ausgelagert ist. Ermöglicht wird Cloud Robotics durch die dramatische Beschleunigung bei der Datenübertragung. Heutzutage kann ein Großteil der Berechnungen, die für moderne Roboteraufgaben benötigt werden, in gewaltige Datenzentren ausgelagert werden, während man gleichzeitig einzelnen Robotern Zugang zu den Ressourcen des Netzwerks gibt. Dadurch lassen sich natürlich günstigere Roboter bauen, da die einzelnen Maschinen weniger Rechenleistung und Speicherplatz benötigen. Zudem lassen sich auf diese Weise Software-Upgrades auf mehrere Maschinen gleichzeitig aufspielen. Wenn ein Roboter mithilfe der zentralisierten Maschinenintelligenz etwas lernt und sich an seine Umgebung anpasst, kann dieses Wissen sofort allen anderen Maschinen im System vermittelt werden. So lässt sich Maschinenlernen einfach auf große Mengen an Robotern verteilen. Google kündigte 2011 an, Cloud Robotics zu unterstützen. Das Unternehmen hat eine Schnittstelle zur Verfügung gestellt, über die Roboter Zugriff auf alle für Android-Geräte entwickelten Dienstleistungen haben.[*]

Die stärksten Auswirkungen könnte Cloud Robotics in Bereichen wie visuelle Erkennung haben, bei denen Zugang zu gewaltigen Datenbanken sowie leistungsstarke Rechenfähigkeiten erforderlich sind. Überlegen Sie nur, wie enorm die technische Herausforderung ist, einen Roboter zu bauen, der im Haushalt unterschiedliche Aufgaben übernimmt. Damit eine Roboter-Haushaltskraft ein Zimmer aufräumen kann, muss sie eine praktisch unbegrenzte Menge von Dingen erkennen können und dann entscheiden, was damit geschehen soll. Jedes dieser Dinge gibt es möglicherweise in unterschiedlichen Formen, es

---

[*] Dass Google starkes Interesse an Robotik hat, zeigte sich auch 2013. Da übernahm Google innerhalb von sechs Monaten acht Start-ups aus dem Robotik-Bereich. Eines der Unternehmen war Industrial Perception.

liegt anders und ist womöglich noch mit anderen Gegenständen verheddert. Denken Sie an den Roboter von Industrial Perception zurück, den wir zu Beginn des Kapitels kennengelernt haben und der Kisten wegräumen soll. Dieser Roboter kann unterschiedliche Kisten auseinanderhalten und greifen, auch wenn sie wild durcheinandersortiert sind. Das ist eine beeindruckende Leistung, aber sie ist halt nur auf Kisten beschränkt und damit weit davon entfernt, Objekte in praktisch allen Formen und Anordnungen erkennen und bedienen zu können.

Es ist eine große Herausforderung, einen Roboter mit derart ausgeklügelten visuellen Fähigkeiten auszustatten, sodass sein Preis weiterhin bezahlbar bleibt. Möglicherweise ist Cloud Robotics hier der Weg in die Zukunft. Google stellte 2010 „Goggles" vor und hat seitdem die Fähigkeiten dieser Bilderkennungssoftware noch deutlich verbessert. Sie können ein Foto beispielsweise von einem berühmten Gebäude, einem Buch, einem Kunstwerk oder einem Produkt machen, die Software erkennt dann den Bildinhalt und stellt passende Informationen zur Verfügung. Es wäre außerordentlich schwierig und kostspielig, den Roboter intern so auszurüsten, dass er praktisch jedes Objekt erkennen kann. Deutlich leichter vorstellbar ist ein Szenario, bei dem Roboter künftig auf eine gewaltige zentralisierte Datenbank zugreifen, um mit einer Technik ähnlich wie bei Goggles die Gegenstände in ihrer Umgebung zu erkennen. Die cloudbasierte Bilddatenbank würde ständig aktualisiert und jeder Roboter mit Zugang würde ein sofortiges Upgrade seiner visuellen Erkennungsfähigkeiten erfahren.

Cloud Robotics wird gewiss viel dazu beitragen, dass leistungsstärkere Roboter gebaut werden, aber es wirft gleichzeitig wichtige Fragen auf, vor allem in Sachen Sicherheit. Abgesehen von der erschreckenden Ähnlichkeit zu „Skynet" – der weltbeherrschenden Maschinenintelligenz in den „Terminator"-Filmen mit Arnold Schwarzenegger – gibt es deutlich stärker praxisbezogene und unmittelbarere Bedenken, was Angriffe von Hackern oder Cyber-Terroristen angeht. Das wird vor allem dann zu einem ganz besonders wichtigen Thema, wenn Cloud Robotics eines Tages eine wichtige Rolle in unserer Transport-Infrastruktur spielen sollte. Ein Beispiel: Automatisierte Laster und Züge bewegen unter zentralisierter Aufsicht Lebensmittel und andere kritische Vorräte. Ein derartiges System kann eine extrem anfällig sein. Schon jetzt werden immer wieder Stimmen laut, die warnen, dass Industriemaschinen und zentrale Infrastruktur (wie etwa das Stromnetz) verwundbar für Cyber-Angriffe sein können. Ein Beispiel für diese Anfälligkeit war der Stuxnet-Virus, den die Regierungen von USA und Israel 2010 entwickelten und der auf die Zentrifugen abzielte, die der Iran für sein Atomprogramm einsetzte. Wenn eines Tages wichtige Teile der Infrastruktur von zentralisierter Maschinenintelligenz abhängig sind, werden diese Bedenken eine ganz neue Ebene erreichen.

Roboter in der Landwirtschaft

Kein anderer Zweig der amerikanischen Wirtschaft hat als direkte Folge technischen Fortschritts bereits einen derart dramatischen Wandel hinter sich wie die Landwirtschaft. Die meisten neuen Technologien waren dabei natürlich vor allem mechanischer Natur und erschienen lange vor der modernen Informationstechnologie auf der Bildfläche. Ende des 19. Jahrhunderts arbeitete fast jeder zweite Amerikaner in der Landwirtschaft, im Jahr 2000 betrug der Anteil keine zwei Prozent mehr. Feldfrüchte wie Weizen, Mais und Baumwolle können mechanisch gepflanzt, gehegt und geerntet werden. Das Maß an menschlicher Arbeit, das hier benötigt wird, ist in den Industrienationen nahezu unmaßgeblich. Auch in der Viehzucht werden viele Aufgaben, beispielsweise das Melken, maschinell erledigt. In den USA werden Hühner nach Standardgröße gezüchtet, um das automatische Schlachten und Weiterverarbeiten zu erleichtern.

Was in der Landwirtschaft noch an arbeitsintensiven Bereichen geblieben ist, beschränkt sich zumeist auf das Pflücken sehr anfälliger wertvoller Früchte und Gemüse und auf Zierpflanzen und Blumen. Ähnlich wie bei anderen vergleichsweise routinemäßigen und manuellen Tätigkeiten sind diese Berufe bislang vor allem deshalb der Mechanisierung entgangen, weil es hier sehr stark auf visuelle Wahrnehmung und auf Geschick ankommt. Obst und Gemüse nimmt leicht Schaden und muss oftmals nach Färbung oder Härtegrad ausgewählt werden.

Visuelle Erkennung stellt eine Maschine vor eine schwierige Aufgabe – die Lichtverhältnisse können sich ständig ändern und einzelne Obstarten kommen in zahllosen Ausprägungen daher und sind zusätzlich noch teilweise oder vollständig von Blättern verdeckt. Dieselben Innovationen, die die Entwicklung in Lagern und Fabriken vorantreiben, sorgen nun dafür, dass viele der noch verbliebenen landwirtschaftlichen Jobs von der Automatisierung verdrängt werden könnten.

Das Unternehmen Vision Robotics aus dem kalifornischen San Diego entwickelt eine krakenartige Erntemaschine für Orangen. Mithilfe dreidimensionalen maschinellen Sehens erstellt die Maschine ein Computermodell eines kompletten Orangenbaums und speichert dann die Position jeder Frucht. Diese Information geht dann an die acht Roboterarme der Maschine, die die Orangen rasch erntet.[33] Das Start-up Harvest Automation aus Boston hingegen konzentriert sich auf den Bau von Robotern, die den Betrieb von Gärtnereien und Treibhäusern automatisieren. Nach hauseigenen Schätzungen machen bei Zierpflanzen Arbeitskosten mehr als 30 Prozent der Ausgaben aus. Von dem Bedarf an manueller Arbeit im landwirtschaftlichen Bereich in den USA und Europa sollen die Roboter langfristig bis zu 40 Prozent abdecken können, so das Unternehmen.[34] In Frankreich wiederum sind experimentelle Roboter bereits dabei, Weinreben zurechtzustutzen. Sie verfügen über maschinelles Sehen und ein Algorithmus gibt ihnen vor, welche Triebe zu beschneiden sind.[35] Und eine neue Maschine in Japan kann reife Erdbeeren anhand subtiler Farbvariationen auswählen. Sie kann alle acht Sekunden eine Erdbeere pflücken – ohne Pause, wobei sie den Großteil der Arbeit nachts erledigt.[36]

Vor allem für Länder, die keinen Zugang zu günstigen Wanderarbeitern haben, sind moderne Landwirtschaftsroboter interessant. Australien und Japan beispielsweise sind beides Inselnationen mit rasch alternder Bevölkerung. Sicherheitsgründe machen, was Arbeitsmobilität angeht, Israel ebenso zu einer virtuellen Insel. Viele Früchte und Gemüsesorten müssen zudem innerhalb eines sehr engen Zeitrahmens geerntet werden. Wenn zum richtigen Zeitpunkt also nicht ausreichend Arbeiter zur Verfügung stehen, kann das ein Riesenproblem sein.

Eine Automatisierung der Landwirtschaft reduziert nicht nur die Notwendigkeit, auf menschliche Arbeitskräfte angewiesen zu sein, sie birgt auch gewaltiges Potenzial, die Landwirtschaft effizienter und weniger belastend für die Ressourcen zu machen. Computer können Feldfrüchte mit einer Präzision überwachen und managen, wie es bei menschlichen Arbeitskräften unvorstellbar wäre. Das Australian Centre for Field Robotics (ACFR) der Universität Sydney arbeitet daran, mithilfe moderner Landwirtschaftsroboter Australien zum wichtigsten Nahrungsmittellieferanten für Asiens explodierende Bevölkerung zu machen – obwohl das Land über vergleichsweise wenig Ackerland und Trinkwasser verfügt. Zur Vision des ACFR gehören Roboter, die ständig die Felder kontrollieren, bei einzelnen Pflanzen Bodenproben entnehmen und dann exakt die benötigte Menge an Wasser oder Dünger injizieren.[37] Ist die Dosierung von Dünger oder Pflanzenschutzmitteln an einzelne Pflanzen oder womöglich sogar an die einzelnen Früchte eines Baumes angepasst, könnte das den Bedarf an diesen Chemikalien um bis zu 80 Prozent reduzieren. Das wiederum würde die Menge an giftigen Abwässern dramatisch senken, die dann schließlich Flüsse, Bäche und andere Gewässer verunreinigen.[38, *]

In den meisten Industrienationen arbeitet die Landwirtschaft ausgesprochen ineffizient. Familien bewirtschaften oftmals nur ein winziges Stück Land, es gibt kaum Kapitalinvestitionen und moderne Technologie steht nicht zur Verfügung. Auch wenn die Methoden der Bewirtschaftung arbeitsintensiv sind, muss das Land meist mehr Menschen ernähren, als zum Bestellen des Lands wirklich nötig sind. Wenn in den kommenden Jahrzehnten die Weltbevölkerung auf neun Milliarden und noch mehr anschwillt, wird auch der Druck immer weiter ansteigen, alles landwirtschaftlich nutzbare Land in größere, effizienter arbeitende Betriebe umzuwandeln, die imstande sind, höhere Erträge

---

* Präzisionslandwirtschaft – beziehungsweise die Fähigkeit, einzelne Pflanzen oder Früchte zu überwachen und zu betreuen – ist Teil des „Big Data"-Phänomens. Darauf gehen wir ausführlicher in Kapitel 4 ein.

abzuwerfen. Moderne Landwirtschaftstechnologie wird eine wichtige Aufgabe erfüllen müssen, vor allem in jenen Ländern, in denen das Wasser knapp ist und die übermäßige Nutzung von Chemikalien die Umwelt bereits geschädigt hat. Aber eine verstärkte Mechanisierung führt auch dazu, dass Landarbeit nur noch deutlich weniger Menschen einen Lebensunterhalt bieten kann. In der Vergangenheit war es so, dass die Menschen, die freigesetzt wurden, auf der Suche nach Arbeit in die Städte und Industriezentren drängten. Aber wie wir gesehen haben, wandeln sich die Bedingungen in den Fabriken aufgrund der rascheren Automatisierung ebenfalls von Grund auf. Es ist davon auszugehen, dass zahlreiche Entwicklungsländer beim Umgang mit diesen disruptiven Technologien beträchtliche Arbeitslosigkeitsprobleme bekommen werden.

In den USA könnten Landwirtschaftsroboter eines Tages zahlreiche grundlegende Annahmen der amerikanischen Einwanderungspolitik zunichtemachen – ein Thema, das bereits jetzt im Mittelpunkt einer großen politischen Auseinandersetzung steht. In Bereichen, in denen früher zahlreiche Landarbeiter benötigt wurden, macht sich der Effekt der Automatisierung bereits bemerkbar. In Kalifornien geben sich Maschinen nicht mit der visuell herausfordernden Aufgabe ab, Mandeln einzeln abzupflücken – sie packen einfach den gesamten Baum und rütteln kräftig daran. Die Mandeln fallen auf den Boden, von wo eine andere Maschine sie aufklaubt. Viele Bauern in Kalifornien sind von empfindlichen Feldfrüchten wie Tomaten auf robustere Produkte wie Nüsse umgestiegen, denn die können maschinell geerntet werden. Im ersten Jahrzehnt des 21. Jahrhunderts gingen in Kalifornien die Beschäftigungszahlen in der Landwirtschaft um rund elf Prozent zurück. Gleichzeitig nahm die Gesamtproduktion von Produkten wie Mandeln (die für automatisierte Erntetechniken geeignet sind) explosionsartig zu.[39]

ROBOTER UND MODERNE Selbstbedienungstechnik halten verstärkt Einzug in nahezu jeden Wirtschaftszweig. Dabei werden sie vor allem Niedriglohnarbeit gefährden, für die nur ein überschaubares Maß an Vorbildung und Ausbildung erforderlich ist.[40] Aber exakt diese Jobs machen derzeit den Großteil der Arbeitsplätze aus, die die Wirtschaft neu schafft. Und ohnehin muss die US-Wirtschaft angesichts des Bevölkerungswachstums jedes Jahr allein schon eine Million Stellen kreieren, nur um den Status quo zu wahren. Selbst wenn wir die Möglichkeit außer Acht lassen, dass durch das Auftauchen neuer Technologien die Zahl dieser Jobs schrumpft, hätte allein schon eine Verlangsamung beim Schaffen neuer Arbeitsplätze langfristig zunehmend negative Folgen für den Arbeitsmarkt.

Viele Ökonomen und Politiker werden das als unerheblich abtun und erklären, das sei doch gar kein Problem. Schließlich gelten – zumindest in den Industrienationen – monotone, gering bezahlte und wenig anspruchsvolle Arbeitsplätze gemeinhin ohnehin als kaum erstrebenswert. Wenn Ökonomen darüber sprechen, wie sich die neuen Technologien auf diese Art von Beschäftigung auswirken, hört man häufiger die Formulierung „freigesetzt" – Arbeitnehmer verlieren ihre schlecht bezahlte Anstellung und können nun eine bessere Ausbildung anstreben und sich nach besseren Posten umsehen. Dahinter steckt natürlich die Grundannahme, dass eine dynamische Wirtschaft wie die amerikanische immer imstande sein wird, in ausreichenden Mengen höher bezahlte und anspruchsvollere Stellen zu erschaffen, die dann all diese „freigesetzten" Arbeitnehmer aufnehmen – sofern sie sich natürlich die notwendigen Qualifikationen aneignen können.

Das Fundament, auf dem diese Annahme beruht, fängt immer stärker zu wanken an. In den nächsten beiden Kapiteln werden wir beleuchten, wie sich die Automatisierung bislang auf den Arbeitsmarkt und die Löhne in den USA ausgewirkt hat, und wir gehen der Frage nach, was die Informationstechnologie zu einer wirklich einzigartigen disruptiven Kraft macht. Diese Überlegungen werden der Ausgangspunkt sein, von dem aus wir eine laufende Entwicklung weiterverfolgen. Althergebrachte Meinungen zur Frage, welche Stellen aller Wahrscheinlichkeit nach der Automatisierung zum Opfer fallen, werden ins Wanken geraten. Und ist bessere Bildung und mehr Ausbildung wirklich die Lösung? Nein. Die Maschinen haben es nämlich ebenso auf die hoch bezahlten und hoch qualifizierten Arbeitsplätze abgesehen.

KAPITEL 2

Wird es dieses Mal anders?

Am Morgen des 31. März 1968, einem Sonntag, stand der Reverend Martin Luther King Junior in der kunstvoll bearbeiteten Kanzel der Washington National Cathedral. Das Gebäude – eine der größten Kirchen der Welt, mehr als doppelt so groß wie die Westminster Abbey in London – war bis auf den letzten Platz gefüllt. Tausende Menschen waren im Hauptschiff und im Querschiff, blickten von der Empore herab oder drängelten sich in den Türen. Mindestens 1.000 weitere Besucher standen draußen auf den Stufen oder in der nahe gelegenen St. Alban's Episcopal Church, um sich die Predigt von Dr. King über Lautsprecher anzuhören.

Es sollte Kings letzte Sonntagspredigt werden. Nur fünf Tage später war die Kathedrale erneut bis auf den letzten Platz gefüllt, aber da war die Stimmung deutlich gedrückter. Der amerikanische Präsident Lyndon B. Johnson, ranghohe Kabinettsmitglieder, alle neun Richter des Obersten Gerichtshofs und führende Vertreter des Kongresses waren gekommen, um am Gedenkgottesdienst für King teilzunehmen, der einen Tag zuvor in Memphis ermordet worden war.[1]

Das Thema von Dr. Kings Predigt an jenem Sonntag lautete: „Wachsam bleiben während einer großen Revolution", Wie nicht anders zu erwarten, machten Bürgerrechte und Menschenrechte einen zentralen Teil seiner Ansprache aus, aber ihm schwebte revolutionärer Wandel auf viel größerer Ebene vor. Wie er kurz nach Beginn seiner Predigt erklärte:

„Es lässt sich nicht leugnen, dass heute in der Welt eine große Revolution im Gange ist. In gewisser Weise handelt es sich um eine dreifache Revolution. Da ist die technische Revolution mit den Folgen von Automatisierung und Kybernetisierung. Dann gibt es eine Revolution der Waffen mit dem Auftauchen atomaren und nuklearen Kriegsgeräts. Und dann gibt es eine Menschenrechtsrevolution mit der Freiheitsexplosion, die weltweit erfolgt. Es stimmt, wir leben in einer Zeit, in der sich Veränderungen Bahn brechen. Und dennoch gibt es diese Stimme, die uns aus den Tiefen der Geschichte zuruft und sagt: ‚Siehe, ich mache alles neu! Denn das Erste ist vergangen.'"[2] [nach der Johannes-Offenbarung]

Der Begriff „dreifache Revolution" bezog sich auf einen Bericht, den das sogenannte Ad Hoc Committee on the Triple Revolution geschrieben hatte. Dieser Gruppe aus prominenten Akademikern, Journalisten und Technologen gehörte der Chemie-Nobelpreisträger Linus Pauling ebenso an wie Gunnar Myrdal, der zusammen mit Friedrich Hayek 1974 den Nobelpreis für Wirtschaftswissenschaften erhalten sollte. Zwei der in dem Bericht identifizierten revolutionären Kräfte – Atomwaffen und die Bürgerrechtsbewegung – sind untrennbar mit der Geschichte der 1960er-Jahre verbunden. Die dritte Revolution nahm im Dokument den Großteil des Platzes ein, ist aber weitestgehend in Vergessenheit geraten. In dem Bericht wurde die Prognose aufgestellt, dass die „Kybernetisierung" (Automatisierung) schon bald zu einer Wirtschaft führen werde, in der „Systeme von Maschinen, die nur wenig Mitarbeit des Menschen benötigen, praktisch unbegrenzten Ausstoß erreichen können".[3] Das Resultat würden massive Arbeitslosigkeit, eskalierende Ungleichheit und letztlich eine sinkende Nachfrage für Waren und Dienstleistungen sein, da es den Verbrauchern immer stärker an der Kaufkraft mangeln werde, die für ein anhaltendes Wirtschaftswachstum benötigt wird. Das Ad Hoc Committee schlug eine radikale Lösung vor: Ein garantiertes Mindesteinkommen. Ermöglicht werden solle das durch die „Überflusswirtschaft", die die weitverbreitete Automatisierung mit sich bringen werde. Dieses Mindesteinkommen solle „an Stelle des Flickenteppichs sozialer Maßnahmen" treten, die damals zur Bekämpfung der Armut in Kraft waren.*

Der Bericht zur dreifachen Revolution wurde im März 1964 veröffentlicht und an Präsident Johnson, den Arbeitsminister und ranghohe

---

* Das Committee on the Triple Revolution trat nicht für die sofortige Einführung eines garantierten Mindesteinkommens ein, sondern schlug stattdessen neun politische Maßnahmen für die Übergangszeit vor. Viele dieser Anregungen waren eher konventionell, so ging es um viel höhere Bildungsausgaben, öffentliche Projekte zur Arbeitsbeschaffung und sozialen Wohnungsbau. In dem Bericht wird auch eine deutlich größere Rolle der Gewerkschaften propagiert und vorgeschlagen, dass die Arbeitnehmervertreter Fürsprecher nicht nur derjenigen werden sollten, die eine Beschäftigung haben, sondern auch der Arbeitslosen.

Vertreter des Kongresses geschickt. Ein Begleitschreiben enthält die ominöse Warnung, dass, werden die Vorschläge des Berichts nicht im Großen und Ganzen umgesetzt, „die Nation in eine beispiellose wirtschaftliche und gesellschaftliche Unordnung stürzen wird". Am nächsten Tag erschien auf der Titelseite der *New York Times* eine ausführliche Meldung mit Zitaten aus dem Bericht, und zahlreiche andere Zeitungen und Zeitschriften brachten Meldungen und Kommentarstücke (größtenteils kritischer Natur). Einige Medien druckten den Bericht sogar komplett ab.[4]

Die „dreifache Revolution" stellt vielleicht den Höhepunkt der Besorgnis dar, die nach dem Zweiten Weltkrieg mit Blick auf die Folgen der Automatisierung entstanden war. Die Aussicht, dass Maschinen den Menschen verdrängen und Massenarbeitslosigkeit verursachen, hatte bereits in der Vergangenheit oftmals für Furcht gesorgt. Schon 1812 erhoben sich in Großbritannien die Ludditen. In den 1950er- und 1960er-Jahren gewann die Sorge stark an Brisanz und wurde von den bekanntesten Namen und klügsten Köpfen Amerikas aufgegriffen.

1949 schrieb der international bekannte Mathematiker Norbert Wiener vom Massachusetts Institute of Technology (MIT) auf Bitten der *New York Times* einen Artikel. Darin beschrieb er seine Vision für die Zukunft von Rechenmaschinen und Automatisierung.[5] Wiener war ein Wunderkind gewesen. Bereits mit elf Jahren besuchte er die Universität, seine Doktorarbeit schloss er mit 17 Jahren ab. Anschließend begründete er das Feld der Kybernetik und leistete bahnbrechende Arbeit im Feld der angewandten Mathematik sowie bei den Grundlagen für Computerwissenschaften, Robotik und computergesteuerte Automatisierung. In seinem Artikel – formuliert gerade einmal drei Jahre, nachdem an der Universität von Pennsylvania der erste echte Universalrechner der Welt den Betrieb aufgenommen hatte * – schreibt Wiener:

---

* ENIAC (Electronic Numerical Integrator and Computer) wurde 1946 an der Universität von Pennsylvania gebaut. Die programmierbare Rechenmaschine wurde von der US Army bezahlt und diente in erster Linie dazu, ballistische Tabellen für die Artillerie zu berechnen.

„Wenn wir irgendetwas in einer klaren und verständlichen Art und Weise tun können, dann können wir es auch maschinell tun." Er warnte, dies könne letztlich zu einer „industriellen Revolution vollkommener Grausamkeit" führen, befördert von Maschinen, die fähig sind, „den wirtschaftlichen Wert des gemeinen Fabrikangestellten so weit zu reduzieren, dass es sich, egal zu welchem Preis, nicht mehr lohnt, ihn einzustellen."[**]

Drei Jahre später fand sich in Kurt Vonneguts erstem Roman eine schreckliche Zukunftsvision, die der von Wiener stark ähnelte. „Das höllische System" handelt von einer automatisierten Wirtschaft, in der von einer sehr kleinen technischen Elite gesteuerte Industriemaschinen praktisch alle Arbeiten erledigen. Der überwältigenden Mehrheit der Bevölkerung bleibt nichts als eine bedeutungslose Existenz und eine Zukunft ohne Hoffnung. Vonnegut, der zu einem gefeierten Autor heranwachsen sollte, glaubte sein Leben lang an die Relevanz dieses 1952 erschienenen Werks. Noch Jahrzehnte später schrieb er, „Das höllische System" werde „mit jedem Tag, der vergeht, zeitgemäßer".[6]

Vier Monate, nachdem die Regierung Johnson den Bericht zur „dreifachen Revolution" erhalten hatte, setzte der Präsident seine Unterschrift unter ein Gesetz zur Schaffung einer Nationalen Kommission zu Technologie, Automatisierung und wirtschaftlichem Fortschritt.[7] Bei der Unterzeichnungszeremonie erklärte Johnson: „Automatisierung kann der Verbündete unseres Wohlstands sein, wenn wir einfach nach vorne schauen, wenn wir begreifen, was auf uns zukommt, und wenn wir nach sorgfältiger Planung für die Zukunft einen weisen Kurs einschlagen." Wie es fast immer mit derartigen Kommissionen geschieht, so war es auch bei dieser: Sie geriet rasch in Vergessenheit und hinterließ zumindest drei ellenlange Berichte.[8]

[**] Aufgrund eines Missverständnisses wurde Wieners Artikel 1949 nicht veröffentlicht. 2012 stieß ein Wissenschaftler in der MIT-Bibliothek auf einen Entwurf des Texts. Weite Teile davon wurden im Mai 2013 endlich von John Markoff veröffentlicht, dem Wissenschaftskorrespondenten der *New York Times*.

So groß die Sorgen um die Auswirkungen der Automatisierung in den Nachkriegsjahren auch waren, das Ironische daran ist, dass die Wirtschaft kaum Anlass für derartige Besorgnis gab. Als der Bericht zur „dreifachen Revolution" 1964 erschien, lag die Arbeitslosenquote bei knapp über fünf Prozent, bis 1969 ging sie auf 3,5 Prozent zurück. Selbst während der vier Rezessionen, die die amerikanische Wirtschaft zwischen 1948 und 1969 durchlief, blieb die Arbeitslosigkeit stets unter sieben Prozent und sank jedes Mal rasch wieder ab, sobald sich die Wirtschaft erholte.[9] Die Einführung neuer Technologien führte in der Tat zu einer deutlichen Steigerung der Produktivität, aber der Löwenanteil dieses Wachstums landete in Form höherer Löhne letztlich bei den Arbeitnehmern.

Anfang der 1970er-Jahre verlagerte sich das Hauptaugenmerk auf das Ölembargo der OPEC-Staaten und dann auf die Stagflation der folgenden Jahre. Dass Maschinen und Computer für Arbeitslosigkeit sorgen könnten, wurde immer stärker zum Randthema. Vor allem bei professionellen Ökonomen war die Vorstellung praktisch tabu. Und wer sich dennoch traute, derartige Gedanken zu äußern, lief Gefahr, als „Neo Luddit" abgestempelt zu werden. Die Schreckensszenarien, die im Bericht zur „dreifachen Revolution" entworfen wurden, haben sich nicht bewahrheitet, deshalb können wir heute eine naheliegende Frage stellen:

Lagen die Autoren des Berichts ganz offensichtlich daneben? Oder haben sie – wie so viele andere vor ihnen – schlicht zu früh Alarm geschlagen?

Für Norbert Wiener als einen der frühen Pioniere der Informationstechnologie stellte der digitale Computer etwas grundlegend Anderes dar als die mechanischen Technologien früherer Zeiten. Der Computer war ein Gamechanger, eine bahnbrechende Neuerung – ein Gerät, das ein ganz neues Zeitalter einläuten – und letztlich vielleicht die sozialen Strukturen zerstören würde. Aber Wiener sprach von den potenziellen Gefahren zu einer Zeit, als Computer noch raumhohe Monster waren, in denen Zehntausende glühend heiße Elektronenröhren (von denen fast täglich welche ausfielen) Berechnungen anstellten.[10] Jahrzehnte sollten verstreichen, bis die digitale Technik so weit ausgereift war, dass derartige Bedenken ansatzweise berechtigt erschienen. Diese Jahrzehnte liegen inzwischen hinter uns, die Zeit ist gekommen, die Auswirkungen der Technik auf die Wirtschaft ergebnisoffen neu zu bewerten. Bedenken darüber, welche Folgen arbeitssparende Technologien haben könnten, mögen unter den Ökonomen an den Rand der Debatten gedrängt worden sein, dennoch setzte in der amerikanischen Wirtschaft eine Veränderung ein bei dem, was für den Wohlstand der Nachkriegsjahre von grundlegender Bedeutung gewesen war: Die nahezu perfekte historische Balance zwischen wachsender Produktivität und wachsenden Einkommen ist in eine Schieflage geraten. Die Gehälter der meisten Amerikaner stagnierten, für viele entwickelten sie sich sogar rückläufig. Die Ungleichheit bei den Einkommen stieg auf ein Niveau, wie man es seit 1929 vor Ausbruch der Weltwirtschaftskrise nicht mehr gesehen hatte, und ein neuer Begriff ging in die Alltagssprache ein: „Jobless recovery", das „beschäftigungsfreie Wachstum".

Insgesamt gibt es mindestens sieben wirtschaftliche Entwicklungen, die nahelegen, dass die Informationstechnologie eine transformative Rolle spielt.

Sieben tödliche Trends
Stagnierende Löhne

1973 war ein äußerst ereignisreiches Jahr für die Vereinigten Staaten: Die Regierung Nixon steckte mitten im Watergate-Skandal, die OPEC verhängte ein Ölembargo, das schon bald dazu führte, dass sich in den USA an den Tankstellen lange Schlangen aufgebrachter Autofahrer stauten. Noch während Nixon in seiner Todesspirale versank, setzte eine andere Entwicklung ein. Sie begann mit einem Ereignis, das völlig unbeachtet blieb, aber es war der Auftakt für einen Trend, der von der Bedeutung her Watergate und die Ölkrise in den Schatten stellen sollte. 1973 war nämlich das Jahr, in dem das Arbeitnehmergehalt eines Durchschnittsamerikaners seinen Höhepunkt erreichte. In Dollar von 2013 gerechnet, verdiente ein typischer Arbeiter [11] 1973 rund 767 Dollar pro Woche. Im darauffolgenden Jahr setzte ein steiler Rückgang ein, von dem sich die Löhne nie vollständig erholen sollten. Vier Jahrzehnte später verdiente ein ähnlicher Arbeiter nur noch 664 Dollar pro Woche, was einem Minus von rund 13 Prozent entspricht.[12]

Ein klein wenig positiver sieht die Lage aus, betrachten wir die mittleren Haushaltseinkommen. Zwischen 1949 und 1973 verdoppelte sich das mittlere Einkommen der amerikanischen Haushalte von rund 25.000 Dollar auf rund 50.000 Dollar. Das Wachstum bei den mittleren Einkommen während dieser Zeit war exakt an das Wachstum beim Pro-Kopf-BIP gekoppelt. Drei Jahrzehnte später ist das mittlere Haushaltseinkommen auf etwa 61.000 Dollar angestiegen, ein Plus von gerade einmal 22 Prozent. Dieses Wachstum geht allerdings in erster Linie darauf zurück, dass Frauen in die Arbeiterschaft eingetreten sind. Wären die Einkommen (wie es bis 1973 der Fall war) im gleichen Tempo wie die Wirtschaft gewachsen, läge das mittlere Haushaltseinkommen heute bei deutlich mehr als 90.000 Dollar, also über 50 Prozent höher als die 61.000 Dollar, die es tatsächlich sind.[13]

Abbildung 2.1 zeigt das Verhältnis zwischen Arbeitsproduktivität* (gemessen wird die stündliche Leistung der Arbeiter) und Vergütung (Löhne und Vergünstigungen), wie es sich seit 1948 für gewöhnliche Arbeitnehmer in der Privatwirtschaft herausgebildet hat. Im ersten Abschnitt der Tabelle (von 1948 bis 1973) verläuft alles so, wie es die Ökonomen erwarten: Produktivität und Vergütung entwickeln sich in nahezu perfektem Gleichschritt. Der Wohlstand nimmt zu und kommt allen zugute, die etwas zur Wirtschaftsleistung beitragen. Ab Mitte der 1970er-Jahre wird die Kluft zwischen den beiden Kurven immer größer.

---

* Arbeitsproduktivität misst den Wert der Leistung (Produkte oder Dienstleistungen), die die Arbeiter pro Stunde produzieren. Um die allgemeine Effizienz einer Volkswirtschaft abschätzen zu können, ist dieser Wert von zentraler Bedeutung und entscheidet in beträchtlichem Ausmaß über den Wohlstand einer Nation. Moderne Industrienationen weisen eine hohe Produktivität auf, denn ihre Arbeiter haben Zugang zu mehr sowie besserer Technologie, ihnen steht bessere Ernährung zur Verfügung, ihre Umwelt ist sicherer und gesünder und sie sind im Allgemeinen höher gebildet und besser ausgebildet. In armen Ländern fehlen diese Dinge, weshalb sie weniger produktiv sind. Dort müssen die Menschen länger und härter arbeiten, um dieselbe Produktionsleistung zu erreichen.

Abbildung 2.1: Wachstum der realen stündlichen Vergütung für Arbeiter in der Herstellung oder ohne Führungsaufgabe im Vergleich zur Produktivität (1948 bis 2011)

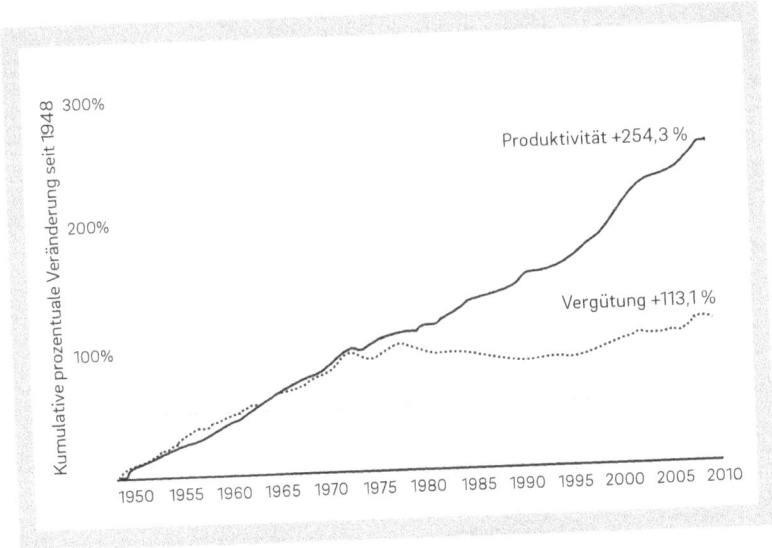

Quelle: Lawrence Mishel, Economic Policy Institute, basierend auf einer Analyse unveröffentlichter gesamtwirtschaftlicher Daten des Bureau of Labor Statistics, des Programms „Labor Productivity and Costs" und der Reihe „National Income and Product Accounts" des Bureau of Economic Analysis.[14]

Das verdeutlicht, wie sehr die Früchte der Innovation heute fast ausschließlich nur noch Geschäftsinhabern und Investoren zugutekommen und nicht mehr Arbeitern.

Die Grafik ist eindeutig, dennoch sperren sich viele Ökonomen weiterhin gegen die Feststellung, dass zwischen Lohnwachstum und Produktivitätswachstum eine Lücke klafft. Abbildung 2.2 zeigt, wie sich in bestimmten Phasen seit 1947 Löhne und Produktivität entwickelt haben. Seit 1980 ist in jedem einzelnen Jahrzehnt die Produktivität deutlich stärker gewachsen als die Löhne. Besonders dramatisch fällt der Unterschied für den Zeitraum 2000 bis 2009 aus: Die Produktivität wuchs fast so stark wie im Zeitraum 1947 bis 1973 – der Goldenen Ära des Nachkriegswohlstands –, doch die Vergütung hinkt weit hinterher. Wenn man sich diese Grafik ansieht, kommt man fast automatisch zu

Abbildung 2.2: Produktivitätsanstieg im Vergleich zum Lohnanstieg

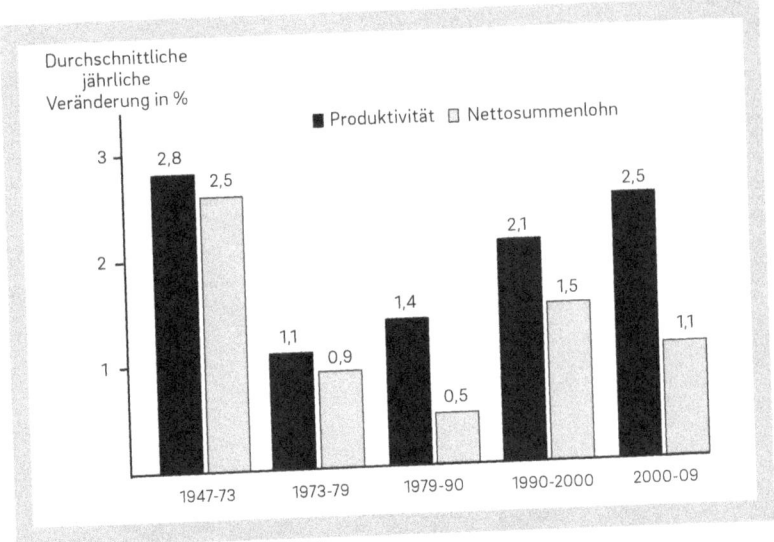

Quelle: US Bureau of Labor Statistics[15]

dem Eindruck, dass das Produktivitätswachstum den Lohnsteigerungen der meisten Arbeiter locker den Rang abläuft.

Ganz besonders langsam stellen sich viele Verfasser von Hochschul-Lehrbüchern diesen Realitäten. Ein Beispiel: „Principles of Economics" ist ein einführendes Lehrbuch von John B. Taylor und Akila Weerapana und Pflichtlektüre für die immens beliebten Vorlesungen in Wirtschaftswissenschaften, die Professor Taylor an der Universität Stanford hält.[16] Dieses Werk enthält ein Säulendiagramm, das Abbildung 2.2 sehr stark ähnelt, trotzdem ist im Text die Rede von einer engen Verbindung zwischen Löhnen und Produktivität. Und was ist mit der Tatsache, dass seit den 1980er-Jahren die Produktivität die Löhne immer stärker abhängt? „Das Verhältnis ist nicht perfekt", heißt es bei Taylor und Weerapana. So kann man es wohl auch ausdrücken ...

Es gibt noch ein weiteres Lehrbuch namens „Principles of Economics"und einer der Autoren ist der Princeton-Professor und ehemalige

Fed-Chef Ben Bernanke.[17] In der Ausgabe von 2007 heißt es, dass das Lohnwachstum seit 2000 so langsam vonstattengehe, könne die Folge des „schwachen Arbeitsmarkts sein, der auf die Rezession von 2001 folgte". Die Löhne sollten im Vergleich „zum Produktivitätsanstieg aufholen, sobald der Arbeitsmarkt in seinen Normalzustand zurückkehrt".

Diese Einschätzung scheint zu ignorieren, dass der Anstieg der Löhne und der Produktivität schon aus dem Gleichgewicht geraten war, bevor die meisten heutigen Studenten überhaupt geboren waren.*

Bei den Arbeitnehmern dominieren die Bären, bei den Arbeitgebern die Bullen

Anfang des 20. Jahrhunderts untersuchte der britische Ökonom und Statistiker Arthur Bowley Jahrzehnte umspannende Daten zum Nationaleinkommen Großbritanniens. Dabei konnte er nachweisen, dass

---

* Wenn man über die Kluft zwischen Lohnanstieg und Produktivitätsanstieg spricht, kommt auch noch ein technischer Aspekt zum Tragen. Sowohl die Löhne (oder die Vergütung, allgemeiner gesprochen) wie auch die Produktivitätszahlen müssen inflationsbereinigt betrachtet werden. Normalerweise werden dabei zwei unterschiedliche Maßstäbe für die Inflation angelegt. Auch die Behörde für Arbeitsmarktstatistik (US Bureau of Labor Statistics, BLS) arbeitet mit dieser Methode. Die Löhne werden mithilfe des Verbraucherpreisindex bereinigt, weil dieser die Preise für die Produkte und Dienstleistungen widerspiegelt, für die die Arbeiter ihr Geld ausgeben. Die Produktivitätszahlen werden mithilfe des BIP-Deflators (impliziter Preisindex) korrigiert. Dabei handelt es sich um einen weiter gesteckten Maßstab für die Preisentwicklung in der Gesamtwirtschaft. Anders gesagt: Der BIP-Deflator umfasst Preise für zahlreiche Dinge, die Verbraucher eigentlich nicht kaufen. Ein zentraler Unterschied besteht darin, dass Computer und Informationstechnologie im BIP-Deflator eine viel wichtigere Rolle spielen als im Verbraucherpreisindex. Computer und IT haben als Folge des Mooreschen Gesetzes eine deutliche Preisdeflation durchlaufen, aber während sie in den Budgets der meisten Haushalte nur von nachrangiger Bedeutung sind, kaufen Unternehmen große Mengen an Computern und Informationstechnologie. Viele, vor allem eher konservativ orientierte Ökonomen vertreten die Ansicht, der BIP-Deflator sollte für Löhne wie auch für Produktivität angewendet werden. Bei dieser Methode schließt sich die Lücke zwischen Lohnwachstum und Produktivitätswachstum deutlich. Allerdings werden die Auswirkungen der Inflation auf Lohnempfänger bei diesem Ansatz mit großer Wahrscheinlichkeit als zu niedrig eingestuft.

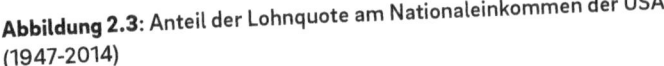

Abbildung 2.3: Anteil der Lohnquote am Nationaleinkommen der USA
(1947-2014)

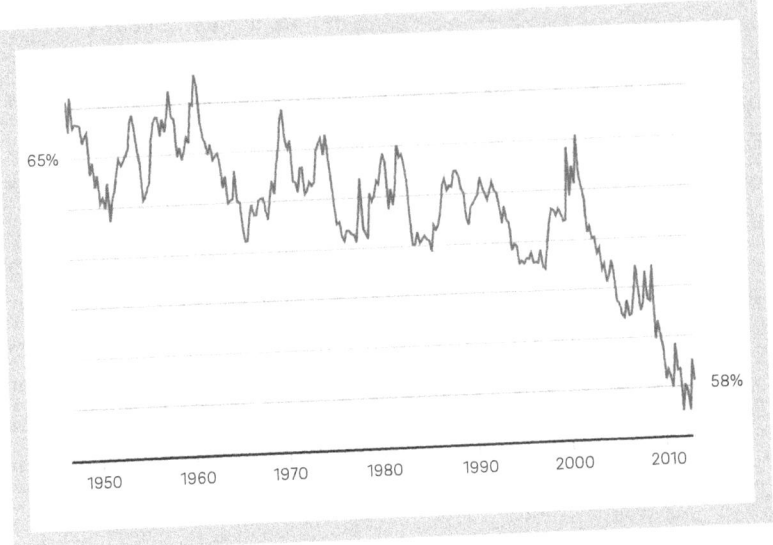

Quelle: US Bureau of Labor Statistics und Federal Reserve Bank of St. Louis (FRED).[18]

der Anteil des Nationaleinkommens, der auf Arbeit beziehungsweise Kapital entfiel, zumindest auf lange Sicht vergleichsweise konstant blieb. Dieses scheinbar starre Verhältnis wurde letztlich unter dem Begriff „Bowley's Law" (deutsch: „Gesetz der konstanten Lohnquote") zu einem stehenden Begriff in den Wirtschaftswissenschaften. John Maynard Keynes, der vielleicht berühmteste Ökonom aller Zeiten, sollte später erklären, das Gesetz der konstanten Lohnquote zähle zu den „überraschendsten und zugleich am besten etablierten Fakten in der Welt der Wirtschaftsstatistiken".[19]

Abbildung 2.3 zeigt, dass sich in den Jahren nach dem Zweiten Weltkrieg der Anteil der Lohnquote am Nationaleinkommen der USA innerhalb einer recht engen Spanne bewegte, ganz so, wie es Bowleys Gesetz vermuten ließ. Ab Mitte der 1970er-Jahre allerdings war Schluss mit der Gesetzmäßigkeit. Zunächst sank die Lohnquote schrittweise, dann, kurz nach Beginn des neuen Jahrhunderts, ging sie offenbar in den freien Fall über. Umso erstaunlicher ist diese Entwicklung, wenn man bedenkt, dass jeder Gehaltsempfänger in diesem Posten auftaucht. Anders gesagt: Die gewaltigen Gehälter der Konzernbosse, der Wall-Street-Manager, der Sport- und Filmstars fließen allesamt hier ein und die sind bekanntermaßen keineswegs geschrumpft, sondern vielmehr explodiert. Würde die Grafik die Lohnquote der gewöhnlichen Arbeitnehmer (genauer gesagt: der unteren 99 Prozent der Einkommenspyramide) zeigen, wäre der Absturz gewiss noch dramatischer.

Die Lohnquote mag in den Keller rauschen, aber die Firmengewinne haben einen ganz anderen Kurs eingeschlagen. Im April 2012 veröffentlichte das *Wall Street Journal* eine Geschichte, die dokumentierte, in welch erstaunlichem Tempo sich die Unternehmen von der schwersten Wirtschaftskrise seit der Weltwirtschaftskrise erholten. Millionen Arbeiter waren noch auf der Suche nach einer Anstellung oder hatten Jobs akzeptierten, die schlechter bezahlt waren oder mit einer geringeren Arbeitszeit einhergingen, als der Unternehmenssektor „produktiver, profitabler, in Geld schwimmend und weniger von Schulden gedrückt" aus dem Abschwung hervorging.[20]

Während der jüngsten Weltwirtschaftskrise waren die Firmen gut darin geworden, mehr mit weniger Personal zu produzieren. 2011 generierten die Großkonzerne durchschnittlich 420.000 Dollar Umsatz pro Mitarbeiter – 2007 waren es noch 378.000 Dollar gewesen, ein Plus von über elf Prozent.[21] Die Firmen des Börsenindex Standard & Poor's 500 (S&P 500) hatten gegenüber dem Vorjahr ihre Ausgaben für neue Werke und Ausrüstung inklusive IT verdoppelt. Die Kapitalinvestitionen lagen damit, was den prozentualen Anteil am Umsatz anbelangt, wieder auf dem Niveau von vor der Krise.

Nach der Weltwirtschaftskrise von 2008 schossen die Unternehmensprofite auch in die Höhe, was den prozentualen Anteil vom BIP anbelangt (siehe Abbildung 2.4). Obwohl 2008/2009 die Gewinne kräftig einbrachen, erholte sich die Rentabilität doch auch in einem Tempo, wie man es bei früheren Rezessionen nie gesehen hatte.

Abbildung 2.4: Unternehmensgewinne als Prozentsatz vom BIP
Legende: Schattierte Bereiche = Rezessionen in den USA

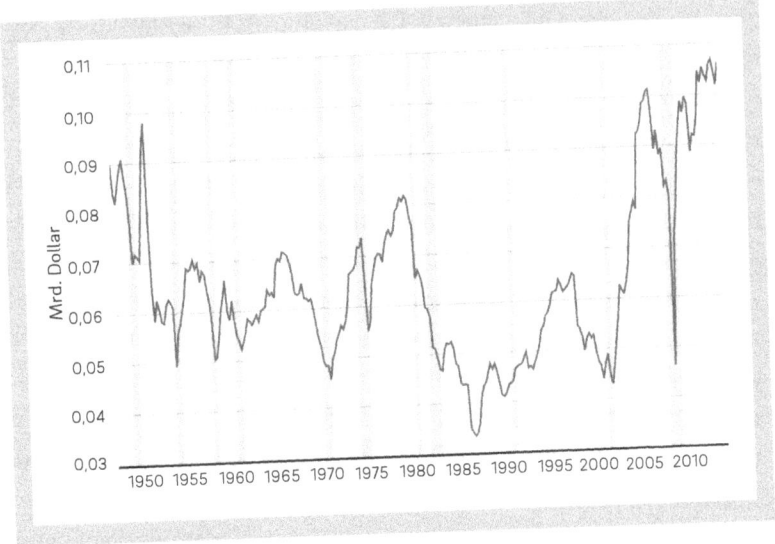

Quelle: Federal Reserve Bank of St. Louis (FRED).[22]

Dass die Lohnquote im Vergleich zum Nationaleinkommen fällt, ist beileibe kein Phänomen, das sich auf die Vereinigten Staaten beschränkt. Im Juni 2013 veröffentlichten die Ökonomen Loukas Karabarbounis und Brent Neiman von der Booth School of Business der Universität Chicago ein Forschungspapier.[23] Darin analysierten sie Daten aus 56 Nationen und stellten bei 38 einen deutlichen Rückgang der Lohnquote fest. Japan, Kanada, Frankreich, Italien, Deutschland und China wiesen allesamt über einen Zehn-Jahres-Zeitraum einen längeren Rückgang auf als die USA. Besonders dramatisch war der Rückgang in China: In dem Land also, das uns doch angeblich „all die Arbeit wegnimmt", war er dreimal so groß wie in den USA.

Dass weltweit die Lohnquote sank, führten Karabarbounis und Neiman zurück auf „Effizienzsteigerungen in den Kapital produzierenden Industriebereichen, häufig verursacht durch Fortschritte in der Informationstechnologie und das Computerzeitalter".[24] Die Autoren schrieben zudem, dass eine stabile Lohnquote im Verhältnis zum Nationaleinkommen „weiterhin ein grundlegendes Merkmal der makroökonomischen Modelle" darstelle.[25] Anders gesagt: Genauso wie die Ökonomen die Auswirkungen dessen, dass sich gegen 1973 Produktivität und Lohnwachstum auseinanderzuentwickeln begannen, scheinbar noch nicht wirklich realisiert haben, genauso haben sie bis heute keinerlei Probleme damit, das Gesetz der konstanten Lohnquote in die Gleichungen zu integrieren, mit deren Hilfe sie Konjunkturberechnungen anstellen.

Rückläufige Erwerbsquote

Ein weiterer Trend war die rückläufige Erwerbsquote. Nach der Wirtschaftskrise von 2008/2009 war häufig zu beobachten, dass die Arbeitslosigkeit nicht deshalb zurückging, weil in großen Mengen neue Jobs erschaffen wurden, sondern weil Arbeitnehmer entmutigt den Arbeitsmarkt verließen. Für die Arbeitslosenquote werden nur die Menschen

Abbildung 2.5: Erwerbsquote

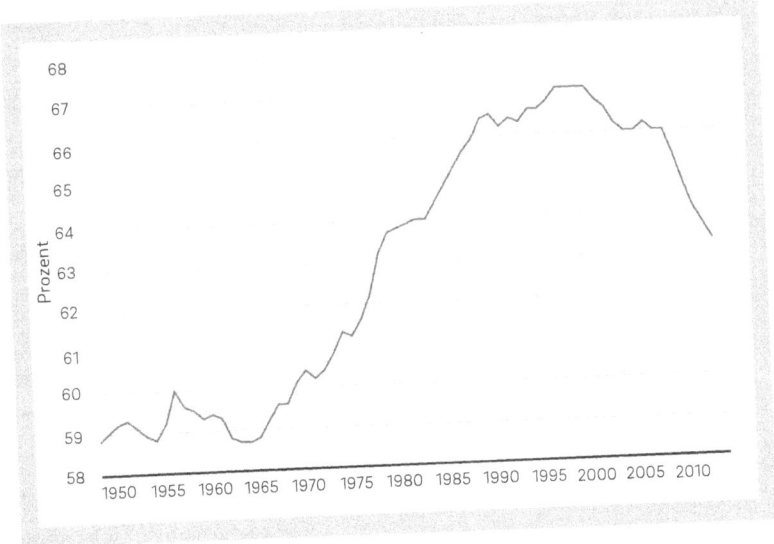

Quelle: US Bureau of Labor Statistics und Federal Reserve Bank of St. Louis (FRED).[26]

gezählt, die aktiv eine Anstellung suchen. Die Erwerbsquote liefert da ein anderes Bild, denn sie bildet auch die Menschen ab, die die Suche aufgegeben haben.

Abbildung 2.5 zeigt, dass die Erwerbsquote zwischen 1970 und 1990 deutlich anstieg: Frauen drängten in großer Zahl auf den Arbeitsmarkt. Der Gesamttrend übertüncht hierbei den wichtigen Umstand, dass der Anteil der Männer an der erwerbstätigen Bevölkerung seit 1950 rückläufig ist. Vom Höchstwert bei etwa 86 Prozent sank der Anteil bis 2013 auf 70 Prozent. Bei den Frauen erreichte der Anteil derer, die zur erwerbstätigen Bevölkerung zählen, im Jahr 2000 mit 60 Prozent ihren bisherigen Höchststand. Die Gesamt-Erwerbsquote war in jenem Jahr mit etwa 67 Prozent so hoch wie nie zuvor.[27]

Seitdem ist die Erwerbsquote im Sinken begriffen. Das hängt auch damit zusammen, dass die Babyboomer, also die geburtenstarken Jahrgänge der Nachkriegsjahre, mittlerweile in Rente gehen und dass jüngere Arbeitnehmer zusätzliche Bildungsangebote in Anspruch nehmen. Und dennoch erklären diese demografischen Trends den Rückgang nicht völlig. In der Gruppe der 25- bis 54-Jährigen – der Menschen also, die alt genug sind, um ihr Studium abgeschlossen zu haben, aber noch zu jung, um in Rente zu gehen – ist die Erwerbsquote von 84,5 Prozent im Jahr 2000 bis 2013 auf knapp über 81 Prozent gefallen.[28]Anders gesagt: Sowohl die Erwerbsquote insgesamt als auch die Erwerbsquote der Menschen im „besten Erwerbsalter" ist seit 2000 um drei Punkte gesunken – und schon die Hälfte dieses Rückgangs fand vor dem Ausbruch der Finanzkrise von 2008 statt.

Das Fallen der Erwerbsquote ging einher mit einer Explosion der Anträge auf Sozialhilfe wegen Erwerbsunfähigkeit. Das Programm ist dafür gedacht, Arbeitnehmern, die an degenerativen Erkrankungen leiden, sozial abzusichern. Zwischen 2000 und 2011 stieg die Zahl der Anträge von etwa 1,2 Millionen pro Jahr auf nahezu drei Millionen.[29]

Es spricht nichts dafür, dass zu Beginn der Jahrhundertwende eine Epidemie schwerer Erkrankungen am Arbeitsplatz ausgebrochen ist. Insofern vermuten viele Analysten, dass das Erwerbsunfähigkeitsprogramm zweckentfremdet wird als eine Art permanente Arbeitslosenversicherung. Wenn man all dies berücksichtigt, liegt es auf der Hand, dass es nicht nur einfache demografische Entwicklungen oder zyklische Wirtschaftsfaktoren sind, die die Menschen dazu bringen, in Scharen aus der Erwerbstätigkeit auszuscheiden.

Verminderte Schaffung neuer Arbeitsplätze, langsamere Wiedereingliederung nach Phasen der Arbeitslosigkeit, rasante Zunahme der Langzeitarbeitslosigkeit

Im Verlauf des vergangenen halben Jahrhunderts ist die US-Wirtschaft immer schlechter darin geworden, neue Arbeitsplätze zu schaffen. Nur während der 1990er-Jahre gelang es (gerade so eben), mit dem Tempo Schritt zu halten, in dem im Vorjahrzehnt neue Jobs entstanden, und diese Entwicklung war größtenteils dem Internetboom zu verdanken, der sich in der zweiten Hälfte des Jahrzehnts bemerkbar machte. Die Rezession, die im Dezember 2007 einsetzte, und die folgende Finanzkrise hatten verheerende Auswirkungen auf die Entstehung neuer Arbeitsplätze in den 2000er-Jahren: Am Ende des Jahrzehnts gab es fast exakt so viele Arbeitsplätze wie im Dezember 1999. Aber schon bevor die Weltwirtschaftskrise zuschlug, lag das erste Jahrzehnt des 21. Jahrhunderts bereits auf Kurs, das mit Abstand schlechteste Jobwachstum seit dem Zweiten Weltkrieg zu produzieren.

Abbildung 2.6 zeigt, dass die Zahl der Jobs bis Ende 2007 um gerade einmal 5,8 Prozent gestiegen war. Rechnet man dies auf das gesamte Jahrzehnt hoch, wären in den 2000er-Jahren ohne den Ausbruch der Finanzkrise vermutlich um die acht Prozent mehr Arbeitsplätze entstanden – nicht einmal halb so viel wie während der 1980er- und 1990er-Jahre.

Wenn man nun noch bedenkt, dass die Wirtschaft ständig Jobs in großer Menge erschaffen muss, nur um mit dem Bevölkerungswachstum Schritt zu halten, wird das Ausmaß dieser katastrophalen Entwicklung noch deutlicher. Pro Monat müssen zwischen 75.000 und 150.000 neue Stellen geschaffen werden.[30] Selbst wenn man die konservativeren Zahlen zugrunde legt, entstand in den 2000er-Jahren ein Defizit von insgesamt rund neun Millionen Jobs.

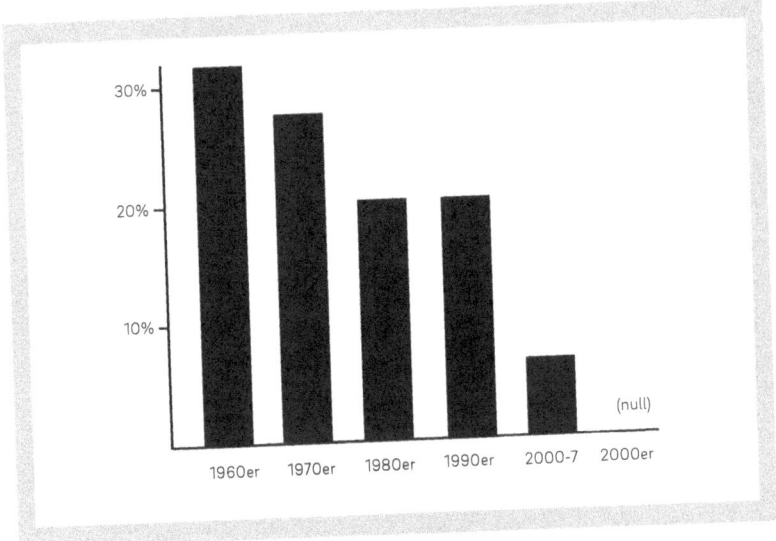

Quelle: US Bureau of Labor Statistics and Federal Reserve Bank of St. Louis (FRED).[31]

Klare Beweise zeigen zudem, dass der Arbeitsmarkt immer länger dafür braucht, sich davon zu erholen, dass eine Rezession der Wirtschaft die Luft aus den Segeln genommen hat. 2010 stellte ein Forschungsbericht der Federal Reserve Bank of Cleveland fest, dass es Arbeitslosen bei den jüngsten Rezessionen deutlich schwerer fiel, eine neue Beschäftigung zu finden. Anders ausgedrückt: Das Problem besteht nicht darin, dass bei den Konjunkturabschwüngen mehr Arbeitsplätze vernichtet werden – das Problem besteht darin, dass bei den Konjunkturerholungen weniger neue Jobs entstehen. Nachdem im Dezember 2007 die Weltwirtschaftskrise ausbrach, stieg die Arbeitslosenquote noch fast zwei Jahre weiter an. Letztlich lag sie mit 10,1 Prozent fünf Prozentpunkte höher. Von diesen fünf Punkten Anstieg entfielen mehr als 95 Prozent auf Arbeitnehmer, denen es schwerfiel, wieder in ein Beschäftigungsverhältnis zu kommen, hieß es in der Analyse der Notenbank von Cleveland.[32] Das hat zu einem deutlichen Sprung bei der Langzeitarbeitslosigkeit geführt. Diese erreichte ihren Höhepunkt 2010,

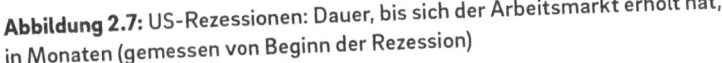

Abbildung 2.7: US-Rezessionen: Dauer, bis sich der Arbeitsmarkt erholt hat, in Monaten (gemessen von Beginn der Rezession)

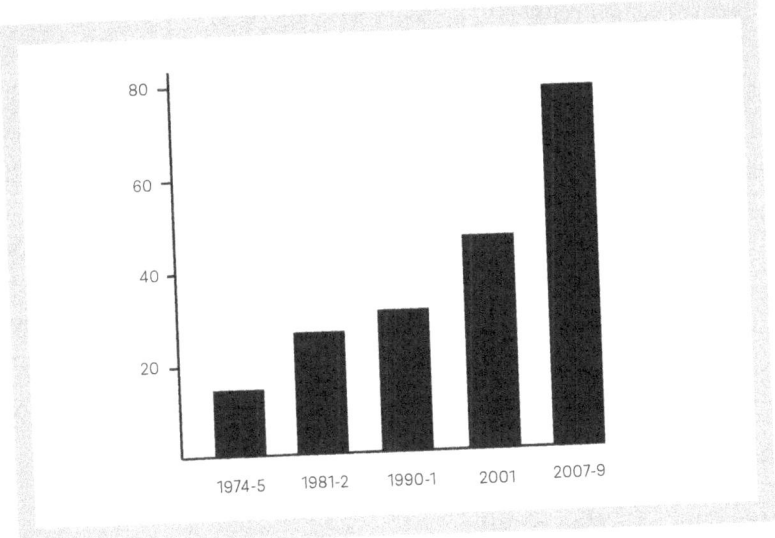

Quelle: US Bureau of Labor Statistics and Federal Reserve Bank of St. Louis (FRED).[33]

als rund 45 Prozent der Arbeiter länger als sechs Monate ohne Beschäftigung gewesen waren.[34]

Abbildung 2.7 zeigt, wie viele Monate es dauerte, bis sich der Arbeitsmarkt nach jüngsten Rezessionen erholt hatte. Die Weltwirtschaftskrise von 2007 resultierte in einem gewaltigen beschäftigungslosen Wachstum. Erst im Mai 2014, volle sechseinhalb Jahre nach Beginn des Abschwungs, hatte der Arbeitsmarkt sein altes Niveau wieder erreicht.

Längere Arbeitslosigkeit ist ein lähmendes Problem. Die Arbeitsqualifikationen werden mit der Zeit schlechter, es wächst das Risiko, dass Erwerbsfähige entmutigt aufgeben. Hinzu kommt, dass viele Arbeitgeber offenbar aktiv Langzeitarbeitslose diskriminieren und sich häufig weigern, deren Lebensläufe überhaupt in Betracht zu ziehen. In einem Experiment konnte Rand Ghayad, Doktorand der Wirtschaftswissenschaften an der Northeastern University, nachweisen, dass eine kürzlich arbeitslos gewordene Person ohne Branchenerfahrung mit höherer Wahrscheinlichkeit zu einem Bewerbungsgespräch eingeladen wird als jemand, der direkt anwendbare Erfahrungen vorweisen konnte, aber über sechs Monate arbeitslos gewesen war.[35] Und das Urban Institute kam in einer Untersuchung zu dem Schluss, dass Langzeitarbeitslose sich nicht signifikant von anderen Erwerbsfähigen unterscheiden. Langzeitarbeitslos zu werden – und das damit einhergehende Stigma ertragen zu müssen – scheint demzufolge größtenteils schlichtweg Pech zu sein.[36]

Wer seine Anstellung zu einem besonders ungünstigen Zeitpunkt verliert und dann nicht innerhalb der ominösen Zeitspanne von sechs Monaten etwas Neues findet (angesichts einer im freien Fall befindlichen Konjunktur ein absolut realistisches Szenario), hat von diesem Zeitpunkt an drastisch schlechtere Chancen, wieder in Lohn und Brot zu kommen – und zwar ganz egal, wie qualifiziert man sein mag.

Wachsende Ungleichheit

Seit den 1970er-Jahren wächst die Kluft zwischen den Reichen auf der einen und allen anderen auf der anderen Seite. Zwischen 1993 und 2010 entfiel mehr als die Hälfte des Zugewinns beim Nationaleinkommen der USA auf Haushalte, die zum obersten einen Prozent der Einkommenspyramide gehören.[37] Seitdem hat sich die Schieflage nur noch verstärkt. Im September 2013 veröffentlichte der Ökonom Emmanuel Saez von der Universität von Kalifornien in Berkeley eine Analyse. Darin hieß es, atemberaubende 95 Prozent der gesamten Einkommenszugewinne der Jahre 2009 bis 2012 hätte das reichste Prozent eingestrichen.[38] Die „Occupy Wall Street"-Bewegung mag von der Bildfläche verschwunden sein, aber die Fakten zeigen sehr deutlich, dass die Einkommensungleichheit in den USA nicht nur hoch ist – sondern sich womöglich auch immer schneller vertieft.

Nun ist die Ungleichheit in nahezu allen Industrienationen gestiegen, aber die Vereinigten Staaten stellen einen klaren Ausreißer dar. Nach einer Analyse der CIA ist das Einkommensgefälle in Amerika in etwa auf einem Niveau mit dem in den Philippinen und deutlich größer als in Ägypten, dem Jemen und Tunesien.[39] Andere Studien kamen zu dem Schluss, dass die wirtschaftliche Mobilität – die der Maßstab ist für die Wahrscheinlichkeit, dass Kinder aus armen Familien es die Einkommensskala hinauf schaffen werden – in den USA deutlich niedriger ist als in nahezu allen Ländern Europas. Anders gesagt: Eine der zentralen Ideen, die den amerikanischen Traum ausmacht, besagt, dass man es mit harter Arbeit und Hartnäckigkeit zu etwas bringen kann. Diese Vorstellung scheint sich in der statistischen Realität nicht spürbar niederzuschlagen.

Aus Sicht eines Einzelnen lässt sich Ungleichheit vielleicht nur sehr schwer wahrnehmen. Die meisten Menschen neigen dazu, ihre Aufmerksamkeit auf ihr direktes Umfeld zu konzentrieren. Sie fragen sich, wie sie im Vergleich zu ihrem Nachbarn abschneiden, und messen sich nicht mit dem Hedgefonds-Manager, dem sie vermutlich nie begegnen werden. Umfragen haben gezeigt, dass die meisten Amerikaner das Ausmaß der herrschenden Ungleichheit massiv unterschätzen. Wenn man sie bittet, eine „ideale" Verteilung des Nationaleinkommens zu wählen, treffen sie eine Wahl, die sich in der realen Welt bestenfalls in den Sozialdemokratien Skandinaviens findet.[40,*]

Aber davon einmal abgesehen hat Ungleichheit echte Auswirkungen, die darüber hinausgehen, dass man mit den Nachbarn nicht mehr mithalten kann. An erster Stelle ist da der Fakt zu nennen, dass es einen direkten Zusammenhang zu geben scheint zwischen dem überwältigenden Erfolg der Menschen an oberster Spitze und schwindenden Erfolgsaussichten für praktisch alle anderen. Der alte Spruch „Die Flut bringt alle Boote zum Schwimmen" verliert rasch an Glanz, wenn man seit den Zeiten Nixons keine echte Gehaltserhöhung mehr bekommen hat.

Darüber hinaus besteht natürlich das Risiko, dass die Finanzelite das Thema zum politischen Spielball macht. Stärker als in jeder anderen Industrienation, nämlich nahezu ausschließlich, dominiert in der

---

* Das gilt unabhängig von der politischen Ausrichtung. Dan Ariely von der Duke University führte eine Studie durch, bei der über 90 Prozent der Republikaner und 93 Prozent der Demokraten eine der schwedischen ähnliche Einkommensverteilung eine der amerikanischen ähnliche vorzogen.

politischen Landschaft der USA das Geld die Politik. Reiche Einzelpersonen und die von ihnen kontrollierten Organisationen können durch Wahlkampfspenden und Lobbyarbeit starken Einfluss auf die Regierungspolitik nehmen. Das führt oftmals zu Resultaten, die ganz klar im Widerspruch zu dem stehen, was die Öffentlichkeit will. Die Menschen im Zenit der Einkommensverteilung koppeln sich immer stärker von der restlichen Bevölkerung ab und leben in einer Art Blase, geschützt vor nahezu allen Realitäten, mit denen sich der Durchschnittsamerikaner herumplagen muss. Das birgt das echte Risiko, dass die Reichen sich dagegen sperren werden, Investitionen in das öffentliche Gut und die Infrastruktur gutzuheißen, von denen alle anderen abhängen. Die anschwellenden Vermögen derjenigen, die ganz oben stehen, könnten letztlich eine Bedrohung für das demokratische Regieren bedeuten. Das dringlichste Problem für die meisten Menschen aus der Mittelklasse und der Arbeiterschicht besteht jedoch darin, dass sich die Aussichten am Stellenmarkt auf breiter Front eintrüben.

Schrumpfende Einkommen und Unterbeschäftigung für frischgebackene Hochschulabsolventen

Ein abgeschlossenes Studium gilt gemeinhin als wichtige Grundvoraussetzung für den Einstieg in die Mittelschicht. 2012 lag der durchschnittliche Stundenlohn für Hochschulabsolventen um mehr als 80 Prozent höher als die Löhne von Highschool-Absolventen.[41] Das spiegelt etwas wider, was Ökonomen als „skill-biased technological change" bezeichnen.* Die These hinter diesem „von bestimmten Skills abhängigen tech-

---

* Der von bestimmten Fertigkeiten abhängige technische Wandel und der Gehaltsaufschlag für Hochschulabsolventen erklären die wachsende Gehaltsungleichheit zum Teil. Da jedoch fast ein Drittel der erwachsenen US-Bevölkerung ein abgeschlossenes Studium vorweisen kann, müsste eine deutlich abgeschwächtere Form von Ungleichheit herrschen, wenn dies die einzigen Faktoren wären. Bemerkenswert ist, was an der obersten Spitze passiert – und je höher man kommt, desto extremer wird es. Die aufgeblähten Vermögen des obersten einen Prozents (oder der obersten 0,01 Prozent) lassen sich nicht durch bessere Bildung oder Ausbildung erklären.

nischen Wandel" besagt, dass die Informationstechnologie viele der Aufgaben automatisiert hat, die in der Vergangenheit weniger qualifizierte Arbeiter ausgeführt hatten (oder dass heutzutage sehr viel weniger Skills dafür erforderlich sind). Gleichzeitig stieg der relative Wert der kognitiv anspruchsvolleren Aufgaben, die normalerweise von Hochschulabsolventen erledigt werden.

Seit der Jahrhundertwende wurde die Lage für junge Absolventen ohne weiterführenden Abschluss immer schlechter. Die Gehälter junger Arbeitnehmer mit einem Bachelor-Abschluss sind zwischen 2000 und 2010 einer Analyse zufolge um fast 15 Prozent gesunken. Und der Sturzflug begann weit vor Ausbruch der Finanzkrise von 2008!

Auch frischgebackene Hochschulabsolventen klagen über Unterbeschäftigung. Einigen Berichten zufolge findet gut und gerne die Hälfte aller jungen Absolventen keine Anstellung, die ihrer Ausbildung entspricht und ihnen als Sprungbrett für eine ernst zu nehmende Karriere dienen könnte. Viele dieser unglücklichen Absolventen dürften enorme Probleme bekommen, eine Laufbahn einzuschlagen, die sie in die Mittelschicht führt.

Natürlich darf man dabei eines nicht vergessen: Im Durchschnitt konnten die Hochschulabsolventen den Einkommensaufschlag verteidigen, den sie gegenüber Arbeitern genießen, die lediglich einen Highschool-Abschluss haben. Das hängt jedoch in erster Linie damit zusammen, dass die Aussichten für diese weniger qualifizierten Arbeitnehmer wirklich katastrophal geworden sind. Von Amerikas Erwerbsfähigen zwischen 20 und 24 Jahren, die nicht studierten, hatten im Juli 2013 weniger als die Hälfte eine Vollzeitbeschäftigung. Unter den jungen Menschen zwischen 16 und 19 Jahren, die nicht zur Schule oder Hochschule gingen, arbeiteten gerade einmal 15 Prozent Vollzeit.[42] Die Kapitalrendite einer Hochschulausbildung mag schrumpfen, aber noch ist sie in nahezu allen Fällen besser als die Alternative.

Polarisierung und Teilzeitstellen
Und noch ein neues Problem hat sich herausgebildet: Die Jobs, die während der Erholung der Wirtschaft geschaffen werden, sind grundsätzlich

schlechter als diejenigen, die von der Rezession vernichtet wurden. 2012 untersuchten die Ökonomen Nir Jaimovich und Henry E. Siu Daten aus jüngeren Rezessionen in den USA. Was sie dabei feststellten: Die Stellen, die mit größter Wahrscheinlichkeit dauerhaft verschwinden, sind die guten Mittelklassejobs. Was dagegen bei der Erholung entsteht, konzentriert sich tendenziell in Niedriglohnbranchen wie Einzelhandel, Hotel- und Gaststättengewerbe, Lebensmittelzubereitung sowie (in geringerem Umfang) in Berufen mit hoher Qualifikation und umfangreicher Ausbildung.[43] Das gilt ganz besonders für den Konjunkturaufschwung, der 2009 einsetzte.[44]

Erschwerend kommt hinzu, dass viele dieser neuen Niedriglohnjobs Teilzeitposten sind. Seit Ausbruch der Weltwirtschaftskrise im Dezember 2007 lösten sich in Amerika bis zum August 2013 fünf Millionen Vollzeitstellen in Luft auf. Die Zahl der Teilzeitstellen dagegen stieg um schätzungsweise drei Millionen.[45] Dieser Anstieg der Teilzeitarbeit bezieht sich ausschließlich auf Arbeitnehmer, denen die Stunden gekürzt wurden oder die gerne in Vollzeit arbeiten würden, aber keine entsprechende Stelle finden.

Wenn von einer „Polarisierung des Arbeitsmarkts" die Rede ist, bezieht sich das auf die Neigung der Wirtschaft, solide, mittelmäßig qualifizierte Mittelschichtstellen auszumerzen und durch eine Kombination aus Niedriglohnjobs im Dienstleistungsbereich und hochqualifizierte Posten zu ersetzen – Arbeit, die für den Großteil der Erwerbsbevölkerung schlichtweg unerreichbar ist. Die Folge dieser Polarisierung ist ein Arbeitsmarkt, der die Form einer Sanduhr annimmt. Die Arbeiter, denen es nicht gelingt, einen der begehrten Posten an der Spitze zu ergattern, landen schlichtweg am unteren Ende.

David Autor, Ökonom am MIT, hat dieses Phänomen der Polarisierung ausführlich studiert. In einer Arbeit von 2010 identifiziert Autor vier spezifische Berufskategorien der Mittelschicht, die im Zuge der Polarisierung ganz besonders hart in Mitleidenschaft gezogen wurden: Vertrieb, Büro und Verwaltung, Herstellung/Handwerk/Reparaturen sowie Maschinenführer/Mitarbeiter im verarbeitenden Gewerbe/Lohnarbeiter. Der Anteil der amerikanischen Erwerbsbevölkerung, die in diesen vier Bereichen beschäftigt ist, sank zwischen 1979 und 2009 von 57,3 auf 45,7 Prozent. Zwischen 2007 und 2009 war zudem noch einmal eine spürbare Beschleunigung festzustellen, was die Vernichtung von Arbeitsplätzen anbelangt.[46] Wie Autor ganz deutlich macht, ist diese Polarisierung nicht auf die USA beschränkt, sondern wurde in den meisten Industrienationen dokumentiert. 16 Mitgliedstaaten der Europäischen Union registrierten für die Spanne zwischen 1993 und 2006 einen deutlichen Rückgang beim Prozentsatz der Erwerbsbevölkerung, die in mittelständischen Berufen tätig waren.[47]

Laut Autor sind die treibenden Kräfte hinter der Polarisierung des Arbeitsmarkts „die Automatisierung von Routinearbeiten sowie in geringerem Umfang die internationale Integration der Arbeitsmärkte durch den Handel und in jüngerer Vergangenheit das Offshoring".[48] In ihrer aktuelleren Arbeit, in der sie dem Zusammenspiel von Polarisierung und beschäftigungsfreiem Wachstum nachgehen, weisen Jaimovich und Siu darauf hin, dass ganze 92 Prozent der Arbeitsplatzverluste im mittleren Segment innerhalb eines Rezessionsjahres erfolgten.[49] Anders gesagt: Polarisierung ist nicht zwingend etwas, das im Rahmen eines großen Plans erfolgt, es ist auch keine schrittweise und anhaltende Entwicklung. Es handelt sich vielmehr um einen organischen Prozess, der eng mit den Wirtschaftszyklen verwoben ist. Während einer Rezession werden aus Gründen der Wirtschaftlichkeit Routinejobs abgebaut, aber dann stellen die Unternehmen fest, dass sie dank der Entwicklungen in der Informationstechnologie auch bei einem Aufschwung die entlassenen Mitarbeiter nicht wieder unter Vertrag nehmen müssen, um erfolgreich agieren zu können. Ganz besonders treffend formuliert es Chrystia Freeland von *Reuters*, die schreibt: „Der Mittelschichtfrosch wird nicht langsam gekocht, sondern regelmäßig bei sehr hoher Hitze gebraten."[50]

Eine mögliche Erklärung

Es wäre ziemlich einfach, ein hypothetisches Szenario zu entwerfen, bei dem der technische Fortschritt und die daraus resultierende Automatisierung von Routineaufgaben als hauptverantwortlich für diese sieben tödlichen wirtschaftlichen Trends angeprangert werden. Das goldene Zeitalter von 1947 bis 1973 ging mit großem technischen Fortschritt und einem starken Produktivitätsanstieg einher. Die Welt war noch nicht ins Informationszeitalter eingetreten, die damaligen Innovationen kamen vor allem aus Bereichen wie Maschinenbau, Chemie und Luft- und Raumfahrt. Man nehme nur das Beispiel Flugzeuge. Aus von Verbrennungsmotoren angetriebenen Propellermaschinen entwickelten sich Fluggeräte, die von viel zuverlässigeren und leistungsstärkeren Düsentriebwerken bewegt werden. Die damalige Zeit war ein Musterbeispiel für das, was man in all den Lehrbüchern zu Wirtschaftswissenschaften liest: Innovation und rasch steigende Produktivität machten die Arbeiter zu einem wertvollen Gut – was diesen wiederum erlaubte, höhere Löhne zu fordern.

Die Ölkrise verpasste der Konjunktur in den 1970er-Jahren einen schweren Schock, anschließend geriet die Wirtschaft in eine bis dahin beispiellose Phase hoher Arbeitslosigkeit in Kombination mit starker Inflation. Die Produktivität rauschte in den Keller, auch die Innovationsrate stagnierte, während dauerhafter technischer Fortschritt in vielen Bereichen immer schwieriger zu erreichen wurde. Flugzeugtriebwerke veränderten sich kaum. Sowohl Apple als auch Microsoft wurden zu dieser Zeit gegründet, aber bis die Informationstechnologie volle Wirkung zeigte, sollte noch viel Zeit ins Land gehen.

In den 1980er-Jahren zogen die Innovationen wieder an, aber sie konzentrierten sich stärker auf den Bereich der Informationstechnologie. Diese Art von Innovation wirkte sich auf die Arbeitnehmer anders aus. Wer über die richtigen Fähigkeiten verfügte, für den steigerte sich dank Computern der Wert, ganz so wie die Innovationen der Nachkriegsjahre nahezu allen zugutekamen. Für viele andere Arbeitnehmer allerdings brachte der Computer weniger erfreuliche Neuigkeiten mit sich. Einige Berufszweige wurden komplett vernichtet oder ihres Anforderungsprofils beraubt, was den Wert der entsprechenden Facharbeiter minderte – zumindest so lange, bis diese auf Jobs umschulen konnten, in denen die Computertechnologie gewinnbringend eingesetzt wurde. Die Informationstechnologie gewann an Bedeutung und der Anteil der

Arbeit am Einkommen begann zu schwinden. Das Flugzeugtriebwerk blieb nach den 1970er-Jahren größtenteils unverändert, aber für die Instrumente und Steuerungen wurden immer stärker Computer eingesetzt.

In den 1990er-Jahren beschleunigte das Innovationstempo im IT-Bereich noch weiter, in der zweiten Hälfte des Jahrzehnts folgte der Siegeszug des Internet. Die Trends aus den 1980er-Jahren setzten sich fort, aber in diesem Jahrzehnt baute sich auch die Internetblase auf und es entstanden Millionen neuer Arbeitsplätze vor allem im IT-Bereich. Es handelte sich um gute Jobs, bei denen es häufig darum ging, die Computer und Netzwerke zu verwalten, die für Unternehmen jeglicher Größe rasch von zentraler Bedeutung wurden. Das hatte zur Folge, dass sich die Löhne in dieser Zeit besser entwickelten, auch wenn sie dem Produktivitätswachstum weiter deutlich hinterherhinkten. Innovationen fokussierten sich noch stärker auf die IT. Auf die Rezession 1990/1991 folgte ein beschäftigungsfreies Wachstum, während dem viele Arbeitnehmer, die zuvor gute Arbeit im mittleren Segment verloren hatten, sich anstrengten, etwas Neues zu finden. Schrittweise polarisierte sich der Arbeitsmarkt. Die Flugzeugtriebwerke waren im Grunde immer noch denen aus den 1970er-Jahren sehr ähnlich. Jetzt verfügten sie aber zusätzlich noch über „Fly-by-wire-Systeme", bei denen Computer die Steuerungsbewegungen des Piloten an die Leitwerke des Flugzeugs weitergeben, außerdem wurde vermehrt mit Autopilot geflogen.

In den Jahren nach 2000 beschleunigte sich die Entwicklung der Informationstechnologie. Die Firmen wurden besser darin, die Vorteile all der Innovationen für sich zu nutzen, entsprechend stieg die Produktivität. Viele der guten Jobs, die in den 1990er-Jahren entstanden waren, verschwanden, als die Firmen damit begannen zu automatisieren, Arbeitsplätze ins Ausland zu verlagern oder ihre IT-Abteilungen outzusourcen. In der gesamten Wirtschaft lösten Computer und Maschinen Arbeiter ab, anstatt sie wertvoller zu machen. Lohnerhöhungen fielen weitaus geringer aus als der Produktivitätszuwachs. Sowohl der Anteil des Nationaleinkommens, der auf Arbeit entfiel, wie auch die Erwerbsquote sank dramatisch.

Die Polarisierung des Arbeitsmarkts schritt voran, beschäftigungsfreies Wachstum wurde zur Norm. Grunddesign und Antriebssystem
der Düsenflugzeuge entsprachen weiterhin in groben Zügen den Entwicklungen der 1970er-Jahre, aber computergestütztes Design und
Computersimulationen hatten schrittweise in Bereichen wie der Treib-
stoffeffizienz zu vielen Verbesserungen geführt. Was an Informationstechnologie in Flugzeugen verbaut wurde, wurde noch ausgeklügelter.
Standardmäßig gehörte dazu nun eine vollständige Automatisierung
des Flugs, sodass Flugzeuge ganz ohne menschliches Eingreifen starten, ein Ziel ansteuern und dort landen können.

„Moment mal", sagen Sie jetzt vielleicht. „Das ist doch viel zu simpel
dargestellt!" (Oder vielleicht sogar völlig falsch?) „Es waren doch in Wirk-
lichkeit die Globalisierung oder vielleicht auch Reagonomics[51], was uns
all die Probleme beschert hat!" Wie gesagt: Es handelt sich hier um eine
hypothetische Lesart, eine einfache Geschichte, die verdeutlichen soll,
welch wichtige Rolle die Technologie bei diesen sieben dokumentierten
wirtschaftlichen Trends spielt. Jeder dieser Trends ist von Ökonomen
und anderen Fachleuten untersucht worden, die versucht haben, die
Gründe für diese Entwicklung herauszuarbeiten. Technologie ist dabei
häufig als einer der Faktoren, wenn nicht *der* wichtigste Faktor genannt
worden. Richtig überzeugend wirkt das Argument, dass die Fortschritte
in der Informationstechnologie eine disruptive Kraft sind, aber vor allem
dann, wenn man alle sieben Trends gemeinsam betrachtet.

Neben den Fortschritten in der Informationstechnologie gibt es drei
andere zentrale Aspekte, die möglicherweise zu allen sieben Wirtschaftstrends oder zumindest zu den meisten davon beigetragen haben. Es
handelt sich um die Globalisierung, das Wachstum des Finanzsektors
und die Politik (unter diesem Schlagwort fasse ich auch Faktoren wie
Deregulierung und den Rückgang der gewerkschaftlich organisierten
Arbeitnehmer zusammen).

Globalisierung

Es ist unstrittig, dass die Globalisierung auf bestimmte Industrien und
bestimmte Regionen dramatische Auswirkungen hatte. Man sehe sich

nur den Rust Belt[52] in Amerika an. Aber die Globalisierung – und schon gar nicht der Handel mit China – kann nicht der einzige Grund dafür sein, dass seit mehr als vier Jahrzehnten die Löhne der amerikanischen Arbeiter stagnieren.

Erstens wirkt sich der globale Handel direkt auf die Arbeiter aus, die im Sektor handelbarer Güter beschäftigt sind, in Branchen also, die Güter oder Dienstleistungen produzieren, die an andere Standorte gebracht werden können. Der absolut größte Teil der amerikanischen Arbeiter ist jetzt in Bereichen beschäftigt, die nicht handelbar sind – in der Regierung, dem Bildungswesen, dem Gesundheitswesen oder dem Einzelhandel zum Beispiel. Diese Menschen stehen größtenteils nicht in direktem Wettbewerb mit ausländischen Arbeitern, die Globalisierung ist also nicht der Grund dafür, dass ihre Gehälter sinken.

Zweitens mag man vielleicht den Eindruck gewinnen, dass alles, was man bei Wal-Mart kaufen kann, in China gefertigt wurde, aber die meisten Verbraucherausgaben der Amerikaner bleiben im Land. 2011 stellten Galina Hale und Bart Hobijn, zwei Ökonomen der Federal Reserve Bank of San Francisco, in einer Untersuchung fest, dass 82 Prozent der von Amerikanern gekauften Waren und Dienstleistungen komplett in den Vereinigten Staaten hergestellt werden. Das erklärt sich vor allem damit, dass wir Amerikaner den größten Teil unseres Geldes für nicht handelbare Güter ausgaben. Chinesische Importe machten nicht einmal drei Prozent der gesamten Verbraucherausgaben der Amerikaner aus.[53]

Wie auch Abbildung 2.8 zeigt, besteht kein Zweifel daran, dass der Anteil der Amerikaner, die in der verarbeitenden Industrie beschäftigt sind, seit Anfang der 1950er-Jahre dramatisch gesunken ist. Dieser Trend begann Jahrzehnte vor NAFTA, dem in den 1990er-Jahre verabschiedeten Freihandelsabkommen, und dem Aufstieg Chinas in den 2000er-Jahren. Tatsächlich scheint der Rückgang mit dem Ende der Wirtschaftskrise von 2007 gestoppt worden zu sein, da sich die Arbeitsmarktlage in der verarbeitenden Industrie besser entwickelte als der Arbeitsmarkt insgesamt.

Eine wirksame Kraft hat sehr beständig dafür gesorgt, dass dauerhaft Arbeitsplätze in der verarbeitenden Industrie wegfallen. Diese Kraft ist

Abbildung 2.8: Prozentsatz amerikanischer Arbeiter in der Herstellung

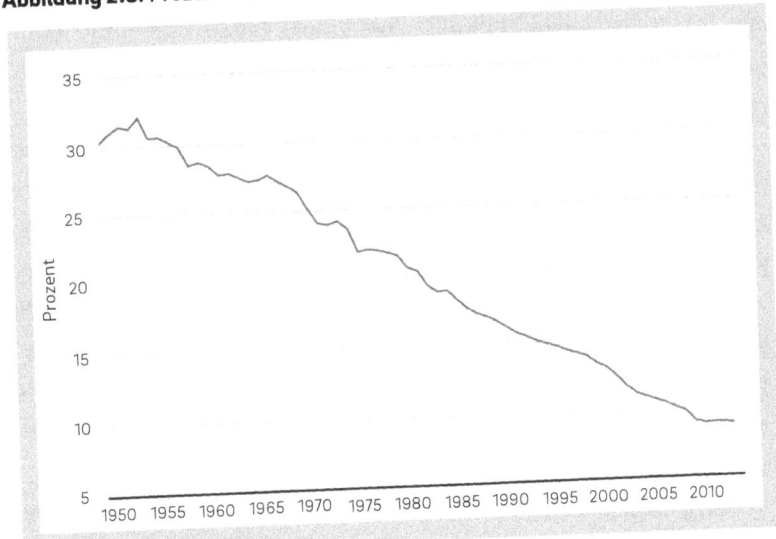

Quelle: US Bureau of Labor Statistics und Federal Reserve Bank of St. Louis (FRED).[54]

der technische Fortschritt. Obwohl der Anteil der Arbeitsplätze in der verarbeitenden Industrie gegenüber der Gesamtbeschäftigung sinkt und sinkt, ist der inflationsbereinigte Wert der Waren, die in den USA hergestellt werden, im Laufe der Zeit rasant angestiegen. Wir stellen mehr Dinge her, aber mithilfe immer weniger menschlicher Arbeitskräfte.

Finanzmarkt-Kapitalismus

1950 betrug der Finanzdienstsektor etwa 2,8 Prozent des amerikanischen BIP. 2011 hatte sich der Anteil mehr als verdreifacht und betrug rund 8,7 Prozent. Auch die Vergütung, die den Arbeitnehmern im Finanzsektor bezahlt wird, ist in den vergangenen drei Jahrzehnten explodiert und liegt jetzt mehr als 70 Prozent über dem Durchschnitt für andere Branchen.[55]

Hielten die Banken 1980 noch Vermögenswerte, die etwa 55 Prozent des BIP entsprachen, waren es 2000 rund 95 Prozent. Und auch die Profite zogen deutlich an. Im Zeitraum 1978 bis 1997 lagen die Unternehmensgewinne im Durchschnitt bei 13 Prozent, zwischen 1998 und 2007 stiegen sie rasant auf 30 Prozent.[56] Nach welchem Maßstab man auch misst: Das Finanzwesen hat als Teilbereich der Wirtschaft in den USA dramatisch zugenommen. Dasselbe gilt, wenn auch nicht ganz so spektakulär, für nahezu alle Industrienationen.

Die Hauptbeschwerde gegen den Finanzmarkt-Kapitalismus lautet, dass die Branche keinen echten Wert schafft oder etwas zum Allgemeinwohl der Gesellschaft beiträgt, sondern einfach nur immer neue kreative Methoden erfindet, Gewinne und Vermögen aus anderen Bereichen der Wirtschaft abzusaugen. Das vielleicht anschaulichste Bild entwarf Matt Taibbi vom *Rolling Stone*, als er im Juli 2009 über Goldman Sachs schrieb. Die Wall-Street-Firma sei ein „großer Vampirkrake, der sich an den Hals der Menschheit geworfen hat und seinen Blutzahn erbarmungslos in alles stößt, was nach Geld riecht", so Taibbi.[57]

Ökonomen haben den Finanzmarkt-Kapitalismus studiert und eine starke Verbindung festgestellt zwischen dem Wachstum des Finanzsektors und der Ungleichheit sowie dem Rückgang des Arbeitsanteils am Nationaleinkommen.[58] Da der Finanzsektor praktisch den Rest der Wirtschaft mit einer Art Steuer belegt und die Erlöse dann an die Spitze der Einkommenspyramide umschichtet, kann man mit ziemlicher Sicherheit davon ausgehen, dass er bei einigen der Trends, die wir hier untersucht haben, eine Rolle spielte. Dennoch fällt es schwer, den Finanzmarkt-Kapitalismus anzuprangern als Hauptschuldigen für Dinge wie die Polarisierung und den Wegfall von Routineaktivitäten.

Gleichzeitig muss man sich vor Augen führen, dass das Wachstum im Finanzsektor in hohem Maße vom Fortschritt in der Informationstechnologie abhängt. Praktisch alle Finanzinnovationen der vergangenen Jahrzehnte – seien es Collateralized Debt Obligations (CDOs) oder exotische Finanzderivate – wären ohne den Zugang zu leistungsstarken Rechnern nicht möglich gewesen. Und automatisierte Handelsalgorithmen machen mittlerweile nahezu zwei Drittel aller Börsengeschäfte aus. Die Wall-Street-Firmen haben in direkter Nachbarschaft zu den Börsen gewaltige Rechenzentren erbaut, um sich zeitliche Handelsvorteile zu verschaffen, die nur noch in winzigsten Sekundenbruchteilen zu messen sind. Zwischen 2005 und 2012 fiel die durchschnittliche Zeit für die Abwicklung eines Handels von etwa zehn Sekunden auf 0,0008 Sekunden.[59] Das von Robotern durchgeführte Hochgeschwindigkeitstrading gilt als Hauptschuldiger für den sogenannten Flashcrash vom Mai 2010. Innerhalb weniger Minuten brach damals der Dow Jones Industrial Average um nahezu 1.000 Punkte ein, schoss sofort wieder in die Höhe und schloss schließlich im Plus.

Aus dieser Perspektive betrachtet ist der Finanzmarkt-Kapitalismus weniger ein konkurrierender Erklärungsansatz für unsere sieben Wirtschaftstrends als vielmehr bis zu einem gewissen Grad eine Konsequenz der sich beschleunigenden Informationstechnologie. Deshalb an dieser Stelle auch eine ernste Warnung mit Blick auf die Zukunft: Während die IT unerbittlich voranschreitet, können wir gewiss sein, dass finanzielle Innovatoren (sofern sie nicht reguliert werden) Wege finden, Nutzen aus allen neuen Fähigkeiten der Informationstechnologie zu ziehen. Schließen wir von der Vergangenheit auf die Zukunft, müssen diese Neuerungen nicht zwingend zum Nutzen der ganzen Gesellschaft sein.

Politik

In den 1950er-Jahren war in den USA über ein Drittel der Arbeitnehmer in der Privatwirtschaft gewerkschaftlich organisiert. 2010 waren es noch etwa sieben Prozent.[60] Auf dem Höhepunkt ihrer Macht waren die Gewerkschaften ein starker Fürsprecher für die Mittelschicht insgesamt. Dass es den Arbeitnehmern in den 1950er- und 1960er-Jahren dauerhaft gelang, sich den Löwenanteil aus den Zugewinnen zu sichern, die die Produktivitätssteigerungen mit sich brachten, ist nicht zuletzt auch auf die Verhandlungsmacht der Gewerkschaften zurückzuführen. Heute bietet sich da eine ganz andere Ausgangslage. Die Gewerkschaften haben allein schon damit alle Hände voll zu tun, ihre bestehenden Mitglieder zu halten.

Der drastische Machtzerfall der Gewerkschaften ist eine der augenscheinlichsten Folgen des Rechtsrucks, den die amerikanische Wirtschaftspolitik während der vergangenen drei Jahrzehnte getan hat. Die

Politikwissenschaftler Jacob S. Hacker und Paul Pierson argumentieren in ihrem Buch „Winner-Take-All Politics" (2010) sehr überzeugend, dass es vor allem die Politik ist, die in den Vereinigten Staaten zur Ungleichheit beiträgt. Für Hacker und Pierson war 1978 das Jahr, in dem sich Amerikas politische Landschaft unter dem anhaltenden und organisierten Ansturm konservativer Geschäftsinteressen zu verändern begann. In den folgenden Jahrzehnten wurden Industrien dereguliert, die Grenzsteuersätze für die Reichen und Konzerne wurden auf historische Tiefstände zurechtgestutzt und in den Betrieben breitete sich ein zunehmend gewerkschaftsfeindliches Klima aus. Dahinter stand weniger das Werk gewählter politischer Vertreter als vielmehr die beständige Lobbyarbeit seitens der Geschäftsinteressen. Die Macht der Gewerkschaften schwand und die Zahl der Lobbyisten in Washington explodierte. Der tagtägliche politische Krieg in der Hauptstadt wurde immer stärker zu einer einseitigen Angelegenheit.

Die politische Lage in den Vereinigten Staaten scheint in hohem Maße schädlich für die Mittelschicht zu sein, aber Beweise für die Folgen des technischen Fortschritts lassen sich in zahlreichen Industrienationen und Schwellenländern finden. In nahezu sämtlichen Industrienationen nimmt die Ungleichheit zu, während der Anteil der Arbeit am Nationaleinkommen grundsätzlich im Fallen begriffen ist. In der Mehrheit der europäischen Länder wurde eine Polarisierung des Arbeitsmarkts registriert. Und auch in Kanada, wo Gewerkschaften weiterhin eine kraftvolle Stimme haben, nimmt die Ungleichheit zu. Das mittlere Haushaltseinkommen dort ist seit 1980 gesunken und parallel zum Verschwinden der Arbeitsplätze in der Herstellung entwickeln sich auch die Mitgliedszahlen der Gewerkschaften rückläufig.[61]

Bis zu einem gewissen Punkt ist das auch eine Frage der Kategorien. Technischer Fortschritt löst einen Strukturwandel aus. Wenn eine Nation politische Maßnahmen nicht umsetzt, die die Folgen dieses Strukturwandels lindern könnten, ist das Problem dann von der Technologie verursacht oder von der Politik? Ganz abgesehen davon besteht kein Zweifel, dass die USA mit den getroffenen politischen Entscheidungen einen ganz eigenen Kurs eingeschlagen haben. Sie haben nicht nur

Maßnahmen nicht implementiert, welche die für mehr Ungleichheit sorgenden Kräfte hätten bremsen können, nein, sie haben sehr häufig Entscheidungen getroffen, die diesen Kräften zusätzlich noch Rückenwind beschert haben.

Ein Ausblick

Die Debatten zur Frage, welches die Hauptgründe für die eskalierende Ungleichheit und das jahrzehntelange Stagnieren der Gehälter in den USA sind, dürften noch eine ganze Weile ungebremst weitergehen. Diese Debatten berühren ausgesprochen strittige Themen – Gewerkschaften, Besteuerung der Reichen, Freihandel, die eigentliche Rolle der Regierung. Insofern wird der Dialog zweifelsohne ideologisch gefärbt sein. Für mich belegen die hier von mir vorgelegten Beweise zweifelsfrei, dass die Informationstechnologie eine wichtige – und nicht zwingend dominante – Rolle in den vergangenen Jahrzehnten gespielt hat. Ansonsten überlasse ich es gerne den Wirtschaftshistorikern, sich genauer mit dem Datenmaterial zu befassen und vielleicht eines Tages mit mehr Gewissheit zu sagen, welche Kräfte es genau waren, die uns an diesen Punkt führten. Die eigentliche Frage – und das zentrale Thema dieses Buches – aber lautet: Was wird in Zukunft am wichtigsten sein?

Von den Kräften, die im vergangenen halben Jahrhundert die Wirtschaft und die politische Landschaft stark geprägt haben, haben viele ihre besten Jahre hinter sich. Gewerkschaften verloren, abgesehen vom öffentlichen Dienst, an Einfluss. Frauen, die Karriere machen wollen, sind in die Erwerbstätigkeit eingetreten oder haben sich an Hochschulen eingeschrieben. Es gibt Beweise dafür, dass sich der Trend zu einem Offshoring der Produktionskapazitäten deutlich verlangsamt hat. In einigen Fällen wird die Herstellung sogar wieder zurück in die USA verlagert.

Unter den Kräften, die die Zukunft prägen dürften, ragt die Informationstechnologie wegen ihres exponentiellen Wachstums heraus. Selbst in Ländern, in denen das politische Umfeld deutlich empfänglicher für die Bedürfnisse der durchschnittlichen Beschäftigten ist, zeigen sich immer deutlicher die Veränderungen, die der technische Fortschritt mit sich gebracht hat. Die Grenzen der Technik verschieben sich und das bedeutet, dass viele Arbeiten, die wir heute nicht als Routine ansehen und deshalb vor einer Automatisierung geschützt wähnen, irgendwann in die Kategorie „Routine und berechenbar" rutschen. Die Mitte des ohnehin schon polarisierten Arbeitsmarkts dürfte weiter ausgehöhlt werden, während Roboter und Selbstbedienungstechnologien im Niedriglohnsektor wüten und zunehmend intelligentere Algorithmen die höher qualifizierten Beschäftigungen bedrohen. 2013 kamen Carl Benedikt Frey und Michael A. Osborne von der Uni Oxford in einer Studie zu dem Schluss, dass in den nächsten zwei Jahrzehnten Berufe der Automatisierung zum Opfer fallen könnten, in denen fast die Hälfte aller amerikanischen Arbeitnehmer tätig sind.[62]

Die beschleunigte Entwicklung der Informationstechnologie dürfte mit sehr großer Wahrscheinlichkeit enorme Folgen für die Wirtschaft und den Arbeitsmarkt der Zukunft haben. Gleichzeitig wird sie mit anderen mächtigen Kräften eng verwoben bleiben. Die Grenzen zwischen Technologie und Globalisierung werden verschwimmen, wenn höher qualifizierte Jobs anfälliger für „elektronisches Offshoring" werden. Es ist zu erwarten, dass der technische Fortschritt die Ungleichheit in den USA und anderen Industrienationen weiter verschärft. Wenn es tatsächlich so kommt, wird der politische Einfluss der Finanzelite nur noch weiter anschwellen. Dadurch wird es wohl noch schwieriger werden, Maßnahmen umzusetzen, die den strukturellen Veränderungen in der Wirtschaft entgegenwirken und die Aussichten derjenigen verbessern, die sich in der Einkommensverteilung in der Mitte oder am unteren Ende befinden.

2009 schrieb ich in meinem Buch „The Lights in the Tunnel": „Technologen denken über intelligente Maschinen nach und schreiben Bücher darüber. Die Vorstellung allerdings, dass Technologie tatsächlich eines Tages weite Teile der menschlichen Arbeiterschaft ersetzen könnte und eine dauerhafte und strukturelle Arbeitslosigkeit nach sich ziehen könnte, ist für die Mehrheit der Ökonomen nahezu undenkbar." Zu ihrer Ehrenrettung muss man sagen, dass einige Ökonomen inzwischen das Potenzial einer weitverbreiteten Automatisierung ernst zu nehmen beginnen. Erik Brynjolfsson und Andrew McAfee vom MIT trugen 2011 mit ihrem E-Book „Race Against the Machine" diese Ideen in den Mainstream der Wirtschaftswissenschaften. Prominente Ökonomen wie Paul Krugman und Jeffrey Sachs haben ebenfalls über die möglichen Auswirkungen der Maschinenintelligenz geschrieben.[63] Und trotzdem: Die Idee, Technologie könne eines Tages den Arbeitsmarkt von Grund auf verändern und fundamentale Veränderungen an unserem Wirtschaftssystem und am Sozialvertrag erfordern, geht bislang völlig unter oder ist bestenfalls an den äußersten Rändern des öffentlichen Diskurses ein Thema.

Tatsächlich wird in der Welt der Ökonomen und der Finanzwissenschaften nahezu reflexartig jedes Mal abgewinkt, wenn jemand sich hinstellt und sagt: „Dieses Mal ist es anders." Spricht man über die Aspekte der Wirtschaft, die vor allem vom menschlichen Verhalten und der Marktpsychologie dominiert werden, ist dieser Instinkt im Normalfall begründet. Die psychologischen Grundlagen beispielsweise, auf denen die jüngste Immobilienblase und ihr Platzen basierten, unterschieden sich höchstwahrscheinlich kaum von den Grundlagen historischer Finanzkrisen. Viele der politischen Machenschaften aus der Frühphase der Römischen Republik würden heute auf den Titelseiten der politischen Presse nicht ungewöhnlich wirken. Derartige Dinge ändern sich nicht wirklich im Laufe der Zeit.

Es wäre jedoch ein Fehler, dieselbe Logik auf die Folgen des technischen Fortschritts anzuwenden. Bis in Kitty Hawk, North Carolina, erstmals ein Fluggerät aus eigener Kraft in der Luft blieb, war es eine unumstößliche Tatsache, dass Menschen nicht fliegen können, wenn sie an Gerätschaften geschnallt sind, die schwerer als Luft waren. Das ließ sich aus Erfahrungswerten ableiten, die bis hin zum Anbeginn der Zeit zurückreichten. So, wie sich diese Realität in einem Sekundenbruchteil geändert hat, kann man in nahezu jedem Bereich der Technologie ein ähnliches Phänomen beobachten. Wann immer Technologie ins Spiel kommt, gilt: „Dieses Mal ist es anders!" Darum geht es schließlich bei Innovation. Ob kluge Maschinen eines Tages besser als der durchschnittliche Mensch imstande sein werden, die von der Wirtschaft verlangten Arbeiten zu erledigen, wird letztlich vom Wesen der Technologie abhängen, die uns die Zukunft bringt – und nicht von den Lektionen aus der Wirtschaftsgeschichte.

IM NÄCHSTEN KAPITEL untersuchen wir das Wesen der Informationstechnologie, ihre unaufhörliche Beschleunigung, ihre spezifischen Charakteristika und die Art und Weise, wie die Informationstechnologie schon heute wichtige Bereiche der Wirtschaft verändert.

KAPITEL 3

Informationstechnologie: Eine noch nie da gewesene disruptive Kraft

Nehmen wir an, Sie würden einen Penny auf Ihr Sparbuch einzahlen. Nehmen wir weiter an, die Summe würde sich jeden Tag verdoppeln, am dritten Tag also werden aus zwei Cent vier Cent. Am fünften Tag werden aus acht Cent 16 Cent. Nach weniger als einem Monat hätten Sie mehr als eine Million Dollar. Hätten wir diesen einsamen Penny 1949 eingezahlt, als Norbert Wiener gerade seinen Essay über die Zukunft des Computers schrieb, und hätten wir das Mooresche Gesetz auf den Betrag angewendet (die Summe verdoppelt sich etwa alle zwei Jahre), würde unser Technikkonto im Jahr 2015 fast 86 Millionen Dollar aufweisen. Und dieser Betrag wird sich weiter verdoppeln. Künftige Innovationen werden auf diesen gewaltigen aufgelaufenen Kontostand zurückgreifen können. Das Tempo, mit dem die Dinge in den kommenden Jahren und Jahrzehnten voranschreiten, dürfte demzufolge bei Weitem alles übertreffen, was wir aus der Vergangenheit kennen.

Das Mooresche Gesetz ist der bekannteste Maßstab, wenn es darum geht zu erfassen, wie sich Rechnerleistung weiterentwickelt, doch die Informationstechnologie schreitet an vielen unterschiedlichen Fronten rasch voran. So haben sich beispielsweise die Speicherkapazität der Computer und die Menge an digitalen Informationen, die über Glasfaserkabel übertragen werden können, beständig exponentiell entwickelt. Und das Wachstum beschränkt sich auch nicht auf die Hardware – die Effizienzsprünge, die einige Software-Algorithmen an den Tag gelegt haben, waren deutlich größer als alles, was im Rahmen des Mooreschen Gesetzes zu erwarten gewesen wäre.

Das exponentielle Wachstum liefert uns wertvolle Erkenntnisse, wenn es darum geht, wie sich die Informationstechnologie über vergleichsweise lange Phasen entwickelt. Die kurzfristige Realität hingegen ist deutlich komplexer. Im Allgemeinen läuft Fortschritt nicht immer glatt und beständig ab, sondern macht einen Satz nach vorne und stockt dann, während die Unternehmen die neuen Fähigkeiten integrieren und die Grundlage für die nächste Phase raschen Fortschritts gelegt wird. Zudem gibt es wechselseitige Abhängigkeiten und Rückkopplungen zwischen unterschiedlichen technischen Bereichen. Ein

Fortschritt in einem Bereich kann in einem anderen Segment einen schlagartigen Innovationsschub verursachen. Während sich die Informationstechnologie weiterentwickelt, dringen ihre Tentakel immer tiefer in die Organisationen und die Gesamtwirtschaft vor. Die Art und Weise, wie die Menschen arbeiten, wird dabei häufig so verändert, dass die Informationstechnologie sich noch weiter ausbreiten kann. Überlegen Sie nur, wie es dank der Ausbreitung des Internets und moderner Software in Bezug auf die Zusammenarbeit möglich wurde, die Software-Entwicklung ins Ausland zu verlagern. Dadurch erhielt man Zugriff auf eine deutlich größere Anzahl an fähigen Programmierern, und all diese neuen Talente tragen dazu bei, den Fortschritt noch weiter voranzutreiben.

Wachstum versus Stagnation

Informationstechnologie und Kommunikationstechnologie schreiten seit Jahrzehnten exponentiell voran. In anderen Bereichen lief das Innovationstempo dagegen größtenteils schrittweise ab. Autos, Häuser, Flugzeuge, Küchengeräte, unsere Transportinfrastruktur, unsere Energieinfrastruktur – all das sind Beispiele für Bereiche, in denen sich seit Mitte des 20. Jahrhunderts das grundlegende Design nicht groß verändert hat. „Man hat uns fliegende Autos versprochen, stattdessen bekamen wir 140 Zeichen" – diese berühmte Äußerung von PayPal-Mitgründer Peter Thiel steht sinnbildlich für die Ansicht einer Generation, die eine deutlich coolere Zukunft erwartet hatte.

Es fehlt also der Fortschritt auf breiter Front. Ganz anders erging es den Menschen, die während der letzten Jahrzehnte des 19. Jahrhunderts und in der ersten Hälfte des 20. Jahrhunderts lebten: Wasseranschluss im Haus, Automobile, Flugzeuge, Elektrizität, Haushaltsgeräte, Abwasserkanalisation, öffentliche Versorgungsbetriebe ... all das fand in dieser Zeit eine starke Verbreitung. Zumindest in den Industrienationen erfuhren die Menschen aller Gesellschaftsschichten eine erstaunliche Verbesserung ihrer Lebensumstände, während gleichzeitig der Wohlstand in der Gesellschaft auf ein beachtlich hohes Niveau kletterte.

Dass in den meisten technischen Bereichen Fortschritte nur noch häppchenweise erfolgen, führen einige Ökonomen zurück auf die Wirtschaftstrends, die wir im vorigen Kapitel beleuchtet haben, und vor allem darauf, dass die Gehälter der meisten gewöhnlichen Amerikaner stagnieren. Eines der grundlegenden Prinzipien der modernen Wirtschaftswissenschaften besagt, dass technischer Wandel von zentraler Bedeutung für ein langfristiges Wirtschaftswachstum ist. Die Theorie dazu stellte der Ökonom Robert Solow auf, 1987 erhielt er den Nobelpreis für seine Arbeit. Wenn Innovation der Hauptmotor für Wohlstand ist, implizieren stagnierende Einkommen vielleicht, dass das Problem im Tempo liegt, mit dem Innovationen und neue Ideen generiert werden, und weniger darin, welche Folgen die Technik auf die Arbeiterklasse und die Mittelschicht hat? Vielleicht sind Computer ja gar nicht so wichtig, vielleicht ist viel bedeutsamer, dass Fortschritte im Allgemeinen nur langsam erzielt werden?

Mehrere Ökonomen haben diese Theorie vertreten. Tyler Cowen, Ökonom der George Mason University, stellte 2011 in seinem Buch „The Great Stagnation" die These auf, die US-Wirtschaft habe ein temporäres Plateau erreicht, nachdem sie alle leichten Erfolge in Bereichen wie Innovation, Landnutzung und Nutzung menschlichen Talents eingestrichen hatte. Noch pessimistischer äußert sich Robert J. Gordon von der Northwestern University. In einer Arbeit von 2012 argumentiert er, dass das Wirtschaftswachstum der USA möglicherweise im Grunde vorüber ist.[1] Ausgebremst worden sei es von einem langsamen Innovationstempo und einer Reihe von „Gegenwinden" wie Überschuldung, Überalterung der Bevölkerung und Defizite des Bildungssystems.

Wollen wir erkennen, welche Faktoren Einfluss auf das Innovationstempo haben, kann es helfen, sich näher mit dem historischen Pfad zu befassen, dem nahezu alle Technologien folgen. Flugzeuge sind hier ein gutes Beispiel. Der erste kontrollierte, motorgesteuerte Flug fand im Dezember 1903 statt und dauerte etwa zwölf Sekunden. Nach diesen bescheidenen ersten Anfängen beschleunigte sich das Tempo der Fortschritte, aber da die Technologie zunächst sehr primitiv war, sollte es Jahre dauern, bevor ein tatsächlich verwendbares Flugzeug entstand.

1905 konnte Wilbur Wright nahezu 40 Minuten in der Luft bleiben und dabei etwa 38 Kilometer zurücklegen. Schon einige Jahre später kamen die Dinge wirklich ins Rollen: Die Luftfahrttechnik hatte sich exponentiell entwickelt und das absolute Fortschrittstempo nahm dramatisch zu. Bereits im Ersten Weltkrieg lieferten sich Flugzeuge Luftkämpfe bei hohem Tempo. In den folgenden zwei Jahrzehnten beschleunigte sich das Tempo des Fortschritts weiter und führte zu leistungsstarken Kampfflugzeugen wie der Spitfire, der Zero und der P-51. Irgendwann um die Zeit des Zweiten Weltkriegs verlangsamte sich das Innovationstempo allerdings wieder beträchtlich. Das technische Potenzial von Flugzeugen, in denen Verbrennungsmotoren Propeller antrieben, war so gut wie ausgereizt, Verbesserungen würden künftig nur noch schrittweise erfolgen.

Sich beschleunigender – oder exponentieller – Fortschritt beschreitet einen s-förmigen Pfad, der letztlich in ein Plateau mündet. Dieser Ablauf lässt sich sehr gut auf praktisch alle spezifischen Technologien übertragen. Und wie allgemein bekannt ist, tauchte in den letzten Tagen des Zweiten Weltkriegs eine völlig neue Luftfahrttechnologie auf der Bildfläche auf – Düsentriebwerke ermöglichten schon bald Leistungen, bei denen kein propellergetriebenes Flugzeug mehr mithalten konnte. Jets waren eine disruptive Technologie mit ihrer eigenen S-Kurve. Abbildung 3.1 zeigt, wie die aussehen könnte.

Wollen wir das Innovationstempo im Flugzeugdesign dramatisch beschleunigen, müssen wir die nächste S-Kurve finden. Diese Kurve muss eine Technologie repräsentieren, die nicht nur bezüglich der Leistung überlegen ist, sondern sich auch wirtschaftlich rechnet.* Das Problem daran ist, dass sich diese neue Kurve bislang nirgendwo abzeichnet. Gehen wir mal davon aus, dass wir diese disruptive neue Technologie nicht

---

* Das Überschall-Passagierflugzeug Concorde beispielsweise bot, was die absolute Leistung anbelangte, eine neue S-Kurve, erwies sich jedoch als wirtschaftlich nicht tragbare Technologie und konnte deshalb nur einen winzigen Bruchteil des Passagiermarkts erobern. Die Concorde war von 1976 bis 2003 in Dienst.

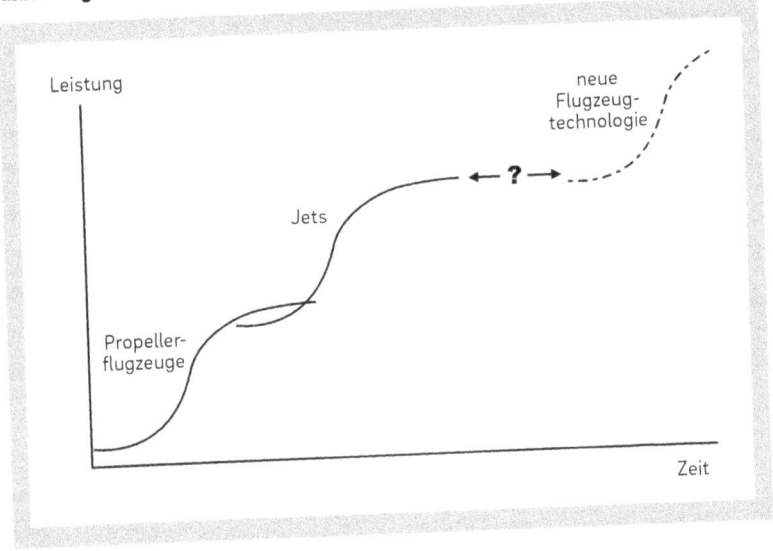

entdecken werden, indem wir bei Area 51 über den Zaun klettern, wird es einen gewaltigen Satz erfordern, zu dieser neuen S-Kurve zu gelangen – immer vorausgesetzt natürlich, dass diese Kurve überhaupt existiert.

Was ich damit sagen will: Viele Faktoren beeinflussen unsere Positionierung innerhalb der S-Kurve, sei es der Stand der Forschung und Entwicklung, das Ausmaß der Investitionen oder ein günstiges regulatorisches Umfeld. Der mit Abstand wichtigste Faktor sind jedoch die physikalischen Gesetze, die für die jeweilige Technologie gelten. Dass wir noch keine weitere disruptive Luftfahrttechnologie haben, hängt vor allem mit den Gesetzen der Physik zusammen und mit den Einschränkungen, die diese unseren derzeitigen wissenschaftlichen und technischen Kenntnissen auferlegen. Wenn wir hoffen, in einem weit gefassten technischen Gebiet eine weitere Phase rascher Innovationen zu erleben – vergleichbar vielleicht mit dem, was sich etwa zwischen 1870 und 1960 zutrug –, müssten wir in all diesen unterschiedlichen Bereichen neue S-Kurven entdecken. Das dürfte natürlich eine gewaltige Herausforderung darstellen.

Es gibt jedoch einen wichtigen Grund, der Anlass zu Optimismus bietet, nämlich die positiven Folgen, die die rasche Entwicklung der Informationstechnologie auf die Forschungs- und Entwicklungsarbeit in anderen Feldern haben wird. Schon jetzt haben Computer in vielen Bereichen zu enormen Umwälzungen geführt. Ohne große Rechenleistung wäre beispielsweise die Sequenzierung des menschlichen Genoms höchstwahrscheinlich unmöglich gewesen. Simulationen und computergestütztes Design haben zudem in diversen Forschungsbereichen die Möglichkeiten, neue Ideen zu auszuprobieren, stark erweitert.

Ein Aspekt der Informationstechnologie, der dramatische und persönliche Folgen für uns alle hatte, war die Rolle moderner Rechner bei der Öl- und Gasexploration. Weltweit geht das Angebot an leicht erschließbaren Erdöl- und Erdgasfeldern zurück. Neue Technologien wie 3D-Seismik-Bilder sind unersetzliche Hilfsmittel bei der Suche nach neuen Reserven geworden. Saudi-Arabiens staatlicher Ölkonzern Aramco beispielsweise betreibt ein gewaltiges Rechenzentrum, in dem mächtige Supercomputer helfen, den Ölfluss zu steuern. Es mag für viele Menschen überraschend sein, aber eine der wichtigsten Konsequenzen des Mooreschen Gesetzes war es, dass – zumindest bislang – die globalen Energievorräte mit der steigenden Nachfrage Schritt halten konnten.

Dank des Mikroprozessors ist unsere Fähigkeit, Berechnungen anzustellen und Informationen zu bearbeiten, unglaublich gewachsen. Früher waren Rechner massige, langsame, kostspielige Maschinen, von denen es nur eine kleine Menge gab. Heute sind sie billig, leistungsstark und allgegenwärtig. Wenn man die Steigerung der Rechenleistung, die ein einziger Computer seit 1960 durchlaufen hat, mit der Zahl der neuen Mikroprozessoren multiplizierte, die seitdem auf den Markt gekommen sind, wäre das Ergebnis kaum noch in Zahlen auszudrücken. Unvorstellbar, dass ein derart gewaltiger Zuwachs unserer Fähigkeit, Berechnungen anzustellen, nicht auch dramatische Folgen für eine breite Spanne an wissenschaftlichen und technischen Feldern haben soll. Und dennoch: Wollen wir wirklich disruptive Innovationen erreichen, benötigen wir Technologie-S-Kurven. Und für die gelten weiterhin in allererster Linie die Naturgesetze. Daran ändern auch Rechenfähigkeiten nichts (selbst wenn sie den Forschern dabei helfen können, einige Lücken zu schließen).

Ökonomen, die uns auf einem technologischen Plateau sehen, sind meist ziemlich überzeugt von einem Zusammenspiel zwischen Innovationstempo und allgemeinem Wohlstand. Können wir auf breiter Front wieder den technischen Fortschritt ankurbeln, werden auch die mittleren realen Einkommen wieder ansteigen, so die Theorie. Meiner Meinung nach gibt es durchaus berechtigten Anlass, daran zu zweifeln. Um zu begreifen, warum das so ist, lassen Sie uns einen Blick darauf werfen, was die Informationstechnologie so einzigartig macht und wie sie an Innovationen auf anderen Gebieten gekoppelt sein wird.

Warum die Informationstechnologie anders ist

Die über Jahrzehnte hinweg unaufhörlich voranschreitende Beschleunigung der Computer-Hardware spricht dafür, dass es uns irgendwie gelungen ist, deutlich länger auf dem steilen Teil der S-Kurve zu bleiben, als es bei anderen technischen Bereichen der Fall war. Die Realität allerdings sieht so aus: Teil des Mooreschen Gesetzes ist es, dass wir erfolgreich eine Treppe kaskadierender S-Kurven hinaufgestiegen sind, wobei jede Kurve eine spezielle Technologie zur Halbleiterfertigung darstellt. Ein Beispiel: Strukturmuster elektronischer Schaltkreise wurden zunächst mit Methoden der Fotolithografie produziert. Im Laufe der Zeit schrumpften die Abmessungen bis zu einem Punkt, an dem man mit den Wellenlängen des sichtbaren Lichts an seine Grenzen stieß. Daraufhin stieg die Halbleiterindustrie um auf Röntgenlithografie.[2] Abbildung 3.2 zeigt in etwa, wie der Aufstieg in einer Reihe von S-Kurven aussehen könnte.

Typisch für die Informationstechnologie ist es, dass aufeinanderfolgende S-Kurven vergleichsweise leicht zugänglich waren. Der Schlüssel für eine nachhaltige Beschleunigung bestand nicht darin, dass, bildlich gesprochen, die Früchte so niedrig hingen, sondern dass man auf den Baum klettern konnte. Diesen Baum zu besteigen, war ein

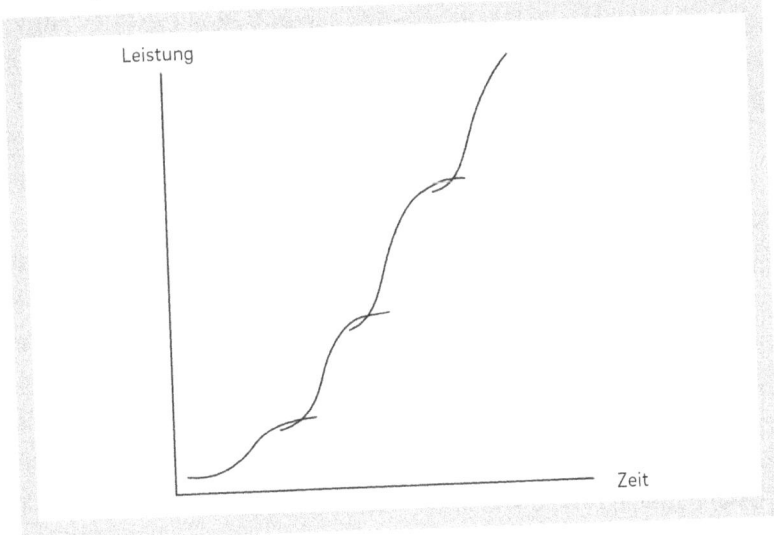

anspruchsvoller Vorgang, der von intensivem Wettbewerb befeuert wurde und massive Investitionen voraussetzte. Aber es gab auch enge Zusammenarbeit und gemeinsame Planung. Um alle Anstrengungen koordinieren zu helfen, veröffentlicht die Branche ein extrem großes Dokument, die „International Technology Roadmap for Semiconductors" (ITRS). Die ITRS ist im Grunde eine detaillierte Vorschau darauf, wie sich das Mooresche Gesetz in den kommenden 15 Jahren voraussichtlich auswirken wird.

So wie die Dinge heute stehen, könnte die Computer-Hardware schon bald vor denselben Herausforderungen stehen, die für andere Bereiche der Technologie typisch sind. Anders gesagt: Für die nächste S-Kurve bedarf es irgendwann möglicherweise eines gigantischen – vielleicht sogar nicht zu schaffenden – Sprungs. Der historische Pfad des Mooreschen Gesetzes bestand darin, die Transistoren immer kleiner zu machen, sodass auf einen Computerchip immer mehr Schaltkreise passten. Anfang der 2020er-Jahre werden die einzelnen Elemente auf den Halbleitern auf eine Größe von fünf Nanometern (ein Milliardstel Meter) reduziert sein und damit dürften die Grenzen der Miniaturisierung schon fast völlig ausgereizt sein. Es gibt jedoch einige Alternativstrategien, die weitere ungebremste Fortschritte möglich machen könnten, etwa dreidimensionales Chipdesign und exotische, auf Stickstoff basierende Materialien.[3,*]

Selbst wenn der Fortschritt bei der Computer-Hardware zum Stillstand kommen sollte, blieben noch eine ganze Reihe von Wegen offen, auf denen Fortschritte erzielt werden könnten. Die Informationstechnologie existiert an der Schnittstelle von zwei unterschiedlichen Realitäten. Das Mooresche Gesetz hat das Reich der Atome dominiert. Dort besteht Innovation darin, immer schnellere und kleinere Geräte zu bauen und Wege zu finden, die von ihnen erzeugte Wärme zu minimieren. Das Reich der Bits dagegen ist ein abstrakter Ort, der keinen physikalischen Gesetzen unterworfen ist und wo Algorithmen, Architektur (das konzeptuelle Design von Computersystemen) und angewandte Mathematik diktieren, wie rasch Fortschritte erzielt werden. In einigen Bereich haben sich Algorithmen bereits deutlich schneller als die Hardware weiterentwickelt. Martin Grötschel vom Konrad-Zuse-Institut für Informationstechnik in Berlin fand heraus, dass man mit den Computern und der Software von 1982 satte 82 Jahre benötigt hätte, um ein besonders vertracktes Problem aus der Fertigungsplanung zu lösen. Mit dem Stand der Technik von 2003 ausgerüstet hätte sich dasselbe Problem in ungefähr einer Minute lösen

---

* Bei 3D-Chips werden Schaltkreise vertikal in mehreren Schichten gestapelt. Samsung Electronics begann im August 2013 mit der Fertigung von 3D-Flashmemory-Halbleitern. Erweist sich diese Technik als wirtschaftlich für die deutlich anspruchsvolleren Prozessoren, die Firmen wie Intel und AMD (Advanced Micro Devices) herstellen, könnte dies der Weg in die Zukunft für das Mooresche Gesetz sein. Eine andere Möglichkeit könnte darin bestehen, statt mit Silizium mit exotischen stickstoffbasierten Materialien zu arbeiten. Graphen und Kohlenstoffnanoröhren sind im Rahmen aktueller nanotechnologischer Forschung entstanden und könnten eines Tages als neues Medium für sehr leistungsstarke Berechnungen dienen. Forscher der Universität Stanford haben bereits einen sehr rudimentären Computer mit Kohlenstoffnanoröhren gebaut, allerdings liegt seine Leistung noch weit hinter dem, was kommerzielle, auf Silizium basierende Prozessoren bieten.

lassen – eine Verbesserung um den Faktor 43 Millionen. Im selben Zeitraum ist die Hardware etwa 1000-mal schneller geworden. Das bedeutet, Verbesserungen der verwendeten Algorithmen waren für eine etwa 43.000-fache Leistungssteigerung verantwortlich.[4]

Diese Beschleunigung trifft nicht auf sämtliche Software zu, und das gilt insbesondere für Programme, in denen Software es direkt mit Menschen zu tun hat. Charles Simonyi, der Computerwissenschaftler, der die Entwicklung von Microsoft Word und Microsoft Excel leitete, sagte im August 2013 in einem Interview mit James Fallows vom Magazin *The Atlantic*, Software habe es größtenteils nicht geschafft, sich die im Hardwarebereich erreichten Fortschritte zunutze zu machen. Auf die Frage, worin das größte Potenzial im Hinblick auf künftige Verbesserungen bestehe, erwiderte Simonyi: „Dass niemand mehr routinemäßige, sich wiederholende Dinge tun würde."[5]

Gewaltiges Potenzial für künftigen Fortschritt würde sich auch ergeben, wenn man bessere Methoden fände, große Mengen an kostengünstigen Prozessoren in riesigen Systemen parallel zu schalten. Quantensprünge bei der Rechenleistung könnten sich, zumindest theoretisch, auch ergeben, wenn man die derzeitige Hardware-Technologie von Grund auf überarbeitet und ganz neue Designs erstellt. Basiert eine ausgeklügelte Architektur auf hochkomplexer Vernetzung, kann das erstaunliche rechnerische Leistungen hervorbringen. Den besten Beweis dafür liefert der mit Abstand stärkste Universalrechner, den wir kennen – das menschliche Gehirn. Und bei der Entwicklung des Gehirns hatte die Evolution nicht den Luxus des Mooreschen Gesetzes zur Verfügung. Die „Hardware" des menschlichen Gehirns ist nicht schneller als die eines Mäusegehirns und sie ist tausendfach bis millionenfach langsamer als ein moderner Schaltkreis – den Unterschied besteht einzig im Entwicklungsstand des Designs.[6] Sollte es eines Tages Forschern gelingen, eine halbwegs dem menschlichen Gehirn entsprechende Designkomplexität allein schon mit einer Hardware-Geschwindigkeit heutiger Computer zu kombinieren, wäre das möglicherweise schon das Nonplusultra der Computerfähigkeiten und der Maschinenintelligenz. Erste winzige Schritte in diese Richtung wurden bereits unternommen.

2011 stellte IBM einen kognitiven Computerchip vor, der vom menschlichen Gehirn inspiriert ist und entsprechend auch den Namen „SyNAPSE" trägt. Damit einhergehend wurde auch eine neue Programmiersprache entwickelt.[7]

Abgesehen von der unaufhaltsam voranschreitenden Beschleunigung der Hardware (und in vielen Fällen auch der Software) gibt es meiner Meinung nach zwei typische Charakteristika der Informationstechnologie. Zum einen die Tatsache, dass sich die Informationstechnologie zu einer echten Allzwecktechnologie entwickelt hat. Die meisten Bereiche unseres Lebens und noch weitaus mehr in unserem Berufsleben werden beträchtlich von der Informationstechnologie geprägt, sofern sie nicht ohnehin stark abhängig von ihr sind. Computer, Netzwerke, Internet – sie alle sind unwiderruflich in unsere Wirtschaftssysteme, unsere Gesellschaft und unsere Finanzsysteme integriert. Die Informationstechnologie ist omnipräsent und ein Leben ohne sie kann man sich nur noch schwer vorstellen.

Viele Beobachter vergleichen Informationstechnologie mit der Elektrizität. Die Elektrifizierung fand in der ersten Hälfte des 20. Jahrhunderts weite Verbreitung und auch dabei handelt es sich um eine transformative Allzwecktechnologie. In seinem Buch „The Big Switch: Der große Wandel" (2008) argumentiert Nicholas Carr sehr überzeugend dafür, die IT als eine Versorgungsleistung wie Strom anzusehen. Viele dieser Vergleiche sind zutreffend, aber der Nutzen der Elektrizität lässt sich natürlich auch nur schwer toppen. Die Elektrifizierung veränderte die Firmen, die gesamte Wirtschaft, die gesellschaftlichen Einrichtungen und das Leben des Einzelnen in überwältigendem Ausmaß – und das in einer Art und Weise, die sich als unglaublich positiv erwies. Es wäre vermutlich keine leichte Aufgabe, in einer Industrienation wie den Vereinigten Staaten auch nur eine einzige Person aufzutreiben, deren Lebensweise sich durch die Elektrifizierung nicht massiv verbessert hätte. Der Wandel, den die Informationstechnologie mit sich bringt, dürfte im Vergleich dazu weniger eindeutig ausfallen und für viele Menschen weniger positiv ausfallen. Das hat mit einer weiteren Eigenart der Informationstechnologie zu tun: der kognitiven Leistung.

In einem Ausmaß, das in der Geschichte des technischen Fortschritts bislang beispiellos ist, ist Informationstechnologie intelligent. Computer treffen Entscheidungen und lösen Probleme. Computer sind Maschinen, die – in sehr begrenztem und spezialisiertem Sinn – denken können. Es gibt wohl niemanden, der behaupten würde, dass die heutigen Computer auch nur ansatzweise das Niveau der allgemeinen menschlichen Intelligenz erreichen. Aber das ist auch gar nicht der Punkt. Computer werden in einem unglaublichen Tempo besser darin, spezialisierte, routinemäßige und berechenbare Aufgaben zu erfüllen, und es ist sehr wahrscheinlich, dass sie schon sehr bald diese Aufgaben besser erledigen als die Menschen, die dafür derzeit beschäftigt werden.

Wirtschaftlicher Fortschritt wurde bislang größtenteils durch berufliche Spezialisierung erzielt, durch „Arbeitsteilung", wie Adam Smith sagen würde. Es gehört zu den paradoxen Auswüchsen des Computerzeitalters, dass die Arbeit nicht nur immer stärker spezialisiert wird, sondern in vielen Fällen möglicherweise auch besser für eine Automatisierung geeignet ist. Viele Experten würden sagen, dass die beste heutige Technologie in puncto allgemeine Intelligenz kaum besser abschneidet als ein Insekt. Aber Insekten lassen keine Flugzeuge sicher landen, nehmen keine Essensreservierungen vor und handeln auch nicht an der Wall Street mit Wertpapieren. Computer dagegen tun all diese Dinge und schon bald werden sie beginnen, sich in zahllosen anderen Bereichen aggressiv auszubreiten.

Komparativer Kostenvorteil und kluge Maschinen

Wenn Ökonomen die Idee zurückweisen, dass Maschinen eines Tages einen großen Teil der Arbeiterschaft praktisch überflüssig machen könnten, bemühen sie für ihre Argumentation oftmals eine der größten Ideen in den Wirtschaftswissenschaften – die Theorie vom komparativen Kostenvorteil.[8]

Um uns genauer anzusehen, wie der komparative Kostenvorteil funktioniert, nehmen wir als Beispiel zwei fiktive Personen. Jane ist absolut außergewöhnlich. Sie hat eine langjährige, hervorragende Ausbildung hinter sich und ihre Leistungen sind nahezu makellos. Sie zählt zu den kompetentesten Gehirnchirurgen weltweit. In den Jahren zwischen College und Medizinschule hat sie an einer der besten französischen Kochschulen studiert und ist nun auch eine Gourmetköchin von herausragendem Talent. Tom ist eher so der Durchschnittstyp. Er kann allerdings sehr gut kochen und wurde schon einige Male für seine Fähigkeiten gelobt. Und dennoch ist er weit von dem entfernt, was Jane in der Küche leisten kann. Und natürlich darf Tom nicht in die Nähe eines OP-Saals kommen.

Beim Kochen kann Tom mit Jane nicht mithalten und als Chirurg erst recht nicht. Gibt es trotzdem einen Weg, wie beide voneinander profitieren könnten? Der komparative Kostenvorteil sagt „Ja" und empfiehlt Jane, Tom als Koch einzustellen. Aber warum sollte sie das tun, wenn sie sich mit besseren Ergebnissen selbst an den Herd stellen könnte? Die Antwort darauf lautet, dass Jane dann mehr Zeit und Energie in Dinge investieren kann, in denen sie wirklich Außergewöhnliches leistet (und die die höchsten Einnahmen bringen): in die Gehirnchirurgie.

Die Hauptidee hinter dem komparativen Wettbewerbsvorteil besagt, dass man immer Arbeit finden sollte, wenn man sich auf die Sache spezialisiert, in der man im Vergleich zu anderen „am wenigsten schlecht" ist. Dadurch gibt man anderen Gelegenheit, sich ebenfalls zu spezialisieren und dadurch ein höheres Einkommen zu verdienen. Im Fall von Tom bedeutet „am wenigsten schlecht" zu kochen. Jane hat mehr Glück gehabt (und verdient deutlich mehr), weil ihr „am wenigsten schlecht" etwas ist, in dem sie herausragend ist – und noch dazu ist es ein Talent mit extrem hohem Marktwert. Im Verlauf der Wirtschaftsgeschichte war der komparative Wettbewerbsvorteil der Antrieb für eine immer stärkere Spezialisierung und den Handel zwischen Personen und Nationen.

Jetzt wollen wir die Geschichte verändern. Stellen wir uns vor, dass Jane die Möglichkeit hat, sich einfach und kostengünstig zu klonen. Mögen Sie Science-Fiction-Filme? Dann denken Sie an „Matrix Reloaded", wo Neo gegen Dutzende Kopien des Agenten Smith kämpft. In diesem Fall behält Neo letztlich die Oberhand, aber Sie werden mir zustimmen, dass Tom weniger Glück haben dürfte, was seinen Job bei

Jane angeht. Der komparative Wettbewerbsvorteil funktioniert aufgrund der Opportunitätskosten: Beschließt eine Person, eine Sache zu tun, hat sie logischerweise nicht die Möglichkeit, in dieser Zeit etwas anderes zu erledigen. Im Hinblick auf Zeit und Ort sind ihr Grenzen gesetzt, sie kann nicht gleichzeitig an zwei Orten zwei Dinge tun. Maschinen und vor allem Software-Anwendungen können einfach vervielfältigt werden. In vielen Fällen lassen sie sich zu Kosten klonen, die minimal sind im Vergleich zu dem, was es kostet, eine Person anzustellen. Wenn sich Intelligenz reproduzieren lässt, wird das Konzept der Opportunitätskosten auf den Kopf gestellt. Jetzt kann Jane gleichzeitig kochen und Gehirne operieren. Wofür braucht sie Tom da noch? Und man kann mit einiger Gewissheit davon ausgehen, dass schon bald Jane-Klone andere, weniger talentierte Gehirnchirurgen arbeitslos machen werden. Im Zeitalter intelligenter Maschinen wird man den komparativen Wettbewerbsvorteil noch einmal überdenken müssen.

Stellen Sie sich vor, ein Großkonzern müsste nur einen einzigen Mitarbeiter ausbilden und könnte aus ihm dann eine Armee von Arbeitern klonen, die alle sofort über sein Wissen und seine Erfahrung verfügen, aber auch fähig sind, ständig dazuzulernen und sich an neue Situationen anzupassen. Wenn die in der Informationstechnologie enthaltene Intelligenz reproduziert und organisationsübergreifend angepasst und eingesetzt wird, kann dies das Verhältnis zwischen Mensch und Maschine grundlegend verändern. Aus Sicht der meisten Arbeiter werden Computer dann keine Werkzeuge mehr sein, mit denen sie ihre Produktivität steigern, sondern ein ernst zu nehmender Ersatz. Dieses Szenario würde natürlich die Produktivität vieler Unternehmen und Branchen dramatisch steigern – sie aber auch deutlich weniger arbeitsintensiv machen.

Die Tyrannei des Long Tail

Am offensichtlichsten zeigt sich der Einfluss dieser verbreiteten Maschinenintelligenz in der IT-Branche selbst. Das Internet hat extrem rentable und einflussreiche Unternehmen hervorgebracht, die mit einer verblüffend kleinen Belegschaft auskommen. Google beispielsweise wies 2012 nahezu 14 Milliarden Dollar Gewinn aus, hatte aber weniger als 38.000 Mitarbeiter.[9] Setzen wir das in Relation zur Automobilbranche. 1979 erreichte General Motors bei der Belegschaftsgröße einen Spitzenwert mit knapp 840.000 Mitarbeitern. Dennoch machte das Unternehmen nur etwa elf Milliarden Dollar Profit – 20 Prozent weniger als Google. Und ja, diese Werte sind bereits inflationsbereinigt![10] Ford, Chrysler und American Motors beschäftigten weitere Hunderttausende Menschen. Und über diese Zahl hinaus erschuf die Branche indirekt Millionen Mittelschichtjobs in Bereichen wie dem Fahren, dem Reparieren, dem Versichern und dem Vermieten von Fahrzeugen.

Natürlich bietet auch die Internetbranche indirekte Möglichkeiten. Die neue Informationswirtschaft sei der große Gleichmacher, heißt es oftmals, schließlich kann dort jeder einen Blog schreiben und Anzeigen schalten, ein E-Book veröffentlichen, Sachen auf Ebay verkaufen oder eine App fürs iPhone entwickeln. Tatsächlich existieren diese Geschäftsmöglichkeiten, aber sie unterscheiden sich dramatisch von den soliden Mittelklassejobs, die die Automobilbranche erschaffen hatte. Die Fakten zeigen ziemlich eindeutig, dass das mit Online-Aktivitäten verdiente Einkommen fast immer nach dem „Winner takes all"-Prinzip verteilt wird. Theoretisch mag das Internet allen dieselben Möglichkeiten eröffnen und Einstiegshürden beseitigen, aber die Resultate sind nahezu immer äußerst ungleich.

Stellen Sie den Traffic auf Websites dar, die online generierten Werbeeinnahmen, die Musik-Downloads im iTunes-Store, die auf Amazon verkauften Bücher, die beim Apple AppStore oder bei Google Play heruntergeladenen Apps oder praktisch alles andere, was online geschieht, und Sie werden fast immer eine Grafik erhalten, die in etwa wie Abbildung 3.3 aussieht. Diese allgegenwärtige „Long Tail"-Verteilung nimmt einen zentralen Platz in den Geschäftsmodellen der Unternehmen ein, die den Internetsektor dominieren. Firmen wie Google, Ebay und Amazon verdienen an jedem Punkt dieser Verteilung mit. Kontrolliert ein Konzern einen großen Markt, summieren sich schon kleinste Beträge, die entlang der gesamten Kurve verdient werden, rasch zu milliardenschweren Umsätzen.

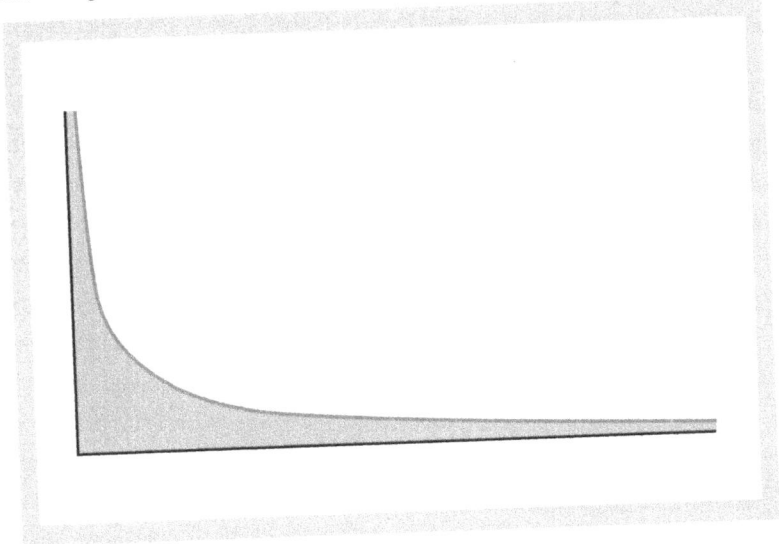

Die für Digitalisierung anfälligen Märkte für Waren und Dienstleistungen entwickeln sich zwangsläufig hin zu dieser „Winner takes all"-Verteilung. Der Verkauf von Büchern, Musik und Anzeigen oder auch der Filmverleih sind Beispiele für Online-Märkte, die immer stärker von einer sehr kleinen Zahl Akteure dominiert werden. Ein offensichtliches Ergebnis war der Wegfall zahlloser Arbeitsplätze im Journalismus und Einzelhandel. Der Long Tail ist eine prima Sache, wenn man selbst es ist, der ihn kontrolliert. Belegt man dagegen nur einen einzelnen Punkt auf der Verteilung, sehen die Dinge ganz anders aus. Weiter draußen auf dem Long Tail werfen die meisten Online-Aktivitäten sehr rasch nur noch ein besseres Taschengeld ab. Das kann sehr gut passen, wenn man noch weitere Einnahmequellen zur Verfügung hat oder bei den Eltern im Keller wohnt. Problematisch wird es jedoch dadurch, dass die digitalen Technologien weiterhin Branchen umpflügen und dass dabei voraussichtlich immer mehr Arbeitsplätze verschwinden werden, die als Haupteinnahmequelle geeignet sind.

Wenn mehr Menschen die zuverlässigen Einkommensquellen verlieren, dank derer sie in der Mittelschicht verankert waren, dürften sie sich verstärkt diesen Long-Tail-Möglichkeiten in der digitalen Wirtschaft zuwenden. Einige wenige Glückspilze werden die anekdotenhaften Erfolgsgeschichten liefern, die uns berichtet werden, aber die überwältigende Mehrheit wird sich damit schwertun, auch nur ansatzweise ein Leben zu führen, dessen Standard der Mittelklasse entspricht. Der Technologie-Visionär Jaron Lanier prognostiziert, dass künftig sehr viel mehr Menschen gezwungenermaßen in einer Art informeller Wirtschaft tätig werden müssen, wie man sie in Ländern der Dritten Welt findet.[11] Junge Menschen mögen die Freiheiten schätzen, die diese informelle Wirtschaft ihnen bietet, aber sie werden sehr rasch die Nachteile erkennen, wenn sie darüber nachdenken, einen Haushalt zu führen, Kinder großzuziehen und ihre Rente zu sichern. Natürlich gab es seit jeher auch in den Vereinigten Staaten und anderen Industrienationen Menschen, die am Rand der Gesellschaft lebten, aber bis zu einem gewissen Grad profitieren sie als Trittbrettfahrer von dem Vermögen, das eine kritische Masse an Mittelschichtshaushalten generiert hatte. Eine solide Mittelschicht ist eines der Hauptmerkmale, die eine Industrienation von einem verarmten Land unterscheidet. Vor allem in den Vereinigten Staaten jedoch ist immer stärker zu bemerken, dass diese Schicht erodiert.

Die meisten Technologie-Optimisten würden an dieser Stelle vermutlich Einspruch erheben. Für sie ist Informationstechnologie vor allem etwas, das die Leute zu allen möglichen Dingen befähigt. Es ist wohl kein Zufall, dass der Großteil dieser Optimisten in der New Economy sehr erfolgreich war. Die meisten prominenten Optimisten in Sachen Digitalisierung findet man in der Long-Tail-Verteilung ganz links außen ... Vielleicht haben sie sogar ein Unternehmen gegründet, das die gesamte Verteilung kontrolliert. In einem Sonderbeitrag, den der US-Sender PBS 2012 ausstrahlte, wurde der Erfinder und Futurist Ray Kurzweil gefragt, wie er die Wahrscheinlichkeit einer „digitalen Kluft" einschätzt – dass also vermutlich nur ein kleiner Prozentsatz der Bevölkerung in der neuen Informationswirtschaft erfolgreich sein wird. Kurzweil tat die Vorstellung einer derartigen Kluft ab und verwies stattdessen auf Technologien wie Mobiltelefone, mit denen man alles Mögliche anstellen konnte. Jeder Mensch mit einem Smartphone trage Fähigkeiten mit sich herum, die 20, 30 Jahre zuvor noch Milliarden Dollar wert gewesen wären, so Kurzweil.[12] Offen blieb, wie der Durchschnittsbürger aus dieser Technologie ein Einkommen ziehen soll, von dem er leben kann.

Tatsächlich hat sich gezeigt, dass Mobiltelefone den Lebensstandard heben, aber das galt vor allem in Entwicklungsländern ohne sonstige Kommunikationsinfrastruktur. Sardinenfischer aus der indischen Küstenregion Kerala lieferten die wohl am meisten bejubelte Erfolgsgeschichte. Der Ökonom Robert Jensen beschrieb 2007 in einem Forschungspapier, wie die Fischer dank der Mobiltelefone bestimmen konnten, in welchem Dorf sich der beste Absatzmarkt für ihren Fang bot.[13] Vor dem Aufkommen der Mobilfunktechnologie mussten die Fischer auf Verdacht ein bestimmtes Dorf ansteuern, was oftmals zu einer Missverhältnis zwischen Angebot und Nachfrage führte. Dank ihrer neuen Telefone wussten sie nun ganz genau, wo ihre Käufer waren. Dies führte zu einem reibungsloseren Handel mit stabileren Preisen und deutlich weniger Verschwendung.

Die Sardinenfischer aus Kerala sind zu einer Art Fahnenträger für Technologie-Optimisten geworden, was Entwicklungsländer anbelangt, und die Geschichte wurde in zahllosen Artikeln und Büchern aufgegriffen.[14] Zweifelsohne sind Mobiltelefone für Fischer in der Dritten Welt von großem Wert, aber es spricht nur wenig dafür, dass der Durchschnittsbürger einer Industrienation – oder auch eines armen Landes – in irgendeiner Form ein bedeutsames Einkommen aus seinem Smartphone ziehen wird. Selbst talentierten Software-Entwicklern fällt es ausgesprochen schwer, mit Apps für das Handy nennenswerte Umsätze zu erzielen. Der Hauptgrund dafür ist – muss man es extra noch einmal sagen? – die allgegenwärtige Long-Tail-Verteilung. Gehen Sie in ein beliebiges Forum von Android- oder iPhone-Entwicklern und Sie werden dort Klagen hören über das „Winner takes all"-Wesen der Mobilfunk-Welt und darüber, wie schwierig es ist, mit Apps Geld zu verdienen. Für die Mehrheit der Menschen, die ihre Mittelschichtarbeit verloren haben, bietet Zugang zu einem Smartphone kaum mehr als die Möglichkeit, in der Warteschlange beim Arbeitsamt „Angry Birds" spielen zu können.

Eine moralische Frage

Gehen wir noch einmal zurück zu dem Beispiel vom Kapitelanfang. Da hatten wir einen Penny verdoppelt, um das exponentielle Wachstum der Digitaltechnologie zu verdeutlichen. Wenn wir uns das Bild noch einmal in Erinnerung rufen, wird deutlich, dass die gewaltige Summe, die da auf unserem Technologiekonto steht, das Ergebnis der Anstrengungen ist, die zahllose Personen und Unternehmen über mehrere Jahrzehnte hinweg unternommen haben. Tatsächlich lässt sich die Fortschrittskurve mindestens bis zum Anfang des 17. Jahrhunderts zurückführen, als Charles Babbage seine mechanische Rechenmaschine vorstellte.

Die Innovationen, die zu fantastischem Wohlstand und Einfluss in der heutigen Informationstechnologie geführt haben, waren fraglos sehr wichtig, verblassen jedoch neben der bahnbrechenden Arbeit, die Pioniere wie Alan Turing oder John von Neumann leisteten. Der Unterschied besteht darin, dass inzwischen selbst geringe Fortschritte aus dieser außergewöhnlichen aufgelaufenen Summe Kapital schlagen können. Die erfolgreichen Erfinder von heute sind ein wenig wie die berühmte Läuferin, die sich 1980 eine halbe Meile vor der Ziellinie ins Feld des Boston-Marathons mogelte. Natürlich stehen alle Innovatoren auf den Schultern derjenigen, die vor ihnen kamen. Das galt schon, als Henry Ford das Model T vorstellte. Aber wie wir gesehen haben, ist die Informationstechnologie grundlegend anders. Sie verfügt über die einzigartige Fähigkeit, Maschinenintelligenz an das jeweilige Unternehmen anzupassen und dort gewinnbringend einzusetzen, um damit die Belegschaft zu ersetzen. Und ihre Neigung, überall „Winner takes all"-Szenarien zu erschaffen, wird für Wirtschaft wie Gesellschaft gleichermaßen dramatische Folgen zeitigen.

Irgendwann werden wir uns eine grundlegende moralische Frage stellen müssen: Sollte die Bevölkerung insgesamt in irgendeiner Form

Anspruch auf diesen aufgelaufenen Betrag im Technologiekonto haben? Natürlich profitiert die Öffentlichkeit in hohem Maße von der beschleunigten Digitaltechnologie, und zwar in Form von gesunkenen Kosten, mehr Komfort und kostenlosem Zugang zu Informationen und Unterhaltung. Aber das führt uns wieder zurück zu dem Pferdefuß bei Kurzweils Argumentation zum Thema Mobiltelefone: All das trägt nicht dazu bei, dass wir unsere Miete bezahlen können.

Man sollte auch nicht vergessen, dass ein Großteil der Grundlagenforschung, die die Fortschritte im IT-Bereich ermöglichten, vom amerikanischen Steuerzahler finanziert wurde. Die Defense Advanced Research Projects Agency (DARPA) baute und finanzierte das Computernetzwerk, aus dem sich schließlich das Internet entwickelte.* Auch das Mooresche Gesetz entstand teilweise durch universitäre Forschungsarbeit, die von der National Science Foundation finanziert wurde. Der Branchen-Lobbyverband Semiconductor Industry Association wirbt aktiv um mehr staatliche Mittel für Forschungszwecke. Computertechnologie ist auch deshalb auf ihrem heutigen Stand, weil in den Jahrzehnten nach dem Zweiten Weltkrieg Millionen Mittelschichthaushalte mit ihren Steuern eine staatliche Förderung der Forschungsarbeit ermöglichten. Wir können mit ziemlicher Sicherheit davon ausgehen, dass diese Steuerzahler ihre Unterstützung in der Erwartung gaben, dass die Früchte dieser Forschungsarbeit ihren Kindern und Enkelkindern eine bessere Zukunft bescheren werden. Die Trends, die wir in diesem Kapitel untersucht haben, lassen allerdings vermuten, dass die Reise in eine ganz andere Richtung gehen wird.

---

* DARPA stellte auch die Anlauffinanzierung für die Entwicklung von Siri, der virtuellen Assistentin bei Apple-Technologie, bereit und ist zudem an der Entwicklung des kognitiven Computerchips SyNAPSE von IBM finanziell beteiligt.

DIE GRUNDLEGENDE MORALISCHE Frage lautet, ob es einer kleinen Elite gestattet sein sollte, das angehäufte Technologiekapital der gesamten Gesellschaft unter sich aufzuteilen. Daneben gibt es praktische Fragen, bei denen es um die grundlegende Gesundheit einer Volkswirtschaft geht, in der die Einkommensungleichheit zu groß wird. Für anhaltenden Fortschritt wird ein lebendiger Markt benötigt, der zu Innovationen verleitet. Das wiederum setzt eine vernünftige Verteilung der Kaufkraft voraus.

In den folgenden Kapiteln werden wir uns genauer damit befassen, wie sich die unaufhörliche Beschleunigung der Digitaltechnologie auf die gesamte Volkswirtschaft und Gesellschaft auswirkt. Zunächst jedoch gehen wir der Frage nach, wie diese Innovationen immer mehr hoch qualifizierte Jobs gefährden, von Leuten mit College- oder sogar noch höheren akademischen Abschlüssen.

KAPITEL 4

Bürojobs im Visier

Am 11. Oktober 2009 besiegten die Los Angeles Angels die Boston Red Sox in den Playoffs der American League. Damit hatte sich das Baseball-Team für das Liga-Finale gegen die New York Yankees qualifiziert und könnte nach einem Erfolg um die World Series spielen. Für die Angels war dieser Sieg ganz besonders emotionsgeladen, denn erst sechs Monate zuvor war Nick Adenhart, eines der größten Talente der Mannschaft, von einem alkoholisierten Autofahrer überfahren worden. Ein Bericht begann so:

> „Es sah gar nicht gut aus für die Angels. Im neunten Inning lagen sie zwei Runs hinten, doch dann erholte sich Los Angeles dank eines wichtigen Single von Vladimir Guerrero. Und so konnte man am Sonntag im Fenway Park die Boston Red Sox letztlich doch noch 7:6 besiegen.
>
> Dank Guerrero erreichten zwei Spieler der Angels die Home Base. Er kam auf two for four.[1] „Mit Blick auf Nick Adenhart und das, was im April in Anaheim geschehen ist, war das vermutlich der größte Erfolg [meiner Karriere]", sagte Guerrero. „Denn ich widme ihn einem ehemaligen Teamkameraden, jemandem, der gestorben ist."
>
> Guerrero hat diese Saison konsequent gute Leistungen abgeliefert, vor allem während der Spiele. An Spieltagen lag sein OPS bei 0,794. Er hat fünf Homeruns erzielt und in 26 Partien 13 Mitspielern beim Erreichen der Homebase geholfen."[2]

Na gut, einen Schönheitspreis wird der Autor für seinen Stil vermutlich nicht gewinnen, dennoch ist dieser Bericht eine erstaunliche Leistung. Nicht, weil er lesbar ist, grammatikalisch korrekt und weil er das Spiel akkurat wiedergibt, sondern weil der Autor ein Computerprogramm war.

Die Software dahinter nennt sich „Stats Monkey" und wurde von Studenten und Forschern des Intelligent Information Laboratory der Northwestern University entwickelt. Stats Monkey soll die Sportberichterstattung automatisieren, indem objektive Daten zu einem bestimmten Spiel als interessante Schilderung aufbereitet werden. Es geht nicht darum, einfach nur die Fakten aufzuzählen, vielmehr schreibt das Programm eine Geschichte, die dieselben zentralen Attribute enthält, die ein Sportjournalist auch unterbringen wollen würde. Stats Monkey erstellt eine statistische Analyse, um auszumachen, welche Ereignisse während eines Spiels von Bedeutung sind. Dann generiert es einen Fließtext, der die Dynamik des Spiels erfasst. Das Augenmerk dabei liegt auf den wichtigsten Spielzügen und den zentralen Spielern, die dazu beitrugen.

Die Forscher der Northwestern University, die die Aufsicht über die Informatik- und Journalistikstudenten hatten, die Stats Monkey entwickelten, sammelten 2010 Wagniskapital ein und gründeten das Unternehmen Narrative Science. Ihr Ziel war es, die Technologie kommerziell nutzbar zu machen. Das Unternehmen holte sich ein Team erstklassiger Informatiker und Softwareprogrammierer. Man warf den ursprünglichen Stats-Monkey-Code über Bord und entwickelte eine deutlich leistungsfähigere und umfassendere Engine für Künstliche Intelligenz (KI). Sie wurde auf den Namen „Quill" getauft.

Die Technologie von Narrative Science wird von führenden Medien wie Forbes in einer Vielzahl von Bereichen eingesetzt, unter anderem im Sport, für Wirtschaftsnachrichten und Politik. Die Firmensoftware erzeugt ungefähr alle 30 Sekunden eine neue Geschichte und viele davon werden auf sehr bekannten Websites veröffentlicht, die mit diesem Fakt aber nicht unbedingt hausieren gehen wollen. Bei einer Branchenkonferenz fragte der *Wired*-Autor Steven Levy Kristian Hammond, einen der Gründer von Narrative Science, nach seiner Einschätzung: Wie groß würde seiner Meinung nach in 15 Jahren der Anteil von Meldungen sein, den Algorithmen geschrieben haben? Hammonds Antwort: mehr als 90 Prozent.[3]

Aber Narrative Science hat deutlich mehr im Visier als nur die Nachrichtenbranche. Quill ist als Allzweck-Engine für Analysen und erzählenden Schreibstil gedacht und soll für eine ganze Spanne von Branchen qualitativ hochwertige Berichte erstellen, die sowohl für den internen Gebrauch als auch zur Veröffentlichung gedacht sind. Dazu sammelt Quill zunächst Daten aus einer Vielzahl von Quellen, darunter Transaktionsdatenbanken, Pflichtmeldungen der Unternehmen, Webseiten und sogar aus sozialen Netzwerken. Anschließend werden die Daten analysiert mit dem Ziel, die wichtigsten und interessantesten Fakten und Erkenntnisse herauszufiltern. Schließlich werden diese Informationen zu einer zusammenhängenden Erzählung verknüpft, die nach Angaben des Unternehmens mit dem mithalten kann, was die besten menschlichen Analysten produzieren. Einmal komplett konfiguriert, kann Quill praktisch auf Knopfdruck Geschäftsberichte produzieren und ständig veröffentlichen – ganz ohne menschliches Mitwirken.[4] Zu den frühesten Förderern von Narrative Science zählt In-Q-Tel, die Wagniskapitalsparte der CIA. Vermutlich wird die Software von Narrative Science dazu verwendet werden, die Massen an Rohdaten, die Amerikas Geheimdienste sammeln, in leicht verständliche Schilderungen umzuarbeiten.

Das Beispiel Quill zeigt, inwieweit Aufgaben, die einstmals ausgebildeten Experten mit Hochschulstudium vorbehalten waren, anfällig für eine Automatisierung geworden sind. Wissensbasierte Arbeiten setzen naturlich zumeist eine breite Spanne an Fähigkeiten voraus. Ein Analyst beispielsweise muss wissen, wie er aus einer Reihe von Systemen Informationen abrufen kann, wie er statistische oder finanztechnische Modelle erstellen kann und wie verständliche Berichte und Präsentationen erstellt werden. Schreiben ist zu mindestens genauso großem Teil Kunst wie Wissenschaft, insofern könnte man die Wahrscheinlichkeit einer Automatisierung als gering einschätzen. Dennoch ist es automatisiert worden und die Algorithmen werden rasch besser. Tatsächlich könnten sich wissensbasierte Jobs in vielen Fällen als sogar noch anfälliger erweisen als geringer qualifizierte Aufgaben, bei denen mit den Händen gearbeitet wird. Der Grund? Zur Automatisierung der wissensbasierten Jobs wird ausschließlich Software benötigt.

Das Schreiben ist zudem zufälligerweise auch noch einer der Bereiche, in dem die Arbeitgeber ständig über Defizite der College-Absolventen klagen. Eine Umfrage unter Arbeitgebern ergab, dass von den neu angestellten Mitarbeitern, die zwei Jahre College absolviert haben, etwa die Hälfte schlecht im Schreiben war. Bei denjenigen mit vier Jahren College war es immer noch die Hälfte, oftmals kamen auch Leseschwächen hinzu.[5] Wenn Narrative Science recht hat und seine intelligente Software mit den fähigsten menschlichen Analysten Schritt halten kann, ist es fraglich, ob der Markt für wissensbasierte Arbeit College-Absolventen – insbesondere die am schlechtesten vorbereiteten – künftig viel Wachstum bieten kann.

Big Data und Maschinelles Lernen

Quill ist nur ein Beispiel aus einer ganzen Reihe neuer Software-Anwendungen, die Nutzen aus den gewaltigen Datenmengen ziehen sollen, die Firmen, Organisationen und Behörden in aller Welt aktuell erheben und speichern. Einer Schätzung zufolge werden die derzeit weltweit gespeicherten Datenmengen in Tausenden Exabyte berechnet (ein Exabyte entspricht einer Milliarde Gigabyte) und diese Zahl unterliegt ihrer eigenen Beschleunigung nach dem Mooreschen Gesetz, soll heißen, der Wert verdoppelt sich alle fünf Jahre.[6] Fast all diese Daten werden inzwischen digital gespeichert und können damit direkt von Computern verarbeitet werden. Allein Googles Server verarbeiten jeden einzelnen Tag rund 24 Petabyte (entsprechend einer Million Gigabyte), in erster Linie Informationen zu den Suchabfragen der Millionen Nutzer.[7]

Diese Datenströme entspringen einer Vielzahl von Quellen. Allein im Internet kommen Seitenaufrufe, Suchabfragen, E-Mails, Interaktionen in sozialen Medien und Klicks auf Werbebanner zusammen, um nur einige wenige Beispiele zu nennen. Innerhalb von Firmen gibt es Transaktionen, Kundenkontakte, interne Kommunikation sowie Daten aus dem Finanzaktionen, der Buchhaltung und dem Marketing. In der realen Welt erheben Sensoren unablässig und in Echtzeit Betriebsdaten in Fabriken, Krankenhäusern, Automobilen, Flugzeugen und unzähligen Geräten der Unterhaltungselektronik und der Industrie.

Die absolute Mehrheit dieser Daten ist „unstrukturiert", wie es in der Informatik heißt. Anders gesagt: Die Daten fallen in einer Vielzahl von Formaten an, die oftmals nur schwer zueinander passen oder sich nicht vergleichen lassen. Das ist ein großer Unterschied zu traditionellen relationalen Datenbanken, wo die Informationen schön ordentlich in einheitlichen Datensätzen und Spalten erfasst sind, sodass sich Suchen und Abfragen schnell, verlässlich und präzise durchführen lassen. Dieses Unstrukturierte, mit dem man es bei Big Data zu tun hat, hat zur Entwicklung neuer Werkzeuge geführt, die speziell dafür ausgelegt sind, aus Informationen, die aus zahlreichen Quellen stammen, sinnvolle Erkenntnisse herauszufiltern. Die raschen Fortschritte in diesem Bereich sind nur ein weiteres Beispiel dafür, wie sich Computer – zumindest in begrenztem Ausmaß – immer weiter Fähigkeiten aneignen, die bis dato exklusiv dem Menschen vorbehalten waren. Einen Strom unstrukturierter Informationen aus unterschiedlichsten Quellen aus unserer Umgebung zu verarbeiten, das zählt zu den Dingen, für die der Mensch in einzigartiger Weise ausgelegt ist. Der Computer ist natürlich im Reich von Big Data zu Leistungen fähig, die für einen Menschen unerreichbar sind, das kommt noch hinzu. Big Data führt in einer breiten Spanne von Feldern zu revolutionären Veränderungen, sei es in der Geschäftswelt, der Politik, der Medizin oder in praktisch sämtlichen Bereichen der Natur- und Sozialwissenschaften.

Große Einzelhandelsketten gewinnen mithilfe von Big Data in beispiellosem Maß Einblicke in das Verhalten einzelner Kunden. So können sie stark maßgeschneiderte Werbung anbieten, die den Umsatz steigert und die Kundenbindung verbessert. Weltweit nutzen Polizeibehörden die Analyse von Algorithmen, um vorhersagen zu können, wann und wo Verbrechen verübt werden, und entsprechend Einheiten abzustellen. Bewohner der Stadt Chicago können in einem Datenportal historische Trends und Echtzeitdaten zu einer Spanne von Feldern abrufen, die die Gezeiten des Lebens in einer Großstadt abbilden – sei es der Energieverbrauch, Verbrechensstatistiken, Leistungsdaten für den öffentlichen Nahverkehr, Schulen und den Gesundheitsbereich. Es lässt sich sogar ermitteln, wie viele Schlaglöcher über einen bestimmten Zeitraum hinweg gefüllt wurden. Neue Werkzeuge erlauben es, Daten aus Interaktionen in sozialen Medien auszuwerten und dank Sensoren in Türen, Drehkreuzen und Fahrstühlen bekommen Stadtplaner und Stadtverwalter grafisch aufbereitet Einblick in die Art und Weise, wie die Bürger sich bewegen, arbeiten und im urbanen Umfeld interagieren. Dies könnte zu effizienteren und lebenswerteren Städten führen. Das Ganze hat aber auch eine potenzielle Schattenseite. Der Einzelhändler Target hat ein Negativbeispiel dafür abgeliefert, was man mit gewaltigen Mengen außerordentlich detaillierter Kundendaten anstellen kann. Ein Datenexperte des Unternehmens entdeckte einen ausgesprochen komplexen Zusammenhang zwischen dem Kaufverhalten bei etwa 25 verschiedenen Gesundheits- und Schönheitsprodukten und einer frühen Schwangerschaft. Die Analyse erlaubte sogar eine ziemlich genau Prognose, wann die Kundin ihr Kind bekommen wird. Target begann damit, Frauen so früh mit schwangerschaftsspezifischer Werbung zu bombardieren, dass in einigen Fällen die Frauen noch nicht einmal Gelegenheit hatten, ihren engsten Familienmitgliedern mitzuteilen, dass sie schwanger waren. Die *New York Times* berichtete Anfang 2012, dass sich der Vater eines Mädchens im Teenageralter bei Target über die Werbung beschwerte ... nur, um dann festzustellen, dass Target mehr wusste als er.[8] Einige Kritiker fürchten, diese eher unheimliche Geschichte sei erst der Anfang. Schon bald, so ihre Sorge, könnte Big Data verstärkt für Prognosen genutzt werden, die die Privatsphäre verletzen und möglicherweise sogar die Freiheit des Einzelnen einschränken.

Erkenntnisse gewinnt man aus Big Data für gewöhnlich ausschließlich durch Korrelationen. Über die Ursachen des untersuchten Phänomens sagen die Erkenntnisse nichts aus. Ein Algorithmus stellt fest, dass A zutrifft und B ebenfalls. Ob A nun B auslöst oder umgekehrt, das kann er nicht erkennen, genauso wenig, ob A und B vielleicht von einem externen Faktor verursacht werden. In vielen Fällen jedoch geht es weniger um ein umfassendes Verständnis. Gerade im Bereich der Wirtschaft wird der Erfolg letztlich in Form von Rentabilität gemessen und hier kann eine aussagekräftige Korrelation bereits von unschätzbarem Wert sein. Big Data kann der Geschäftsführung in beispiellosem Ausmaß Erkenntnisse über zahlreiche Bereiche verschaffen: Von der Auslastung einer einzelnen Maschine bis hin zum Gesamtabschneiden eines multinationalen Konzerns lässt sich potenziell alles mit einer Detailschärfe analysieren, die bislang völlig unmöglich gewesen wäre.

Dieser stetig wachsende Datenberg gilt verstärkt als eine Ressource, als etwas, wo sich Wert heben lässt, und zwar jetzt und in Zukunft. Branchen wie die Erdöl- und Erdgasförderungen profitieren ständig von technischen Neuerungen. Genauso kann man davon ausgehen, dass wachsende Rechenleistung, stärkere Software und verbesserte Analysetechniken den Unternehmen helfen werden, neue Erkenntnisse zu gewinnen, die sich direkt in Form einer höheren Rentabilität niederschlagen. Diese Erwartungshaltung der Investoren ist vermutlich der Grund dafür, warum datenreiche Unternehmen wie Facebook an der Börse dermaßen hoch bewertet werden.

Maschinelles Lernen bezeichnet eine Technik, bei der ein Computer sich durch Datenberge ackert und dabei im Grunde sein eigenes Programm schreibt, das auf den gefundenen statistischen Beziehungen basiert. Es handelt sich um eine der effektivsten Methoden, Wert zu heben. Zum Maschinellen Lernen gehören üblicherweise zwei Schritte: Zunächst wird ein Algorithmus mithilfe bekannter Daten angelernt und dann lässt man ihn auf ein ähnliches Problem mit neuen Informationen los. Im Alltag begegnet uns Maschinelles Lernen beispielsweise bei Spam-Filtern im E-Mail-Verkehr. Der Algorithmus ist darauf gedrillt, Millionen E-Mails zu verarbeiten, die entweder als Spam oder als unbedenklich kategorisiert wurden. Niemand setzt sich hin und programmiert das System von Hand so, dass es jede nur vorstellbare Schreibweise des Begriffs „Viagra" erkennt. Das lernt die Software von selbst. Das Ergebnis ist eine Anwendung, die automatisch den absoluten Großteil der Junkmail erkennt und mit der Zeit (und immer mehr Beispielen) laufend besser wird und sich anpasst. Auf demselben Grundprinzip basieren die Algorithmen, die bei Amazon Bücher, bei Netflix Filme oder bei Match.com potenzielle Dates empfehlen.

Eines der eindrucksvollsten Beispiele für die Fähigkeiten des Maschinellen Lernens ist der Online-Übersetzer von Google. Die Algorithmen dieser Anwendung arbeiten mit einer Methode, die man vielleicht als „Rosettastein-Ansatz" bezeichnen kann. Dafür werden Millionen Seiten Text analysiert und verglichen, die bereits in mehrere Sprachen übersetzt wurden. Die Entwickler von Google begannen mit offiziellen

Dokumenten der Vereinten Nationen und weiteten ihre Anstrengungen dann auf das Internet aus. Die Suchmaschinen des Unternehmens fanden dort zahllose Beispiele, die als Futter für die selbstlernenden Algorithmen dienen konnten. Die schiere Menge an Dokumenten, mit denen das System trainiert wurde, stellt alle früheren Bemühungen in dieser Richtung in den Schatten. Das Team habe „sehr, sehr große Sprachmodelle gebaut, deutlich größer als alles, was in der Geschichte der Menschheit je gebaut worden ist", sagte der Informatiker Franz Och, der die Entwicklung von Google Translate geleitet hat.[9]

2005 meldete Google sein System für den jährlichen Wettbewerb in maschinellem Übersetzen an, den das National Institute of Standards and Technology veranstaltet. Dabei handelt es sich um eine Behörde des US-Handelsministeriums, welche für Standardisierungsprozesse zuständig ist. Googles Algorithmen hatten keinerlei Probleme, die Konkurrenz weit hinter sich zu lassen. Die Konkurrenz arbeitete mit Sprachen- und Linguistikexperten, die mit aktivem Programmieren versuchten, ihrer Software einen Weg durch das Gewirr aus widersprüchlichen und unlogischen Regeln zu bahnen, die nun einmal Sprache ausmachen. Die Lektion aus dieser Anekdote: Wenn die Datensätze groß genug sind, wird das in diesen Daten enthaltene Wissen häufig die Bemühungen selbst der allerbesten Programmierer übertrumpfen. Noch kann Googles System nicht mit den Leistungen qualifizierter menschlicher Übersetzer mithalten, aber es bietet Übersetzungen für mehr als 500 Sprachpaare. Das stellt einen echten disruptiven Fortschritt in der Kommunikationstechnologie dar: Erstmals in der Geschichte der Menschheit kann fast jeder Mensch kostenlos und sofort auf eine Rohübersetzung praktisch jedes Dokuments in jeder Sprache zugreifen.

Es gibt unterschiedliche Ansätze beim Maschinellen Lernen, aber zu den wirkungsvollsten und faszinierendsten Methoden zählt das Arbeiten mit künstlichen neuronalen Netzen. Dabei handelt es sich um Systeme, die nach demselben grundlegenden Prinzip wie das menschliche Gehirn aufgebaut sind. Das menschliche Gehirn enthält bis zu 100 Milliarden Neuronen mit Billiarden Verbindungen. Leistungsstarke

Lernsysteme lassen sich jedoch auch mit deutlich primitiveren Konfigurationen simulierter Neuronen entwickeln.

Ein einzelnes Neuron arbeitet ähnlich wie dieses Pop-up-Spielzeug, das bei Kleinkindern so beliebt ist: Das Kleine drückt auf einen Knopf und eine bunte Plastikfigur, vielleicht ein Zeichentrickcharakter oder ein Tier, klappt hoch. Drückt man sanft, passiert gar nichts. Ein wenig härter – immer noch nichts. Ist aber ein bestimmter Widerstand überwunden, schnellt die Figur nach oben. Ein Neuron funktioniert im Grunde nach demselben Prinzip, nur kann der Aktivierungsknopf durch eine Reihe von mannigfaltigen Reizen betätigt werden.

Stellen Sie sich eine Art Rube-Goldberg-Maschine vor, in der eine Reihe dieser Pop-up-Spielzeuge in Reihen auf dem Fußboden stehen. Über jedem Aktivierungsknopf schweben drei mechanische Finger. Bei dieser Maschine klappt keine Figur hoch. Wenn ein Spielzeug aktiviert wird, führt es stattdessen dazu, dass in der nächsten Reihe die mechanischen Finger auf die Knöpfe anderer Spielzeuge drücken. Das ist im Grunde das Prinzip des neuronalen Netzes. Der Schlüssel zur Lernfähigkeit des Netzes besteht darin zu erkennen, dass sich der Druck, mit dem jeder Finger auf seinen Knopf drückt, variieren lässt.

Wie wird nun das neurale Netz trainiert? Man füttert die erste Reihe Neuronen mit bekannten Daten. Nehmen wir als Beispiel an, dass visuelle Darstellungen handgeschriebener Buchstaben eingegeben werden. Die eingegebenen Daten sorgen dafür, dass einige der mechanischen Finger Knöpfe drücken. Wie hart, das hängt von ihrer Kalibrierung ab. Das Drücken der Knöpfe wiederum führt dazu, dass einige der Neuronen aktiviert werden und Knöpfe in der nächsten Reihe drücken. Der Output – beziehungsweise die Antwort – wird von der letzten Neuronenreihe ausgegeben. In diesem Beispiel ist der Output ein Binärcode, der den Buchstaben des Alphabets identifiziert, der dem auf dem Bild dargestellten Buchstaben entspricht. Anfangs wird die Antwort falsch sein, doch unsere Maschine enthält auch einen Mechanismus für Vergleiche und Feedback. Der Output wird mit der bekannten korrekten Antwort verglichen. Dies führt automatisch zu Korrekturen an den mechanischen Fingern jeder Reihe. Das wiederum verändert die Sequenz, in der Neuronen aktiviert werden. Das Netz wird mit Tausenden bekannten Bildern trainiert und die Kraft, mit der die Finger Knöpfe drücken, wird ständig neu kalibriert. So wird das Netz mit der Zeit immer besser darin, die korrekte Antwort zu liefern. Ist ein Punkt erreicht, an dem die Antworten nicht mehr besser werden, ist es geschafft – die Ausbildung des Netzes ist beendet.

Im Wesentlichen ist das die Methode, wie neurale Netze dazu genutzt werden können, Bilder oder gesprochene Worte zu erkennen, Sprachen zu übersetzen oder diverse andere Aufgaben zu erledigen. Das Ergebnis ist ein Programm – im Grunde eine Liste aller finalen Kalibrierungen für die mechanischen Finger, die über den Knöpfen zur Aktivierung der Neuronen schweben. Dieses Programm kann dazu genutzt werden, neue neurale Netze zu konfigurieren, die alle fähig sind, aus neuen Daten automatisch Antworten zu erzeugen.

Künstliche neurale Netze wurden Ende der 1940er-Jahre erdacht und experimentell genutzt. Sie dienen seit Langem dazu, Muster zu erkennen. In den letzten Jahren allerdings gelangen einige dramatische Durchbrüche, die zu einer beträchtlich verbesserten Leistung geführt haben. Das gilt insbesondere dann, wenn mit mehreren Schichten von Neuronen gearbeitet wird. Diese Technologie wird als „Deep Learning" bezeichnet. Deep-Learning-Systeme stecken zum Beispiel hinter den Spracherkennungsfähigkeiten von Apples Siri und sie dürften in Zukunft die Fortschritte in einer Vielzahl von Anwendungen vorantreiben, in denen es auf das Erkennen und Analysieren von Mustern ankommt. 2011 entwickelten Forscher der Universität Lugano ein neurales Deep-Learning-Netz. Dieses Netz konnte in einer großen Datenbank mit Verkehrszeichen über 99 Prozent der Bilder richtig identifizieren – so gut schnitten nicht einmal die menschlichen Experten ab, die gegen die Software angetreten waren. Und Forscher bei Facebook haben ein experimentelles System entwickelt, das aus neun Ebenen künstlicher Neuronen besteht und das mit einer Wahrscheinlichkeit von 97,25 Prozent sagen kann, ob auf zwei Fotos ein und dieselbe Person zu sehen ist – unabhängig von den Lichtverhältnissen und der Ausrichtung des Gesichts. Menschliche Beobachter kamen auf einen Wert von 97,53 Prozent.[10]

Deep Learning lasse sich „wunderbar an veränderte Maßstäbe anpassen", sagt einer der führenden Forscher in diesem Bereich, Geoffrey Hinton von der Uni Toronto. „Im Grunde muss man es nur größer und schneller bauen, dann wird es auch besser."[11] Anders gesagt: Selbst wenn man die Möglichkeit außer Acht lässt, dass Systeme für Maschinelles Lernen auf den Markt kommen werden, die über ein verbessertes Design verfügen, werden die Deep-Learning-Netze höchstwahrscheinlich allein schon als Folge des Mooreschen Gesetzes weiterhin unglaubliche Fortschritte erzielen.

Big Data und die damit einhergehenden intelligenten Algorithmen wirken sich unmittelbar auf den Arbeitsplatz und die Karriere aus. Arbeitgeber, insbesondere die großen Konzerne, können heutzutage anhand zahlloser Kennzahlen und Statistiken erfassen, wie ihre Angestellten arbeiten und sozial interagieren. Immer stärker verlassen sich Firmen auf sogenannte People Analytics, um Mitarbeiter einzustellen, zu entlassen, zu bewerten und zu befördern. Es sind atemberaubende Mengen an Daten, die über Einzelne und ihre Arbeit gesammelt werden. Einige Firmen erfassen jeden Tastaturanschlag jedes einzelnen Mitarbeiters. E-Mails, Verbindungsdaten, Internetsuchen, Datenbanksuchen, welche Dateien wurden geöffnet, wann wurde das Firmengelände betreten und wieder verlassen und unzählige andere Daten werden zum Teil ebenfalls erfasst, manchmal mit dem Wissen der Belegschaft, manchmal ohne.[12] Managementoptimierungen und einfachere Leistungsbeurteilungen werden zumeist als Hauptzweck für diese Sammel- und Analysierwut genannt, aber die Datenberge könnten irgendwann auch für andere Dinge genutzt werden – auch dafür, Software zu entwickeln, die einen Großteil der anfallenden Arbeiten erledigt.

Für wissensbasierte Berufsbilder wird sich die Big-Data-Revolution voraussichtlich in zweierlei Hinsicht ganz besonders stark auswirken. Zum einen könnten die erfassten Daten in vielen Fällen zu einer direkten Automatisierung spezieller Aufgaben und Jobs führen. Um eine neue Aufgabe zu erlernen, kann ein Mensch studieren, wie sie in der Vergangenheit erledigt wurde, und dann üben. Ganz genau so funktioniert es bei intelligenten Algorithmen meistens auch.

Im November 2013 stellte Google einen Patentantrag. Darin geht es um ein System, das automatisch personalisierte E-Mails und Antworten in sozialen Medien erstellt.[13] Das System analysiert die bestehenden E-Mails und Interaktionen einer Person und soll dann künftig automatisch E-Mails beantworten, Tweets erstellen oder bloggen können, und zwar im üblichen Schreibstil und der üblichen Tonalität dieser Person. Es ist leicht vorstellbar, dass ein derartiges System eines Tages dazu genutzt werden könnte, einen Großteil des Routine-Schreibverkehrs zu automatisieren.

Ganz genauso verhält es sich mit den selbstlenkenden Fahrzeugen, die Google erstmals 2011 vorführte. Sie werden wichtige Erkenntnisse dazu liefern, welchen Weg die datenbasierte Automatisierung einschlagen könnte. Google hat nicht versucht nachzuahmen, wie ein Mensch fährt – das würde die aktuellen Fähigkeiten künstlicher Intelligenz ohnehin noch übersteigen. Stattdessen hat sich das Unternehmen die Aufgabe erleichtert, indem es ein leistungsstarkes Datenverarbeitungssystem entwickelte und dann motorisierte. Googles Fahrzeuge verlassen sich zum Navigieren auf Kontextabhängigkeit via GPS und gewaltige Mengen extrem detailreichen Kartenmaterials. Die Autos sind darüber hinaus natürlich mit Radar, optischer Abstandsmessung und anderen Systemen ausgerüstet, die einen beständigen Strom an Echtzeitinformationen liefern. So soll sich das Auto kontinuierlich an neue Situationen anpassen können, etwa an einen Fußgänger, der unachtsam auf die Straße läuft.

Nun mag man das Fahren nicht unter Bürojobs einsortieren, aber Googles Strategie lässt sich im Prinzip auf zahlreiche andere Bereiche übertragen. Zunächst häuft man gewaltige Mengen an Vergangenheitswerten an, um eine allgemeingültige „Landkarte" zu erstellen, mit deren Hilfe Algorithmen sich ihren Weg durch Routineaufgaben bahnen können. Als Nächstes integriert man selbstlernende Systeme, die sich an Abweichungen oder unvorhersehbare Situationen anpassen können. Das Ergebnis dürfte eine intelligente Software sein, die mit einem hohen Grad an Zuverlässigkeit viele wissensbasierte Aufgaben erledigt.

Das war der eine Aspekt. Der zweite ist möglicherweise noch bedeutsamer und wird die Folge davon sein, dass Big Data Unternehmen verändert und die Art, wie sie geführt werden. Big Data und berechenbare Algorithmen haben das Potenzial, branchen- und firmenübergreifend das Wesen und die Menge der wissensbasierten Jobs zu verändern. Die Prognosen, die sich aus Daten ableiten lassen, werden immer stärker menschliche Qualitäten wie Erfahrung und Urteilskraft ablösen. Wenn Spitzenmanager sich immer stärker auf datengestützte Entscheidungsprozesse stützen, die von automatisierten Tools entwickelt werden, wird der Bedarf an einer umfangreichen menschlichen Infrastruktur für Analyse- und Managementaufgaben schrumpfen. Heute sind es Teams von Wissensarbeitern, die Informationen zusammentragen und auf verschiedenen Managementebenen Analysen vorstellen, eines Tages wird das vielleicht ein einzelner Manager mithilfe eines leistungsstarken Algorithmus übernehmen. Die Hierarchien dürften flacher werden. Schichten des mittleren Managements werden sich in Luft auflösen und viele der Jobs, die heutzutage von Büroarbeitern und ausgebildeten Analysten erledigt werden, werden schlichtweg überflüssig.

Wie sich die Automatisierung in der Angestelltenwelt wahrscheinlich auswirken wird, lässt sich sehr anschaulich beim Start-up Work Fusion aus dem Großraum New York City beobachten. Das Unternehmen bietet großen Konzernen eine intelligente Software-Plattform, die fast komplett eigenständig Projekte realisiert, die einst sehr arbeitsintensiv waren. Umgesetzt wird das durch eine Kombination aus Crowdsourcing und Automatisierung.

In der ersten Phase analysiert die Software von Work Fusion, welche Aufgaben unmittelbar automatisiert werden können, welche man auslagern kann und welche im eigenen Unternehmen erledigt werden müssen. Die Software kann dann automatisch auf Websites wie Elance oder Craigslist Aufträge ausschreiben und qualifizierte Freiberufler rekrutieren und auswählen. Sind alle Mitarbeiter an Bord, verteilt die Software die Aufgaben und misst die Leistungen. Zu diesem Zweck werden den freien Mitarbeitern teilweise auch Fragen gestellt, auf die das System die Antwort bereits kennt. Das soll dazu dienen, die Genauigkeit der Arbeiter zu testen. Das System erfasst Produktivitätskennzahlen wie die Tippgeschwindigkeit und passt die Aufgaben automatisch an die Fähigkeiten der Einzelnen an. Kann eine bestimmte Person eine ihre übertragene Aufgabe nicht erledigen, wird das System automatisch die Aufgabe jemandem zuweisen, der die notwendigen Fähigkeiten besitzt.

Die Software automatisiert die Projektleitung nahezu vollständig und reduziert die Zahl intern benötigter Arbeitskräfte dramatisch. Natürlich entstehen auf diese Weise Arbeitskapazitäten für Freiberufler. Aber das ist noch nicht das Ende vom Lied. Während die Arbeiter ihre Aufgaben erledigen, suchen die Lernalgorithmen von Work Fusion kontinuierlich nach Möglichkeiten, den Prozess noch weiter zu automatisieren. Das bedeutet, die Freiberufler arbeiten unter Anleitung des Systems und kreieren dabei gleichzeitig die Datengrundlage für die Lernalgorithmen, die sie eines Tages überflüssig machen werden, weil das System dann vollständig automatisiert läuft.

In einem der ersten Projekte des Unternehmens ging es darum, Informationen zusammenzutragen, die dafür benötigt wurden, eine Sammlung von 40.000 Dokumenten auf den aktuellen Stand zu bringen. Bislang hatte der Kunde das einmal im Jahr intern durchführen lassen und die Kosten betrugen fast vier Dollar pro Dokument. Nach dem Wechsel zur Work-Fusion-Plattform konnten die Unterlagen monatlich zu einem Preis von gerade einmal 20 Cent pro Dokument aktualisiert werden. Die Lernalgorithmen von Work Fusion automatisieren den Prozess schrittweise weiter. Work Fusion sagt, dass die Kosten nach einem Jahr üblicherweise um etwa 50 Prozent fallen und im zweiten Jahr noch einmal um weitere 25 Prozent.[14]

Cognitive Computing und IBM Watson

Im Herbst 2004 traf sich der IBM-Manager Charles Lickel in einem Steakhaus in der Nähe von Poughkeepsie (Bundesstaat New York) mit einem kleinen Team von Wissenschaftlern zum Abendessen. Verblüfft beobachtete die Gruppe, wie um exakt sieben Uhr die Gäste auf einmal alle ihre Tische verließen und sich um einen Fernseher im Barbereich drängten. Wie sich herausstellte, versuchte Ken Jennings gerade, seinen legendäre Siegesserie in der Spielshow Jeopardy! zu verlängern. 50-mal hintereinander war er ungeschlagen geblieben, nun wollte er seine Bestleistung weiter hinaufschrauben. Die Restaurantgäste waren derart gebannt, dass sie ihr Essen stehen ließen und erst, als Jennings fertig war, an ihre Plätze und zu ihren Steaks zurückkehrten.[15] Diversen Schilderungen zufolge war dieser Zwischenfall die Geburtsstunde der Idee, einen Computer zu bauen, der Jeopardy! spielen kann – und nicht nur das: Es sollte ein Computer sein, der die besten menschlichen Spieler schlagen würde!*

Seit Langem schon war IBM bekannt dafür, in schlagzeilenträchtige Projekte zu investieren, in „Grand Challenges" (große Herausforderungen), die dem Konzern Gelegenheit gaben, seine Technologie einer breiten Öffentlichkeit zu präsentieren und für derart viel Schlagzeilen und Medienaufmerksamkeit zu sorgen, wie man es sich für Geld nicht kaufen kann.

Eine Grand Challenge hatte über sieben Jahre zuvor dazu geführt, dass IBMs Computer Deep Blue den Schachweltmeister Garri Kasparow in einem Wettkampf über sechs Partien besiegt hatte. Dieses Ereignis verband den Namen und die Marke IBM auf ewig mit dem historischen Moment, in dem erstmals eine Maschine die Vorherrschaft in der Welt des Schachs errang. Nun waren die IBM-Manager auf der Suche nach einer neuen großen Herausforderung, etwas, das die Öffentlichkeit würde aufhorchen lassen und das Unternehmen als klaren Marktführer in Sachen Technologie positionieren würde. Ganz besonders wollte man den Eindruck zerstreuen, in Sachen IT-Innovationen sei nicht mehr „Big

---

* Diese Anekdote stammt aus: Stephen Baker, *Final Jeopardy!: Man vs. Machine and the Quest to Know Everything* (New York: Houghton Mifflin Harcourt, 2011), S. 20. Die Geschichte von dem Abendessen im Steakhaus wird auch erzählt in: John E. Kelly III, *Smart Machines: IBM's Watson and the Era of Cognitive Computing* (New York: Columbia University Press, 2013), S. 27. In Bakers Buch heißt es allerdings, einige IBM-Mitarbeiter behaupteten, die Idee, einen *Jeopardy!*-spielenden Computer zu bauen, habe bereits vor dem Abendessen existiert.

Blue" (IBMs Spitzname) die allererste Adresse, sondern Google oder eines der Start-ups aus dem Silicon Valley.

Ein Jeopardy!-Roboter, der im Fernsehen gegen die besten menschlichen Wettbewerber antreten würde! Während die Idee bei der IBM-Konzernführung an Zuspruch gewann, protestierten die Computerexperten, die dieses System würden bauen müssen, lauthals. Ein derartiger Rechner, so ihre Argumentation, würde Fähigkeiten erfordern, die alles bislang Vorgeführte um ein Vielfaches übersteigen müssten. Dem Unternehmen, so befürchteten viele Forscher, drohte ein Scheitern oder Schlimmeres: eine Blamage im landesweiten Fernsehen. Tatsächlich sprach nur wenig dafür, dass sich der Triumph von Deep Blue auf Jeopardy! würde übertragen lassen. Schach ist ein Spiel mit präzise definierten Regeln, die innerhalb eines klaren Geltungsbereichs zur Anwendung kommen. Das macht es zu einem Spiel, das nahezu perfekt für einen Computer geeignet ist. IBM hatte nicht zuletzt auch deshalb Erfolg, weil man leistungsstarke, maßgeschneiderte Hardware auf das Problem ansetzte. Deep Blue war so groß wie ein Kühlschrank und vollgestopft mit Prozessoren, die speziell für das Schachspiel entwickelt worden waren. „Brachialkraft"-Algorithmen nutzten das alles, um in der jeweiligen Spielsituation jeden möglichen Zug zu berechnen. Dann blickte die Software für jede dieser Möglichkeiten viele Züge voraus, wog die wahrscheinlichen Spielzüge beider Parteien gegeneinander ab und ging so endlose Spielvarianten durch. Dieser Prozess war sehr mühsam, führte aber letztlich fast immer zum optimalen Vorgehen. Im Grunde war Deep Blue ein Musterbeispiel für reines mathematisches Kalkül – was der Computer an Informationen benötigte, um das Spiel spielen zu können, lag in maschinenfreundlichem Format vor, das der Rechner direkt verarbeiten konnte. Und anders als ein menschlicher Schachspieler musste sich die Maschine nicht mit seiner Umwelt beschäftigen.

Jeopardy! dagegen war etwas völlig anderes. Im Gegensatz zum Schach ist es vom Prinzip her offen, Fragen werden zu praktisch jedem Thema gestellt, das einem gebildeten Menschen zugänglich ist, sei es Wissenschaft, Geschichte, Film, Literatur, Geografie oder Allgemeinwissen, um nur einige Bereiche zu nennen. Ein Computer müsste zudem diversen technischen Anforderungen genügen, allem voran müsste er die gesprochene Sprache verstehen, denn der Computer würde seine Informationen im selben Format wie seine menschlichen Mitbewerber erhalten und auch in diesem antworten. Die Hürden für einen Erfolg bei Jeopardy! liegen besonders hoch, denn die Show soll nicht nur ein fairer Wettbewerb sein, sondern das Millionenpublikum vor den Fernsehern begeistern. Die Autoren der Sendung würzen die Hinweise gerne mit Humor, Ironie und subtilen Wortspielen – im Grunde genau die Zutaten, die eigentlich dafür sorgen müssten, dass ein Computer nur unbrauchbaren Mist von sich gibt.

In einem IBM-Dokument zur Watson-Technologie heißt es: „Unsere Nasen laufen und unsere Füße riechen. [...] Und wie können ein kluger Mann und ein Klugschwätzer Gegenteile sein?"[16] Ein Jeopardy!-Computer müsste sich erfolgreich durch derartige sprachliche Doppeldeutigkeiten des Alltags kämpfen. Gleichzeitig müsste er ein allgemeines Verständnis an den Tag legen, das weit über das hinausgeht, was man normalerweise bei Computeralgorithmen findet, die dafür ausgelegt sind, aus Bergen von Text die relevanten Informationen herauszufiltern. Ein Beispiel aus einer Sendung im Juli 2000: Der Hinweis lautete, „Sink it and you've scratched." („Versenke sie und du hast ein Foul begangen.") Dieser Hinweis tauchte in der obersten Reihe des Spielfelds auf, was bedeutet, er wurde als sehr einfach eingestuft. Wenn Sie diesen Satz googeln, werden Sie seitenweise Verweise auf Seiten bekommen, wo man Ihnen zeigt, wie Sie Kratzer (engl. „scratches") aus Spülen (engl. „sink") entfernen können. Die richtige Erwiderung[17] entgeht Googles Suchalgorithmen völlig – „was ist die weiße Kugel (beim Billard)"?*

David Ferrucci waren all diese Herausforderungen durchaus bewusst. Der Experte für Künstliche Intelligenz übernahm schließlich die Leitung des Teams, das Watson baute. Vorher stand Ferrucci an der Spitze einer kleinen Gruppe von IBM-Wissenschaftlern, die an einem System

---

* Bei Jeopardy! werden die Hinweise in Antwort-Form gegeben. Der Spieler muss seine Erwiderung als Frage formulieren, auf die die gelieferte Antwort zutrifft.

arbeiteten, das in natürlicher Sprache gestellte Fragen beantworten konnte. Das Team meldete sein auf den Namen Piquant getauftes System für einen Wettbewerb des National Bureau of Standards and Technology an, also bei ebenjener Behörde, die auch den Sprachwettbewerb abhielt, bei dem Google so gut abgeschnitten hatte. Für den Wettbewerb mussten die konkurrierenden Systeme etwa eine Million Dokumente abarbeiten und anschließend Fragen beantworten. Zeitliche Einschränkungen gab es keine. In einigen Fällen plagten sich die Algorithmen einige Minuten lang ab, bevor sie eine Antwort lieferten.[18] Diese Herausforderung war nun um ein Vielfaches einfacher als eine Partie Jeopardy!, wo die Hinweise aus einem scheinbar unbegrenzten Wissensschatz stammten und die Maschine innerhalb weniger Sekunden beständig korrekte Antworten würde liefern müssen, um überhaupt eine Chance gegen die besten menschlichen Spieler zu haben.

Piquant war (genauso wie seine Konkurrenz) nicht nur langsam, das Programm war auch ungenau. Korrekte Antworten lieferte das System in etwa 35 Prozent der Fälle, die Erfolgsquote war also nicht höher, als wenn man die Frage einfach in Googles Suchmaschine eingegeben hätte![19] Ferruccis Team baute auf der Grundlage von Piquant einen Prototypen für Jeopardy!, aber die Ergebnisse waren durch die Bank katastrophal. Piquant sollte es eines Tages mit einem Jeopardy!-Experten wie Ken Jennings aufnehmen? Diese Vorstellung wirkte einfach nur lächerlich. Ferrucci wurde bewusst, dass er komplett bei null würde anfangen müssen – und dass das Projekt ein größeres Unterfangen werden würde, für das ein halbes Jahrzehnt Zeit benötigt werden würde. 2007 gab die IBM-Führung grünes Licht und Ferrucci machte sich daran, die „fortschrittlichste Intelligenz-Architektur zu bauen, die die Welt je gesehen hatte", wie er selbst sagte.[20] Dafür nutzte er Ressourcen des gesamten Konzerns und stellte ein Team zusammen, dem IBM-Experten für Künstliche Intelligenz ebenso angehörten wie Fachleute von Spitzenuniversitäten wie MIT und Carnegie Mellon.[21]

Letztlich sollte Ferruccis Truppe rund 20 Wissenschaftler umfassen. Zunächst begann man damit, eine gewaltige Referenzdatenbank aufzubauen, die die Grundlage für Watsons Antworten bilden sollte. Das

System wurde mit etwa 200 Millionen Seiten an Informationen gefüttert, darunter Wörterbücher, Nachschlagewerke, literarische Werke, Zeitungsarchive, Internetseiten und nahezu der komplette Inhalt von Wikipedia. Als Nächstes sammelten die Forscher Vergangenheitswerte der Jeopardy!-Show. Rund 180.000 Hinweise aus früheren TV-Episoden dienten als Futter für Watsons Algorithmen zum Maschinellen Lernen. Gleichzeitig wurden die Leistungsdaten der besten menschlichen Kandidaten dazu genutzt, die Wettstrategie von Watson zu verbessern.[22] Für die Entwicklung von Watson wurden Tausende unterschiedlicher Algorithmen benötigt, von denen jeder eine bestimmte Aufgabe zu erfüllen hatte, sei es Textsuche, der Vergleich von Daten, Zeiten und Orten, grammatikalische Analysen der Hinweise oder die Übersetzung der Rohdaten in ordentlich formatierte Erwiderungen, wie sie sich für einen Kandidaten gehören.

Watson geht folgendermaßen vor: Zunächst zerlegt die Software den Hinweis. Sie analysiert die Wörter und versucht zu begreifen, wonach genau sie suchen muss. Dieser Schritt mag einfach erscheinen, kann aber für einen Computer eine gewaltige Herausforderung darstellen. Lassen Sie uns das an einem Beispiel durchspielen, das für Watsons Training genutzt wurde. Die Kategorie war „Lincoln bloggt" und der Hinweis lautete: „Minister Chase hat mir das gerade zum dritten Mal vorgelegt. Weißt du was, Kumpel? Dieses Mal akzeptiere ich es." Um überhaupt eine Chance auf eine richtige Antwort haben zu können, muss die Maschine zunächst einmal erkennen, dass „das" ein Platzhalter für die gesuchte Antwort ist.[23]

Hat Watson ein Grundverständnis von dem Hinweis, startet das Programm simultan Hunderte von Algorithmen, von denen jeder einen anderen Ansatz verfolgt und versucht, aus dem gewaltigen Korpus an Referenzmaterial im Systemspeicher eine mögliche Antwort zu finden. In obigem Beispiel würde Watson anhand der Kategorie erkennen, dass „Lincoln" wichtig ist, aber das „bloggt" würde vermutlich eine Irritation darstellen. Anders als ein menschlicher Kandidat würde die Maschine nicht begreifen, dass sich das Autorenteam der Sendung Abraham Lincoln als Blogger vorstellte.

Während die konkurrierenden Suchalgorithmen Hunderte möglicher Antworten ausspucken, beginnt Watson damit, sie zu vergleichen und nach Wahrscheinlichkeit zu sortieren. Eine Technik besteht dabei darin, die mögliche Antwort so in den ursprünglichen Hinweis einzubauen, dass ein Satz entsteht, und dann mit diesem Satz im Referenzmaterial nach Passagen zu suchen, die passen. Wenn also einer der Suchalgorithmen die korrekte Antwort „Rücktrittsgesuch" liefert, würde Watson dann seine Datenbank nach einer Aussage wie „Minister Chase hat Lincoln gerade zum dritten Mal sein Rücktrittsgesuch vorgelegt." Jetzt würde es eine Menge ähnlicher Treffer geben und die Zuversicht des Computers in die Richtigkeit dieser Antwort würde steigen. Für die Einstufung seiner Antworten verlässt sich Watson zudem auf Unmengen von Vergangenheitswerten – das System weiß genau, welche Algorithmen in der Vergangenheit die verlässlichsten Antworten geliefert haben, entsprechend hört das System diesen viel aufmerksamer zu. Was Watson besonders auszeichnet und wodurch er ganz vorne an der Leistungsgrenze der künstlichen Intelligenz steht, ist die Fähigkeit, korrekt formulierte Antworten in gesprochener Sprache einzuordnen und dann abzuschätzen, ob das Vertrauen in die Antwort groß genug ist, den Jeopardy!-Buzzer zu drücken. Die IBM-Maschine „weiß, was sie weiß". Für Menschen ist das nichts Besonderes, aber diese Fähigkeit geht nahezu allen Computern ab, wenn sie in Massen unstrukturierter Informationen abtauchen, die eher für Menschen als für Maschinen gedacht sind.

Bei zwei landesweit ausgestrahlten Duellen im Februar 2011 setzte sich Watson gegen die Jeopardy!-Champions Ken Jennings und Brad Rutter durch und verschaffte IBM die gewaltige öffentliche Aufmerksamkeit, auf die das Unternehmen gehofft hatte. Noch bevor der Medienrummel rund um diese erstaunliche Leistung abzuklingen begann, setzte eine Entwicklung ein, deren Folgen deutlich größer sind: IBM startete eine Kampagne mit dem Ziel, Watsons Fähigkeiten in der realen Welt verfügbar zu machen. Einer der vielversprechendsten Bereiche dafür ist die Medizin.

Zu einem Diagnosewerkzeug umfungiert verfügt Watson über die Fähigkeit, präzise Antworten zu finden aus einer erdrückenden Vielzahl medizinischer Informationen, die in Lehrbüchern gesammelt sind, in wissenschaftlichen Fachmagazinen, in klinischen Studien oder auch nur in den Notizen, die sich Ärzte und Krankenschwestern zu einzelnen Patienten gemacht haben. Kein einzelner Arzt könnte mit Watsons Fähigkeit mithalten, könnte so tief in Datensammlungen eintauchen und Beziehungen herstellen, die so nicht auf der Hand lagen – vor allem dann, wenn die Informationen aus verschiedenen medizinischen Fachbereichen stammen.* Schon 2013 half Watson dabei, in großen medizinischen Einrichtungen wie der Cleveland Clinic und dem MD Anderson Cancer Center der Universität von Texas Beschwerden zu diagnostizieren und Behandlungspläne für Patienten zu optimieren.

Im Rahmen ihrer Bemühungen, Watson in eine praxistaugliche Anwendung zu verwandeln, stellten die IBM-Forscher sich auch einer der zentralen Lehren der Big-Data-Revolution. Die Rede ist von der Annahme, es reiche aus, Prognosen auf Korrelationsbasis zu erstellen. Ein umfassendes Verständnis der Ursachen sei unerreichbar und zudem auch unnötig. IBM entwickelte ein Tool namens „Watson Paths", das nicht nur eine Antwort liefert, sondern den Forschern auch genau zeigt, welche Quellen Watson für die Antwort heranzog, welche Logik bei der Bewertung verwendet wurde und welche Schlussfolgerungen auf dem Weg zur Antwort gezogen wurden. Man könnte also sagen, dass sich Watson schrittweise dahin entwickelt, mithilfe von Erklärungen darzulegen, warum etwas richtig ist. Watson Paths dient auch Tool, um Medizinstudenten im Bereich der Diagnoseerstellung zu schulen.

---

* In Bakers Buch „Final Jeopardy!" heißt es, dass der Projektleiter von Watson, David Ferrucci, über Monate hinweg mit starken Schmerzen in einem Zahn zu kämpfen hatte. Mehrere Zahnarztbesuche und eine völlig unnötige Wurzelbehandlung später wurde Ferrucci endlich – und eher zufällig – an einen Facharzt aus einem ganz anderen Bereich verwiesen, der das Problem dann löste. Ferrucci litt an bestimmten Beschwerden, die in einem relativ unbekannten medizinischen Fachblatt beschrieben worden waren. Es entging Ferrucci nicht, dass eine Maschine wie Watson die korrekte Diagnose möglicherweise sofort parat gehabt hätte.

Keine drei Jahre, nachdem es einem menschlichen Team gelang, Watson zu bauen und anzulernen, hat sich das Blatt also in gewissem Maß gewendet. Jetzt lernen Menschen, indem sie sich ansehen, wie das System vorgeht, wenn es mit einem komplexen Problem konfrontiert wird.[24] Auch Bereiche wie Kundendienst und technischer Support sind geradezu prädestiniert für Watson. 2013 kündigte IBM eine Zusammenarbeit mit Fluid an, einem Anbieter von Dienstleistungen und Beratungstätigkeiten für Online-Shopping. Im Rahmen der Zusammenarbeit sollen Online-Händler eine persönliche Unterstützung in gesprochener Sprache anbieten, wie man sie von einem versierten Verkäufer in einem Ladengeschäft erwarten würde. Wenn man campen geht und ein Zelt benötigt, könnte man also sagen: „Meine Familie und ich wollen im Oktober im Bundesstaat New York campen und ich brauche ein Zelt. Was sollte ich dabei beachten?" Im Gegenzug würde man spezielle Zeltempfehlungen erhalten und Hinweise auf andere Artikel, an die man möglicherweise noch nicht gedacht hat.[25] Wie ich bereits in Kapitel 1 schrieb, ist es nur eine Frage der Zeit, bevor diese Fähigkeit auch via Smartphone zur Verfügung steht und Kunden in herkömmlichen Ladengeschäften mündliche Beratung einholen können.

Das US-Unternehmen MD Buyline ist darauf spezialisiert, Krankenhäuser mit Informationen und Forschungsergebnissen zu den neuesten Technologien im Gesundheitswesen zu versorgen. Auch dieses Unternehmen beabsichtigt, Watson zu nutzen, um die technisch deutlich komplexeren Fragen zu beantworten, die auftauchen, wenn Krankenhäuser neue Gerätschaften benötigen. Das System würde Produktspezifikationen, Preise, klinische Studien und Forschungsergebnisse nutzen, um den Ärzten und Beschaffungsmanagern maßgeschneiderte und sofortige Empfehlungen geben zu können.[26] Watson soll auch in der Finanzbranche Aufgaben übernehmen. Dort könnte das System persönliche Finanzberatung vornehmen, indem es Datenberge zu einzelnen Kunden sowie zur Konjunkturlage und den jeweiligen Wertpapiermärkten verarbeitet. Das vielleicht größte disruptive Potenzial birgt wohl Watsons Einsatz bei Kundendienst-Callcenter.

Es dürfte kein Zufall sein, dass kein Jahr nach Watsons Triumph bei Jeopardy! IBM gemeinsam mit der Citigroup prüfte, wie sich das System im gewaltigen Privatkundenbereich des Finanzdienstleisters nützlich machen könnte.[27] Noch steckt die neue Technologie von IBM in den Kinderschuhen. Watson (sowie die konkurrierenden Systeme, die früher oder später auftauchen werden) kann die Art und Weise revolutionieren, wie Fragen gestellt und beantwortet werden und wie das Analysieren von Informationen angegangen wird, sowohl firmenintern als auch im Kundenkontakt. Noch ist es nicht so weit, aber es lässt sich nicht leugnen: Ein Großteil der Analysen, die derartige Systeme durchführen, würden ansonsten von Menschen in wissensbasierten Jobs vorgenommen werden.

Bausteine in der Cloud

Im November 2013 teilte IBM mit, dass das Watson-System umziehen würde – von den spezialisierten Computern, auf die das System für Jeopardy! aufgespielt worden war, in die Cloud. Anders gesagt: Watson würde künftig im gewaltigen Serverbestand residieren, der mit dem Internet verbunden ist. Entwickler würden direkt auf das System verlinken und die revolutionäre kognitive Software von IBM in maßgeschneiderte Software-Anwendungen und Mobilfunk-Apps integrieren können. Diese jüngste Watson-Inkarnation war zudem mehr als doppelt so schnell wie die Version, die bei Jeopardy! angetreten war. Bei IBM träumt man von einem gesamten Ökosystem intelligenter Anwendungen, die für gesprochene Sprache geeignet sind – und die alle das Label „Powered by Watson" tragen.[28]

Dass diese bahnbrechende Künstliche Intelligenz in die Cloud umgezogen ist, dürfte mit hoher Wahrscheinlichkeit die Automatisierung von Bürojobs rasch vorantreiben. Cloud Computing steht im Mittelpunkt eines intensiven Wettbewerbs zwischen Größen der Informationstechnologie wie Amazon, Google und Microsoft. Google beispielsweise bietet Entwicklern eine cloudbasierte Anwendung für Maschinelles Lernen sowie eine Compute Engine zur Lösung komplexer Probleme, die viel Rechenleistung in Anspruch nehmen. Dafür laufen Programme auf massiven Supercomputer-ähnlichen Servernetzwerken. Wenn es um Cloud-Computing-Dienstleistungen geht, ist Amazon branchenweit führend. Cycle Computing, ein kleines Unternehmen, das auf Supercomputer als Dienstleistung spezialisiert ist, konnte auf den Zehntausenden Computern, die Amazons Clouddienste betreiben, innerhalb von 18 Stunden ein Problem lösen, dessen Berechnung auf einem einzigen Rechner 260 Jahre gedauert hätte. Das Unternehmen schätzt, dass es vor dem Aufkommen von Cloud Computing bis zu 68 Millionen Dollar gekostet hätte, einen Supercomputer zu bauen, der das Problem hätte lösen können. Heute dagegen kosten 10.000 Server in der Amazon-Cloud etwa 90 Dollar die Stunde.[29]

Der Bereich der Robotik steht an der Schwelle zu explosionsartigem Wachstum, denn die benötigte Hardware und die Software-Komponenten werden immer billiger und fähiger. Ein ähnliches Phänomen zeichnet sich bei der Technologie ab, welche die Automatisierung von Wissensarbeit vorantreibt. Werden Technologien wie Watson, neurale Deep-Learning-Netze oder Engines für erzählendes Schreiben in der Cloud betrieben, sind sie wie Bausteine, die sich zu allerlei neuen Dingen zusammenstecken lassen. So wie Hacker schnell herausfanden, dass man Robotern mit Microsofts Kinect-Technologie zu dreidimensionalem Sehen verhelfen kann, werden Entwickler für die cloudbasierten Software-Bausteine unerwartete und vielleicht sogar revolutionäre Verwendungszwecke entdecken. Jeder dieser Bausteine ist im Grunde eine Blackbox, kann also auch von Programmierern genutzt werden, die die Funktionsweise nicht vollständig begreifen. Das dürfte schließlich dazu führen, dass Spezialisten bahnbrechende KI-Technologien entwickeln und diese Technologien rasch allgegenwärtig werden und selbst Amateurprogrammierern zugänglich sind.

Innovationen in den Roboterwissenschaften führen zu realen Maschinen, die häufig mit bestimmten Jobs in Verbindung gebracht werden, sei es ein Hamburger produzierender Roboter oder ein Feinmechanik-Roboter. Fortschritte in der Software-Automatisierung dagegen kommen für die Öffentlichkeit deutlich weniger sichtbar daher. Häufig werden sie hinter irgendwelchen Unternehmensmauern im Verborgenen stattfinden und sich stärker auf Firmen und deren Belegschaft als Ganzes auswirken. Die Automatisierung von Angestelltenjobs wird sehr häufig wie folgt ablaufen: IT-Berater fallen bei einem Großkonzern ein und bauen maßgeschneiderte Systeme, die die Funktionsweise des Unternehmens auf den Kopf stellen und gleichzeitig die Notwendigkeit eliminieren, Hunderte oder Tausende Facharbeiter beschäftigen zu müssen. Tatsächlich gibt IBM an, einer der Gründe für den Bau von Watson war es, der Beratersparte einen Wettbewerbsvorteil zu verschaffen (diese Sparte und der Software-Verkauf machen inzwischen den Löwenanteil der IBM-Umsätze aus). Gleichzeitig entdecken Unternehmer schon heute Wege, wie sie diese Bausteine aus der Cloud für Automatisierungen nutzen können, die auch für kleine und mittelständische Betriebe bezahlbar sind.

Das Cloud Computing hat auf dem IT-Arbeitsmarkt die Dinge bereits in Bewegung gebracht. Während der Boomjahre in den 1990ern entstanden große Mengen gut bezahlter Arbeitsplätze. Firmen und Organisationen aller Größe benötigten IT-Profis, die PCs, Netzwerke und Software installierten und warteten. Doch im ersten Jahrzehnt des 21. Jahrhunderts begann ein neuer Trend: Verstärkt verlagerten die Firmen einen Großteil ihrer IT-Aufgaben nach draußen an gewaltige, zentralisierte Rechenzentren.

Die riesigen Cloud-Computing-Einrichtungen profitieren sehr von ihrem Größenvorteil. Verwaltungsfunktionen, die früher von ganzen Heerscharen qualifizierter IT-Mitarbeiter ausgeübt wurden, sind heute größtenteils automatisiert. Facebook beispielsweise arbeitet mit einer intelligenten Software namens Cyborg, die kontinuierlich Zehntausende Server überwacht, Probleme entdeckt und einen Großteil davon völlig eigenständig lösen kann. Im November 2013 schrieb ein Facebook-Manager, dass Cyborg regelmäßig Tausende Probleme löst, um die man sich ansonsten manuell hätte kümmern müssen. Heute dagegen könne ein einziger Techniker bis zu 20.000 Computer betreuen.[30]

Datenzentren für Cloud Computing entstehen häufig in eher ländlichen Gebieten, wo Boden und vor allem Strom in ausreichendem Maße und kostengünstig vorhanden ist. Bundesstaaten und Kommunen konkurrieren heftig um deren Einrichtung, räumen Firmen wie Google, Facebook und Apple großzügige Steuervorteile ein und bieten ihnen weitere finanzielle Anreize. Dahinter steht natürlich vor allem der Wunsch, Arbeitsplätze für die Anwohner zu schaffen. Leider jedoch erfüllen sich derartige Hoffnungen selten. 2011 berichtete Michael Rosenwald von der *Washington Post* über ein Datenzentrum, das sich Apple in der Stadt Maiden in North Carolina gebaut hat. Der gewaltige Komplex kostete Milliarden Dollar, schuf aber nur 50 Vollzeitstellen. Die Bürger waren enttäuscht und „konnten nicht verstehen, wie es angehen kann, dass kostspielige Anlagen, die sich über Hunderte Hektar erstrecken, nur so wenige Arbeitsplätze schaffen können".[31] Die Erklärung ist natürlich ganz einfach: Algorithmen wie Cyborg erledigen den Großteil der Arbeit.

Aber mit den Auswirkungen auf die Arbeitswelt ist nicht bei den Datenzentren Schluss, sie sind auch bei den Firmen spürbar, die sich Cloud-Computing-Dienstleistungen zunutze machen. Das Unternehmen Good Data aus San Francisco nutzt Amazons Clouddienste, um für etwa 6.000 Kunden Datenanalysen durchzuführen. Good-Data-Chef Roman Stanek erklärte 2012, dass man früher „pro Kunde mindestens fünf Mitarbeiter für all die Arbeiten benötigte. Das macht 30.000 Mitarbeiter. Ich schaffe es mit 180. Ich weiß nicht, was all die anderen Menschen jetzt tun, aber diese Arbeit brauchen sie jetzt nicht mehr erledigen. Es ist eine Konsolidierung, bei der sich der Gewinner den ganzen Kuchen sichert."[32]

Tausende von Fachjobs in der Informationstechnologie haben sich in Luft aufgelöst und wahrscheinlich ist das nur ein Vorgeschmack auf viel weitreichendere Folgen für die wissensbasierte Wirtschaft. „Software frisst die Welt", sagte der Netscape-Gründer und Wagniskapitalgeber Marc Andreessen. Und meistens wird diese Software in der Cloud betrieben werden. Über allem schwebend, wird sie von dieser hohen Warte aus auf praktisch jeden Arbeitsplatz herabstoßen und nahezu jeden Angestelltenjob verschlingen, bei dem es darum geht, vor einem Rechner zu sitzen und Informationen zu bearbeiten.

Algorithmen an die Front

„Computer können doch nur das tun, wofür man sie ausdrücklich programmiert hat." Diese alte Mär hält sich hartnäckig, gehört aber längst entsorgt. Wie wir gesehen haben, bahnen sich mit Maschinellem Lernen ausgerüstete Algorithmen regelmäßig ihren Weg durch Datenberge, decken dabei statistische Zusammenhänge auf und schreiben im Grunde basierend auf dem, was sie herausgefunden haben, ihre eigenen Programme. Es gibt jedoch auch einige Fälle, in denen Computer noch weiter vorstoßen und in Bereiche vordringen, die viele Menschen bislang fast ausschließlich dem menschlichen Geist vorbehalten wähnten – Maschinen beginnen, Neugier und Kreativität an den Tag zu legen.

2009 bauten Hod Lipson vom Creative Machines Lab der Universität Cornell und der Doktorand Michael Schmidt ein System, das eigenständig grundlegende Naturgesetze entdeckt hat. Lipson und Schmidt bauten zunächst ein Doppelpendel. Dabei wird ein Pendel an einem zweiten befestigt und baumelt unter diesem. Wenn beide Pendel schwingen, ist die Bewegung extrem komplex und scheinbar völlig chaotisch. Als Nächstes setzten die Wissenschaftler Sensoren und Kameras ein, die die Bewegungen des Pendels erfassten und einen Datenstrom produzierten. Und schließlich gaben sie der Software die Möglichkeit, die Startposition des Pendels zu bestimmen. Anders gesagt: Sie erschufen einen künstlichen Wissenschaftler mit der Fähigkeit, seine eigenen Experimente durchzuführen.

Sie starteten die Software, damit diese wiederholt das Pendel in Gang setzte, anschließend die erzeugten Bewegungsdaten sichtete und versuchte, die mathematischen Gleichungen zu erkennen, die das Verhalten des Pendels beschreiben. Der Algorithmus hatte die vollständige Kontrolle über das Experiment. Bei jeder Wiederholung legte er eigenständig fest, aus welcher Position er das Pendel schwingen lassen würde. Diese Entscheidung fiel nicht zufällig, vielmehr führte der Algorithmus eine Analyse durch und wählte den Startpunkt so, dass er voraussichtlich die meisten Erkenntnisse zu den Naturgesetzen liefern würde, denen die Pendelbewegung unterliegt. Es sei kein

„passiver Algorithmus, der sich zurücklehnt und beobachtet", so Lipson. „Er stellt Fragen. Das ist Neugier."[33]

Das Programm (später auf den Namen Eureqa getauft) benötigte nur einige Stunden, dann hatte es eine Reihe physikalischer Gesetze erstellt, die die Bewegung des Pendels beschrieben. Dazu zählte auch das zweite Newtonsche Gesetz. Und all das gelang dem Algorithmus, ohne dass man ihn vorher mit Informationen zur Physik oder zu den Gesetzen der Bewegung gefüttert hätte.

Eureqa arbeitet mit genetischer Programmierung, einer Technik, die man sich bei der Evolution abgeschaut hat. Der Algorithmus kombiniert dabei nach dem Zufallsprinzip unterschiedliche mathematische Bausteine zu Gleichungen und testet dann, wie gut die Gleichungen zu den Daten passen.* Gleichungen, die den Test nicht bestehen, werden verworfen, diejenigen, die vielversprechend aussehen, werden behalten und so neu kombiniert, dass das System letztlich bei einem akkuraten mathematischen Modell anlangt.[34]

Eine Gleichung zu finden, die das Verhalten eines natürlichen Systems beschreibt, ist beileibe keine banale Angelegenheit. Wie Lipson sagt: „Bislang konnte ein Wissenschaftler seine gesamte Laufbahn damit verbringen, ein Prognosemodell zu erstellen."[35] Und Schmidt ergänzt: „Hätten Physiker wie Newton und Kepler über Computer mit diesem Algorithmus verfügt, hätten sie innerhalb weniger Stunden Rechenzeit die Gesetze berechnet, die einen fallenden Apfel erklären oder die Bewegung der Planeten."[36]

Als Schmidt und Lipson in einer Veröffentlichung ihren Algorithmus beschrieben, wurden sie von anderen Wissenschaftlern mit Anfragen

---

* Ein deutlich fortschrittlicherer Ansatz als die Methode der Regression, die normalerweise bei der Statistik zur Anwendung kommt. Bei der Regression wird die Form der Gleichung im Voraus festgelegt, dann werden die Parameter der Gleichung so optimiert, dass sie zu den Daten passen. Eureqa dagegen kann eigenständig Gleichungen beliebiger Form festlegen und dazu eine Vielzahl mathematischer Komponenten einsetzen, beispielsweise arithmetische Operatoren, trigonometrische und logarithmische Funktionen, Konstanten und so weiter.

bombardiert, ihnen Zugang zu der Software zu gewähren. Ende 2009 beschlossen sie deshalb, Eureqa über das Internet zur Verfügung zu stellen. Seitdem hat das Programm nützliche Ergebnisse in diversen wissenschaftlichen Bereichen produziert. Noch immer bemühen sich die Wissenschaftler, die vereinfachte Gleichung zu verstehen, mit der Eureqa die Biochemie von Bakterien beschreibt.[37] Im Jahr 2011 gründete Schmidt Nutonian. Das im Großraum Boston angesiedelte Start-up konzentriert sich darauf, Eureqa als Big-Data-Analysetool für Firmenkunden und Hochschulen kommerziell nutzbar zu machen. Das hat dazu geführt, dass Eureqa jetzt genau wie IBMs Watson in der Cloud angesiedelt ist und anderen Software-Entwicklern als Bausatz zur Verfügung steht.

Der Mensch neigt dazu, sich exklusiv für kreativ zu halten, aber dabei sollte man eines nicht vergessen: Das Gehirn, die mit Abstand ausgeklügeltste Erfindung, die uns bekannt ist, ist ein Produkt der Evolution. Wenn man dies bedenkt, sollte es wohl auch nicht überraschen, dass bei Versuchen, kreative Maschinen zu bauen, sehr häufig mit Techniken der genetischen Programmierung gearbeitet wird. Genetische Programmierung erlaubt es Computer-Algorithmen, sich durch einen Darwin'schen Ausleseprozess selbst weiterzuentwickeln. Computercode wird nach dem Zufallsprinzip erzeugt und dann wiederholt nach Techniken durchmischt, die die geschlechtliche Fortpflanzung nachahmen. Immer wieder wird eine zufällige Mutation untergemischt, um dazu beizutragen, den Prozess in völlig neue Richtungen zu steuern. Neue Algorithmen werden einem Belastungstest unterzogen, nach dessen Abschluss der Algorithmus entweder weiterexistieren darf oder gelöscht wird (was meistens der Fall ist).

Zu den führenden Forschern in diesem Bereich gehört der Stanford-Gastprofessor John Koza. Er hat viel mit genetischen Algorithmen als „automatisierte Erfindungsmaschinen" geforscht.[*] Koza hat nach eigenen Angaben mindestens 76 Fälle ausgemacht, in denen genetische

---

[*] Zusätzlich zu seiner Arbeit in der genetischen Programmierung ist Koza der Erfinder

Algorithmen Designs entwickelten, die mit der Arbeit von menschlichen Ingenieuren und Forschern mithalten können, und das in einer Vielzahl von Bereichen, etwa bei der Entwicklung von Schaltkreisen, mechanischen Systemen, Optik, Softwarereparatur und Tiefbau. In den meisten Fällen haben die Algorithmen bestehende Designs reproduziert, aber es gibt mindestens zwei Fälle, in denen genetische Programme neue, patentierbare Erfindungen entwickelt haben.[38] Gegenüber dem Menschen hätten die genetischen Algorithmen einen wichtigen Vorteil, sagt Koza: Sie seien weitaus weniger voreingenommen, insofern sei bei ihnen die Wahrscheinlichkeit größer, dass sie für eine Lösung über den Tellerrand schauen.[39]

Lipson sagt, Eureqa lege Neugier an den Tag, und Koza erklärt, Computer würden ohne vorgefasste Meinungen ans Werk gehen. Das legt die Vermutung nahe, dass Kreativität etwas ist, das Computer lernen können. Der ultimative Test besteht möglicherweise darin, Computer etwas erschaffen zu lassen, das Menschen als Kunstwerk akzeptieren würden. Möglicherweise keine andere intellektuelle Anstrengung gilt als so einzigartig menschlich wie echte künstlerische Kreativität. Wie Lev Grossman vom *Time Magazine* sagt: „Ein Kunstwerk zu erschaffen zählt zu den Aktivitäten, die wir dem Menschen und nur dem Menschen zurechnen. Es ist ein Akt der Selbstdarstellung, insofern sollte man so etwas nicht tun können, wenn man kein Selbst hat."[40] Zu akzeptieren, dass auch ein Computer ein echter Künstler sein könnte, setzt voraus, dass wir unsere Annahmen zum Wesen der Maschinen grundlegend überdenken.

In dem Film „I, Robot" von 2004 fragt der Hauptdarsteller (Will Smith) einen Roboter: „Kann ein Roboter eine Sinfonie schreiben? Kann ein Roboter ein wunderbares Meisterwerk auf eine Leinwand zaubern?" Die Antwort des Roboters – „Können Sie es?" – bezieht sich darauf, dass die

---

der Rubbellose und hat eine Idee entwickelt, wie man die amerikanische Verfassung so weit umgehen kann, dass der amerikanische Präsident direkt vom Volk gewählt wird.

absolute Mehrheit der Menschen das ebenfalls nicht kann. In der Realität allerdings würde Smith im Jahr 2015 auf seine Frage ein entschiedenes „Ja!" erhalten.

Im Juli 2012 führte das London Symphony Orchestra ein Werk mit dem Titel „Transits – Into An Abyss" auf. Ein Kritiker bezeichnete es als „kunstvoll und ansprechend".[41] Es war das erste Mal, dass ein Orchester von Weltrang ein Werk aufgeführt hat, das komplett von einer Maschine komponiert wurde. Komponist war Iamus, ein Computerkollektiv, auf dem ein musikalischer KI-Algorithmus läuft. Iamus – benannt nach einer griechischen Sagengestalt, die angeblich die Sprache der Vögel verstand – ist von Forschern der Universität Málaga entwickelt worden. Das System wird mit minimalen Informationen gefüttert, etwa der Art von Instrumente, die die Musik spielen sollen. Ohne weiteres menschliches Eingreifen kreiert das Programm dann innerhalb weniger Minuten eine hoch komplexe Komposition – die nicht selten emotionale Reaktionen beim Publikum auslöst. Iamus hat schon Millionen eigenständige Kompositionen für zeitgenössische klassische Musik geschrieben und wird wahrscheinlich in Zukunft noch andere musikalische Genres lernen. Ähnlich wie Eureqa führte auch Iamus zu einem Start-up-Unternehmen, das Kapital aus der Technologie schlagen will. Melomics Media verkauft die Musik von Iamus über einen iTunes-ähnlichen Online-Shop. Die Kompositionen von Iamus sind lizenzfrei, sodass die Käufer die Musik zu beliebigen Zwecken verwenden können.

Und Musik ist nicht die einzige Kunstform, in der Computer aktiv sind. Simon Colton, Professor für Creative Computing an der Universität London, hat ein KI-Programm entwickelt, das er The Painting Fool nennt. Eines Tages, so hofft Colton, werde das Programm als Maler ernst genommen (siehe Abbildung 4.1). „Das Projekt soll keine Software herstellen, die Fotos wie gemalt aussehen lassen. Das kann Photoshop seit Jahren", erklärt Colton. „Ziel ist es vielmehr, herauszufinden, ob Software als eigenständig kreativ angesehen werden kann."[42]

Colton hat dem System „empfängliche und kreative Verhaltensmuster", wie er es nennt, eingebaut. The Painting Fool kann auf Fotos Emotionen erkennen und dann ein abstraktes Porträt malen, das versucht,

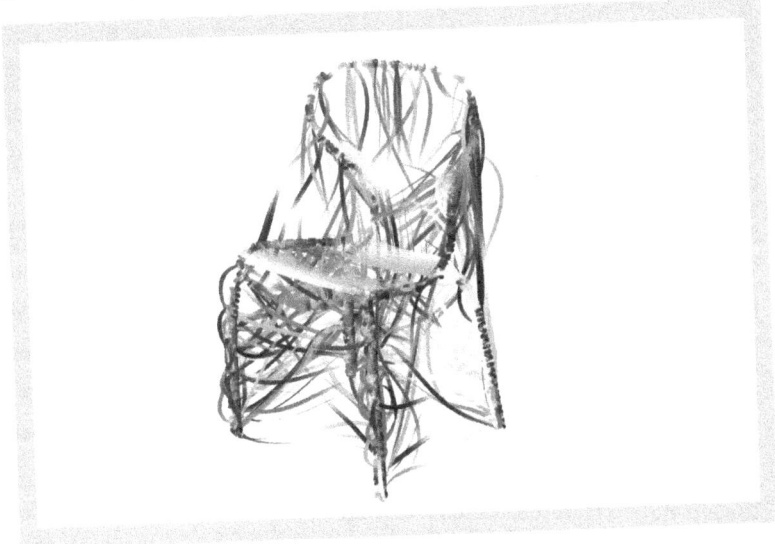

den emotionalen Zustand dieser Menschen wiederzugeben. Das Programm kann, basierend auf genetischer Programmierung, auch Fantasieobjekte erzeugen, und es kann sogar selbstkritisch sein. Dafür nutzt es eine andere Softwareanwendung namens Darci, die von Forschern der Universität Brigham Young entwickelt wurde. Die Darci-Entwickler begannen mit einer Datenbank von Gemälden, die Menschen zuvor als „dunkel", „traurig" oder „inspirierend" kategorisiert hatten. Dann brachten sie einem neuralen Netz bei, diese Assoziationen zu machen, und ließen die Software auf neue Gemälde los. The Painting Fool kann das Feedback von Darci nutzen, um zu entscheiden, ob es seine Intentionen beim Malen erreicht hat.[43]

Ich will hier nicht andeuten, dass sich schon bald zahlreiche Künstler oder Komponisten neue Arbeit suchen müssen. Es geht mir vielmehr darum, dass die Techniken, die zum Bau der kreativen Software genutzt wurden – und von denen, wie wir gesehen haben, viele auf genetischer Programmierung beruhen –, für zahlreiche andere Zwecke umfunktioniert werden können. Wenn Computer Musikstücke schreiben oder elektronische Bauteile entwerfen können, dann könnten sie vielleicht schon bald eine neue Rechtsstrategie formulieren oder sich einen neuen Ansatz für ein Managementproblem einfallen lassen. Derzeit sind diejenigen Angestelltenjobs am stärksten gefährdet, die den größten Anteil an Routinearbeiten oder formelhaften Aufgaben beinhalten – aber die Grenzen verschieben sich rasch.

Nirgendwo lässt sich das so gut erkennen wie an der Wall Street. Beim Wertpapierhandel ging früher überhaupt nichts ohne direkte menschliche Kommunikation, sei es auf dem hektischen Handelsparkett oder per Telefon. Heutzutage dagegen läuft nahezu alles über Maschinen, die per Glasfaserkabel kommunizieren. Schätzungen zufolge machen automatisierte Handelsalgorithmen inzwischen mindestens 50 Prozent, wenn nicht gar 70 Prozent aller Transaktionen an den Börsen aus. In diesen Roboterhändlern steckt häufig das Allerneueste, was die Forschung in Sachen Künstlicher Intelligenz zu bieten hat, und sie machen viel, viel mehr, als einfach nur stupide Handelsgeschäfte abzuwickeln. Sie versuchen zu erkennen, wann offene Investmentfonds und Pensionsmanager große Transaktionen beabsichtigen, damit sie sich rechtzeitig vorher Aktien sichern können. Sie versuchen, andere Algorithmen hinters Licht zu führen, indem sie das System mit Ködergeboten fluten, die dann innerhalb von Sekundenbruchteilen wieder zurückgezogen werden. Sowohl *Bloomberg* als auch der *Dow News Service* bieten spezielle, maschinenlesbare Produkte, die den unstillbaren Heißhunger der Algorithmen auf Finanzmeldungen befriedigen – Meldungen, die sie teilweise innerhalb von Millisekunden in profitable Geschäfte verwandeln. Die Nachrichtendienste bieten zudem Echtzeit-Kennzahlen, sodass die Maschinen erkennen können, welche Artikel die größte Aufmerksamkeit erhalten.[44] Twitter, Facebook und die Blogwelt bieten ebenfalls Futter für den Konkurrenzkampf der Algorithmen. Eine Gruppe Physiker untersuchte die globalen Finanzmärkte und veröffentlichte ihre Erkenntnisse 2013 im Wissenschaftsmagazin *Nature*. In dem Artikel ist die Rede davon, dass sich „eine Ökologie konkurrierender Maschinen entwickelt, inklusive ‚Gruppen' räuberischer Algorithmen".

Der Roboterhandel habe solche Ausmaße angenommen, dass die Menschen, die ihn entwickelt haben, ihn nicht länger kontrollieren und teilweise auch nicht mehr verstehen könnten, so die Forscher.[45]

In diesem Reich der miteinander ringenden Algorithmen finden die Ereignisse so blitzschnell statt, dass selbst der schnellste menschliche Händler nicht einmal ansatzweise hinterherkäme. Geschwindigkeit wird in einigen Fällen im Millionstel oder Milliardstel einer Sekunde gemessen und ist von so großer Bedeutung für den Erfolg der Algorithmen, dass die Wall-Street-Firmen Milliarden Dollar in Rechenzentren und Kommunikationswege investiert haben, um sich auch noch den allerkleinsten Geschwindigkeitsvorteil sichern zu können.

2009 beispielsweise gab das Unternehmen Spread Networks geschätzt bis zu 200 Millionen Dollar aus, um ein neues Glasfaserkabel in einer direkten Linie über rund 1.300 Kilometer von Chicago nach New York verlegen zu lassen. Selbst dann noch, als sich das Unternehmen seinen Weg durch das Allegheny-Gebirge sprengte, operierte es mit höchster Geheimhaltung, damit die Konkurrenz ja nichts mitbekam. Als das neue Glasfaserkabel in Dienst genommen wurde, betrug der Geschwindigkeitsvorteil vielleicht drei oder vier Tausendstel einer Sekunde im Vergleich zu den bestehenden Kommunikationskanälen. Das klingt nach nichts, aber es reichte aus, dass die Handelsalgorithmen, die diesen Weg nutzten, die Konkurrenz praktisch nach Belieben dominierten. Wall-Street-Unternehmen, die ihre Algorithmen den Bach hinuntergehen sahen, standen Schlange, um sich ein Stück Bandbreite auf dem neuen Kabel zu sichern – angeblich zu Kosten, die bis zum Zehnfachen der alten, langsameren Verbindung betrugen. Ein ähnliches Kabel, das London und New York verbinden soll, ist derzeit in Vorbereitung. Es wird die Umsetzungszeit voraussichtlich um etwa fünf Tausendstel einer Sekunde verringern.[46]

Welche Folgen all diese Automatisierung haben wird, liegt auf der Hand: Selbst als die Aktienkurse an den Börsen 2012 und 2013 stiegen, kündigten die Wall-Street-Firmen Entlassungen in großem Stil an. Zum Teil fielen Zehntausende Stellen weg. Zu Beginn des 21. Jahrhunderts beschäftigten die Wall-Street-Firmen fast 150.000 Menschen in New

York City. 2013 waren es kaum mehr als 100.000 – obwohl sowohl das Transaktionsvolumen als auch die Gewinne der Branche kräftig in die Höhe schossen.[47] Aber während die Beschäftigungszahlen einbrachen, wurde zumindest ein neuer, sehr schlagzeilenträchtiger Arbeitsplatz geschaffen: Ende 2012 verließ David Ferrucci IBM. Der Computerwissenschaftler, der verantwortlich für den Bau von Watson war, wechselte zu einem Hedgefonds an die Wall Street. Dort wird er die jüngsten Fortschritte in Künstlicher Intelligenz nutzen, um Wirtschaftsmodelle zu erstellen – und vermutlich auch, um den Handelsalgorithmen seines neuen Arbeitgebers einen Wettbewerbsvorteil zu verschaffen.[48]

Offshoring und hoch qualifizierte Fachkräfte

Der Trend hin zu mehr Automatisierung von Bürojobs ist ganz offensichtlich, aber die massivsten Auswirkungen stehen uns noch bevor. Das gilt insbesondere für hoch qualifizierte Fachkräfte. Anders sieht es beim Offshoring aus, dem elektronischen Auslagern von Wissensjobs in Niedriglohnländer. Menschen in Berufen, die ein hohes Maß an Ausbildung und Qualifikation erfordern, registrieren bereits heute, wie sehr sich die Lage verändert. Das gilt für Anwälte, Radiologen und insbesondere Softwareentwickler und IT-Mitarbeiter. In Indien beispielsweise gibt es Heerscharen von Call-Center-Mitarbeitern und IT-Experten, dazu Steuerberater, die versiert sind im amerikanischen Steuerrecht, und Anwälte, die nicht auf indisches Recht, sondern auf amerikanisches spezialisiert sind. Sie stehen bereit, US-Firmen, die im Inland in einen Rechtsstreit verwickelt sind, für vergleichsweise kleines Geld bei juristischen Recherchen zu unterstützen.

Was hat Offshoring mit den Arbeitsplätzen zu tun, die Computern und Algorithmen zum Opfer gefallen sind? Nichts, könnte man meinen, aber das Gegenteil trifft zu: Offshoring ist häufig ein Vorläufer der Automatisierung, und angesichts des technischen Fortschritts sind Arbeitsplätze, die das Offshoring in Niedriglohnländer schafft, oft nur kurzlebig. Hinzu kommt: Fortschritte bei der Künstlichen Intelligenz werden es künftig vielleicht noch einfacher machen, Jobs, die sich noch nicht vollständig automatisieren lassen, leichter ins Ausland zu verlagern.

Für die meisten Ökonomen ist das Offshoring nur ein weiteres Beispiel für globalen Handel. Beide Seiten würden von der Transaktion profitieren, so das Argument. Der Harvard-Professor N. Gregory Mankiw beispielsweise sagte 2004, damals in seiner Funktion als Vorsitzender des Rates der Wirtschaftsberater für US-Präsident George W. Bush, Offshoring sei „die jüngste Manifestation der Wohlfahrtswirkungen, über die Ökonomen mindestens seit Adam Smith sprechen".[49] Allerdings gibt es zahlreiche Beweise, die dagegensprechen. Der Handel mit materiellen Gütern schafft jede Menge indirekte Arbeitsplätze in Bereichen wie Transport, Vertrieb und Einzelhandel. Zusätzlich tendieren natürliche Faktoren dazu, die Auswirkungen der Globalisierung etwas zu schmälern. Einem Unternehmen beispielsweise, das eine Fabrik nach China verlagert, entstehen Verschiffungskosten und beträchtliche Verzögerungen, bevor die fertigen Produkte die Verbrauchermärkte erreichen. Beim elektronischen Offshoring dagegen gibt es praktisch gar keine Reibungsverluste oder Verzögerungen. Will man einen Arbeitsplatz an einen Niedriglohn-Standort verlagern, geht das unverzüglich und zu minimalen Kosten. Wenn überhaupt indirekte Arbeitsplätze entstehen, dann aller Wahrscheinlichkeit nach in dem Land, in dem der Arbeiter lebt.

Meiner Meinung nach ist „Freihandel" die falsche Brille, will man das Offshoring in Augenschein nehmen. Es hat vielmehr mit virtueller Immigration zu tun. Nehmen wir einmal an, dass südlich von San Diego, direkt an der mexikanischen Grenze, ein gewaltiges Callcenter gebaut werden würde. Tausende Niedriglohn-Arbeiter würden jeden Tag ein Tagesvisum erhalten und per Bus über die Grenze gekarrt werden, um das Callcenter zu betreiben. Am Ende des Arbeitstags würden die Busse alle wieder in die entgegengesetzte Richtung mitnehmen. Was ist der Unterschied zwischen diesem Szenario (das selbstverständlich als Immigrationsthema eingestuft würde) und einer virtuellen Auslagerung der Jobs nach Indien oder auf die Philippinen? In beiden Fällen „betreten" Arbeitnehmer die Vereinigten Staaten, um Dienstleistungen anzubieten, die sich ganz eindeutig an die amerikanische Inlandswirtschaft richten. Der größte Unterschied ist wohl der, dass das Szenario mit den mexikanischen Arbeitern vermutlich für die Wirtschaft Kaliforniens deutlich besser wäre: Es würde Arbeit geben für Busfahrer und man bräuchte Leute, die das große Callcenter auf der amerikanischen Seite verwalten. Vielleicht kaufen sich einige der Arbeiter Mittagessen oder auch nur eine Tasse Kaffee auf der Arbeit. Das wiederum führt zu mehr Nachfrage bei der lokalen Wirtschaft. Das Unternehmen, dem die Anlage in Kalifornien gehört, müsste Grundsteuer abführen. Werden die Jobs dagegen ins Ausland verlagert und die Mitarbeiter betreten die Vereinigten Staaten rein virtuell, zieht die Inlandswirtschaft keinerlei Nutzen daraus. Ich finde es auf gewisse Weise zynisch: Viele Konservative in den USA fordern zum Schutz vor Einwanderern sehr strenge Sicherheitsmaßnahmen entlang der Grenzen, dabei werden diese Einwanderer vermutlich Jobs übernehmen, die nur wenige Amerikaner erledigen wollen. Gleichzeitig haben die Konservativen keinerlei Bedenken angesichts der Tatsache, dass Amerikas Grenzen komplett offen sind für höher qualifizierte Fachkräfte, die den Amerikanern Jobs wegnehmen, die diese definitiv haben wollen.

Ökonomen wie Mankiw haben natürlich nur das große Ganze im Blick. Dabei werden die sehr unterschiedlichen Auswirkungen nicht berücksichtigt, die Offshoring auf Menschen hat, die davon entweder profitieren oder dadurch Nachteile erleiden. Auf der einen Seite steht eine vergleichsweise kleine, aber immer noch beachtliche Anzahl von Menschen (wir sprechen hier möglicherweise über Millionen), die beträchtliche Einbußen im Hinblick auf Einkommen, Lebensqualität und Zukunftschancen zu verzeichnen haben. Viele dieser Menschen haben ziemlich viel in Aus- und Fortbildung investiert, einige Arbeitnehmer werden nun möglicherweise ihr Einkommen komplett verlieren. Mankiw würde vermutlich argumentieren, dass in der Gesamtsumme der Nutzen für den Verbraucher diese Verluste relativiert. Natürlich kann der Verbraucher infolge des Offshoring von niedrigeren Preisen profitieren, aber diese Einsparungen erstrecken sich möglicherweise über eine Bevölkerung von Dutzenden oder Hunderten Millionen Menschen und führen unter dem Strich zu einer Ersparnis in Höhe von wenigen Cent. Entsprechend zu vernachlässigen wäre die Auswirkungen auf das

Wohlergehen des Einzelnen. Und man muss es eigentlich nicht extra erwähnen: Natürlich fließen nicht sämtliche Einsparungen an den Verbraucher zurück. Ein wesentlicher Anteil wird in den Taschen einiger ohnehin schon wohlhabender Manager, Investoren und Firmeneigner landen. Es überrascht nicht, dass die meisten gewöhnlichen Arbeitnehmer diese Asymmetrie rein intuitiv erfassen, während sie sich der Mehrzahl der Ökonomen offenbar weiterhin nicht erschließt.

Zu den wenigen Ausnahmen gehört offenbar Alan Blinder, ehemaliger stellvertretender Vorsitzender des amerikanischen Bundesbankrats. 2007 schrieb er einen Kommentar für die *Washington Post* mit dem Titel „Free Trade's Great, but Offshoring Rattles Me"[50] (etwa: „Freihandel ist eine tolle Sache, aber das Offshoring ist mir nicht geheuer"). Blinder hat diverse Untersuchungen zu der Frage angestellt, wie sich das Offshoring künftig auswirkt. Dabei kommt er zu der Einschätzung, dass 30 Millionen bis 40 Millionen Arbeitsplätze in den USA potenziell ins Ausland verlagert werden könnten. Das ist eine Summe, die in etwa einem Viertel aller Jobs entspricht. Blinder schreibt: „Wir haben, was das Offshoring anbelangt, gerade erst die Spitze des Eisbergs gesehen. Seine tatsächlichen Ausmaße könnten atemberaubende Dimensionen annehmen."[51]

Praktisch jeder Beruf, bei dem es in erster Linie darum geht, Informationen zu bearbeiten, und der nicht in irgendeiner Weise ortsgebunden ist – weil man beispielsweise direkt vor Ort mit dem Kunden interagieren muss –, läuft Gefahr, in vergleichsweise naher Zukunft Opfer des Offshoring zu werden und später vollständig automatisiert zu werden. Eine vollständige Automatisierung ist schlichtweg der nächste logische Schritt. Mit Voranschreiten der technischen Innovationen können wir davon ausgehen, dass mehr und mehr Routineaufgaben, die jetzt von ausländischen Arbeitern erledigt werden, eines Tages komplett von Maschinen übernommen werden. Bei einigen Callcenter-Angestellten ist das bereits der Fall, sie wurden durch Sprachdialogsysteme ersetzt. Wenn wirklich leistungsstarke, mit natürlicher Sprachverarbeitung operierende Systeme wie Watson in den Bereich Kundendienst einsteigen, dürften sich gewaltige Mengen an ins Ausland verlagerten Callcenter-Jobs in Luft auflösen.

Wenn dieser Prozess in Gang kommt, werden die Firmen – und Länder –, die auf der Jagd nach Rentabilität und Wohlstand stark auf das Offshoring gesetzt haben, gezwungen sein, auf der Wertschöpfungskette weiter vorzurücken. Je mehr Routineaufgaben automatisiert werden, desto stärker werden hoch qualifizierte Tätigkeiten ins Fadenkreuz der Offshorer rücken. Für meinen Geschmack wird dabei bislang zu wenig berücksichtigt, wie sehr die Big-Data-Revolution und Fortschritte bei der Künstlichen Intelligenz hier als Katalysator fungieren könnten. Durch sie wird eine deutlich breitere Spanne an hoch qualifizierten Jobs anfällig für ein Offshoring. Wir haben gesehen, wie Big Data an das Thema Management herangeht: Erkenntnisse aus Analysen, die Algorithmen durchgeführt haben, werden möglicherweise immer öfter menschliches Urteilsvermögen und Erfahrungswerte ablösen. Noch bevor KI-Anwendungen so weit sind, eine vollständige Automatisierung zu ermöglichen, werden sie schon leistungsstarke Tools sein, die immer mehr von der analytischen Intelligenz und dem institutionellen Wissen in sich vereinen, die einem Unternehmen seinen Wettbewerbsvorteil verschaffen. Ein cleverer, junger Offshore-Arbeiter, der über diese Tools verfügt, wird möglicherweise schon bald mit deutlich erfahreneren – und weitaus besser verdienenden – Fachkräften aus Industrienationen konkurrieren können.

Betrachtet man Offshoring und Automatisierung gemeinsam, sind die möglichen Gesamtfolgen für den Arbeitsmarkt atemberaubend. 2013 führten Forscher der Martin School der Uni Oxford eine detaillierte Untersuchung zu über 700 amerikanischen Berufsbildern durch. Ihre Schlussfolgerung: Nahezu 50 Prozent der Berufe werden letztlich anfällig für eine vollständige Automatisierung sein.[52] Eine ähnliche Analyse führten Alan Blinder und Alan Krueger von der Uni Princeton durch, was das Thema Offshoring anbelangt. Sie kamen zu dem Schluss, dass etwa 25 Prozent der Stellen in den USA Gefahr laufen, irgendwann in Niedriglohnländer ausgelagert zu werden.[53] Wir wollen hoffen, dass es zwischen diesen beiden Schätzungen eine große Schnittmenge gibt!

Tatsächlich gibt es aller Wahrscheinlichkeit nach jede Menge Überschneidungen, wenn man sich die Schätzungen mit Blick auf Berufsbezeichnung und Jobbeschreibung ansieht. Anders sieht es jedoch aus, betrachtet man die zeitlichen Abläufe näher. Häufig kommt zunächst das Offshoring und während es die höher qualifizierten Jobs in die Gefahrenzone zieht, beschleunigt es die Auswirkungen der Automatisierung.

Offshore-Arbeiter werden also dank leistungsstarker KI-Tools mit ihren besser bezahlten Gegenparts in den Industrienationen mithalten können. Insofern kann man davon ausgehen, dass der technische Fortschritt viele unserer grundlegenden Annahmen hinsichtlich der Frage auf den Kopf stellen wird, welche Tätigkeiten ins Ausland verlagert werden können. Jobs, bei denen man vor Ort physisch auf die Umgebung einwirken muss, wird es auch in Zukunft geben, heißt es häufig. Und dennoch: Piloten, die in den westlichen USA sitzen, lenken regelmäßig Drohnen über den Himmel von Afghanistan. Warum also sollte es nicht möglich sein, dass im Ausland sitzende Arbeiter per Fernsteuerung mithilfe ihrer Augen und Hände Maschinen vor Ort lenken, bis autonome Roboter dazu in der Lage sind? Eine andere Annahme besagt, ein Job, bei dem man von Angesicht zu Angesicht interagieren muss, sei ortsgebunden. In diesem Bereich jedoch verschieben Telepräsenz-Roboter die Grenzen. Schon jetzt wurden durch Telepräsenz-Möglichkeiten Englischlektionen von koreanischen Schulen auf die Philippinen ausgelagert. In nicht allzu ferner Zukunft wird der Fortschritt in Sachen virtuelle Realität Arbeitnehmern die Aufgabe erleichtern, problemlos Ländergrenzen zu überwinden und in direkten Kontakt mit Kunden und Klienten zu treten.

Im Zuge eines immer rascher verlaufenden Offshoring könnten auch die Hochschulabsolventen aus den USA und anderen Industrienationen massive Konkurrenz bekommen, und zwar nicht nur bei den Gehältern, sondern auch, was die kognitiven Fähigkeiten anbelangt. Indien und China weisen zusammen eine Bevölkerung von 2,6 Milliarden Menschen auf – mehr als acht Mal so viel wie die Vereinigten Staaten. Die Gruppe der obersten fünf Prozent im Bereich kognitive Fähigkeiten umfasst 130 Millionen Menschen, was mehr als 40 Prozent der gesamten US-Bevölkerung entspricht. Anders gesagt: Die unausweichliche

Logik der Glockenkurve besagt, dass es in Indien und China deutlich mehr hochintelligente Menschen gibt als in den USA. Natürlich muss das zunächst kein Anlass zur Sorge sein, schon gar nicht, wenn die dortigen Volkswirtschaften imstande sind, für all diese klugen Köpfe geeignete Arbeitsplätze zu schaffen. Die bisherige Faktenlage sagt uns jedoch etwas Anderes. Indien hat eine große, nationale strategische Industrie aufgebaut, die ganz spezifisch darauf ausgelegt ist, Amerikanern und Europäern elektronisch Arbeitsplätze abzujagen. Und selbst in Zeiten, in denen Chinas Wachstum weltweit Neid erregte, tat sich das Land schwer damit, ausreichend Bürojobs für die Heerscharen von Uni-Absolventen zur Verfügung zu stellen. Mitte 2013 mussten die chinesischen Behörden einräumen, dass von den aktuellen Absolventen nur etwa die Hälfte eine Anstellung hatte finden können. Vom Jahrgang zuvor waren noch über 20 Prozent ohne Arbeit – und diese Zahlen sind noch statistisch geschönt, da auch Zeitarbeit, selbstständige Arbeit, das Einschreiben an Unis für höhere Fachsemester und staatliche Arbeitsbeschaffungsmaßnahmen als vollwertige Beschäftigung gezählt wurden.[54]

Dass Chinas Facharbeiter bislang nicht aggressiv auf dem Offshoring-Markt aufgetreten sind, hat vor allem mit fehlenden Kenntnissen in Englisch und anderen europäischen Sprachen zu tun. Aber auch hier gilt, dass die Technologie diese Barriere vermutlich früher oder später überwinden wird. Technologien wie neurale Deep-Learning-Netze werden eine mit Maschinenstimme ausgerüstete Dolmetschfunktion aus dem Reich der Science-Fiction in die Realität überführen – möglicherweise schon in nächster Zukunft. Googles Android-Chef Hugo Barra erklärte im Juni 2013, er rechne damit, dass in wenigen Jahren ein funktionstüchtiger „Universalübersetzer" entweder direkt oder telefonisch genutzt werden könne. Was Echtzeitübersetzungen zwischen dem Englischen und dem Portugiesischen angehe, sei Google „schon fast perfekt".[55]

Wenn weltweit immer mehr von Routine stark geprägte Bürojobs der Automatisierung zum Opfer fallen, scheint es unvermeidlich, dass der Wettbewerb um die wenigen verbliebenen Jobs, die Maschinen noch nicht erledigen können, immer aggressiver wird. Die klügsten Köpfe werden besonders von dieser Situation profitieren und sie werden nicht zögern, über nationale Grenzen hinwegzublicken. Solange es keine Hürden für virtuelle Immigration gibt, könnten die Jobaussichten für Arbeitnehmer ohne Elite-Uniabschluss ziemlich düster aussehen.

Bildung und Zusammenarbeit mit den Maschinen

Die Technologie macht große Fortschritte und immer mehr Jobs drohen der Automatisierung anheimzufallen. Die konventionelle Lösung bestand darin, den Arbeitnehmern mehr Bildung und Ausbildung anzubieten, damit sie neue, besser qualifizierte Stellen übernehmen können. Wie wir in Kapitel 1 gesehen haben, machen sich Roboter und Selbstbedienungstechnologien aggressiv in Branchen wie der Fast-Food-Industrie oder dem Einzelhandel breit und könnten das Aus bedeuten für Millionen gering qualifizierte Beschäftigungen. Wir können davon ausgehen, dass man diesen Arbeitnehmern in erster Linie mehr Bildung und Ausbildung anbieten wird. Dennoch lautete die Botschaft dieses Kapitels auch, dass der Wettlauf zwischen Technologie und Bildung in die Zielgerade einbiegt – die Maschinen haben es auf die höher qualifizierten Jobs ganz genauso abgesehen.

Bei den Ökonomen, die diesen Trend ebenfalls beobachten, macht sich ein neuer Konsens breit: Bei den Jobs der Zukunft wird es darum gehen, mit den Maschinen zu kollaborieren. Besonders vehement verfechten Erik Brynjolfsson und Andrew McAfee vom MIT diese Idee. Sie empfehlen den Arbeitnehmern, „mit den Maschinen zu laufen" und nicht gegen sie. Ein weiser Ratschlag, aber alles andere als neu.

Seit jeher war es eine gute berufliche Entscheidung, sich auf die vorherrschende Technologie einzulassen und mit ihr arbeiten zu können. Früher hieß das, „sich Computerkenntnisse anzueignen". Und dennoch sind starke Zweifel angebracht, ob es in diesem jüngsten Fall als Lösung ausreicht, da die Informationstechnologie unermüdlich weiter exponentiell voranschreitet.

Zum Aushängeschild für die Symbiose aus Mensch und Maschine ist das relativ obskure Spiel Freistil-Schach geworden. Über ein Jahrzehnt ist vergangen, seit der IBM-Computer Deep Blue den Schachweltmeister

Garri Kasparow besiegte, und inzwischen gilt es als unstrittig, dass im Duell zwischen Mensch und Maschine die Maschine ganz klar die Nase vorn hat. Freistil-Schach dagegen ist ein Mannschaftssport. Gruppen von Spielern, nicht zwingend Großmeister, treten gegeneinander an und können sich für die Abstimmung ihrer Züge Schachprogrammen zurate ziehen. Im Jahr 2014 waren menschliche Teams mit Zugang zu mehreren Schach-Algorithmen in der Lage, jeden einzelnen Schach-Computer zu besiegen.

Die Vorstellung, es werde am Arbeitsplatz der Zukunft nicht zu einer vollständigen Automatisierung kommen, sondern zu einer Zusammenarbeit von Mensch und Maschine, wirft einige auf der Hand liegende Fragen auf. Punkt eins: Die Dominanz der Teams von Mensch und Maschine beim Freistil-Schach mag für den Augenblick andauern, aber es ist keineswegs garantiert, dass das auch künftig so bleibt. Das Team bewertet und vergleicht die Ergebnisse verschiedener Schach-Algorithmen, bevor es sich für den vorteilhaftesten Zug entscheidet – für mich klingt das doch ausgesprochen ähnlich wie das, was IBMs Watson tut. Er schickt Hunderte Algorithmen auf die Suche nach Informationen und ordnet dann die Ergebnisse. Es bedarf keiner Genieleistung, um sich vorzustellen, dass ein „Meta"-Schachcomputer mit Zugriff auf diverse Algorithmen letztlich die menschlichen Teams besiegen wird. Vor allem dann, wenn Geschwindigkeit eine Rolle spielt.

Punkt zwei: Selbst wenn die Mensch-Maschine-Kombination eine schrittweise Weiterentwicklung ermöglicht, bleibt doch die zentrale Frage, ob die Arbeitgeber bereit wären, die erforderlichen Investitionen zu tätigen, um diesen Vorteil nutzen zu können. Die Firmen mögen ihrer Belegschaft gegenüber andere Parolen ausgeben und anderes beteuern, aber die Realität sieht doch so aus: Wenn es um die eher alltäglichen Aufgaben geht, sind die Unternehmen meistens nicht bereit, für „Weltklasse"-Leistungen einen spürbaren Aufschlag zu bezahlen. Wenn Sie mir nicht glauben, rufen Sie spaßeshalber einmal Ihren Kabelanbieter an. Firmen investieren in die Bereiche, die für ihre Kernkompetenz von entscheidender Bedeutung sind – Aktivitäten also, die dem Unternehmen einen Wettbewerbsvorteil verschaffen.

Und auch hier gilt: Das ist nicht neu. Und vor allem sind keine zusätzlichen Menschen involviert. Die Leute, die die Firmen einstellen und mit der bestmöglichen zur Verfügung stehenden Technologie zusammenbringen werden, sind eben jene Leute, die schon heute größtenteils immun gegen Arbeitslosigkeit sind. Wir sprechen hier über eine kleine Gruppe von Elite-Arbeitern. In seinem Buch „Average is Over" von 2013 zitiert Tyler Cown einen Insider der Freistil-Schachszene. Der sagt, die allerbesten Spieler seien „genetische Freaks".[56] Da klingt die Idee von der Zusammenarbeit mit den Maschinen nicht gerade wie eine systemische Lösung für die Heerscharen an Menschen, die aus Routinejobs verdrängt werden. Und dann ist da ja auch noch das Problem des Offshorings, wie wir gerade gesehen haben. Von den 2,6 Milliarden Menschen in Indien und China dürften sehr viele ein immenses Interesse daran haben, sich einen dieser elitären Jobs zu sichern.

Darüber hinaus gibt es gute Gründe für die Vermutung, dass viele dieser Kollaborationen nur von vergleichsweise kurzer Dauer sein werden. Denken Sie an das Beispiel Work Fusion zurück und wie die mit Maschinellem Lernen ausgerüsteten Algorithmen des Unternehmens schrittweise die bislang noch von Freiberuflern durchgeführten Arbeiten automatisieren. Das Fazit lautet: Wenn Sie derzeit mit einem intelligenten Softwaresystem arbeiten oder unter der Leitung eines solchen, können Sie mit ziemlicher Sicherheit davon ausgehen, dass Sie der Software (bewusst oder unbewusst) alles beibringen, was diese benötigt, um Sie eines Tages zu ersetzen.

Und noch eine Beobachtung: Viele Arbeitnehmer, die sich einen Posten wünschen, bei dem sie mit einer Maschine zusammenarbeiten, sollten das noch einmal bedenken, denn es droht ihnen ein böses Erwachen. Nehmen Sie als Beispiel nur die aktuellen Trends im amerikanischen Rechtswesen. Wenn sich Firmen auf einen Rechtsstreit einlassen, wird es notwendig, gewaltige Mengen interner Dokumente zu filtern und zu entscheiden, welche gegebenenfalls für den aktuellen Fall von Belang sein könnten. Die Bestimmungen verlangen, dass diese Dokumente der Gegenseite offengelegt werden, und es kann beträchtliche rechtliche Strafen nach sich ziehen, wenn man nicht sämtliche relevanten Dokumente vorlegt. Es ist eine der paradoxen Entwicklungen des „papierlosen Büros", dass die schiere Anzahl derartiger Dokumente (vor allem in Form von E-Mails) seit den Zeiten von Schreibmaschine und Papier drastisch angestiegen ist. Um dieser gewaltigen Mengen Herr werden zu können, greifen Kanzleien auf neue Techniken zurück. Ansatz eins besteht in einer vollständigen Automatisierung. Sogenannte E-Discovery-Software basiert auf leistungsstarken Algorithmen, die Millionen elektronische Dokumente durchforsten und automatisch die relevanten herauspicken können. Diese Algorithmen leisten viel mehr als eine simple Schlagwortsuche. Häufig sind sie mit Techniken des Maschinellen Lernens ausgerüstet, welche die entscheidenden Stellen selbst dann finden, wenn die charakteristischen Phrasen fehlen.[57] Diese Software hat zur Folge, dass in großen Mengen Arbeitsplätze von Anwälten und juristischen Hilfskräften weggefallen sind, die sich bislang durch Berge voller Unterlagen wühlen mussten.

Und dann ist da noch Ansatz zwei: Kanzleien lagern diese Fleißarbeit an Spezialisten aus, die wiederum Legionen frischgebackener Jura-Absolventen beschäftigen. Diese Absolventen sind zumeist Opfer der platzenden Juristen Blase: Sie finden keine Arbeit als Anwalt und starten mit gewaltigen Schulden ins Berufsleben, sodass sie Jobs als Dokumentenprüfer annehmen müssen. Jeder Anwalt sitzt vor einem Bildschirm, auf dem ein beständiger Strom an Dokumenten angezeigt wird. Zu jedem Dokument gibt es zwei Schaltflächen: „relevant" und „irrelevant". Der Absolvent der juristischen Fakultät liest das Dokument quer und klickt dann auf die zutreffende Schaltfläche. Es erscheint das nächste Dokument.[58] Zum Teil erwartet man von ihnen, bis zu 80 Dokumente pro Stunde zu kategorisieren.[59] Auf diese jungen Anwälte warten keine Gerichtssäle, keinerlei Chancen, sich fortzubilden oder sich beruflich weiterzuentwickeln, keine Gelegenheiten, Karriere zu machen. Stattdessen, Stunde um Stunde um Stunde: „relevant" oder „irrelevant".*

---

* Diese Art von Arbeit spricht Sie an, aber Ihnen fehlen die juristischen Grundkenntnisse? Dann sehen Sie sich doch einmal Amazon Mechanical Turk an, dort finden Sie zahlreiche

Sieht man sich diese beiden konkurrierenden Herangehensweisen an, drängt sich eine Frage auf: Ist das Kooperationsmodell nachhaltig? Selbst die (für Anwälte) vergleichsweise geringen Gehälter dieser Angestellten lassen den automatisierten Ansatz deutlich kosteneffektiver erscheinen. Und was die geringe Qualität dieser Jobs angeht, könnten Sie jetzt vielleicht vermuten, dass ich mir einfach ein besonders düsteres Beispiel herausgepickt habe. Bei den meisten Jobs, bei denen Mensch und Maschine zusammenarbeiten, hat doch der Mensch die Kontrolle, richtig? Arbeiter überwachen die Maschinen und erledigen befriedigende Arbeit und sind nicht einfach Schräubchen in einem mechanisierten Prozess. Oder?

Eine sehr schöne Vorstellung, aber leider sprechen die Daten eine andere Sprache. In seinem Buch „Super Crunchers" von 2007 schreibt Ian Ayres, Professor der Uni Yale, Studie um Studie würde zeigen, dass Algorithmen besser als die menschlichen Experten abschneiden. Wenn nicht Computer, sondern Menschen die Kontrolle über die Prozesse haben, wirkt sich das immer negativ auf die Ergebnisse aus. Selbst wenn man den menschlichen Experten im Voraus die Resultate der Algorithmen gibt, produzieren sie dennoch Ergebnisse, die schlechter sind als das, was die autonom agierenden Maschinen zustande bringen. Sollen Menschen für einen Prozess zusätzlichen Nutzen erbringen, ist es besser, wenn sie spezifischen Input beisteuern, als ihnen die Gesamtaufsicht zu übertragen. Wie Ayres sagt: „Die Beweislage zugunsten eines anders gearteten, stark erniedrigenden und entmenschlichten

ähnliche Angebote. „Bin Cam" beispielsweise platziert Kameras in Ihrem Mülleimer, zeichnet alles auf, was Sie wegwerfen, und postet es automatisch in sozialen Medien. Die Idee dahinter: Man soll über das Mittel der Scham dazu gebracht werden, keine Lebensmittel zu verschwenden, und man soll das Recyclen nicht vergessen. Wie wir gesehen haben, stellt visuelles Erkennen (in diesem Fall von Arten von Müll) Computer weiterhin vor Schwierigkeiten, deshalb werden Menschen damit beauftragt, diese Aufgabe zu erfüllen. Allein schon die Tatsache, dass sich das Geschäftsmodell rechnet, sollte Ihnen eine Vorstellung davon geben, was für diese Art von Arbeit bezahlt wird.

Mechanismus ist erdrückend, wenn es darum geht, Experten und [algorithmische] Erfahrung zu kombinieren."[60]

Was ich damit meine: Natürlich wird es zur Zusammenarbeit zwischen Mensch und Maschine kommen, aber wir sprechen hier vermutlich über eine vergleichsweise kleine Zahl von Arbeitsplätzen, von denen der Großteil oft auch nur von kurzer Dauer sein wird.* In vielen Fällen handelt es sich möglicherweise um wenig erfüllende oder sogar erniedrigende Arbeit. Angesichts dessen lässt sich nur schwer argumentieren, dass wir größere Anstrengungen unternehmen sollten, um Menschen expliziert für derartige Jobs auszubilden und vorzubereiten – selbst wenn sich genau abschätzen ließe, was Bestandteil dieser Ausbildung sein müsste. Auf mich wirkt das so, als schustere man an einer sehr konventionellen Idee (Arbeitnehmer benötigen mehr Berufsausbildung) herum, damit sie noch ein wenig länger Bestand hat. Wir steuern auf einen Zusammenbruch der bisherigen Arbeitswelt zu, der eine deutlich dramatischere Reaktion erfordern wird.

EINSTIEGSPOSTEN FÜR frisch gebackene Uni-Absolventen dürften mit zu den ersten Stellen gehören, die der Automatisierung im Angestelltenbereich zum Opfer fallen. Wie wir in Kapitel 2 gesehen haben, spricht einiges dafür, dass dieser Prozess bereits in Gang ist. Zwischen 2003 und 2012 ging das mittlere Einkommen von Arbeitnehmern mit Bachelor-Abschluss von fast

---

* In „Average Is Over" schätzt Tyler Cowen, dass vielleicht zehn bis 15 Prozent der amerikanischen Arbeiterschaft gut für eine Zusammenarbeit mit Maschinen geeignet sind. Ich glaube, langfristig ist diese Schätzung eher optimistisch, insbesondere, wenn man auch noch die Auswirkungen des Offshoring hinzurechnet. Wie viele Jobs, bei denen mit Maschinen zusammengearbeitet wird, werden tatsächlich ortsgebunden sein? (Als eine Ausnahme für meine skeptische Einschätzung könnte sich der Gesundheitsbereich erweisen. Wie in Kapitel 6 diskutiert, könnte es mit der Zeit möglich sein, eine neue Art von Gesundheitsarbeiter zu erschaffen, der deutlich schlechter als ein Arzt ausgebildet ist, aber mit einem KI-System für Diagnosen und Behandlungen zusammenarbeitet. Der Gesundheitsbereich ist ein Sonderfall, denn Ärzte benötigen eine außerordentlich umfangreiche Ausbildung und wahrscheinlich wird es künftig einen deutlichen Ärztemangel geben.)

52.000 Dollar (gemessen in 2012er Dollar) auf etwas über 46.000 Dollar zurück. Im selben Zeitraum verdreifachte sich das Ausmaß der Studienkredite von rund 300 Milliarden auf 900 Milliarden Dollar.[61]

Unter den Uni-Absolventen der vergangenen Jahre grassiert die Arbeitslosigkeit und praktisch jeder ehemalige Student kennt mindestens einen Ex-Kommilitonen, dessen Abschluss ihn direkt zu einer Karriere als Coffeeshop-Mitarbeiter geführt hat. Im März 2013 veröffentlichten die kanadischen Ökonomen Paul Beaudry, David A. Green und Benjamin M. Sand ein Paper mit dem Titel „The Great Reversal in the Demand for Skill and Cognitive Tasks" (etwa: „Die große Wende bei der Nachfrage nach Fertigkeiten und kognitiven Ausgaben").[62] Im Grunde sagt der Titel schon alles Wesentliche aus: Die Forscher stellten fest, dass in den USA die Nachfrage nach höher qualifizierten Arbeitnehmern um das Jahr 2000 herum ihren Höhepunkt erreicht hatte und seitdem rasch sinkt. Das hat zur Folge, dass Hochschulabsolventen immer stärker gezwungen sind, vergleichsweise gering qualifizierte Jobs anzutreten. Dabei verdrängen sie oftmals Arbeitnehmer ohne Hochschulabschluss.

Selbst Absolventen mit Abschlüssen in wissenschaftlichen und technischen Fächern bekommen den Wandel bereits deutlich zu spüren. Wie wir gesehen haben, hat sich vor allem der Markt für Jobs im IT-Bereich durch die zunehmende Automatisierung und die Trends zu Cloud Computing und Offshoring stark gewandelt. Dass ein Abschluss in Ingenieurswissenschaften oder Informatik einer Jobgarantie gleichkommt, ist größtenteils nur ein Mythos. Das Economic Policy Institute führte im April 2013 eine Analyse an amerikanischen Colleges durch und kam dabei zu dem Ergebnis, dass die Zahl der neuen Absolventen mit Abschlüssen in Ingenieurswissenschaften oder Informatik die Zahl der Absolventen, die in diesen Bereichen tatsächlich Arbeit finden, um 50 Prozent übersteigt. „Das Angebot an Absolventen ist beträchtlich höher als die Nachfrage in der Wirtschaft", so das Fazit der Studie.[63] Es wird immer deutlicher, dass sehr viele Menschen eigentlich alles richtig machen, wenn es um eine gute Ausbildung geht, sie aber dennoch in der Wirtschaft der Zukunft nicht Fuß fassen können.

Von den Ökonomen, die ihr Hauptaugenmerk darauf legen, sich durch Berge von Vergangenheitswerten zu ackern, realisieren einige inzwischen die

Auswirkungen, die der technische Fortschritt auf höher qualifizierte Jobs hat. Dennoch sind sie zumeist zurückhaltend, wenn es darum geht, Prognosen für die Zukunft abzugeben. Weniger reserviert äußern sich meist Wissenschaftler, die im Bereich der Künstlichen Intelligenz arbeiten. Die Mathematikerin Noriko Arai vom japanischen Institut für Informatik beispielsweise leitet die Arbeit an einem System, das die Aufnahmeprüfung für die Universität Tokio bestehen soll. Wenn ein Computer die Kombination aus Sprachverständnis und Analysefähigkeit an den Tag legen kann, die nötig ist, um es auf Japans beste Universität zu schaffen, dann wird dieser Computer eines Tages auch viele der Aufgaben übernehmen können, die bislang Hochschulabsolventen erledigen, so Arais These. Sie geht davon aus, dass in den nächsten zehn bis 20 Jahren massiv Stellen gestrichen werden. Ihr Projekt führt sie auch deshalb durch, um genauer bestimmen zu können, wie stark sich wohl die Künstliche Intelligenz auf den Arbeitsmarkt auswirken wird. Sollten zehn bis 20 Prozent der Fachkräfte „wegautomatisiert" werden, wäre das eine Katastrophe, sagt Arai. „Was 50 Prozent bedeuten würden, darüber möchte ich gar nicht erst nachdenken." Arai weiter: „Das wäre viel mehr als eine Katastrophe, aber solche Zahlen lassen sich nicht ausschließen, wenn sich KI auch in Zukunft positiv entwickelt."[64]

Von einem historischen Standpunkt aus war der Bereich der höheren Bildung immer ein Hauptarbeitgeber für hoch qualifizierte Fachkräfte. Besonders für angehende Doktoranden begann die typische Berufslaufbahn damit, als Studienanfänger an die Hochschule zu kommen und den Campus dann nie mehr wirklich zu verlassen. Im nächsten Kapitel beleuchten wir, warum dieser Berufszweig und sehr viele Karrieren ebenfalls davorstehen, von technischen Neuerungen massiv durcheinandergewirbelt zu werden.

KAPITEL 5

Das Hochschulwesen

im Wandel

Im März 2013 stellte eine kleine Gruppe amerikanischer Akademiker eine Petition online. Darin protestieren die Unterzeichner, darunter vor allem Englisch-Professoren und Schreiblehrer, gegen die Ankündigung, Aufsätze zu Standardtests würden künftig von Maschinen benotet.[1] In der Petition mit dem Titel „Professionals Against Machine Scoring of Student Essays in High Stakes Assessment" (etwa: „Fachleute gegen maschinelle Benotung von Schüleraufsätzen in zentralen Prüfungen") heißt es, eine Bewertung von schriftlichen Aufsätzen durch Algorithmen sei (unter anderem) zu stark vereinfachend, ungenau, willkürlich und diskriminierend. Ganz abgesehen davon würde die Benotung vorgenommen von „einem Gerät, das, streng genommen, nicht lesen kann". Innerhalb von nicht einmal zwei Monaten hatten nahezu 4.000 Menschen aus dem Bildungsbereich und auch bekannte Intellektuelle wie Noam Chomsky die Petition unterschrieben.

Tests von Computern auswerten zu lassen, ist natürlich nichts Neues. Die banale Aufgabe, Multiple-Choice-Tests zu bewerten, erledigen sie seit Jahren. In diesem Kontext werden sie als Arbeitsersparnis angesehen. Wenn die Algorithmen jedoch beginnen, in ein Gebiet vorzudringen, das angeblich in hohem Maße abhängig von menschlichen Fähigkeiten und menschlichem Urteilsvermögen ist, wird die Technologie in den Augen vieler Lehrender zur Bedrohung. Die maschinelle Benotung von Aufsätzen arbeitet mit fortschrittlichen Techniken der Künstlichen Intelligenz. Das Grundprinzip dahinter ähnelt der Methode von Googles Online-Übersetzer. Erst füttert man mit Maschinellem Lernen ausgestattete Algorithmen mit einer großen Menge von Schreibproben, die bereits von menschlichen Lehrern benotet wurden. Dann lässt man die Algorithmen los auf neue Aufsätze und erhält praktisch unmittelbar eine Benotung.

Die Petition „Professionals Against Machine Scoring" hat natürlich recht mit ihrer Behauptung, dass die Benotungsmaschinen gar nicht lesen können. Wir haben aber auch in anderen Fällen von Big Data und Maschinellem Lesen gesehen, dass das gar keinen Unterschied ausmacht. Techniken, die auf der Analyse statistischer Korrelationen beruhen, sind oftmals genauso gut wie die besten Leistungen menschlicher Experten oder noch besser. 2012 verglichen Forscher des Colleges of Education der Universität Akron maschinelle Benotung mit den Noten, die menschliche Lehrkräfte gegeben hatten. Sie stellten fest, dass die Technologie „praktisch mit identischer Genauigkeit benotet, in einigen Fällen erwies sich die Software sogar als noch verlässlicher". Teilgenommen an der Studie hatten neun Unternehmen, die maschinelle Lösungen zur Benotung bieten, außerdem wurden über 16.000 bereits benotete Arbeiten aus staatlichen Schulen in sechs amerikanischen Bundesstaaten verwendet.[2]

Zu den lautstärksten Kritikern des maschinellen Benotens gehört Les Perelman, ehemaliger Leiter des Schreibprogramms an der MIT. Er war auch einer der ersten Unterstützer der Petition gegen maschinelle Benotung. Perelman ist es wiederholt gelungen, völlig sinnentleerte Aufsätze zu konstruieren, die die Benotungsalgorithmen hinters Licht geführt haben und gut benotet wurden. Mir scheint es aber so, dass Perelmans Behauptung, das System lasse sich leicht aufs Kreuz legen, hinkt, schließlich sind die Fähigkeiten, die es braucht, um Quatsch zu schreiben, der die Software aufs Kreuz legt, in etwa vergleichbar mit den Fähigkeiten, die es braucht, einen guten Aufsatz zu schreiben. Die Frage ist doch, ob ein Schüler, der nicht gut ist, die Benotungssoftware austricksen kann. Die Studie der Uni Akron scheint dagegenzusprechen. Allerdings wirft Perelman zumindest einen echten Kritikpunkt auf: Wenn man den Schülern und Studenten beibringt, so zu schreiben, dass es den Algorithmen gefällt, wird das dazu führen, dass diese „übermäßig dafür belohnt werden, ausführlich und wortreich zu schreiben".[3]

Benotung durch Algorithmen mag umstritten sein, aber höchstwahrscheinlich wird das nichts daran ändern, dass es sich durchsetzen wird, solange die Schulen weiterhin unter Sparzwang stehen und bemüht sind, ihre Kosten zu senken. Die Vorteile dieses Systems liegen auf der Hand, wenn es darum geht, eine große Zahl von Arbeiten zu benoten. Es ist schneller, es ist kostengünstiger, aber darüber hinaus bietet ein Algorithmus auch Objektivität und Beständigkeit in Fällen, in denen ansonsten mehrere menschliche Lehrkräfte zur Benotung benötigt würden. Darüber hinaus erhalten die Schüler und Studenten umgehend ein Feedback. Die Technologie ist gut geeignet für Aufgaben, die ansonsten von einer Lehrkraft nicht mit größter Gründlichkeit bearbeitet würden. Ein Beispiel: In vielen Kommunikationskursen sind die Teilnehmenden angehalten oder gezwungen, täglich Tagebuch zu schreiben. Ein Algorithmus kann jeden einzelnen Eintrag bewerten und vielleicht sogar Verbesserungen vorschlagen, und das per Mausklick! Die Annahme liegt nahe, dass sich automatische Benotungssysteme, zumindest für die absehbare Zukunft, auf Einführungskurse beschränken werden, in denen es um grundlegende Kommunikationsfähigkeiten geht.

Englisch-Professoren müssen sich wohl nicht sorgen, dass die Algorithmen die Seminare für Kreatives Schreiben übernehmen werden. Die Verwendung der Algorithmen in Einführungskursen kann hingegen durchaus dazu führen, dass die Assistenten, die bislang diese Benotungen vornehmen, nicht mehr benötigt werden.

Das Getöse um automatische Aufsatzbenotung ist nur ein kleines Beispiel dafür, welche Kritik hochkochen wird, wenn die Informationstechnologie schließlich mit voller Macht über den Bildungssektor hereinbricht. Bislang waren die Colleges und Universitäten größtenteils immun gegen die deutliche Produktivitätssteigerung, die andere Industrien grundlegend umgekrempelt hat. Die Vorzüge der Informationstechnologie haben im Hochschulwesen noch nicht Einzug gehalten – was, zumindest teilweise, erklärt, warum die College-Kosten in den vergangenen Jahrzehnten derart stark angestiegen sind.

Vieles spricht dafür, dass hier Veränderungen anstehen. Einen besonders großen disruptiven Einfluss werden vermutlich Online-Kurse von Elite-Schulen haben. In vielen Fällen locken diese Vorlesungen ein sehr großes Publikum an. Deshalb werden sie ein wichtiger Faktor sein, der die Automatisierung des Lehrens und Benotens vorantreibt. EdX, ein Konsortium von Elite-Unis, das in der Absicht gegründet wurde, kostenlose Online-Kurse anzubieten, kündigte Anfang 2013 an, allen interessierten Bildungseinrichtungen seine Software zur Aufsatzbewertung zur Verfügung stellen.[4] Anders gesagt: Auf Algorithmen basierende Benotungssysteme sind ein weiteres Beispiel für einen internetbasierten Software-Baustein, der dazu beitragen wird, die unvermeidliche verstärkte Automatisierung von Fachaufgaben noch schneller voranzutreiben.

Der Aufstieg – und das Straucheln – von MOOCs

Kostenlose Online-Kurse wie die im Angebot von edX sind Teil eines Trends. Die sogenannten massiven offenen Online-Kurse (MOOCs) wurden im Spätsommer 2011 schlagartig bekannt, als Sebastian Thrun und Peter Norvig, zwei Informatiker der Universität Stanford, ihren Einführungskurs zu Künstlicher Intelligenz gratis ins Internet stellten. Beide Dozenten sind Koryphäen auf ihrem Gebiet und stehen in enger Verbindung zu Google. Thrun hatte bei Google die Entwicklung des selbstfahrenden Autos verantwortet, Norvig war Forschungsleiter bei Google und einer der Autoren des führenden Lehrbuchs zu Künstlicher Intelligenz. Schon wenige Tage nach der Ankündigung hatten sich über 10.000 Menschen für den Kurs eingeschrieben. Im August schrieb dann John Markoff auf Seite eins der *New York Times* über den Kurs und schon bald hatten sich mehr als 160.000 Menschen aus über 190 Ländern angemeldet.[5] Allein die Zahl der Teilnehmer aus Litauen war größer als alles, was in Stanford zu diesem Zeitpunkt an Studierenden vor dem ersten Abschluss und Doktoranden eingeschrieben war. Es gab Zehnjährige und es gab Siebzigjährige, die sich direkt von zwei der bedeutendsten Forscher in diesem Bereich die Grundlagen der Künstlichen Intelligenz erklären lassen wollten. Diese außergewöhnliche Chance hatte bis dato nur den etwa 200 Studenten offengestanden, die direkt in Stanford vor Ort waren.[6]

Der zehnwöchige Kurs wurde in kurze Segmente unterteilt, die immer nur wenige Minuten dauerten, ähnlich den immens erfolgreichen Videos, welche die Khan Academy für Mittel- und Oberschulen erstellt hat. Ich habe selbst mehrere Einheiten des Kurses absolviert und halte das Format für ein sehr wirksames und ansprechendes Lernvehikel. Die Produktion kam ganz ohne großartige Spezialeffekte aus, tatsächlich waren hauptsächlich Thrun oder Norvig zu sehen, wie sie Themen präsentierten und auf einem Notizblock schrieben. Nach jedem kurzen Abschnitt folgte ein interaktives Quiz – eine Methode, die praktisch garantiert, dass man sich wichtige Konzepte einprägt, bevor es mit dem Kurs weitergeht. Etwa 23.000 Menschen absolvierten den Kurs, legten die Abschlussprüfung ab und erhielten eine Urkunde der Uni Stanford. Innerhalb von Monaten schoss eine ganz neue Industrie rund um das MOOC-Phänomen aus dem Boden. Sebastian Thrun sammelte bei Wagniskapitelgebern Gelder ein und gründete ein neues Unternehmen namens Udacity, das kostenlos oder gegen eine geringe Gebühr Online-Kurse anbietet. In In- und Ausland beeilten sich die Elite-Universitäten, ebenfalls entsprechende Angebote auf die Beine zu stellen. Zwei weitere Stanford-Professoren, Andrew Ng und Daphne Koller, gründeten mit einer Anschubfinanzierung in Höhe von 22 Millionen Dollar das Unternehmen Coursera und schlossen Partnerschaften mit den Universitäten in Stanford, Michigan, Pennsylvania und Princeton. Harvard und MIT stellten rasch 60 Millionen Dollar für die Gründung von edX bereit. Coursera reagierte und ging mit einem weiteren Dutzend Universitäten Partnerschaften ein, darunter Johns Hopkins und das California Institute of Technology. 18 Monate später arbeitete Coursera bereits mit über 100 Einrichtungen aus aller Welt zusammen.

Anfang 2013 explodierte der MOOC-Hype genauso rasch wie die Anmeldezahlen für die Kurse. Online-Vorlesungen seien der Anfang eines neuen Zeitalters, hieß es gemeinhin. Elite-Bildung stünde schon bald allen kostenlos oder für kleines Geld offen. Dank billiger Tablets und Smartphones würden die Armen in Afrika und Asien bald an den Unis der Ivy League studieren. Der Kolumnist Thomas Friedman von der *New York Times* bezeichnete MOOCs als „aufziehende Revolution im globalen Online-Hochschulwesen". Die Online-Vorlesungen, so Friedman, würden das Potenzial bergen, „eine Milliarde Gehirne zusätzlich zu befähigen, an Lösungen für die größten Probleme der Welt zu arbeiten".[7]

Gegen Ende des Jahres wurden dann alle Träume von der Realität eingeholt, und zwar in Form von zwei Studien der Universität Pennsylvania. Eine Studie befasste sich mit einer Million Menschen, die sich in Kursangeboten von Coursera eingeschrieben hatten, und kam zu dem Schluss, dass MOOCs „nur vergleichsweise wenige aktive Nutzer haben. Das User-Engagement fällt, vor allem nach den ersten ein, zwei Wochen eines Kurses, dramatisch ab und nur wenige Nutzer halten bis zum Kursende durch."[8] Zwischen zwei und 14 Prozent schlossen die Kurse ab, der Schnitt lag bei etwa vier Prozent. Und die MOOCs lockten auch nicht die ärmeren und schlechter ausgebildeten Studenten an, die doch nach allgemeiner Auffassung am stärksten profitieren würden – rund 80 Prozent der Eingeschriebenen konnten bereits einen College-Abschluss vorweisen.

Wenige Monate zuvor hatte schon die prestigeträchtige Partnerschaft zwischen Udacity und der San Jose State University die Erwartungen nicht erfüllen können. Das Programm sollte benachteiligten Studenten kostengünstige Onlinekurse in Mathematik, Algebra und Statistik anbieten. Auf einer Pressekonferenz im Januar 2013 hatte Sebastian Thrun in Anwesenheit von Kaliforniens Gouverneur Jerry Brown das Programm vorgestellt und als mögliche Lösung für ausufernde Studiengebühren und Überbelegung an den staatlichen Colleges gepriesen. Die Kurse kosteten nur 150 Dollar und Online-Mentoren konnten sich um einzelne Teilnehmende kümmern, aber der erste Lehrgang endete mit katastrophalen Ergebnissen: Drei Viertel der Studenten in der Algebra-Klasse (und fast 90 Prozent derjenigen, die direkt von der Highschool gekommen waren) fielen durch. Durch die Bank weg schnitten MOOC-Teilnehmer deutlich schlechter ab als Studenten, die sich in den traditionellen Klassen an der San Jose State eingeschrieben hatten. Die Universität hat das Programm – zumindest vorübergehend – eingestellt.[9]

Udacity legt das Augenmerk nun weniger auf breit angelegte Bildungsprogramme, sondern konzentriert sich verstärkt auf berufliche Aus- und Weiterbildung, die Arbeitnehmern spezielle technische Fähigkeiten vermitteln sollen. Firmen wie Google und Salesforce.com beispielsweise finanzieren Kurse, bei denen Software-Entwickler den Umgang mit ihren Produkten lernen können. Darüber hinaus hat sich Udacity mit dem Georgia Institute of Technology zusammengetan. Gemeinsam bieten sie den ersten MOOC-basierten Master-Abschluss in

Informatik an. Der Kurs läuft über drei Semester und kostet nur etwa 6.600 Dollar, etwa 80 Prozent weniger als ein herkömmlicher, auf dem Campus erworbener Abschluss. Finanzielle Hilfe für die Einrichtung des Programms kommt von AT&T, wo man beabsichtigt, zahlreiche Mitarbeiter anzumelden. Zunächst nimmt Georgia Tech etwa 375 Studierende auf, später sollen Tausende den Kurs absolvieren können.

Die MOOCs entwickeln sich weiter und werden besser. Vielleicht erfüllt sich ja doch noch die Hoffnung, dass sie eine globale Revolution antreiben, die vielen Hundert Millionen armen Menschen in aller Welt qualitativ hochwertige Bildung bringt. Kurzfristig jedoch scheint es offensichtlich, dass diese Online-Angebote in erster Linie Studierende anlocken, die ohnehin bereits hoch motiviert an ihrer Fortbildung arbeiten. Anders gesagt: MOOCs werden zunächst exakt die Menschen anziehen, die sich ansonsten in traditionelleren Studiengängen einschreiben würden. Sollten potenzielle Arbeitgeber die Auffassung vertreten, dass MOOCs eine gute Qualifikation darstellen, könnte dies dramatische Folgen für das gesamte Hochschulwesen haben.

Studienkredite und kompetenzbasierte Zeugnisse

Als Thrun und Norvig die Ergebnisse des 2011er-Studiengangs zum Thema Künstliche Intelligenz auswerteten, stellten sie fest, dass 248 Teilnehmer perfekte Leistungen abgeliefert hatten – nicht ein einziges Mal hatte einer dieser Studierenden eine Prüfungsfrage falsch beantwortet. Weiter stellten sie fest, dass dieser Elitegruppe nicht ein einziger Stanford-Student angehörte. Tatsächlich waren mindestens 400 Online-Teilnehmer besser als der beste Student. Allerdings erhielt keiner dieser herausragenden Teilnehmer für ihre Arbeit einen Schein oder auch nur eine Teilnahmebestätigung.

Als der Stanford-Verwaltung Monate zuvor zu Ohren kam, wie groß der Ansturm auf den Kurs war, bestellten sie die Professoren wiederholt zu Meetings ein. Thema: Welche Art von Zeugnis kann man den Online-Teilnehmern ausstellen? Ein Argument lautete, dass man das Prestige von Stanford verwässern würde, würde man Zehntausende Menschen, die nicht die rund 40.000 Dollar an jährlichen Studiengebühren bezahlt haben, zu Stanford-Absolventen erklären. Aber es ging auch darum, dass sich die Identität der Studenten nicht in allen Fällen verifizieren lassen würde. Letztlich verständigte man sich darauf, dass Studierenden, die den Kurs über das Internet abschlossen, eine einfache Bescheinigung („Statement of Accomplishment") angeboten werden würde. So besorgt war man, was die genaue Terminologie anging, dass die Stanford-Verwaltung von einer Zeitung, die in einem Kommentar über den Kurs den Begriff „Zertifikat" verwendet hatte, eine sofortige Richtigstellung forderte.

Die Sorgen in Stanford, was die Identität von Online-Studenten anbelangt, waren nicht unbegründet. Wenn man Leistungspunkte oder offizielle Zeugnisse für MOOCs anbietet, gehört es zu den anspruchsvollsten Herausforderungen zu gewährleisten, dass auch tatsächlich die Person, die den Kurs abgeschlossen und die Prüfung abgelegt hat, die Auszeichnung erhält. Ohne einen belastbaren Identifizierungsprozess würde rasch eine blühende Industrie rund um die betrügerische Teilnahme an Kursen und Prüfungen entstehen. Schon jetzt existieren einige Websites, auf denen angeboten wird, gegen eine Gebühr für andere Personen Prüfungen abzulegen. Ende 2012 gaben sich Journalisten der Website Inside Higher Ed als Studierende aus. Sie wandten sich an einige dieser Seiten und fragten, was es kosten würde, jemand anderen für sich einen Einführungskurs in Wirtschaftswissenschaften an der Penn State ablegen zu lassen. Die geforderten Preise lagen zwischen 775 und 900 Dollar und als Note wurde mindestens ein „Gut" garantiert. Und das war für einen Kurs im traditionellen, Zeugnis ausstellenden Online-Bereich der Penn State. Dort dürfte es deutlich weniger schwer sein, die Identität der Studierenden zu bestätigen, als bei einer offenen Klasse mit einer gewaltigen Zahl an Teilnehmenden![10] Insgesamt schreiben sich für das gesamte Penn-State-Programm rund 6.000 Doktoranden und Studenten ohne Abschluss ein, ein Bruchteil dessen also, was sich für einen einzigen beliebten MOOC anmeldet.

Bei den Online-Kursen ist Betrug ein nicht unerhebliches Problem. 2012 gingen bei Coursera Dutzende Beschwerden wegen Plagiieren bei Kursen in den Geisteswissenschaften ein. Bei diesen Kursen wurde nicht nach Algorithmen benotet, vielmehr benoteten sich Teilnehmer gegenseitig. Wenn Kursleiter den Beschwerden nachgingen, mussten sie sich also mit zwei Möglichkeiten auseinandersetzen: Plagiate waren entweder an der Tagesordnung oder zumindest ein Teil der Vorwürfe war unbegründet. In einem Kurs zu Science-Fiction und Fantasy an der Universität von Michigan kam der Vorwurf auf, Studenten hätten für ihre Arbeiten bei Wikipedia oder aus anderen öffentlichen Quellen abgekupfert. Englisch-Professor Eric Rabkin, der den Kurs leitete, schrieb daraufhin alle 39.000 Studenten an und warnte sie davor, sich anderer Leute Arbeit anzueignen. Gleichzeitig wies er aber auch darauf hin, dass „der Vorwurf des Plagiierens ein sehr ernster Vorwurf ist und nur erhoben werden sollte, wenn er durch konkrete Beweise unterfüttert werden kann".[11] Das Erstaunliche an derartigen Vorfällen ist, dass man in keiner dieser Klassen irgendeine Form von akademischer Auszeichnungen bekommt. Offenbar betrügen einige Menschen allein deshalb, „weil sie es können", oder weil ihnen die Regeln nicht klar sind. In jedem Fall steht wohl außer Zweifel, dass der Anreiz zum Fehlverhalten massiv zunehmen würde, wenn derartige Kurse mit offiziellen akademischen Leistungsnachweisen einhergingen.

Um den Problemen mit der Identifizierung und dem Betrug Herr zu werden, gibt es eine Reihe möglicher technischer Ansätze. Eine einfache Methode bestünde darin, zu Beginn jeder Sitzung Fragen zu persönlichen Daten zu stellen. Wer vorhat zu betrügen und sich im Unterricht von jemand anderem vertreten zu lassen, wird es sich vielleicht genau überlegen, bevor er diesem jemand seine Sozialversicherungsnummer gibt. Allerdings wäre diese Strategie global nur schwer umzusetzen. Es könnte auch verlangt werden, dass der Studierende seine Webcam eingeschaltet lässt, damit er überwacht werden kann. Das von Harvard und MIT gegründete MOOC-Konsortium edX begann 2013 damit, Studenten, die eine Zusatzgebühr bezahlen und den Unterricht unter den Augen einer Webcam absolvieren, ein Zertifikat auszustellen. Diese Zertifikate machen sich gut in einer Bewerbungsmappe, können aber nicht als akademischer Leistungsnachweis eingesetzt werden.

Die Überwachung durch Aufsichten ist kostspielig und kann sicherlich nicht auf Zehntausende Teilnehmer eines kostenlosen Kurses ausgeweitet werden. Was allerdings möglich erscheint, ist, dass Gesichtserkennungsalgorithmen, wie sie beispielsweise Facebook derzeit einsetzt, irgendwann die Rolle übernehmen können. Andere Algorithmen sind vielleicht in naher Zukunft imstande, Studierende anhand ihres Tastaturanschlags zu erkennen oder Plagiate auszumerzen, indem sie schriftliche Aufgaben automatisch mit gewaltigen Datenbanken bestehender Arbeiten vergleichen.[12]

Besonders vielversprechend erscheint die Möglichkeit, im Rahmen von MOOCs kompetenzbasierte Zeugnisse auszugeben. Die Studenten verdienen sich ihre Leistungspunkte nicht durch Anwesenheit, sondern indem sie diverse Einschätzungstests absolvieren, bei denen sie ihre Kompetenz in unterschiedlichen Bereichen beweisen müssen. Kompetenzbasiertes Lernen wurde an der Western Governor's University (WGU) entwickelt, einer Online-Einrichtung, deren Idee auf eine Konferenz im Jahr 1995 zurückgeht, an der die Gouverneure aus 19 westlichen US-Staaten teilnahmen. Die WGU existiert seit 1997 und hatte 2013 mehr als 40.000 Studenten, darunter viele Erwachsene, die Jahre zuvor begonnene Studiengänge zu Ende bringen wollten oder die sich auf einen Karrierewechsel vorbereiteten. Im September 2013 kündigte die Universität von Wisconsin an, ein kompetenzbasiertes Programm einzuführen, das zu einem Abschluss führt. Das verlieh dem Modell des kompetenzbasierten Lernens enormen Auftrieb.

MOOCs und kompetenzbasiertes Lernen könnten sich als hervorragende Kombination erweisen, denn so wird der Kurs praktisch vom Zeugnis abgekoppelt. Themen wie Identifizierung der Studenten und Plagiate wären nur noch in den Einstufungstests ein Thema. Vielleicht eröffnet sich hier sogar eine Möglichkeit für eine mit Wagniskapital operierende Firma. Sie kann sich um die Tests und die Zeugnisse kümmern und hat mit dem aufwendigen und kostspieligen Geschäft, Kurse anzubieten, nichts zu tun. Motivierte Studenten könnten nach eigenem Gusto alle angebotenen Ressourcen nutzen, seien es MOOCs, Selbststudium oder der traditionellere Unterricht in Klassen, um sich

Kompetenzen anzueignen. Anschließend könnten sie einen Leistungstest bei dem Unternehmen ablegen, um ein Zertifikat zu erhalten. Diese Tests könnten sehr anspruchsvoll sein und einem Filterprozess entsprechen, wie ihn die Aufnahmeprüfungen an exklusiveren Hochschulen darstellen. Gelingt es einem Start-up, sich einen guten Ruf zu erarbeiten und dafür zu stehen, wirklich nur herausragenden Studenten ein Zertifikat auszustellen, und könnte das Unternehmen darüber hinaus auch noch gute Beziehungen zu renommierten Arbeitgebern knüpfen und so dafür sorgen, dass seine Absolventen hoch im Kurs stehen, könnte das durchaus die gesamte Branche des Hochschulwesens durcheinanderwirbeln.

Das Jahr 2013 brachte einen deutlichen Rückgang mit sich, was die Erwartungshaltung der Hochschulen in Sachen MOOC anbelangt. Das ergab eine Umfrage unter Führungskräften von nahezu 3.000 amerikanischen Colleges und Universitäten. Fast 40 Prozent der Befragten sagten, massive offene Online-Kurse seine keine nachhaltige Lehrmethode. Ein Jahr zuvor hatten sich bei der Umfrage nur ein Viertel der Teilnehmer so geäußert. Das *Chronicle of Higher Education* gab ebenfalls einen verhältnismäßig moderaten Fortschrittsbericht ab. MOOCs hätten im abgelaufenen Jahr keine messbaren Fortschritte erzielt, was das bestehende Zertifizierungssystem im Hochschulwesen anbelangt, hieß es. „Das wirft die Frage ob, ob sie auf den Status quo tatsächlich eine so disruptive Wirkung haben werden, wie einige Beobachter zunächst glaubten."[13]

MOOCs sind eine paradoxe Angelegenheit. Trotz aller praktischen Probleme als Mechanismus zum Massenunterricht können sie für Studierende, die über ausreichend Motivation und Selbstdisziplin verfügen, ein immens effektives Lernwerkzeug darstellen. Als Thrun und Norvig das erste Mal ihren Kurs zu Künstlicher Intelligenz online anboten, stellten sie zu ihrer Überraschung fest, dass sich das Auditorium in Stanford selbst rasch leerte. Schließlich waren von etwa 200 eingeschriebenen Studenten nur noch rund 30 regelmäßig anwesend. Offenbar schienen die Studenten die Vorlesung lieber online zu besuchen. Die Professoren stellten zudem fest, dass das neue MOOC-Format das durchschnittliche Abschneiden ihrer „Realwelt"-Studenten bei Prüfungen deutlich verbesserte.

Man sollte meiner Meinung nach das MOOC-Phänomen noch nicht als Fehlschlag abschreiben. Vielleicht erleben wir einfach nur die Anlaufschwierigkeiten, die für neue Technologien so typisch sind. Vergessen wir nicht, dass beispielsweise Microsoft Windows erst mit Version 3.0 zur Marktdominanz heranwuchs – und Version 3.0 kam mehr als fünf Jahre nach Einführung des ersten Windows auf den Markt! Die pessimistische Einschätzung der Hochschul-Führungskräfte könnte durchaus auch mit ihren Sorgen zusammenhängen, was diese Kurse wirtschaftlich für ihre Einrichtungen und den gesamten Bildungssektor bedeuten könnten.

Große Umwälzungen stehen bevor

Sollten MOOCs noch disruptives Potenzial entwickeln, würden sie eine Branche aufwirbeln, deren jährliche Umsätze sich auf fast 500 Milliarden Dollar belaufen und die über 3,5 Millionen Menschen beschäftigt.[14]

Zwischen 1985 und 2013 stiegen die Kosten eines Studiums um 538 Prozent. Der Verbraucherpreisindex verzeichnete für denselben Zeitraum gerade einmal 121 Prozent Plus. Selbst medizinische Ausgaben stiegen mit 286 Prozent nicht so stark an wie Bildungskosten.[15] Ein Großteil dieser Ausgaben wird durch Studentenkredite finanziert. Diese haben in den USA inzwischen ein Volumen von mindestens 1.200 Milliarden Dollar erreicht. Rund 70 Prozent der amerikanischen College-Studenten nehmen einen Kredit auf und die durchschnittliche Verschuldung bei Abschluss des Studiums beträgt knapp 30.000 Dollar.[16] Vergessen Sie dabei nicht, dass nur etwa 60 Prozent aller Bachelor-Studenten innerhalb von sechs Jahren ihren Abschluss erreichen! Der Rest muss die aufgelaufenen Schulden bezahlen, ohne auf dem Arbeitsmarkt mit einem Abschluss punkten zu können.[17]

Was erstaunlich ist: Die eigentlichen Lehrkosten an Colleges und Universitäten tragen verhältnismäßig wenig zu dieser Kostenexplosion bei. In seinem Buch „College Unbound" von 2013 führt Jeffrey J. Selingo Daten an, die das Delta Cost Project erhoben hat. Dieses kleine

Marktforschungsinstitut erstellt Analysen des Hochschulwesens, die einen hervorragenden Ruf genießen. Zwischen 2000 und 2010 haben laut Delta Cost Project die großen Forschungsuniversitäten des Landes die Ausgaben für Studentendienstleistungen um 19 Prozent erhöht, für Verwaltungsaufgaben um 15 Prozent, für Instandhaltung und Betrieb um 20 Prozent. Deutlich hinterher hinkten die Kosten für den Lehrkörper mit gerade einmal zehn Prozent.[18] An der Universität von Kalifornien ging die Belegschaftsgröße zwischen 2009 und 2011 sogar um 2,3 Prozent zurück, während die Zahl der eingeschriebenen Studierenden um 3,6 Prozent zulegte.[19] Um die Lehrkosten zu senken, verlassen sich Hochschulen immer mehr auf Teilzeit-Lehrkräfte oder außerordentliche Lehrkräfte, die pro Kurs bezahlt werden (in einigen Fällen gerade einmal 2.500 Dollar für einen Kurs, der ein ganzes Semester lang läuft) und keine Sozialleistungen erhalten.

Zahlreiche Doktoranden haben diese Stellen einst in der Hoffnung übernommen, über eine befristete Stelle ihre Chancen auf eine Festanstellung zu erhöhen. Vor allem in den Geisteswissenschaften erweisen sich diese Stellen inzwischen aber immer mehr als Sackgasse. Die Lehrkosten haben die Hochschulen größtenteils gedeckelt, dafür sind die Summen, die sie für die Verwaltung und die Einrichtungen in die Hand nehmen können, deutlich gestiegen. An vielen großen Campus gibt es heute mehr Verwaltungspersonal als Lehrkräfte. In dem Zeitraum, in dem an der Universität von Kalifornien die Beschäftigtenquote um mehr als zwei Prozent zurückging, legte die Zahl der Managementposten um 4,2 Prozent zu. Auch die Zahl der Experten für persönliche Studienberatung stieg deutlich. Solche Posten machen inzwischen nahezu ein Drittel aller Fachstellen an den großen amerikanischen Universitäten aus.[20] Das Hochschulwesen scheint sich zu einer Art Maschine zu entwickeln, die auf laufendem Band Jobs für Hochqualifizierte entwickelt ... sofern man nicht lehren will.

Das andere Fass ohne Boden waren die außerordentlich hohen Investitionen in luxuriöse Unterkünfte für Studierende sowie in Freizeit- und Sporteinrichtungen. Das wohl absurdeste Beispiel ist für Selingo der Lazy River, „im Grunde wie in einem Vergnügungspark ein künstlicher

Fluss, auf dem die Studenten auf Flößen dahintreiben können".[21] Aber für die Verwaltung der Uni Boston, der Uni Akron, der Uni von Alabama und der Uni von Missouri scheint dies ein unerlässlicher Bestandteil der College-Erfahrung zu sein.

Am wichtigsten von allem ist aber schlichtweg die Bereitschaft der Studierenden und ihrer Familien, immer höhere Preise für ihre (vermeintliche) Eintrittskarte in die Mittelschicht zu bezahlen. Da wundert es nicht, dass viele Beobachter bereits davon sprechen, dass sich im Hochschulwesen eine Blase gebildet habe oder zumindest ein aufgeblähtes Kartenhaus entstanden sei. Kurzum, die Branche sei fällig für dieselbe Form digitaler Dezimierung, wie sie die Zeitungs- und Magazinbranche bereits befallen hat. Und als wahrscheinlichster Mechanismus für das im Zuge einer Digitalisierung unvermeidliche „Winner takes all"-Szenario gelten die bereits erwähnten und von Elite-Schulen angebotenen MOOCs.

In den Vereinigten Staaten gibt es mehr als 2.000 auf vierjährige Studiengänge ausgelegte Colleges und Universitäten. Wenn man noch die Einrichtungen hinzuzählt, an denen man innerhalb von zwei Jahren einen Abschluss erlangen kann, sprechen wir über mehr als 4.000 Hochschulen. Von denen lassen sich vielleicht 200 oder 300 als selektiv bezeichnen. Die Zahl der Hochschulen mit landesweiter Bekanntheit oder dem Ruf einer echten Elite-Schule ist natürlich deutlich geringer. Nehmen wir an, in Zukunft können College-Studenten kostenlose Online-Kurse belegen, die von Harvard- oder Stanford-Professoren geleitet werden. Nehmen wir weiter an, dass die Studenten im Anschluss an ihren Kurs ein Zertifikat erhalten, das Arbeitgeber oder Universitäten für höhere Fachsemester anerkennen. Wer wäre da noch bereit, sich Hals über Kopf zu verschulden, um an einer dritt- oder viertklassigen Einrichtung studieren zu können?

Eine Antwort auf diese Frage hat Clayton Christensen gegeben, Professor an der Harvard Business School und Experte für disruptive Innovationen in der Wirtschaft. Er malt für Tausende Hochschulen ein sehr düsteres Bild. In einem Interview erklärte Christensen 2013: „In 15 Jahren könnte die Hälfte der amerikanischen Universitäten bankrott sein."[22] Selbst wenn die meisten Institutionen zahlungsfähig bleiben, lässt sich doch leicht ein Szenario vorstellen, bei dem die Zahl der eingeschriebenen Studenten dramatisch sinkt, entsprechend die Umsätze wegbrechen und bei Verwaltung und Lehrkörper ein sehr dicker Rotstift angesetzt wird.

Viele Beobachter erwarten, dass die Disruption ganz oben einsetzen wird, und zwar dadurch, dass Studenten in die Kurse strömen, die die Ivy-League-Universitäten anbieten. Das jedoch würde voraussetzen, dass „Bildung" das Hauptprodukt ist, das digitalisiert wird. Doch die Tatsache, dass Einrichtungen wie Harvard und Stanford bereit sind, Bildung zu verschenken, zeigt: Das Geschäftsmodell dieser Einrichtungen besteht nicht darin, Wissen zu verkaufen, sondern Qualifikationen. Erstklassige Qualifikationen lassen sich nicht übertragen wie beispielsweise eine digitale Musikdatei, vielmehr ähneln sie limitierten Kunstdrucken oder Banknoten. Bringt man zu viele davon auf den Markt, mindert das ihren Wert. Aus diesem Grund vermute ich auch, dass die wirklich herausragenden Universitäten bedeutungsvolle Qualifikationen nur eher sparsam ausgeben werden.

Wahrscheinlicher ist vielmehr, dass die Disruption in der Schicht darunter einsetzt, vor allem bei den großen staatlichen Universitäten mit gutem akademischen Ruf und großen Studierendenzahlen (sowie bei solchen, deren Marktwert durch erfolgreiche Football- oder Basketball-Programme gestiegen ist). Je stärker der Staat ihnen die Mittel kürzt, desto verzweifelter werden diese Einrichtungen nach neuen Umsatzmöglichkeiten Ausschau halten. Georgia Tech ist eine Partnerschaft mit Udacity eingegangen und bietet einen MOOC-basierten Abschluss in Informatik. Die Universität von Wisconsin experimentiert unterdessen mit kompetenzbasierten Qualifikationen. Diese Beispiele könnten Vorboten dessen sein, was in naher Zukunft großflächig auf der Bildfläche erscheinen wird. Wie bereits gesagt: Ich sehe Geschäftsmöglichkeiten für ein oder mehrere Privatunternehmen. Diese könnten sich einen großen Marktanteil sichern, indem sie Weiterbildungszertifikate anbieten, die ausschließlich auf Feststellungsprüfungen beruhen.

Vielleicht entwickeln MOOCs nicht so schnell einen direkten Weg zu einem Abschluss oder einer anderen arbeitsmarktrelevanten Qualifikation, aber dennoch könnten sie Kurs um Kurs das Geschäftsmodell vieler Colleges untergraben. Für die Colleges sind große Einführungsveranstaltungen zu Themen wie Wirtschaftswissenschaften oder Psychologie wichtige Einnahmequellen, denn mit vergleichsweise wenig Ressourcen lassen sich Hunderte Studierende unterrichten ... und der Großteil von ihnen zahlt den vollen Preis. Wenn den Studierenden irgendwann die Alternative offensteht, einen MOOC zu belegen, der nichts oder nur wenig kostet und bei dem die Vorlesungen von einem berühmten Professor einer Elite-Uni abgehalten werden, könnte allein das schon vielen Einrichtungen auf den hinteren Plätzen rote Zahlen bescheren.

MOOCs werden sich weiterentwickeln und allein schon die großen Teilnehmerzahlen werden ein wichtiger Antrieb für künftige Innovationen sein. Im Verlauf eines Kurses werden enorme Datenmengen über die Studierenden erhoben, über ihre Art der Teilnahme und ob sie die Kurse bestehen oder durchfallen. Wir haben bereits gesehen, dass Big-Data-Techniken wichtige Erkenntnisse liefern, die mit der Zeit zu besseren Resultaten führen werden. Parallel dazu entwickeln sich neue Lehrmethoden, die ihren Weg in MOOCs finden werden. Adaptive Lernsysteme beispielsweise fungieren quasi wie ein Roboterlehrer. Sie verfolgen sehr genau, welche Fortschritte einzelne Studenten machen, und bieten personalisierte Unterweisungen und Unterstützung. Darüber hinaus können sie das Lerntempo an die Fähigkeiten der einzelnen Studierenden anpassen. Schon jetzt erweisen sich derartige Systeme als erfolgreich. In einer randomisierten Studie wurden Einführungskurse in Statistik an sechs staatlichen Universitäten untersucht. Die Studierenden der einen Gruppe belegten den Kurs in seinem traditionellen Format, die der anderen Gruppe erhielten in erster Linie Einweisungen vom Roboter, kombiniert mit Präsenzseminaren. Das Ergebnis der Studie: Bei der Erfolgsquote, den Noten im Abschlussexamen und bei standardisierten Tests zu Statistikkenntnissen gab es keinen signifikanten Unterschied zwischen den beiden Gruppen.[23]

Wenn auch das Hochschulwesen dem digitalen Ansturm erliegt, werden die Folgen aller Wahrscheinlichkeit nach durchwachsen sein. Ein College-Abschluss dürfte für viele Studierende günstiger und leichter erreichbar werden, gleichzeitig könnte die Technologie eine Branche verwüsten, die eine sehr wichtige Rolle dabei spielt, hoch qualifiziertem Personal Arbeitsplätze zu bieten. Wir haben bereits gesehen, dass die Entwicklungen im Bereich Automatisierungssoftware viele der höher qualifizierten Arbeitsplätze überflüssig machen werden, die frisch gebackene Uni-Absolventen voraussichtlich anstreben. Aufsatzbenotende Algorithmen und Roboterlehrer mögen den Studierenden beibringen, gut zu schreiben, doch inzwischen haben Algorithmen wie die von Narrative Science einen Großteil der Schreibjobs für Berufsanfänger längst wegrationalisiert.

Es mag eine natürliche Synergie geben zwischen dem Aufstieg der MOOCs und dem Offshoring wissensbasierter Jobs. Führen massive offene Online-Kurse eines Tages zu College-Abschlüssen, scheint es unvermeidbar, dass ein Großteil der Menschen, die diese neuen Zertifizierungen erhalten – und damit einhergehend ein großer Prozentsatz der besten Kandidaten –, aus Entwicklungsländern kommen werden. Haben sich die Arbeitgeber erst einmal daran gewöhnt, derart ausgebildete Studenten einzustellen, kann es gut sein, dass sie im nächsten Schritt ihre Personalpolitik immer globaler ausrichten.

DAS HOCHSCHULWESEN ist eine von zwei amerikanischen Branchen, die bislang relativ immun gegen den rasanten digitalen Fortschritt war. Dennoch ebnen Innovationen wie massive offene Online-Kurse, automatisierte Benotungsalgorithmen und adaptive Lernsysteme einen vergleichsweise vielversprechenden Weg hin zu einer disruptiven Umwälzung. Die andere Branche ist das Gesundheitswesen. Wie wir gleich sehen werden, ist hier die Herausforderung für die Roboter sogar noch größer.

KAPITEL 6

Herausforderung

Gesundheitswesen

Im Mai 2012 meldete sich ein 55-jähriger Mann in der Uniklinik Marburg. Er hatte Fieber, eine entzündete Speiseröhre, niedrige Schilddrüsenwerte und Sehstörungen. Mehrere Ärzte hatte er aufgesucht, alle konnten sich seinen Zustand nicht erklären. Als er in Marburg ins Krankenhaus kam, war er nahezu blind und stand kurz vor einem Herzversagen. Monate zuvor und einen Kontinent entfernt hatte sich ein ganz ähnliches medizinisches Rätsel abgespielt. Es endete damit, dass im medizinischen Zentrum der Universität von Colorado in Denver einer 59-jährigen Frau ein neues Herz eingepflanzt wurde.

Das Rätsel konnte gelöst werden und die Ursache war in beiden Fällen identisch: Kobaltvergiftung.[1] Beide Patienten hatten zuvor künstliche Hüften aus Metall erhalten. Die Implantate hatten sich mit der Zeit abgeschliffen und dabei Kobaltpartikel freigesetzt. So wurden die Patienten chronisch vergiftet. Es war ein bemerkenswerter Zufall, dass im Februar 2014 unabhängig voneinander und fast am selben Tag in zwei großen medizinischen Fachjournalen Fallbeschreibungen veröffentlicht wurden. Der Bericht der deutschen Ärzte hatte noch einen faszinierenden Zusatz zu bieten: Das amerikanische Team hatte das Problem mit chirurgischen Mitteln gelöst, während sich von den deutschen Ärzten einer an eine Folge der Serie „Doctor House" vom Februar 2011 erinnerte. In der Episode steht der Hauptdarsteller Dr. Gregory House vor demselben Problem und stellt eine geniale Diagnose: Kobaltvergiftung nach Einsetzen einer künstlichen Hüfte.

Selbst in einem Zeitalter, in dem das Internet in beispielloser Weise zur Zusammenarbeit und zum Informationsaustausch einlädt, sind medizinisches Wissen und diagnostische Fähigkeiten weiterhin stark in verschiedene Teilbereiche untergliedert. Das zeigt der Umstand, dass zwei Ärzteteams nur nach großen Mühen und Anstrengungen zur selben Diagnose gelangen – obwohl doch Millionen Zuschauer zur besten Sendezeit die Lösung des Rätsels präsentiert bekommen hatten. Dieses Kastendenken hat dazu geführt, dass sich die Art und Weise, wie Ärzte Diagnosen stellen und Krankheiten behandeln, nicht grundlegend verändert hat. Einer der größten Nutzen, den Künstliche Intelligenz und Big Data im Medizinbereich mit sich bringen könnten, bestünde darin, diesen traditionellen Ansatz der Problemlösung zu revolutionieren und sämtliche Informationen zu bündeln, die in den Köpfen einzelner Mediziner gesammelt sind oder unbeachtet in obskuren medizinischen Fachmagazinen verstauben.

Zwar hat die Informationstechnologie in vielen Bereichen der Wirtschaft eine disruptive Wirkung entfaltet, aber im Gesundheitswesen waren ihre Folgen bislang doch eher gering. Vor allem Beweise dafür, dass Technologie zu einer spürbaren Steigerung der Effizienz geführt hat, sind nur schwer zu finden. 1960 machte das Gesundheitswesen weniger als sechs Prozent der amerikanischen Wirtschaft aus.[2] Bis zum Jahr 2013 hatte sich der Anteil nahezu verdreifacht und lag bei fast 18 Prozent. Gleichzeitig lagen die Pro-Kopf-Ausgaben im Gesundheitswesen in den USA in etwa doppelt so hoch wie in den meisten anderen Industrienationen. Mit Blick auf die Zukunft besteht eines der größten Risiken darin, dass die Folgen der Technologisierung asymmetrisch bleiben werden – in weiten Teilen der Wirtschaft werden die Löhne gedrückt oder es entsteht sogar Arbeitslosigkeit, während gleichzeitig die Kosten im Gesundheitssektor weiter ansteigen. Insofern könnte man fast sagen, nicht zu viele Roboter im Gesundheitswesen wären die große Gefahr, sondern zu wenige. Gelingt es der Technologie nicht, die Herausforderung Gesundheitswesen zu bewältigen, dürfte die Belastung sowohl der einzelnen Haushalte als auch der Volkswirtschaft insgesamt irgendwann untragbar werden.

Künstliche Intelligenz in der Medizin

Ein Arzt versucht, eine bestimmte Diagnose für den Zustand seines Patienten zu finden oder die optimale Therapie festzulegen. Die Gesamtmenge an Informationen, die ihm dabei von Nutzen sein könnten, ist atemberaubend. Ärzte sind einem ständigen Strom neuer Entdeckungen, innovativer Therapieansätze und klinischer Studien ausgesetzt, die weltweit in medizinischen und wissenschaftlichen Fachmagazinen erscheinen. MEDLINE beispielsweise ist eine Online-Datenbank, die von der amerikanischen Staatsbibliothek für Medizin betrieben wird.

MEDLINE listet über 5.600 eigenständige Journale, und jedes von ihnen veröffentlicht jährlich Dutzende oder Hunderte eigenständiger Forschungspapiere. Hinzu kommen Millionen medizinische Unterlagen, Patientenakten und Fallstudien, die wichtige Erkenntnisse enthalten könnten. Einer Schätzung zufolge verdoppelt sich diese Datenmenge etwa alle fünf Jahre.[3] Selbst in sehr speziellen Nischen der Medizin könnte kein Mensch es schaffen, sich mehr als nur einen winzigen Bruchteil aller wichtigen Informationen anzueignen.

In Kapitel 4 haben wir gesehen, dass die Medizin zu den zentralen Bereichen zählt, in denen IBM mit Umwälzungen durch die Watson-Technologie rechnet. Das IBM-System ist imstande, gewaltige Informationsmengen in unterschiedlichen Formaten zu durchforsten und praktisch unmittelbar Schlussfolgerungen zu ziehen, die selbst dem aufmerksamsten menschlichen Forscher entgehen könnten. Es lässt sich für die nahe Zukunft sehr leicht ein Szenario vorstellen, bei dem ein derartiges Diagnosewerkzeug eine unersetzliche Rolle spielt, zumindest bei Ärzten, die es mit besonders anspruchsvollen Fällen zu tun haben.

Das MD Anderson Cancer Center an der Universität von Texas behandelt in seinem Krankenhaus in Houston jährlich über 100.000 Patienten und gilt als beste Krebsklinik der Vereinigten Staaten. 2011 startete das Watson-Team von IBM eine Zusammenarbeit mit den Ärzten des MD Anderson. Ziel war der Bau einer maßgeschneiderten Watson-Version, die Onkologen bei Leukämiefällen zur Seite stehen soll. Watson soll als interaktiver Berater die besten evidenzbasierten Behandlungsansätze aufzeigen, zum konkreten Fall passende klinische Vergleichsstudien heraussuchen und auf mögliche Gefahren und Nebenwirkungen hinweisen, die einzelne Patienten betreffen könnten.

Zunächst gestalteten sich die Fortschritte langsamer, als es das Team erwartet hatte. Das lag vor allem daran, dass es sich als sehr anspruchsvoll erwies, Algorithmen zu programmieren, die mit der Komplexität einer Krebsdiagnose und Krebsbehandlung zurechtkamen. Wie sich herausstellte, ist Krebs ein noch schwierigeres Feld als Jeopardy!. Dennoch meldete das *Wall Street Journal*, Watsons Leukämieprogramm an der MD Anderson liege „wieder auf Kurs" und nähere sich der Einsatzreife.[4] Geht es nach den Forschern, soll das System innerhalb von zwei Jahren so weit sein, dass es sich auch mit anderen Krebsarten befassen kann. IBM dürfte aus diesem Pilotprojekt wichtige Erkenntnisse gewinnen, die es dem Unternehmen ermöglichen, Watsons künftige Einsätze reibungsloser zu gestalten.

Sobald das System problemlos läuft, will es das MD Anderson online stellen, sodass es Ärzten in aller Welt als wichtige Ressource zur Seite stehen kann. Die Watson-Technologie habe „das Potenzial, die Krebsbetreuung zu demokratisieren", sagt die Leukämie-Expertin Dr. Courtney DiNardo. Künftig könne jeder Arzt „auf die neuesten wissenschaftlichen Erkenntnisse und die Expertise des MD Anderson zurückgreifen". Für Ärzte, die nicht auf Leukämie spezialisiert seien, könne das System „wie eine zweite Meinung fungieren", so DiNardo. Ärzte hätten damit Zugriff auf dasselbe Wissen und dieselben Informationen, mit denen auch am führenden Krebskrankenhaus der USA gearbeitet wird. Das System wird DiNardo zufolge nicht nur Ratschläge zu einzelnen Patienten abgeben können, sondern auch eine „beispiellose Forschungsplattform darstellen, die dazu dienen kann, Fragen zu formulieren, Theorien nachzugehen und wichtige Forschungsfragen zu beantworten".[5]

Wenn es um den Einsatz Künstlicher Intelligenz in der Medizin geht, ist Watson derzeit wohl das ambitionierteste und bekannteste Projekt, aber es gibt noch andere wichtige Erfolgsgeschichten. 2009 bauten Forscher der Mayo Clinic in Rochester ein künstliches neurales Netz, um Fälle von Endokarditis, eine Entzündung der Herzinnenhaut, diagnostizieren zu können. Um auszuschließen, dass eine tödliche Entzündung Auslöser der Erkrankung ist, muss man normalerweise eine Sonde in die Speiseröhre einführen, eine Prozedur, die unangenehm, kostspielig und zudem riskant für den Patienten ist. Die Ärzte an der Mayo Clinic jedoch trainierten das neurale Netz so, dass es allein mithilfe von Routinetests und beobachtbaren Symptomen eine Diagnose stellen konnte. Die Notwendigkeit für den invasiven Eingriff entfällt bei diesem Vorgehen. 189 Patienten nahmen dazu an einer Studie teil und das System erwies sich dabei in über 99 Prozent der Fälle als treffsicher. Mehr als der Hälfte der Patienten wurde auf diese Weise ein unangenehmer invasiver Eingriff erspart.[6]

Künstliche Intelligenz in der Medizin soll natürlich auch dazu beitragen, fatale Fehler bei der Diagnosestellung und/oder der Behandlung zu vermeiden. Im November 1994 stand Betsy Lehman kurz davor, ihre dritte Chemotherapie wegen Brustkrebs anzutreten. Lehman, 39 Jahre alt, zweifache Mutter und eine sehr populäre Kolumnistin, die für den *Boston Globe* über Gesundheitsthemen schrieb, wurde in das Bostoner Dana-Farber Cancer Institute eingewiesen, das ebenso wie MD Anderson zu den ersten Adressen des Landes in Sachen Krebsbehandlung zählt. Lehman sollte gemäß Behandlungsplan eine hohe Dosis Cyclophosphamid erhalten, ein extrem toxisches Medikament, das die Krebszellen abtöten sollte. Leider jedoch beging der wissenschaftliche Mitarbeiter, der die Dosierungsanweisung ausgestellt hatte, einen simplen Rechenfehler. Das führte dazu, dass Lehman ungefähr die vierfache Dosis dessen erhielt, was laut Behandlungsplan vorgesehen war. Am 3. Dezember 1994 starb Lehman an der Überdosis.[7]

Lehman war nur einer von bis zu 98.000 Menschen, die jedes Jahr in den USA an den direkten Folgen vermeidbarer medizinischer Fehler sterben.[8] Das amerikanische Institute of Medicine schrieb 2006 in einem Bericht, Schätzungen zufolge würden mindestens 1,5 Millionen Amerikaner durch Medikationsfehler Schaden nehmen. Die zusätzlichen Behandlungskosten, die aus diesen Fehlern resultierten, bezifferte das Institut mit über 3,5 Milliarden Dollar jährlich.[9]

Eine Künstliche Intelligenz mit Zugang zu detaillierten Patientenakten sowie Informationen zu Medikamenten inklusive ihrer Toxizität und potenziellen Nebeneffekte könnte selbst in hoch komplexen Situationen, bei denen zahlreiche Medikamente gegenseitig aufeinander einwirken, Fehler vermeiden helfen. Ein derartiges System könnte Ärzten und Krankenschwestern als interaktiver Berater zur Seite stehen und unmittelbar vor der Gabe eines Medikaments bestätigen, dass das Mittel sicher und wirksam ist. Vor allem in Situationen, in denen Krankenhauspersonal mit Erschöpfung und Ablenkungen zu kämpfen hat, würde ein derartiges System mit hoher Wahrscheinlichkeit Leben retten und unnötige Qualen und Ausgaben verhindern.

Sind medizinische Anwendungen mit Künstlicher Intelligenz erst einmal so weit entwickelt, dass sie als echte Berater auftreten können, die beständig qualitativ hochwertige zweite Meinungen abgeben, sollte die Technologie auch dazu beitragen, die hohen Kosten zu drücken, die mit Kunstfehlern einhergehen. Viele Ärzte haben das Gefühl, „Defensivmedizin" betreiben und jeden nur vorstellbaren Test durchführen zu müssen, um sich vor möglichen Klagen zu schützen. Wenn ein in Best Practices versiertes KI-System eine dokumentierte Zweitmeinung abgibt, kann dies Ärzten als Absicherung vor Klagen reichen. Das hätte zur Folge, dass weniger Geld für unnötige Laboruntersuchungen und Scans ausgegeben wird, zudem dürften damit auch die Beiträge für Versicherungen sinken, die bei Kunstfehlern einspringen müssen.*

Blicken wir noch weiter in die Zukunft, kann man sich problemlos vorstellen, dass Künstliche Intelligenz wirklich bahnbrechende Auswirkungen auf die Art und Weise haben wird, wie medizinische Dienstleistungen angeboten werden. Haben Maschinen erst einmal unter Beweis gestellte, dass sie zutreffende Diagnosen und effektive Behandlungen bieten können, muss ein Arzt vielleicht nicht mehr jeden einzelnen Patienten persönlich sehen.

Kurz nach Watsons Triumph 2011 bei Jeopardy! schrieb ich einen Gastkommentar für die *Washington Post*. In dem Artikel deutete ich an, dass eine neue Klasse von medizinischem Fachpersonal entstehen

---

* Das wirft die Frage auf, ob sich die Haftung dann auf den Hersteller des KI-Systems verlagern würde. Da derartige Systeme Diagnosen für Zehntausende oder sogar Hunderttausende Patienten erstellen könnten, wäre das mögliche Haftungsrisiko enorm. Allerdings hat das Oberste Gericht der USA 2008 geurteilt (im Fall Riegel gegen Medtronic), dass Hersteller von Medizingeräten vor einigen Klagen geschützt sind, wenn ihre Produkte von der FDA zugelassen wurden. Vielleicht würde sich diese Logik auch auf Diagnosesysteme erstrecken. Ein weiterer interessanter Punkt: Frühere Bemühungen, Ärzten besonderen Schutz einzuräumen, wurden von den politisch sehr einflussreichen Prozessanwälten vehement bekämpft.

könnte wird – Leute, die vielleicht vier Jahre am College studiert oder einen Master-Abschluss gemacht haben und in erster Linie dafür ausgebildet werden, mit Patienten zu interagieren und sie zu untersuchen. Anschließend würden sie diese Informationen in ein standardisiertes Diagnose- und Behandlungssystem einpflegen.[10] Diese neue, günstigere Medizinerklasse könnte zahlreiche Routinefälle übernehmen und bei der Betreuung der dramatisch wachsenden Patientenschar helfen, die an chronischen Erkrankungen wie Fettleibigkeit und Diabetes leidet.

Natürlich würden sich die Ärzte aller Wahrscheinlichkeit nach dagegen sperren, dass ihnen da eine weniger gut ausgebildete Konkurrenz erwächst.* In der Praxis allerdings hat die überwältigende Mehrheit der Absolventen von medizinischen Fakultäten kein sonderlich großes Interesse daran, eine Hausarztpraxis zu übernehmen. Noch weniger lockt sie die Aussicht, irgendwo auf dem Lande zu arbeiten. In diversen Studien heißt es, innerhalb der nächsten 15 Jahre werden bis zu 200.000 Ärzte fehlen, da ältere Ärzte in Rente gehen, im Rahmen des Affordable Care Act[11] bis zu 32 Millionen neuer Patienten Zugang zum Gesundheitssystem erhalten sollen und die immer älter werdende Bevölkerung mehr Pflege benötigt.[12] Besonders akut wird der Engpass bei den Allgemeinärzten werden, die eine medizinische Grundversorgung anbieten. Die absolute Mehrheit der frisch gebackenen Absolventen entscheidet sich – auch angesichts des gewaltigen Schuldenbergs, der während des Studiums aufgelaufen ist – zumeist eher für gewinnträchtigere Spezialisierungen.

Diese neuen praktischen Ärzte werden dafür ausgebildet, mit standardisierten KI-Systemen zu arbeiten, die auf einen Großteil des Wissens zurückgreifen können, das sich Ärzte im Verlauf von fast zehn Jahren intensiver Ausbildung aneignen. Die Mediziner könnten Routinefälle bearbeiten und Patienten, die eine spezielle Betreuung erfordern, an die

---

* In 17 amerikanischen Bundesstaaten konnten sich Nurse Practitioners (studierte Pflegekräfte) gegen die politischen Widerstände durchsetzen. In der medizinischen Grundversorgung der Zukunft dürften sie eine wichtige Rolle übernehmen.

entsprechenden Ärzte überweisen. College-Absolventen würden von diesem zukunftsträchtigen neuen Karriereweg besonders profitieren – vor allem vor dem Hintergrund, dass intelligente Software immer mehr Perspektiven in anderen Bereichen des Arbeitsmarkts vernichtet.

Speziell in den Bereichen der Medizin, die kein direktes Interagieren mit Patienten erfordern, dürften Fortschritte in der Leistungsfähigkeit von KI-Systemen die Produktivität drastisch erhöhen, sofern es nicht ohnehin zu einer vollständigen Automatisierung kommt. Radiologen beispielsweise werden dafür ausgebildet, die Bilder zu interpretieren, die bildgebende Verfahren produzieren. Was Bildverarbeitung und Bildanalyse angeht, schreitet die technische Entwicklung rasch voran, schon bald könnte die Technik die klassischen Aufgaben eines Radiologen übernehmen. Schon jetzt ist die Software so gut, dass sie Menschen auf Fotos erkennen kann, die bei Facebook gepostet wurden, und dass sie auf Flughäfen Terroristen ausfindig macht. Im September 2012 genehmigte die FDA ein automatisiertes Ultraschallsystem, das bei der Brustkrebsvorsorge zum Einsatz kommt. Das von U-Systems entwickelte Gerät soll helfen, Krebs bei Frauen zu erkennen, die so dichtes Brustgewebe haben, dass die sonst übliche Mammografie nutzlos ist. Der Anteil dieser Frauen beträgt immerhin etwa 40 Prozent. Auch bei diesem System müssen Radiologen die Bilder auswerten, aber das dauert nur etwa drei Minuten. Bei Bildern hingegen, die mit den üblichen tragbaren Ultraschallgeräten erstellt wurden, beträgt der Zeitaufwand 20 bis 30 Minuten.[13]

Und auch in diesem Bereich können automatisierte Systeme zum Erstellen einer zweiten Meinung genutzt werden. Die Entdeckungsrate von Krebserkrankungen kann verbessert werden, wenn zwei Radiologen unabhängig voneinander die Mammografien auswerten und sich die beiden dann bei eventuellen Anomalien beraten. Diese Methode wäre sehr effektiv, aber auch teuer. Diese „Doppelbefunde" führen zu einer deutlich verbesserten Diagnosestellung und reduzieren gleichzeitig signifikant die Zahl der Patientinnen, die für weitere Untersuchungen einbestellt werden. 2008 veröffentlichte das *New England Journal of Medicine* eine Studie, derzufolge eine Maschine die Rolle des zweiten Arztes übernehmen kann. Ein einzelner Radiologe liefert in Zusammenarbeit mit einem computergestützten Auswertungssystem demnach genauso gute Ergebnisse wie zwei Ärzte, die unabhängig voneinander die Bilder auswerten.[14] Auch in der Pathologie hält die Künstliche Intelligenz bereits Einzug. Jedes Jahr werden weltweit über 100 Millionen Frauen im Rahmen eines Pap-Tests auf Gebärmutterhalskrebs untersucht. Dafür müssen Zellen aus der Gebärmutter auf einen Objektträger aufgetragen werden, anschließend untersuchen Techniker oder Ärzte die Probe unter dem Mikroskop auf Auffälligkeiten. Dieser sehr arbeitsaufwendige Prozess kann pro Test bis zu 100 Dollar kosten. Viele Labore arbeiten mittlerweile jedoch mit leistungsstarken automatisierten Bildsystemen. Produziert werden sie von BD, einem Medizintechnikhersteller aus New Jersey. In einer Artikelreihe für das Magazin *Slate* schrieb der Technikkolumnist Farhad Manjoo 2011 über die Automatisierung von Arbeitsplätzen. Das BD FocalPoint GS Imaging System bezeichnete Manjoo damals als „ein Wunder der Medizintechnik", dessen „Bildsoftware Objektträger rasch nach über 100 sichtbaren Anzeichen für auffällige Zellen absucht". Das System listet die Objektträger dann danach auf, mit welcher Wahrscheinlichkeit sie für eine Erkrankung sprechen, und markiert schließlich auf jedem Objektträger zehn Gebiete, die sich menschliche Experten näher ansehen sollten.[15] Das Gerät ist deutlich besser darin, Krebsbefunde zu erstellen, als menschliche Analysten allein, zudem sorgt es dafür, dass sich die Bearbeitungszeit der Tests in etwa halbiert.

Roboter in Krankenhäusern und Apotheken

Die Apotheke im Medizinischen Zentrum der Universität von Kalifornien in San Francisco erstellt täglich etwa 10.000 individuelle Medikamentendosen, doch kein Apotheker nimmt dafür eine Tablette oder eine Flasche in die Hand. Ein gewaltiges automatisiertes System verwaltet Tausende unterschiedlicher Medikamente und kümmert sich um die Lagerung und Weiterverarbeitung pharmazeutischer Vorräte ebenso wie um die Ausgabe und Verpackung einzelner Tabletten. Ein

Roboterarm ist ständig damit beschäftigt, aus einer Vielzahl von Schalen Pillen zu sammeln und sie in kleine Plastiktütchen abzupacken. Jede Dosis kommt in ein eigenes Tütchen und wird mit einem Barcode versehen, der Angaben zu den Medikamenten und zum Patienten enthält, für den die Dosis vorgesehen ist. Die Maschine sortiert die tägliche Dosis jedes Patienten in der einzunehmenden Reihenfolge und packt sie dann zusammen. Auf der Krankenstation scannt eine Krankenschwester den Barcode auf der Tablettenpackung und auf dem Armband des Patienten. Passen die Barcodes nicht zusammen oder ist der Zeitpunkt falsch, ertönt ein Alarm. Drei andere spezialisierte Roboter haben die Vorbereitung von injizierbaren Medikamenten automatisiert. Ein Roboter kümmert sich ausschließlich um hochgiftige Mittel für die Chemotherapien. Das System hat die Möglichkeit menschlicher Fehler praktisch vollständig eliminiert, da Menschen fast gar nicht mehr in die Prozesse eingebunden sind.

Das sieben Millionen Dollar teure System der Universität von Kalifornien ist nur ein spektakuläres Beispiel für die Art und Weise, wie Roboter die Apothekenbranche umkrempeln. Bei vielen Apotheken in amerikanischen Drogerien und Lebensmittelgeschäften halten inzwischen deutlich weniger kostspielige Roboter Einzug, die kaum größer als ein Münzautomat sind. Apotheker in den USA benötigen eine sehr gründliche Ausbildung (vier Jahre bis zum Doktortitel) und müssen eine sehr anspruchsvolle Prüfung bestehen, bevor sie ihre Lizenz erhalten. Mit einem Durchschnittsgehalt von 117.000 Dollar (Stand von 2012) sind sie zudem sehr gut bezahlt. Doch gerade im Einzelhandel ist der Großteil der Arbeit stark von Routine und Wiederholungen geprägt. Die Hauptsorge besteht darin, möglicherweise tödliche Fehler zu vermeiden. Kurzum: Ein Großteil der Arbeit eines Apothekers ist geradezu ideal für eine Automatisierung geeignet.

Warten die Medikamente erst einmal abholbereit in der Krankenhausapotheke, wird es heutzutage immer wahrscheinlicher, dass ein Roboter auch die Auslieferung übernimmt. Schon jetzt sind derartige Maschinen auf den Gängen großer medizinischer Gebäudekomplexe anzutreffen, wo sie Medikamente, Laborproben, Mahlzeiten oder frische

Bettwäsche von A nach B transportieren. Die Roboter können Hindernisse umfahren und Aufzüge benutzen. 2010 leaste das El Camino Hospital im kalifornischen Mountain View von Aetheon 19 Lieferroboter. Jährliche Kosten: etwa 350.000 Dollar. Hätten Menschen dieselbe Arbeit übernommen, hätte das über eine Million Dollar pro Jahr gekostet, so ein Krankenhaussprecher.[16] Und Anfang 2013 kündigte General Electric an, einen beweglichen Roboter zu entwickeln, der die vielen tausend Teile der chirurgischen Bestecke, die in Operationssälen zum Einsatz kommen, lokalisieren, säubern, sterilisieren und ausliefern kann. Die Teile werden zu diesem Zweck mit RFID-Chips ausgestattet, die dem Roboter das Lokalisieren erleichtern.[17]

Abgesehen von Apotheken und Krankenhauslogistik haben autonome Roboter in der Medizin bislang vergleichsweise wenige Fortschritte erzielen können. Chirurgieroboter sind weitverbreitet, aber sie dienen dazu, die Fähigkeiten der Chirurgen zu erweitern, zudem ist die Roboterchirurgie kostspieliger als herkömmliche Methoden. Dazu gibt es ein paar erste ehrgeizigere Bemühungen. Das von der EU geförderte Projekt I-Sur beispielsweise soll grundlegende Prozeduren wie das Punktieren, Schneiden und Nähen automatisieren.[18] Zumindest mittelfristig scheint es unvorstellbar, dass invasive Eingriffe an einem Patienten vorgenommen werden, ohne dass ein Arzt anwesend ist und jederzeit eingreifen könnte. Selbst wenn also eine derartige Technologie Realität werden sollte, dürften die Kostenersparnisse bestenfalls minimal sein.

Roboter in der Altenpflege

In allen Industrienationen und zahlreichen Entwicklungsländern altert die Bevölkerung rasch. 2030 werden in den Vereinigten Staaten Prognosen zufolge mehr als 70 Millionen Rentner leben, was dann etwa 19 Prozent der Bevölkerung entspräche. 2000 lag der Anteil der Senioren noch bei 12,4 Prozent.[19] Viel extremer ist das Problem in Japan, wo Langlebigkeit und sehr niedrige Geburtenraten zusammenkommen. Dort wird bereits 2025 jeder dritte Bürger älter als 65 Jahre alt sein. Zudem weisen die Japaner eine an Fremdenfeindlichkeit grenzende

Aversion gegen die Art von Immigration auf, die das Problem lindern könnte. Das Resultat: Bereits heute fehlen in der Altenpflege in Japan mindestens 700.000 Arbeitnehmer und der Mangel dürfte in den kommenden Jahrzehnten noch deutlich zunehmen.[20]

Dass sich diese globale demografische Schieflage noch verschlimmert, beschert der Robotik eine ihrer größten Chancen. Die Filmkomödie „Robot & Frank – Zwei diebische Komplizen" von 2012 erzählt die Geschichte von einem älteren Mann und seinem Pflegeroboter. Dort malt man ein sehr hoffnungsfrohes Bild des Fortschritts, den wir voraussichtlich erleben werden. Zu Beginn des Films verkündet eine Einblendung, dass die Handlung „in naher Zukunft" spielt. Der Roboter legt eine außergewöhnliche Geschicklichkeit an den Tag, kann intelligente Gespräche führen und benimmt sich im Grunde voll und ganz wie ein Mensch. In einer Szene stößt jemand ein Glas um und der Roboter fängt es im Flug auf. Tut mir leid, aber das werden wir „in naher Zukunft" ganz gewiss nicht erleben.

Das größte Problem bei den heute existierenden Robotern zur Altenbetreuung ist, dass sie nicht viel tun. Was es bislang an Erfolgen vorzuweisen gibt, fand vor allem bei therapeutischen Haustieren wie dem Robbenbaby Paro statt, einem Roboter, der uns Gesellschaft leisten soll (und bis zu 5.000 Dollar kostet). Andere Roboter sind imstande, Senioren anzuheben und zu bewegen, was die körperliche Belastung des menschlichen Pflegepersonals deutlich reduziert. Allerdings sind derartige Maschinen teuer und schwer – zum Teil zehn Mal schwerer als die zu hebende Person –, insofern werden sie wohl vor allem in Altersheimen und Krankenhäusern zum Einsatz kommen.

Es bleibt eine außergewöhnliche Herausforderung, einen günstigen Roboter zu bauen, der geschickt genug ist, Menschen bei der Körperpflege zu helfen oder beim Gang auf die Toilette. Was es gibt, sind experimentelle Maschinen, die einzelne Aufgaben erledigen können. Forscher der Georgia Tech beispielsweise haben einen Roboter mit sanftem Griff entwickelt, der bettlägerige Patienten waschen kann. Bis es so weit ist, dass ein für die Altenpflege geeigneter und bezahlbarer Multitasking-Roboter auf den Markt kommt, der eigenständig Menschen helfen kann, dürfte vermutlich noch sehr viel Zeit vergehen. Wie groß die Hürden sind, lässt sich auch daran ablesen, dass zwar theoretisch ein gewaltiger Markt erschlossen werden könnte, es aber dennoch vergleichsweise wenig Start-up-Firmen gibt, die sich mit Robotern für die Altenpflege befassen, und dass auch nur wenig Wagniskapital in dieses Geschäftsfeld fließt.

Neuerungen sind am ehesten aus Japan zu erwarten, das am Rande einer landesweiten Krise steht und anders als die USA keine Probleme damit hat, dass Wirtschaft und Regierung gemeinsame Sache machen. 2013 legte die japanische Regierung ein Programm auf, dessen Ziel es ist, günstige, auf eine einzige Aufgabe spezialisierte Roboter zu entwickeln, die Senioren oder deren Pflegepersonal zur Hand gehen können. Die Regierung übernimmt zwei Drittel der Entwicklungskosten.[21]

Unter den Innovationen, die in Sachen Altenpflege bislang aus Japan gekommen sind, sticht besonders das Hybrid Assistive Limb (HAL) hervor – ein Exoskelett-Anzug, der direkt einem Science-Fiction-Film entsprungen sein könnte. HAL wurde an der Universität Tsukuba von Professor Yoshiyuki Sankai entwickelt und ist das Ergebnis von 20 Jahren Forschung und Entwicklung. Im Anzug eingebaute Sensoren können Signale, die das Gehirn aussendet, messen und interpretieren. Wenn also die Person, die in dem Anzug steckt, aufstehen oder gehen möchte, springen sofort leistungsstarke Motoren an und unterstützen sie mechanisch dabei. Es gibt auch eine Version für den Oberkörper. Sie kann dem Pflegepersonal dabei helfen, Patienten aus dem Bett zu heben.

Mithilfe von HAL konnten an den Rollstuhl gefesselte Senioren aufstehen und gehen. Sankais Unternehmen Cyberdyne hat zudem eine robustere Version des Exoskeletts entwickelt.* Diese wurde von Arbeitern getragen, die in Fukushima für die Aufräumarbeiten in dem 2011

---

* Die von Sankai gewählten Namen wirken ein wenig befremdlich für ein Unternehmen, das sich hauptsächlich auf die Altenpflege konzentriert. HAL war natürlich der böse Computer in dem Science-Fiction-Klassiker „2001: Odyssee im Weltraum". Cyberdyne wiederum war in den „Terminator"-Filmen das Unternehmen, das Skynet baute, ein weltumspannendes Roboternetzwerk, das die Herrschaft über die Menschheit übernimmt. Hat das Unternehmen vielleicht noch andere Märkte im Visier?

havarierten Atomkraftwerk eingesetzt wurden. Mussten die Arbeiter zuvor über 65 Kilogramm an Tungsten-Schilden tragen, um sich vor der Strahlung zu schützen, ersetzt dieser Anzug nach Firmenangaben diese Last nahezu völlig. HAL ist das erste Robotergerät, das vom japanischen Wirtschaftsministerium zugelassen wurde. Die Leasingkosten für den Anzug betragen weniger als 2.000 Dollar pro Jahr, HAL ist mittlerweile in über 300 japanischen Krankenhäusern und Seniorenheimen im Einsatz.[22]

Was ist an weiteren Entwicklungen in naher Zukunft zu erwarten? Zunächst einmal wären da Roboter-Gehhilfen, die die Mobilität erhöhen, und günstige Roboter, die Medikamente oder ein Glas Wasser genauso bringen könnten wie die gern verlegte Brille (dazu würde man vermutlich die Gegenstände mit RFID-Chips versehen). Es tauchen auch erste Roboter auf, die Demenzkranke überwachen können. Dank Telepräsenz-Robotern können Ärzte oder Pflegepersonal ferngesteuert mit Patienten interagieren. In einigen Krankenhäusern und Pflegeeinrichtungen sind derartige Geräte bereits im Einsatz. Diese Gerätschaften sind vergleichsweise einfach zu entwickeln, denn bei ihnen spielt Geschicklichkeit keine Rolle.

Für die unmittelbare Zukunft wird es bei Robotern im Pflegebereich hauptsächlich um Maschinen gehen, die assistieren, überwachen oder Kommunikation ermöglichen. Mehr Zeit wird vergehen, bis bezahlbare Roboter auf der Bildfläche erscheinen, die eigenständig wirklich nützliche Aufgaben erfüllen. Angesichts dieser Tatsache scheint es denkbar, dass der drohende Mangel an Pflegepersonal in Heimen und im häuslichen Umfeld größtenteils aus der Welt geschafft werden kann durch Arbeitnehmer, die in anderen Bereichen der Wirtschaft als Folge technischen Fortschritts ihre Anstellung verloren haben. Vielleicht wird sich die Arbeit einfach in den Bereich Gesundheit und Seniorenbetreuung verlagern. Die amerikanische Behörde für Arbeitsmarktstatistik erwartet, dass bis 2022 insgesamt 580.000 neue Arbeitsplätze für Altenpfleger und 527.000 Stellen für examinierte Krankenpfleger entstehen werden (dies sind die beiden am schnellsten wachsenden Berufsgruppen in den USA). Hinzu kommen 424.000 Stellen im Bereich häusliche

Betreuung und 312.000 Pflegehelfer.[23] Insgesamt sprechen wir hier von etwa 1,8 Millionen Jobs.

Das klingt zunächst einmal nach sehr viel. Aber rufen Sie sich noch einmal in Erinnerung: Das Economic Policy Institute hat errechnet, dass den USA als Folge der Weltwirtschaftskrise im Januar 2014 immer noch 7,9 Millionen Arbeitsplätze fehlten. Diese Zahl setzt sich zusammen aus 1,3 Millionen Stellen, die während des Abschwungs abgebaut wurden, und 6,6 Millionen Arbeitsplätze, die gar nicht erst entstanden sind.[24] Das bedeutet: Selbst wenn all diese 1,8 Millionen Jobs heute auf einen Schlag auftauchen würden, wäre damit nur ein Viertel des Lochs gestopft.

Hinzukommt, dass diese Arbeitsplätze im Billiglohnsektor angesiedelt sind und für einen Großteil der Bevölkerung nicht sonderlich geeignet sind. Wie das Büro für Arbeitsmarktstatistik mitteilt, kamen Heimpflegepersonal und Altenpfleger/innen 2012 im Mittel auf ein Einkommen von weniger als 21.000 Dollar jährlich, ein Highschool-Abschluss war für diese Stellen zumeist nicht erforderlich. Man kann davon ausgehen, dass viele Arbeitnehmer nicht das für diese Art von Arbeit erforderliche Gemüt mitbringen. Wenn es jemand hasst, irgendwelche Dinge auszustanzen, ist das bedauerlich. Wenn aber jemand es hasst, sich um pflegebedürftige ältere Menschen kümmern zu müssen, dann ist das ein schwerwiegendes Problem.

Gehen wir davon aus, dass die Behörde für Arbeitsmarktstatistik mit seiner Prognose recht behält und diese Stellen tatsächlich in großen Mengen auftauchen, dann stellt sich die Frage, wer für diese Arbeiter bezahlen wird. Nach jahrzehntelang stagnierenden Gehältern und einer oftmals ungenügenden Altersvorsorge steuert ein Großteil der Amerikaner auf eine sehr ungewisse Rentensituation zu. Wenn für die Mehrheit der älteren Menschen der Punkt gekommen ist, von dem an sie täglich persönliche Unterstützung benötigen, werden vermutlich nur noch wenige über die Mittel verfügen, Haushaltshilfen zu beschäftigen, und seien deren Gehälter noch so niedrig. Dies hat zur Folge, dass es sich vermutlich um mehr oder weniger staatlich geförderte Jobs handeln wird, die durch Programme wie Medicare oder Medicaid finanziert werden und insofern eher als Problem denn als Lösung gelten dürften.

Datenströme werden entfesselt

In Kapitel 4 haben wir gesehen, was die Big-Data-Revolution verspricht: Neue Managementerkenntnisse und eine deutlich verbesserte Effizienz. Die Wichtigkeit dieser Datenberge könnte sich als starkes Argument für eine Konsolidierung der Krankenversicherer erweisen, alternativ könnte auch ein Mechanismus entstehen, der den Datenaustausch zwischen Versicherern, Krankenhäusern und anderen Dienstleistern aus dem Gesundheitssektor ermöglicht. Zugang zu mehr Daten könnte auch mehr Innovation bedeuten. So wie der Einzelhändler Target imstande war, anhand des Einkaufsverhaltens seiner Kunden Schwangerschaften zu prognostizieren, werden auch Krankenhäuser oder Krankenkassen mit Zugang zu großen Datenmengen möglicherweise Zusammenhänge herstellen können zwischen einzelnen, kontrollierbaren Faktoren und einer günstigen Prognose für den Patienten.

AT&T war einst berühmt dafür, Bell Labs zu fördern, die Labore, aus denen zahlreiche der wichtigsten IT-Innovationen des 20. Jahrhunderts stammen. Vielleicht könnte ein Krankenversicherer oder eine Gruppe von Krankenversicherern mit der nötigen Schlagkraft eine ähnliche Rolle übernehmen – mit dem Unterschied, dass Innovationen dann nicht die Folge von Laborexperimenten wären, sondern das Resultat daraus, dass ständig Berge von detailreichen Daten zu Patienten und Krankenhausbetrieb gefiltert werden.

Eine weitere wichtige Datenquelle werden medizinische Sensoren sein, die die Patienten entweder in sich oder an sich tragen. Diese Geräte werden einen ständigen Strom biometrischer Informationen produzieren, der zu Diagnosezwecken genutzt werden kann und zum Behandeln chronischer Erkrankungen. Einer der vielversprechendsten Forschungsansätze in dieser Hinsicht sind Sensoren, die bei Diabetikern den Glukosewert im Blut messen. Die Sensoren könnten mit einem Smartphone oder einem anderen Gerät kommunizieren und Patienten unverzüglich alarmieren, wenn der Zuckerwert den Normbereich verlässt. Die Notwendigkeit unangenehmer Blutuntersuchungen würde entfallen. Schon heute stellen einige Unternehmen Glukose-Sensoren her, die unter die Haut der Patienten gepflanzt werden können.

Im Januar 2014 erklärte Google, man arbeite an einer Kontaktlinse, die einen winzigen Glukose-Sensor und Mobilfunkchip enthält. Diese Linse würde anhand der Tränenflüssigkeit ständig den Blutzucker überwachen. Bei zu hohen oder zu niedrigen Ergebnissen würde ein winziges LED-Licht angehen und den Träger sofort alarmieren. Auch Unterhaltungselektronik wie die seit 2015 erhältliche Apple Watch wird enorm viele gesundheitsbezogene Daten produzieren.

Kosten im Gesundheitswesen und ein dysfunktionaler Markt

Am 4. März 2013 veröffentlichte Steven Brill im *Time*-Magazin die Titelstory „Bitter Pill" (deutsch: „Bittere Pille"). Der Artikel befasste sich mit den stetig wachsenden Summen, die das Gesundheitswesen in den Vereinigten Staaten verschlingt. Der Autor listete zahlreiche Beispiele für ein Vorgehen auf, das sich nur als dreiste Preistreiberei bezeichnen lässt. So kosteten rezeptfreie Paracetamol-Tabletten, wie man sie problemlos in der Drogerie oder im Supermarkt erwerben kann, plötzlich 10.000 Prozent mehr. Standard-Blutuntersuchungen, für die Medicare einst circa 14 Dollar bezahlt hatte, schlugen nun mit 200 Dollar und noch mehr zu Buche. CT-Untersuchungen hatte Medicare mit etwa 800 Dollar vergütet, jetzt wurden dafür auf einmal Summen von über 6.500 Dollar veranschlagt. Ein Patient kam mit Verdacht auf Herzinfarkt ins Krankenhaus, was sich aber als Sodbrennen herausstellte. Die Kosten für den Krankenhausbesuch beliefen sich auf 17.000 Dollar – und darin waren die Gebühren der Ärzte noch nicht einmal enthalten.[25]

Wenige Monate später schrieb Elisabeth Rosenthal von der *New York Times* eine Artikelreihe mit ähnlichem Tenor: Das Vernähen einer Wunde mit drei einfachen Stichen kostete deutlich über 2.000 Dollar. Ein Klecks Hautkleber auf die Stirn eines Kleinkinds wurde mit mehr als 1.600 Dollar abgerechnet. Für ein kleines Fläschchen Lokalanästhetikum, das sich im Internet für fünf Dollar bestellen lässt, wurden einem

Patienten nahezu 80 Dollar in Rechnung gestellt – dabei wird das Krankenhaus als Großabnehmer vermutlich deutlich weniger als die fünf Dollar bezahlt haben, wie Rosenthal schreibt.[26] Was beide Reporter feststellten: Diese inflationären Preisaufschläge haben ihren Ursprung zumeist in einer gewaltigen, obskuren – und häufig totgeschwiegenen – Preisliste namens „Chargemaster". Die dort aufgeführten Preise sind scheinbar ohne Sinn und Verstand zustande gekommen und stehen in keinerlei nachvollziehbarem Verhältnis zu den tatsächlichen Kosten. Das einzige, was sich mit Gewissheit über die Chargemaster-Preise sagen lässt, ist, dass sie sehr, sehr hoch sind. Brill und Rosenthal stellten beide fest, dass die ungeheuerlichsten Fälle von Chargemaster-Missbrauch Patienten betrafen, die nicht versichert waren. Meistens stellten die Krankenhäuser diesen Menschen den vollen Listenpreis in Rechnung und waren sehr schnell dabei, Patienten, die nicht zahlen konnten oder wollten, Schuldeneintreiber auf den Hals zu hetzen oder sie mit Klagen zu überziehen. Dabei wird nicht einmal großen Krankenversicherern der volle Chargemaster-Preis in Rechnung gestellt.

Es funktioniert also so: Zunächst werden die Kosten inflationär in die Höhe getrieben, in vielen Fällen um den Faktor zehn oder sogar 100. Dann räumt man dem Gegenüber, abhängig vom Verhandlungsgeschick des Versicherungskonzerns, einen Abschlag von 30 oder sogar 50 Prozent ein. Zum Vergleich können Sie sich vorstellen, Sie würden für einen Liter Milch 20 Dollar bezahlen, nachdem sie einen 50-prozentigen Nachlass auf den ursprünglichen Listenpreis von 40 Dollar herausgehandelt haben.

Angesichts dieser Zahlen dürfte es nicht überraschen, dass kein anderer Faktor das beständige Wachstum der Gesundheitsausgaben in den USA dermaßen stark vorantreibt wie die Rechnungen der Krankenhäuser.

Eine der wichtigsten historischen Lektionen lautet, dass es eine wirkmächtige Symbiose zwischen technischem Fortschritt und einer gut funktionierenden Marktwirtschaft gibt. Gesunde Märkte schaffen die Anreize, die für bedeutende Innovationen und eine beständige

Produktivitätssteigerung nötig sind. Dies war bislang die treibende Kraft hinter unserem Wohlstand.* Die meisten intelligenten Menschen begreifen das (und werden vermutlich Steve Jobs und das iPhone erwähnen, wenn sie dieses Thema diskutieren). Doch der Gesundheitsmarkt ist kein gesunder Markt. Insofern wird auch keine Technologie der Welt die Kosten senken können, solange die Strukturprobleme der Branche nicht gelöst sind.

Meiner Ansicht nach herrscht ziemlich große Verwirrung, was das Wesen des Gesundheitsmarkts anbelangt und die Frage, an welcher Stelle ein effektiver Markt-Preis-Mechanismus ansetzen sollte. Viele Menschen würden nur zu gerne glauben, dass das Gesundheitswesen ein ganz normaler Verbrauchermarkt ist: „Wenn uns nur nicht die Versicherer und vor allem die Regierung behindern würde – dann könnte man einfach dem Verbraucher/Patienten die Entscheidungen und Kosten überlassen und wir würden Innovationen und Ergebnisse erhalten, wie man sie in anderen Branchen beobachten konnte." (Zum Abschluss vielleicht noch einmal Steve Jobs einstreuen.)

Doch die Realität sieht anders aus. Das Gesundheitswesen lässt sich schlichtweg nicht mit anderen Märkten für Verbraucherprodukte und Dienstleistungen vergleichen. Das ist seit über einem halben Jahrhundert unstrittig. 1963 legte der mit dem Nobelpreis ausgezeichnete Ökonom Kenneth Arrow ausführlich dar, inwieweit sich die medizinische Versorgung von anderen Waren und Dienstleistungen unterscheidet. So betonte Arrow, dass medizinische Kosten extrem unvorhersehbar sind und oftmals sehr hoch ausfallen. Die Verbraucher können sie dementsprechend auch nicht wie bei anderen größeren Einkäufen aus dem laufenden Einkommen begleichen oder effektive Zukunftsplanung

---

betreiben. Medizinische Versorgung kann nicht im Vorfeld getestet werden, bevor man sie erwirbt. Sie ist kein Handygeschäft, wo man sich erst einmal alle Modelle ansehen und mit ihnen herumspielen kann. In Notfällen ist der Patient möglicherweise bewusstlos oder er stirbt gerade. Zudem ist die gesamte Angelegenheit dermaßen komplex und erfordert so viel Spezialwissen, dass man vernünftigerweise von einem normalen Menschen nicht erwarten kann, derartige Entscheidungen zu fällen. Gesundheitsanbieter und Patienten setzen sich schlichtweg nicht auf Augenhöhe an den Verhandlungstisch, wie Arrow schreibt: „Beide Seiten sind sich dieses informationellen Ungleichgewichts bewusst und dieses Wissen prägt ihre Beziehung zueinander."[27] Unter dem Strich steht, dass die hohen Kosten, die Ungewissheit und die Komplexität von umfangreichen medizinischen Leistungen und von Krankenhausdienstleistungen ein wie auch immer geartetes Versicherungsmodell unerlässlich für die Gesundheitsbranche machen.

Gleichzeitig darf man nicht aus den Augen verlieren, dass sich die Ausgaben im Gesundheitsbereich sehr stark auf eine winzige Gruppe schwerkranker Menschen konzentrieren. Das National Institute for Health Care Management veröffentlichte 2012 einen Bericht, in dem es heißt, dass auf ein einziges Prozent der Bevölkerung – die schwerkranken Menschen – mehr als 20 Prozent der gesamten Ausgaben im landesweiten Gesundheitswesen entfielen. Im Jahr 2009 betrugen die Gesamtausgaben rund 623 Milliarden Dollar und fast die Hälfte davon entfiel auf die kränksten fünf Prozent der Bevölkerung.[28] Bei den Gesundheitsausgaben herrscht in den Vereinigten Staaten ein ebenso großes Ungleichgewicht wie beim Einkommen. Eine Tabelle würde sehr stark dem „Winner takes all"-Szenario mit Long-Tail-Verteilung ähneln, wie ich es in Kapitel 3 skizziert habe.

Man kann es gar nicht oft genug betonen, wie wichtig diese starke Konzentration der Ausgaben ist. Es gibt eine sehr kleine Gruppe sehr kranker Menschen, für die wir all dieses Geld aufwenden, und sie ist offensichtlich nicht in der Lage, mit den Anbietern über die Preise verhandeln zu können. Zudem würden wir eine derart gewaltige haushaltspolitische Verantwortung auch gar nicht die Hände dieser Menschen legen wollen. Der „Markt", von dem wir wollen, dass er funktioniert, ist der zwischen den Anbietern und den Versicherern, nicht der zwischen Anbietern und Patienten.

Die Artikel von Brill und Rosenthal enthalten eine grundlegende Lektion: Der Markt ist gestört, weil es ein fundamentales Machtungleichgewicht zwischen Versicherern und Anbietern gibt. Dem einzelnen Verbraucher mögen Krankenversicherer zu Recht mächtig und dominant erscheinen, aber in Wahrheit sind die Versicherer gegenüber Anbietern wie den Krankenhäusern, den Ärzten und der Pharmaindustrie in vielen Fällen zu schwach. Und dieses Missverhältnis wird immer größer, weil unter den Anbietern eine Konsolidierungswelle im Gang ist. Brill schreibt, dass Krankenhäuser vermehrt Arztpraxen und Konkurrenzhäuser schlucken. „Ihre Verhandlungsposition gegenüber den Versicherern wird damit noch stärker."[29]

Stellen Sie sich folgendes Szenario vor: Nahe Zukunft. Ihre Hausärztin arbeitet mit einem leistungsstarken Tablet-Rechner. Sie muss nur hier und dort den Touchscreen berühren, schon hat sie eine Reihe medizinischer Tests und Scans angeordnet. Ist eine Untersuchung abgeschlossen, tauchen auf ihrem Gerät sofort die Ergebnisse auf. Ein Patient muss ins CT oder zum MRT? Der Befund kommt mit einer ausführlichen Analyse zurück, die eine Künstliche Intelligenz erstellt hat. Die Software verweist auf Auffälligkeiten beim Scan und empfiehlt das weitere Vorgehen. Dafür hat sie eine riesige Patientendatenbank durchforstet und den vorliegenden Befund mit ähnlich gelagerten verglichen. Die Ärztin kann genau sehen, wie vergleichbare Fälle behandelt wurden, welche Komplikationen auftraten und wie deren Krankengeschichten aussahen.

Das alles ist effizient und bequem und dürfte die Wahrscheinlichkeit erhöhen, dass sich der Zustand des Patienten bessert. Derartige Szenarien wecken bei Technik-Optimisten große Hoffnungen, was die Revolution anbelangt, die schon bald das Gesundheitswesen erfassen wird.

Lassen Sie uns nun weiter annehmen, dass die Ärztin finanziell an dem Diagnostikunternehmen beteiligt ist, das die Tests oder Scans durchführt. Oder vielleicht hat ein Krankenhaus die Praxis der Ärztin übernommen und diesem Krankenhaus gehört auch das Labor. Die

Preise für die Untersuchungen und Scans haben wenig mit den tatsächlichen Kosten gemein (sie stehen ja auch im Chargemaster), sind aber hoch rentabel. Das heißt, sobald unsere Ärztin einmal auf ihren Touchscreen drückt, springt quasi eine Gelddruckmaschine an.

Im Moment handelt es sich noch um ein fiktives Beispiel, aber es gibt reichlich Beweise dafür, dass die neuen Technologien im Gesundheitswesen nicht die Produktivität steigern, sondern die Ausgaben. Das erklärt sich vor allem dadurch, dass es keinen effektiven Markt-Preis-Mechanismus gibt, der Effizienzsteigerungen fördert. Ohne Marktdruck investieren Anbieter oftmals in Technologien, die eher den Umsatz erhöhen als die Effizienz. Und wenn ihnen Produktivitätszuwächse gelingen, streichen sie eher die Gewinne ein, als dass sie die Preise senken.

Aushängeschild für die Entwicklung, dass Technologieinvestitionen die Inflation im Gesundheitswesen anheizen, dürften die „Protonenstrahlanlagen" sein, die zur Behandlung von Prostatakrebs gebaut werden. Im Mai 2013 berichtete Jenny Gold von *Kaiser Health News*: „Trotz aller Bemühungen, die Gesundheitsausgaben in den Griff zu bekommen, beeilen sich die Krankenhäuser weiterhin, kostspielige neue Technologie zu bauen – selbst dann, wenn die Geräte nicht zwingend besser funktionieren als die günstigeren Alternativen."[30] In dem Artikel wird eine Einrichtung für Protonentherapie beschrieben, „ein riesiger Zementklotz, so groß wie ein Footballfeld und über 200 Millionen Dollar teuer". Protonentherapie ist sehr kostspielig, soll aber den Vorteil bieten, dass die Patienten weniger Strahlung ausgesetzt werden. Allerdings haben Studien bislang noch keinerlei Beweise dafür ergeben, dass die Protonentherapie zu besseren Ergebnissen führt als deutlich kostengünstigere Ansätze.[31] Der Gesundheitsexperte Ezekiel Emanuel sagt: „Wir haben keine Beweise dafür, dass für (Protonentherapie) eine medizinische Notwendigkeit besteht. Sie wird einfach nur durchgeführt, um Gewinne zu generieren."[32]

Für mich liegt es auf der Hand: Wenn disruptive Technologie im Gesundheitswesen im großen Maßstab eingesetzt werden würde, wäre dies für das amerikanische Volk besser, als wenn sie beispielsweise die Fast-Food-Industrie umkrempeln würde. Schließlich dürften niedrigere

Preise und Produktivitätssteigerungen im Gesundheitswesen unmittelbar zu einem längeren und besseren Leben führen. Billigeres Fast Food dagegen hätte vermutlich eher den gegenteiligen Effekt. Zudem existieren in der Fast-Food-Industrie bereits gut funktionierende Märkte, anders als im Gesundheitswesen. Wenn die Zustände auf dem Gesundheitsmarkt so bleiben wie jetzt, gibt es wenig Grund für Optimismus. Beschleunigter technischer Fortschritt allein wird gegen die explodierenden Gesundheitskosten wenig ausrichten können. Angesichts dieser Faktenlage würde ich gerne kurz von unserem Technologie-Thema abweichen und zwei Alternativstrategien vorschlagen, die helfen könnten, das Machtgefälle zwischen Versicherern und Anbietern zu verschieben. Im Idealfall würde es auch die Art von Synergie zwischen Märkten und Technologie erzeugen, die die gewünschte Transformation anstößt.

Die Branche konsolidieren und Krankenversicherung als Versorgungsbetrieb behandeln

Analysiert man die Preise, die im amerikanischen Gesundheitswesen verlangt werden, so wird man feststellen, dass Medicare (die staatliche Krankenversicherung für Rentner) der mit Abstand effizienteste Teil unseres Gesundheitssystems ist. Brill schreibt: „Wer nicht unter dem Schutz von Medicare steht, für den ist der Gesundheitsmarkt überhaupt kein Markt. Für den ist Gesundheitsversorgung reine Glückssache." Der Affordable Care Act (im Volksmund auch „Obamacare" genannt) wird zweifelsohne die Situation Einzelner verbessern, die bislang gar keinen Versicherungsschutz hatten, aber das Gesetz trägt wenig dazu bei, die Krankenhauskosten zu senken. Stattdessen werden die aufgeblähten Kosten an die Versicherer weitergereicht und landen letztlich als Subventionen, die eine Krankenversicherung für Menschen mit bescheidenen Einkommen überhaupt erst bezahlbar machen, beim Steuerzahler.

Medicare ist vergleichsweise effektiv darin, die meisten patientenbezogenen Kosten zu kontrollieren, gleichzeitig fließt deutlich weniger Geld als bei privaten Krankenversicherungen in die Verwaltung und die laufenden Kosten. Das spricht für den Vorschlag, das Programm schlichtweg auf alle Amerikaner auszudehnen (das sogenannte Single-

Payer-System). Einige andere Industrienationen sind diesen Weg gegangen und sie geben alle deutlich weniger Geld für das Gesundheitswesen aus als die Vereinigten Staaten und schneiden auch meist besser bei Kennzahlen wie Lebenserwartung und Kindersterblichkeit ab. Logik und die Ergebnisse aus der Praxis sprechen für dieses staatlich geleitete Single-Payer-System, aber das ändert nichts an der Tatsache, dass diese Idee in den USA bei ungefähr der Hälfte der Bevölkerung aus ideologischen Gründen absolut undenkbar ist. Ein derartiges System würde darüber hinaus aller Wahrscheinlichkeit nach auch dazu führen, dass die komplette private Krankenversicherungsindustrie untergeht. Wenn man bedenkt, welch enormen politischen Einfluss die Branche genießt, ist ein derartiges Szenario unwahrscheinlich.

Die meisten gehen davon aus, dass es sich beim Single-Payer-System um eine staatliche Krankenversicherung handelt, aber das muss, zumindest theoretisch, überhaupt nicht der Fall sein. Man könnte auch alle privaten Versicherungsunternehmen zu einem einzigen landesweiten Konzern verschmelzen und diesen dann streng regulieren. So ähnlich war es beim Telefonanbieter AT&T, bevor er in den 1980er-Jahren zerschlagen wurde. Der springende Punkt ist doch, dass das Gesundheitswesen in vielerlei Hinsicht der Telekommunikationsbranche ähnelt – auch das Gesundheitswesen ist im Grunde ein Versorgungsbetrieb. Ähnlich wie die Wasserbetriebe, die Stadtreinigung oder das nationale Stromnetz steht auch das Gesundheitswesen nicht allein da. Es handelt sich vielmehr um eine systemrelevante Industrie und es ist sowohl für die Wirtschaft als auch die Gesellschaft wichtig, dass sie reibungslos funktioniert. In vielen Fällen kommt es in derartigen Szenarien zu einer Monopolbildung, oder, anders gesagt: Am effizientesten ist der Markt dann, wenn nur ein einziges Unternehmen dort agiert.

Möglicherweise wäre es noch effektiver, wenn man den Markt auf eine kleine Zahl großer, miteinander konkurrierender Versicherer begrenzte – ein geduldetes Oligopol sozusagen. So käme ein Wettbewerbselement mit ins Spiel, die Unternehmen wären aber immer noch groß genug, um gegenüber Anbietern beträchtliche Verhandlungsmacht aufbieten zu können. Gleichzeitig hätten sie keine andere Wahl als zu versuchen, sich über qualitativ hochwertige Pflege zu profilieren, denn ihr Erfolg hinge in erster Linie von ihrem Ruf ab. Eine strenge Regulierung der Branche würde Preiserhöhungen deckeln und unerwünschten Strategien – Versicherungspläne, mit denen sich Unternehmen „die Rosinen herauspicken" (sprich, bei denen sie ganz explizit auf junge, gesunde Patienten abzielen) oder Versicherungen, die keinen ausreichenden Schutz bieten – einen Riegel vorschieben. Sie müssten vielmehr auf echte Innovation und Effizienz setzen. Wenn man die bestehenden Krankenversicherer zu einem oder mehreren regulierten „Gesundheitsversorgern" bündeln würde, könnte man viele Vorteile des Single-Payer-Systems genießen und gleichzeitig die Branche erhalten. Die Aktionäre der privaten Krankenversicherer könnten als Folge der branchenweiten Fusion sogar mit Gewinnen rechnen, anstatt – wie beim anderen Szenario – ihre Aktienpakete möglicherweise ganz aufgeben zu müssen. Wie eine derartige Konsolidierung ablaufen könnte, ist allerdings zugegebenermaßen alles andere als klar. Vielleicht könnte die Regierung eine kleine Zahl von Betreiberlizenzen ausgeben, möglicherweise könnten diese auch, ähnlich wie im Mobilfunksektor, versteigert werden.*

Fallpauschalen festlegen

Eine wohl eher zu realisierende Alternativstrategie bestünde darin, ein All-Payer-System einzuführen. Dabei legt die Regierung das Preismaß

---

* Angenommen, die USA würden ein – staaatliches oder privatwirtschaftliches – Single-Payer-System einführen wollen: Die verfassungsmäßige Berechtigung für einen derartigen Schritt würde die Regierung vermutlich aus ihrem Recht ziehen, jeden mit einer Steuer für das System belegen zu können. Insofern würden die Beiträge ganz oder in Teilen von der Regierung beglichen. Das ist schon jetzt der Fall bei den Versicherungssubventionen im Rahmen des Affordable Care Act. Anders gesagt: Die Regierung könnte jeden Bürger zwingen, über das Mittel der Steuern zum Single-Payer-System beizutragen, es kann jedoch ein parallel dazu existierendes privatwirtschaftliches Modell nicht verbieten. Für Menschen, die bereit und fähig sind, Leistungen aus eigener Tasche zu begleichen, würde es vermutlich also auch weiterhin zusätzliche Angebote geben (ähnlich wie es ja auch Privatschulen gibt). Das ist ein Unterschied zum Modell in Kanada, wo die meisten privaten Krankenversicherungen verboten sind – was dazu führt, dass einige Kanadier Dienstleistungen aus dem Gesundheitswesen in den USA in Anspruch nehmen,

fest, das die Dienstleister im Gesundheitsbereich berechnen können. So wie Medicare vorschreibt, wie viel man zu zahlen bereit ist, würde dies für alle Patienten gelten, die von einem bestimmten Anbieter Dienstleistungen in Anspruch nehmen. Dieses Modell gibt es in einigen Ländern, zum Beispiel in Frankreich, Deutschland und der Schweiz. In den Vereinigten Staaten gibt es in Maryland ein derartiges System für Krankenhäuser und die Kosten dort sind vergleichsweise langsam gestiegen.[33] Diese All-Payer-Ansätze unterscheiden sich in ihrer Umsetzung. Fallpauschalen können durch Kollektivverhandlungen zwischen Anbietern und Bezahlern festgelegt werden oder eine Regulierungskommission bestimmt die Sätze, nachdem sie bei bestimmten Krankenhäusern die tatsächlichen Kosten untersucht hat.

Bei einem All-Payer-System bezahlt jeder Patient denselben Preis. Das hat wichtige Folgen für die Kostenumschichtung, die in den USA zwischen Privatpatienten und solchen Patienten erfolgt, die über die staatlichen Systeme versichert sind (Medicaid für Haushalte mit geringem Einkommen und Medicare für die Senioren). Wird eine Fallpauschale festgelegt, müssen die Preise für die staatlichen Patienten deutlich steigen, was eine zusätzliche Belastung für die Steuerzahler darstellt. Privat versicherte und nicht versicherte Personen profitieren normalerweise von niedrigeren Preisen, da sie die staatlichen Maßnahmen nicht länger subventionieren. So war es im Fall Marylands.**

Ein deutlich einfacherer Ansatz, der zu sofortigen Einsparungen führen könnte, bestünde meiner Meinung nach darin, nicht einen spezifischen Preis festzusetzen, sondern eine für alle geltende Obergrenze. Ein Beispiel: Nehmen wir an, die Obergrenze wäre der Medicare-Satz plus 50 Prozent. Um einen Fall aus dem Artikel von Brill aufzugreifen,

---

** Maryland hat seit über 30 Jahren eine Sondergenehmigung, die es dem Bundesstaat erlaubt, höhere Medicare-Sätze zu zahlen. Seit 2014 gilt dort jedoch versuchsweise ein neues System im Rahmen des Affordable Care Acts. Zusätzlich zu den Fallpauschalen werden im neuen Programm Obergrenzen dafür eingeführt, was ein Krankenhaus pro Kopf ausgeben darf. Auf diese Weise will der Bundesstaat über einen Zeitraum von fünf Jahren hinweg 330 Millionen Dollar sparen.

würde das bedeuten, dass ein Bluttest, für den Medicare 14 Dollar zu zahlen bereit ist, maximal 21 Dollar kosten könnte – und nicht die 200 Dollar, die aktuell zum Teil in Rechnung gestellt werden. Versicherer mit ausreichend Marktmacht stünde es frei, einen Preis auszuhandeln, der unterhalb der Deckelung liegt.

Diese Strategie würde die schlimmsten Exzesse aus der Welt schaffen und solange die Obergrenze hoch genug ist, würden die Anbieter weiterhin ausreichend Umsatz generieren können. 2010 veröffentlichte der amerikanische Krankenhausverband ein Informationsblatt, auf dem stand, dass Medicare 2009 „für jeden Dollar, den Krankenhäuser auf die Behandlung von Medicare-Patienten aufgewendet haben, 90 Cent bezahlte".[34] Wenn der eigene Lobbyverband der Branche erklärt, dass Medicare 90 Prozent der Krankenhauskosten abdeckt, sollte eine Obergrenze etwas oberhalb des Medicare-Satzes ausreichen, die Kosten so umschichten zu können, dass die fehlenden zehn Prozent hereingeholt werden.* Eine für alle geltende Obergrenze wäre zudem sehr einfach umzusetzen, da sie direkt auf den bereits veröffentlichten Medicare-Sätzen basiert.

Es gibt diverse Ansätze, die Gesundheitskosten wieder auf ein erträgliches Maß zu senken. Ein vielversprechender Vorschlag lautet, statt einer Gebühr für eine Dienstleistung das Modell umzustellen auf ein „Accountable Care"-System, bei dem Ärzte und Krankenhäuser einen festen Satz dafür erhalten, die Gesundheit von Patienten insgesamt zu managen. Einer der zentralen Vorteile bei diesem Vorgehen besteht darin, dass neue Anreize geboten werden, was Innovationen anbelangt. Technologie würde nicht einfach nur neue Wege eröffnen, über die festen Sätze der Gebührentabelle noch mehr einzusacken, es würde dann viel stärker darum gehen, wie Technologie Kosten senken und die Versorgung effizienter gestalten kann.

Damit es überhaupt so weit kommen kann, müssen jedoch zunächst einmal die Versicherer (oder die Regierung) stärker vom finanziellen

* Im selben Informationsblatt hieß es, dass Medicaid (das Programm für die Ärmeren) 89 Prozent der tatsächlichen Krankenhauskosten bezahlte.

Risiko entlastet werden, das mit der Patientenversorgung einhergeht. Das Risiko muss stärker bei Krankenhäusern, Ärzten und anderen Anbietern liegen. Dass diese so etwas nicht bereitwillig auf sich nehmen werden, liegt auf der Hand. Anders gesagt: Um einen erfolgreichen Übergang hin zu „Accountable Care" bewerkstelligen zu können, müssen wir weiterhin zuerst die Schieflage angehen, die so häufig zwischen Versicherern und Anbietern herrscht.

In den USA steigen die Kosten im Gesundheitswesen immer weiter. Um die Preise in den Griff zu bekommen, ist meiner Meinung nach eine der beiden grundsätzlichen Strategien, die ich gerade vorgestellt habe, vonnöten. Wir werden uns hin zu einem Single-Payer-System bewegen müssen, bei dem entweder der Staat oder eine oder mehrere größere privatwirtschaftliche Unternehmen mit mehr Verhandlungsmacht auf dem Markt für Krankenversicherungen auftreten. Alternativ werden Regulierer direkt auf die Sätze einwirken müssen, die die Anbieter erhalten. In beiden Szenarien könnte ein zentraler Teil der Lösung darin bestehen, aggressiv auf ein „Accountable Care"-Modell zuzusteuern. Andere Industrienationen nutzen beide Vorgehensweisen in unterschiedlichen Kombinationen erfolgreich. Unter dem Strich steht, dass der Ansatz der unverfälschten freien Marktwirtschaft (der Staat hält sich heraus und die Patienten sollen sich verhalten wie Verbraucher beim Gemüsekauf) niemals funktionieren wird. Kenneth Arrow hat bereits vor über 50 Jahren dargelegt, dass sich das Gesundheitswesen schlichtweg von anderen Branchen unterscheidet.

Das soll jedoch nicht heißen, dass die beiden Ansätze nicht ihre ganz eigenen größeren Risiken mit sich bringen. In beiden Szenarien kommt es darauf an, dass Regulierer aktiv werden und entweder die Beiträge kontrollieren oder bestimmen, wie viel an die Anbieter gezahlt wird. Das Risiko einer „regulatory capture" ist natürlich groß, denn mächtige Unternehmen oder Industriezweige können auf die Regierung Einfluss nehmen, bis diese Entscheidungen nach ihrer Fasson fallen. Erfolgreich versucht wurde dies bereits bei Medicare, dem es ausdrücklich untersagt ist, seine Marktmacht dazu zu nutzen, Medikamentenpreise zu verhandeln. Die USA sind weltweit praktisch das einzige Land, wo das so ist, alle anderen Regierungen verhandeln mit Pharmakonzernen über Preise. Die Folge dieses Sonderstatus: Amerikaner subventionieren die niedrigeren Arzneimittelpreise im Rest der Welt. Zwischen 2006 und 2009 stieg die Zahl der Fälle, in denen amerikanische Patienten sich ein Rezept ausstellen ließen, es aber nicht einlösten, nachdem sie den Preis der Medikamente erfahren haben, um 68 Prozent.[35]

Mir ist es unerklärlich, warum das nicht mehr Amerikaner aufbringt und warum insbesondere bürgernahe Konservative daraus kein Thema machen. Geburtsstunde der Tea Party war doch schließlich eine berühmte Brandrede des *CNBC*-Moderators Rick Santelli, der sich darüber echauffierte, dass Steuerzahler möglicherweise für Menschen würden einspringen müssen, die ihre Hypotheken nicht mehr bezahlen konnten. Warum regt es die Durchschnittsamerikaner nicht stärker auf, dass sie für den Rest der Welt die pharmazeutische Zeche zahlen? Und da sind einige Länder dabei, in denen das Pro-Kopf-Einkommen deutlich höher liegt als in den USA!

Trotz dieser Ausgangslage liefert Medicare beständig qualitativ hochwertige Pflege bei Kosten, die deutlich unterhalb dem liegen, was im stark fragmentierten Bereich der privaten Krankenkassen fällig wird. Anders gesagt: Wir sollten das Perfekte nicht zum Feind des Guten machen. Das ändert nichts daran, dass die Öffentlichkeit noch einmal sehr gründlich darüber nachdenken sollte, ob Medicare nicht doch mit den Arzneimittelfirmen sollte verhandeln dürfen. Die überhöhten Medikamentenpreise in den USA seien notwendig, um weitere Forschung finanzieren zu können, hält die Branche dagegen.[36] Es dürfte jedoch effizientere und insbesondere gerechtere Wege geben, wenn man gewährleisten will, dass Geld für die Medikamentenforschung vorhanden ist.* Und

---

* Ein ähnliches Thema sind die Patente, die die Arzneimittelhersteller erhalten. Diese verhindern für einen sehr langen Zeitraum, dass günstigere Nachahmerprodukte (Generika) auf den Markt kommen können. Nach Einschätzung vieler Ökonomen ist das Patentsystem im pharmazeutischen Bereich sehr ineffizient. Andere Länder können bei Preisverhandlungen zudem damit drohen, den Patentschutz zu ignorieren –

zweifelsohne gibt es auch bei der FDA noch Raum für Verbesserungen, was das Testen und Zulassen neuer Arzneimittel anbelangt.

Ein weiterer Punkt, der Medicare und unmittelbar auch das Thema dieses Buches berührt: Viel Verschwendung kommt dadurch zustande, dass Senioren in der Werbung direkt angesprochen und bedrängt werden, ihren Arzt um eine Verschreibung zu bitten. Medicare, so wird den Rentnern vermittelt, werde den Löwenanteil der Kosten übernehmen. Ein Regierungs-Audit befasste sich mit den Elektromobilen, die Medicare bezahlt hatte. Dabei stellte sich heraus, dass nicht nur bis zu 80 Prozent der Fahrzeuge überhaupt nicht benötigt wurden, sondern dass sie auch noch gesundheitsschädlich sein können. Die beiden größten Hersteller von Elektromobilen gaben im Jahr 2011 mehr als 180 Millionen Dollar für Werbung aus, die sich direkt an Medicare-Teilnehmer wandte.[37]

Auch dieses Thema verdient mehr Öffentlichkeit, denn wie wir gesehen haben, wird es voraussichtlich schon bald eine Flut an Robotergerätschaften geben wird, die darauf abzielen, ältere Mitbürger zu Hause zu unterstützen. Derartiger Fortschritt hat das Potenzial, die Lebensqualität der Senioren zu verbessern und gleichzeitig die Betreuungskosten zu senken. Dies gilt jedoch nicht, wenn wir für Technologie bezahlen, die unnötig oder womöglich sogar schädlich ist. Millionen Senioren, die vor ihrem Fernseher sitzen und in der Werbung hören, dass Medicare nur zu gerne bereit ist, ihnen einen neuen Roboter zu bezahlen, der die Fernbedienung finden kann – diese Vorstellung sollte uns zu denken geben.[**]

---

was die Belastung der Amerikaner nur noch erhöhen würde. 2004 veröffentlichte das Center for Economic and Policy Research ein Briefing, in dem diese Themen erläutert und weitere wirksame Alternativen zur Finanzierung der Medikamentenforschung vorgestellt werden. Für Einzelheiten siehe vorige Fußnote 35.

** Sinn und Zweck einer Verschreibung ist es doch eigentlich, dass die Patienten diese Entscheidung nicht selber treffen können (oder sollten). Warum aber erlauben wir dann den Pharmakonzernen und den Herstellern von medizinischen Gerätschaften, Verbraucherwerbung zu schalten?

KI UND ROBOTER haben zuletzt beeindruckende Vorstöße in den Gesundheitsbereich gemacht, dennoch sind sie, was das Problem der explodierenden Krankenhauskosten anbelangt, bislang nur eine Marginalie. Zum gegenwärtigen Zeitpunkt ist es eine gewaltige Aufgabe, auch nur einen Bruchteil der Arbeit zu automatisieren, den die meisten Fachkräfte im Gesundheitswesen leisten. Ausnahmen sind Apotheker und vielleicht noch Ärzte oder Techniker, die sich auf Bildanalysen oder Laboruntersuchungen spezialisiert haben.

Für Menschen, die einen Beruf anstreben, der vergleichsweise gut vor Automatisierung geschützt ist, ist ein im Gesundheitswesen angesiedelter Fachberuf, der ein direktes Interagieren mit Patienten erfordert, unbedingt empfehlenswert. Langfristig könnte sich jedoch auch das ändern. Meiner Meinung nach lässt sich nicht verlässlich abschätzen, was in 20 oder 30 Jahren technisch möglich sein wird. Und Technologie ist natürlich nicht der einzige Punkt, den es zu bedenken gilt. Mehr als jeder andere Wirtschaftszweig unterliegt das Gesundheitswesen einem komplexen Netz an Regeln und Auflagen von Staat, Behörden wie der FDA und anderen Genehmigungsstellen. Über jeder Handlung und jeder Entscheidung schwebt zudem das Damoklesschwert einer Klage, sollte ein Fehler geschehen oder vielleicht auch einfach nur die Behandlung ergebnislos bleiben.

Selbst bei im Einzelhandel tätigen Apothekern lassen sich die Folgen der Automatisierung auf die Beschäftigung nicht leicht ausmachen. Das hat vermutlich mit der Regulierung zu tun. Farhad Manjoo führte ein Interview mit einem Apotheker, der sagte: „Die meisten Apotheker haben nur deshalb eine Anstellung, weil im Gesetz steht, es müsse für die Ausgabe der Medikamente ein Apotheker anwesend sein."[38] Zumindest für den Augenblick ist das noch etwas übertrieben. Die Jobaussichten für angehende Apotheker haben sich im Verlauf des vergangenen Jahrzehnts deutlich verschlechtert und es könnte noch deutlich schlimmer werden. In einer Analyse von 2012 ist die Rede von einer „drohenden Arbeitslosenkrise für angehende Apotheker" und davon, dass bis zu 20 Prozent keine Anstellung finden könnten.[40] Das dürfte allerdings zu großen Teilen auch damit zu tun haben, dass die Zahl neuer Absolventen sprunghaft angestiegen ist. Die Hochschulen verzeichneten zuletzt einen dramatischen Anstieg bei der Zahl der eingeschriebenen Pharmazie-Studenten.*

Im Vergleich zu den meisten anderen Berufen genießen die Arbeitnehmer im Gesundheitswesen ein außerordentlich hohes Maß an Arbeitsplatzsicherheit. Das hängt mit Faktoren zusammen, die absolut gar nichts mit den technischen Herausforderungen zu tun haben, die einer Automatisierung ihrer Jobs im Weg stehen.

Für die Arbeitnehmer im Gesundheitswesen mag das frohe Kunde sein, aber es wird die wirtschaftlichen Risiken nur verstärken, wenn sich die Technologie nur stark eingeschränkt auf die Kostensituation im Gesundheitsbereich auswirkt, gleichzeitig aber andere Bereiche des Arbeitsmarktes umwälzt. Bei diesem Szenario werden die weiter steigenden Kosten im Gesundheitsbereich noch drückender werden, während der voranschreitende technische Fortschritt für Arbeitslosigkeit und stetig wachsende Ungleichheit sorgt. Und die Menschen, die noch in Lohn und Brot stehen, müssen mit stagnierenden oder sogar rückläufigen Einkünften rechnen.

* Möglicherweise trägt die Technologie indirekt dazu bei, dass sich die Arbeitsmarktlage für angehende Apotheker schlechter darstellt, indem sie nämlich mehr Menschen in diesen Beruf treibt. Im ersten Jahrzehnt des neuen Jahrtausends gab es fast 50 neue Pharmazie-Graduate-Schools (ein Zuwachs von 60 Prozent) und die bestehenden Kurse verzeichneten deutlich höheren Zulauf. Im Jahr 2016 dürfte es circa 15.000 neue Apotheker geben, das wären mehr als doppelt so viele Abschlüsse wie im Jahr 2000. Etwas ganz Ähnliches (und vielleicht sogar noch Extremeres) passierte bei den Jurastudiengängen und diese Blase platzt gerade sehr schlagzeilenträchtig. Ein Jurastudium war seit jeher ein beliebter Weg, seinen Abschluss in den Geisteswissenschaften zu versilbern. Das Pharmaziestudium bietet ein ähnliches Potenzial für jemanden mit einem Bachelor-Abschluss in Biologie. Zumindest teilweise könnte die starke Nachfrage nach diesen Abschlüssen darin begründet sein, dass sich andere vielversprechende Jobmöglichkeiten für College-Absolventen in Luft aufgelöst haben. Angesichts nur weniger attraktiver Alternativen drängen die College-Absolventen in die Jura- oder Pharmaziekurse. Die Branche reagierte, indem sie das Kursangebot erweiterte und letztlich deutlich mehr Absolventen auf den Markt wirft, als dieser aufnehmen kann. Dass sowohl die Pharmazie als auch das Rechtswesen unmittelbar von der Automatisierung betroffen sind, macht die Lage noch prekärer. Mein Tipp für die nächste Blase: MBA-Abschlüsse.

All das macht es umso wichtiger, grundlegende Reformen durchzuführen und die Schieflage zwischen Versicherern und Anbietern zu korrigieren. Technologie muss ihre volle Wirkung entfalten können, um die Effizienz im gesamten Gesundheitswesen zu erhöhen. Geschieht das nicht, laufen wir Gefahr, dass unsere Marktwirtschaft letztlich von einem Industriezweig dominiert wird, der nicht effizient arbeitet und zudem auch kein besonders gut funktionierender Markt ist.

Warum es so wichtig ist, die Gesundheitskosten in den Griff zu bekommen, werden wir auch in Kapitel 8 sehen. Dass ihr frei verfügbares Einkommen immer weiter schrumpft, ist das Allerletzte, was Amerikas Haushalte aktuell gebrauchen können. Schon jetzt höhlen die stagnierenden Gehälter und die wachsende Ungleichheit die allgemeine Verbrauchernachfrage aus, dabei ist diese doch so wichtig für ein anhaltendes Wirtschaftswachstum.

Bislang haben wir uns vor allem auf die Art und Weise konzentriert, wie die Technologie die bestehenden Arbeitsmärkte verändern wird. Im nächsten Kapitel springen wir ein Jahrzehnt oder noch weiter in die Zukunft und sehen uns an, wie die Zukunft der Ökonomie aussehen könnte – einer Ökonomie mit völlig neuartigen Technologien und Branchen.

KAPITEL 7

Zukunftstechnologie

und Zukunftsbranchen

Youtube wurde 2005 von drei Personen gegründet. Keine zwei Jahre später kaufte Google das Unternehmen für rund 1,65 Milliarden Dollar. Zum Zeitpunkt der Übernahme beschäftigte Youtube gerade einmal 65 Personen, der Großteil davon absolute Fachleute in Sachen Softwareentwicklung. Die Kaufsumme lässt sich also herunterbrechen auf 25 Millionen Dollar pro Mitarbeiter. Im April 2012 übernahm Facebook das Foto-Start-up Instagram für eine Milliarde Dollar. Instagram beschäftigte zu diesem Zeitpunkt 13 Personen, was etwa 77 Millionen Dollar pro Mitarbeiter entspricht. Weitere zwei Jahre später, im Februar 2014, sorgte Facebook erneut für Schlagzeilen, als es für 19 Milliarden Dollar die Kurznachrichten-App WhatsApp schluckte. Bei einer Belegschaftsgröße von 55 Menschen kommen wir hier auf eine Bewertung von atemberaubenden 345 Millionen Dollar pro Mitarbeiter.

Die Bewertung pro Mitarbeiter schießt in die Höhe und zeigt deutlich, wie immer rasantere Fortschritte in der Informationstechnologie und der Kommunikationstechnik dazu führen, dass eine winzige Gruppe eine gewaltige Marktbewertung und riesige Umsätze erzeugen kann. Vor allem aber sind sie ein deutlicher Beleg dafür, wie sich das Verhältnis zwischen Technologie und Beschäftigung verändert hat.

Mit Verweis auf historische Belege, die bis zur industriellen Revolution zurückreichen, hält sich gemeinhin die Auffassung: Ja, natürlich kann Technologie Arbeitsplätze, Unternehmen und sogar gesamte Branchen dem Erdboden gleichmachen. Gleichzeitig wird sie jedoch auch völlig neue Berufsbilder schaffen. Der laufende Prozess der „kreativen Zerstörung" wird dazu führen, dass neue Branchen entstehen und neue Beschäftigungsmöglichkeiten entstehen, und zwar häufig in Bereichen, die wir uns heute gar nicht vorstellen können. Ein klassisches Beispiel dafür ist der Aufstieg der Automobilindustrie im frühen 20. Jahrhundert und der damit einhergehende Untergang von Firmen, die Pferdekutschen herstellten.

In Kapitel 3 haben wir gesehen, dass die Informationstechnologie einen Punkt erreicht hat, wo sie, ähnlich wie die Stromerzeugung, als echter Versorgungsbetrieb angesehen werden kann. Es lässt sich nur schwerlich vorstellen, dass neu entstehende erfolgreiche Branchen nicht vollen Nutzen aus dieser Versorgungsindustrie ziehen und aus der damit einhergehenden Maschinenintelligenz. Das wird zur Folge haben, dass künftige Branchen kaum bis gar nicht arbeitsintensiv sein werden. Der Gesamtarbeitsmarkt läuft entsprechend Gefahr, dass in der Phase der „kreativen Zerstörung" der zerstörerische Teil vor allem arbeitsintensive Bereiche in traditionellen Industriezweigen wie Einzelhandel und Lebensmittelzubereitung heimsuchen wird, während der kreative Teil neue Firmen und Branchen entstehen lässt, in denen schlichtweg nicht viele Menschen benötigt werden. Anders gesagt: Die Wirtschaft befindet sich vermutlich auf einem Pfad hin zu einem Punkt, ab dem keine Umkehr mehr möglich ist. Von da an wird die Zahl der neu entstehenden Arbeitsplätze dauerhaft hinter dem zurückbleiben, was für eine Vollbeschäftigung nötig wäre.

Youtube, Instagram und WhatsApp sind natürlich allesamt Beispiele, die direkt im IT-Sektor angesiedelt sind. Dort haben wir uns inzwischen an Unternehmen gewöhnt, die mit Minibelegschaft gewaltigen Börsenwert und riesige Umsätze erzeugen. Dieses Phänomen wird sich künftig vermutlich auf viel breiterer Front abspielen. Um das zu illustrieren, wollen wir uns zwei spezielle Technologien etwas gründlicher ansehen. Beide Technologien haben das Potenzial, in Zukunft eine gewichtige Rolle zu spielen. Die Rede ist vom 3D-Druck und selbstfahrenden Autos. Beide könnten innerhalb der nächsten zehn Jahre beträchtliche Auswirkungen haben und dramatische Veränderungen sowohl auf dem Arbeitsmarkt als auch innerhalb der Volkswirtschaft auslösen.

3D-Druck

Dreidimensionaler Druck arbeitet mit einem computergesteuerten Druckkopf, der wiederholt dünne Materialschichten druckt, die letztlich solide Objekte formen. Dieses Drucken von Schicht um Schicht macht es für 3D-Drucker einfach, auch Objekte mit Kurven und Löchern zu erschaffen, die mit traditionellen Herstellungsmethoden schwierig bis unmöglich herzustellen sind. Am häufigsten kommt im 3D-Druck Kunststoff zum Einsatz, aber einige Geräte können auch Metall drucken oder Hunderte anderer Materialien, beispielsweise belastungsfähige Verbundwerkstoffe, flexible, gummiartige Substanzen und sogar Holz. Die leistungsstärksten Drucker können Produkte herstellen, die bis zu einem Dutzend unterschiedlicher Materialien enthalten. Ganz besonders beeindruckend ist die Fähigkeit, komplexe Entwürfe mit ineinander verknüpften oder beweglichen Teilen als Ganzes zu drucken. Eine Montage entfällt also!

Für den Druck hält sich ein 3D-Drucker entweder an eine Vorlage oder er kopiert ein bestehendes Objekt per 3D-Laserscanner oder mithilfe moderner Werkzeuge wie CT-Scans. Der bekannte amerikanische Fernsehmoderator Jay Leno, ein begeisterter Sammler alter Autos, baut sich mithilfe dieser Technik Ersatzteile für seine Fahrzeuge.

3D-Druck ist ideal, um stark personalisierte „einmalige" Produkte herzustellen. Schon jetzt kommt die Technologie zum Einsatz bei Kronen für die Zähne, bei Knochenimplantaten oder sogar Prothesen. Ebenfalls beliebt sind Design-Prototypen und architektonische Modelle. 3D-Druck wird derzeit immens gehypt und es ist sehr viel die Rede davon, dass diese Technologie der traditionellen Fabrikherstellung den Todcootoß versetzen könnte. Im Mittelpunkt der Spekulationen stehen dabei vor allem kostengünstige Geräte, die sich jeder zu Hause hinstellen kann. Einige Enthusiasten prognostizieren eine Zukunft der dezentralen Herstellung. Praktisch jeder besitzt seinen eigenen 3D-Drucker und kann sich damit drucken, was er benötigt. Andere Prognosen sprechen von einer neuen „Maker Economy", bei der kleine Unternehmen die Massenproduktion in Fabriken durch stärker personalisierte, örtlich hergestellte Produkte ersetzen.

Ich denke, es gibt gute Gründe, derartige Prognosen mit einiger Skepsis zu bewerten. 3D-Druck lässt sich einfach personalisieren, aber das geht zulasten der Größenvorteile. Wer nur ein paar Kopien eines Dokuments drucken muss, kann das bequem zu Hause mit dem Laserdrucker tun. Brauchen Sie jedoch 100.000 Kopien, wäre es viel kostengünstiger, zu einer professionellen Druckerei zu gehen. Ähnlich läuft es bei 3D-Druck im Vergleich zur traditionellen Fertigung. Die Drucker selber werden immer günstiger, aber für die nötigen Materialien gilt das nicht, und schon gar nicht, wenn etwas anderes als Plastik verbaut werden soll. Außerdem sind die Geräte langsam. Will man ein größeres, solides Objekt in einem 3D-Drucker für den Hausgebrauch drucken, muss man sich auf einige Stunden Druckzeit einstellen. Die meisten Produkte, die wir benutzen, profitiert nicht unbedingt von der individuellen Anpassung an Kundenwünsche, tatsächlich bringt die Standardisierung oftmals wichtige Vorteile mit sich. Ein 3D-Drucker mag eine tolle Sache sein, um sich seine ganz persönliche Schutzhülle fürs iPhone herzustellen, aber das Smartphone selbst wird man vermutlich nie selbst drucken können.*

Wenn günstige Desktop-Drucker überall Einzug halten, würde das wohl den Markt für Fertigprodukte zerstören, die mit diesen Geräten hergestellt werden. Der Wert an sich würde dann ausschließlich im digitalen Design des Produkts bestehen. Einige Unternehmer würde diese Designvorlagen erfolgreich verkaufen können, aber der Markt würde sich vermutlich hin zum selben „Winner takes all"-Szenario entwickeln, das so typisch ist für andere digitale Produkte und Dienstleistungen. Gleichzeitig könnte man sich eine Flut an kostenlosen oder Open-Source-Designs herunterladen, und zwar für nahezu jedes vorstellbare Produkt. Persönlicher 3D-Druck würde also letztlich stark dem Internet ähneln: Es gäbe jede Menge kostenloser oder günstiger Angebote, aber deutlich weniger Möglichkeiten für die große Mehrheit an Menschen, sich auf diesem Weg ein solides Einkommen zu verschaffen.

---

* 3D-Drucker können bereits einfache Schaltkreise produzieren, aber es scheint höchst unwahrscheinlich, dass sie irgendwann einmal die komplexen Prozessoren und Speicherchips drucken können, die in Smartphones zur Anwendung kommen. Die Herstellung dieser Chips erfolgt industriell und erfordert eine Präzision, die die Fähigkeiten jedes Druckers bei Weitem übersteigt. Ein offensichtlicher Zukunftstrend ist der, dass immer mehr unserer Alltagsgegenstände moderne Prozessoren und smarte Software enthalten. Ich vermute daher, dass persönlicher 3D-Druck nicht wird Schritt halten können mit den Produkten, die die Verbraucher wirklich kaufen wollen. Als Hobby kann man sich natürlich große Teile eines Produkts ausdrucken und die Einzelteile dann zusammenbauen, aber ich glaube nicht, dass das den Leuten gefallen würde.

Das soll nicht heißen, dass 3D-Druck keine transformative Technologie werden wird. Wirklich interessant wird es auf industrieller Ebene, wo 3D-Druck die traditionelle Herstellung vermutlich nicht verdrängt, sondern miteinbezogen wird. Genau das findet bereits statt. Im Luftfahrtbereich beispielsweise hat sie in größerem Stil Einzug gehalten und wird genutzt, um leichtere Bauteile herzustellen. Die Luftfahrtsparte von General Electric will bis 2020 mindestens 100.000 Teile per 3D-Druck herstellen. Für Flugzeugturbinen soll das eine Gewichtseinsparung von 500 Kilogramm pro Turbine bedeuten.[1] Um diese Zahlen ins Verhältnis zu setzen: 2013 ersetzte American Airlines in den Cockpits seiner Maschinen die gedruckten Flughandbücher durch digitale Versionen auf iPads. Das brachte pro Flugzeug eine Ersparnis von etwa 15 Kilogramm – und senkte die jährlichen Treibstoffkosten der Flotte um zwölf Millionen. Dollar.[2] Das heißt, wenn jedes Flugzeug um durchschnittlich 1,5 Tonnen leichter gemacht werden kann, spart die Airline jährlich eine Milliarde Dollar oder noch mehr.

General Electric will unter anderem eine Kraftstoffdüse im 3D-Drucker herstellen. Normalerweise müssen dafür 20 verschiedene Teile zusammengebaut werden, aber der 3D-Drucker kann das gesamte Bauteil in einem Stück und einsatzbereit herstellen.[3]

In Kapitel 1 haben wir gesehen, dass die Fertigungsprozesse künftig flexibler werden dürften. In vielen Fällen werden die Werke dichter an die Verbrauchermärkte heranrücken. Bei diesem Übergang wird auch der 3D-Druck eine Rolle spielen. Die Technologie wird dort zum Einsatz kommen, wo sie am kostengünstigsten ist, etwa bei der Herstellung von Teilen, die angepasst werden müssen, oder beim Druck komplexer Bauteile, die ansonsten aufwendig montiert werden müssten.

Für Massenproduktion sind 3D-Drucker ungeeignet, aber die Technologie wird mit Sicherheit insofern eine Rolle spielen, als sie zum Beispiel rasch Gussformen und Werkzeuge für die traditionelle Fertigung herstellen kann. Anders gesagt: 3D-Druck wird sich wahrscheinlich zu einer weiteren Form der Automatisierung von Fabriken entwickeln. Produktionsroboter und industrielle Drucker werden immer enger zusammenarbeiten – und immer seltener unter Beteiligung von Arbeitern.

In dreidimensionalen Druckern kann praktisch jedes Material zum Einsatz kommen; die Technologie findet auch außerhalb der verarbeitenden Industrie viele wichtige Anwendungsbereiche. Der wohl exotischste Verwendungszweck ist das Drucken menschlicher Organe. Das Unternehmen Organovo aus San Diego ist spezialisiert auf Biodruck und hat bereits experimentell eine menschliche Leber und Knochengewebe gedruckt. Dabei kam Material zum Einsatz, das menschliche Zellen enthält. Organovo beabsichtigt, Organe für Forschungszwecke oder Medikamententests zu produzieren. Bis derartige Organe transplantiert werden können, wird wohl noch mindestens ein Jahrzehnt vergehen, aber wenn diese Technologie bereit für die Praxis würde, hätte das überwältigende Auswirkungen für die etwa 120.000 Menschen, die allein schon in den Vereinigten Staaten auf ein Spenderorgan warten.[4] Der 3D-Druck kann hier nicht nur einen Mangel abstellen, es wäre auch möglich, Organe mit den Stammzellen des Patienten zu drucken. Die Wahrscheinlichkeit, dass ein Organ nach der Transplantation wieder abgestoßen wird, sinkt dadurch gegen null.

Ein weiterer beliebter Anwendungsbereich ist das Drucken von Lebensmitteln. In seinem Buch „Die neue Welt des 3D-Drucks" vertritt Hod Lipson die These, digitale Küche könnte die „Killer-App" des 3D-Drucks werden, also die Anwendung, die Menschen in Scharen dazu bringt, sich einen eigenen Drucker zu besorgen.[5] Bislang werden Lebensmitteldrucker dazu genutzt, Designerkekse, -gebäck und -schokolade zu drucken, aber es eröffnen sich hier auch Möglichkeiten, Zutaten auf völlig neue Art und Weise zu mischen und auf diese Weise ganz neue Geschmackserlebnisse und -texturen zu kreieren. Vielleicht werden tatsächlich eines Tages in jeder Küche und in jedem Restaurant 3D-Lebensmitteldrucker stehen. Dann wird es bei Spitzenköchen zu derselben „Winner takes all"-Marktsituation kommen, vor der die Berufsmusiker gerade stehen.

Aber die größte Disruption durch leistungsfähige 3D-Drucker ist im Baubereich zu erwarten. Der Maschinenbau-Professor Behrokh Khosnevis von der University of Southern California baut einen gewaltigen 3D-Drucker, der imstande ist, innerhalb von gerade einmal 24 Stunden ein fertiges Haus zu produzieren. Das Gerät bewegt sich auf Schienen entlang der Baustelle und verfügt über eine riesige Sprühdüse, die computergesteuert Betonschicht um Betonschicht legt. Der Prozess ist völlig automatisiert und die Wände sind deutlich stabiler als die nach traditionellen Methoden gefertigten.[6] Der Drucker könnte dazu genutzt werden, Häuser, Bürogebäude und sogar mehrstöckige Türme zu bauen. Aktuell kann die Maschine nur die Betonwände drucken, sodass Arbeiter anschließend noch Türen, Fenster und andere Dinge installieren müssen. Es ist allerdings nicht allzu schwer vorstellbar, dass künftige Baudrucker imstande sein werden, unterschiedliche Materialien zu verarbeiten.

In der verarbeitenden Industrie werden die Auswirkungen des 3D-Drucks vielleicht allein schon deshalb eher gemäßigt ausfallen, weil moderne Fabriken ohnehin schon stark automatisiert sind. Ganz anders könnte es in der Bauindustrie aussehen. Holzrahmenbau gehört zu den arbeitsintensivsten Bereichen der Wirtschaft und ist einer der letzten noch verbliebenen Arbeitsbereiche für vergleichsweise wenig qualifizierte Arbeitskräfte. Allein in den USA sind sechs Millionen Menschen im Baugewerbe beschäftigt, weltweit sind es nach Schätzungen der Internationalen Arbeitsorganisation fast 110 Millionen.[7] Dreidimensionale Baudrucker könnten eines Tages zu besseren und günstigeren Häusern führen sowie zu radikal neuen architektonischen Möglichkeiten. Gleichzeitig könnte die Technologie aber auch den Wegfall von vielen Millionen Stellen zur Folge haben.

Selbstfahrende Autos

Am 13. März 2004 bog das selbstfahrende Auto auf die Zielgerade ein, die diese Technologie aus der Welt der Science-Fiction in den Alltag führen soll. An diesem Tag fand die erste „DARPA Grand Challenge" statt – ein Wettrennen, von dem sich DARPA, eine Forschungsbehörde des amerikanischen Verteidigungsministeriums, vielversprechende Impulse für die Entwicklung autonomer Militärfahrzeuge erhoffte. 15 Roboterfahrzeuge starteten im kalifornischen Barstow, von wo aus ihr Weg sie knapp 250 Kilometer durch die Mojave-Wüste führen sollte.

Dem ersten Teilnehmer, der die Ziellinie überquerte, winkte ein Preisgeld in Höhe von einer Million Dollar.

Unglücklicherweise erwies sich das Rennen als Flop. Keines der Fahrzeuge schaffte auch nur ein Zehntel der Strecke. Am besten schnitt noch ein umgebauter Humvee der Carnegie Mellon University ab, der „erst" nach zwölf Kilometern von der Straße abkam und einen Damm hinunterfuhr. Die DARPA erklärte, das Rennen habe keinen Sieger gehabt, und behielt ihr Geld.

Aber so ganz gab die Behörde dennoch die Hoffnung nicht auf: Sie kündigte ein neues Rennen an und erhöhte das Preisgeld auf zwei Millionen Dollar. Das zweite Rennen fand am 8. Oktober 2005 statt und jetzt mussten die Roboterfahrzeuge über 100 scharfe Kurven nehmen, durch drei Tunnel fahren und eine Passstraße überwinden, auf der es links und rechts der nicht asphaltierten Strecke steil bergab ging.

Die Fortschritte waren verblüffend. Nach nur 18 Monaten kontinuierlicher Entwicklungsarbeit schafften es dieses Mal gleich fünf Fahrzeuge bis zur Ziellinie. Sieger des Rennens war ein umgebauter Volkswagen Touareg, hinter dem ein Team um Sebastian Thrun von der Uni Stanford stand. Der Wagen benötigte für die Strecke knapp unter sieben Stunden. Etwa zehn Minuten mehr brauchte der Humvee von Carnegie Mellon, zwei weitere Fahrzeuge folgten innerhalb der nächsten halben Stunde.

Für den November 2007 setzte die DARPA einen weiteren Wettkampf an. Dieses Mal fand das Rennen in einem städtischen Umfeld statt und die Roboterfahrzeuge teilten sich die Straße mit 30 Ford Taurus, bei denen professionelle Fahrer hinter dem Steuer saßen. Die selbstlenkenden Fahrzeuge mussten sich an die Verkehrsregeln halten, sich in den fließenden Verkehr einfädeln, einparken und belebte Kreuzungen überqueren. Von 35 Roboterautos schafften es sechs, den kompletten Parcours zu absolvieren. Als erster über die Ziellinie ging erneut der Wagen aus Stanford, allerdings wurde er später auf den zweiten Platz zurückgestuft, nachdem die Preisrichter die Daten analysierten und dem Team Stanford wegen Verstößen gegen die Straßenverkehrsordnung Kaliforniens Punkte abzogen.[8]

Googles Projekt für ein selbstfahrendes Auto bekam 2008 grünes Licht. Ein Jahr zuvor hatte sich Sebastian Thrun dem Unternehmen angeschlossen, um am „Street View"-Projekt mitzuarbeiten. Nun übertrug man ihm die Leitung für das Auto-Projekt. Rasch begann Google, die besten Ingenieure abzuwerben, die mit ihren Fahrzeugen beim DAR-PA-Rennen angetreten waren. Innerhalb von zwei Jahren rüstete das Team einen Toyota Prius mit hochmodernen Geräten um, unter anderem mit Kameras, vier eigenständigen Radarsystemen und einem 80.000 Dollar teuren lasergesteuerten Abstandsmesser, der imstande ist, ein vollständiges 3D-Modell seiner Umgebung zu produzieren. Die Autos können Fahrzeuge, Objekte und Fußgänger im Blick behalten, sie können Verkehrszeichen lesen und kommen mit nahezu jedem Verkehrsszenario zurecht. Bis 2012 legte die selbstlenkende Fahrzeugflotte von Google unfallfrei über 480.000 Kilometer zurück, und das auf Autobahnen mit Stop-and-Go-Verkehr ebenso wie in der für ihre Staus bekannten Lombard Street in San Francisco. Im Oktober 2013 legte das Unternehmen Daten vor, denen zufolge ihre Fahrzeuge dauerhaft den menschlichen Durchschnittsfahrer übertrafen im Hinblick auf reibungsloses Beschleunigen und Abbremsen sowie defensives Verkehrsverhalten.[9]

Googles Projekt war ein Weckruf für die Automobilbranche. Praktisch jeder größere Hersteller hat inzwischen zumindest halbautonome Steuersysteme angekündigt, die im Laufe der nächsten zehn Jahre oder so auf den Markt kommen sollen. An vorderster Spitze liegt derzeit Mercedes-Benz. Die S-Klasse von 2014 kann das Stop-and-Go des Stadtverkehrs oder Geschwindigkeiten bis knapp 200 Stundenkilometer auf der Autobahn eigenständig bewerkstelligen. Das System orientiert sich entweder an Fahrbahnmarkierungen oder am vorausfahrenden Auto und kümmert sich dann autonom um das Lenken, Beschleunigen und Bremsen.

Mercedes hat sich für den Moment für ein vorsichtiges Vorgehen entschieden: Wer hinter dem Lenkrad sitzt, darf die Hände nicht vom Lenkrad nehmen. Das passt zum generellen Trend in der Automobilbranche, denn die Systeme, die derzeit in der Entwicklung sind, zielen nahezu alle auf eine teilweise Automatisierung ab. Der Mensch soll stets die absolute Kontrolle behalten, schließlich ist die Haftung im Falle eines Unfalls wohl eines der kniffligsten Themen bei völlig autonomen Fahrzeugen. Einige Analysten vertreten die Meinung, es sei unklar, wer letztlich verantwortlich sei.

Derartige Bedenken seien fehl am Platz, erklärte 2013 auf einer Branchenkonferenz Chris Urmson, einer der Ingenieure aus dem Google-Projekt. Nach derzeitiger Rechtslage in den USA sei es klar, dass im Falle eines Unfalls der Hersteller des Fahrzeugs verantwortlich wäre. Es gibt wohl kaum etwas, was die Fahrzeugbranche mehr fürchtet als ein derartiges Szenario: Finanzstarke Hersteller wären ein allzu verlockendes Ziel für Produkthaftungsklagen.

Leichtfertige Klagen hätten allerdings praktisch keinerlei Erfolgsaussicht, so Urmson weiter, denn die automatisierten Autos erheben und speichern ständig Daten, die ein umfassendes Bild davon zeichnen, wie die Umgebung des Fahrzeugs direkt vor dem Unfall ausgesehen hat.[10] Allerdings ist keine Technologie hundertprozentig zuverlässig, insofern ist es unvermeidlich, dass ein autonomes System irgendwann einen Unfall verursacht, worauf sich der Hersteller einer Produkthaftungsklage ausgesetzt sieht. Vielleicht fände sich hier ein Ausweg, indem man derartige Klagen in vernünftigem Rahmen deckelt.

Dieser semiautonome Ansatz sorgt jedoch für seine ganz eigenen Probleme. Keines der Systeme ist bislang imstande, mit allen Situationen umzugehen. Im Firmenblog bei Google hieß es 2012, dass es zwar Mut mache, welche Fortschritte bei selbstlenkenden Fahrzeugen bislang erzielt wurden, aber „dennoch liegt noch ein sehr langer Weg vor uns". Die Autos müssten „lernen, schneebedeckte Strecken zu meistern, temporäre Verkehrszeichen an Wanderbaustellen zu interpretieren und mit anderen kniffligen Situationen umgehen, mit denen es viele Fahrer zu tun bekommen".[11]

Ein Auto stellt fest, dass es in eine Situation kommt, mit der es nicht fertigwird, und überträgt dem Fahrer wieder die volle Kontrolle. Diese Grauzone stellt vielleicht die größte Schwäche der Technologie dar. Techniker haben gemessen, dass es ungefähr zehn Sekunden dauert, den Fahrer zu alarmieren und sicherzustellen, dass er die Kontrolle über das Fahrzeug übernimmt. Anders gesagt: Das System muss ein potenzielles Problem weit vor dem möglichen Eintreten erahnen können. Das mit einem hohen Maß an Zuverlässigkeit hinzubekommen, stellt ohnehin schon eine enorme technische Herausforderung dar. Noch schlimmer würde es, wenn die Fahrer nicht verpflichtet wären, die Hände am Steuer zu lassen. Ein Audi-Manager sagte, wenn das von seinem Unternehmen entwickelte System laufe, dürfe der Fahrer „nicht schlafen, nicht Zeitung lesen und auch nicht am Laptop arbeiten".[12] Wie Audi das durchsetzen will, ist unklar. Und was ist mit der Nutzung eines Smartphones, dem Ansehen eines Films oder den zahlreichen anderen möglichen Ablenkungen?

Sind derartige Hürden erst einmal genommen, bieten selbstlenkende Fahrzeuge ein gewaltiges Potenzial, vor allem mit Blick auf die verbesserte Sicherheit. 2009 kam es in den Vereinigten Staaten zu etwa elf Millionen Verkehrsunfällen mit rund 34.000 Toten. Weltweit sind jedes Jahr etwa 1,25 Millionen Verkehrsopfer zu beklagen.[13] Die amerikanische Verkehrsbehörde NTSB schätzt, dass 90 Prozent der Unfälle in erster Linie auf menschliches Versagen zurückzuführen sind. Anders gesagt: Wirklich zuverlässige Selbstfahrtechnologie könnte enorm viele Menschenleben retten. Die Notbremsassistenten, die mittlerweile in einigen Fahrzeugen im Einsatz sind, wirken sich vorläufigen ersten Zahlen zufolge bereits positiv aus. Das Highway Loss Data Institute hat Versicherungsangaben ausgewertet und ist dabei zu dem Schluss gekommen, dass einige mit dieser Technologie ausgestattete Volvo-Modelle zu etwa 15 Prozent seltener in Unfälle verwickelt sind als vergleichbare Wagen ohne diese Technologie.[14]

Selbstlenkende Fahrzeuge helfen nicht nur, die Zahl der Unfälle zu senken, die Befürworter dieser Technologie stellen zahlreiche weitere Vorteile in Aussicht. So werden autonome Fahrzeuge untereinander kommunizieren und zusammenarbeiten. Sie könnten beispielsweise im Konvoi fahren und im Fahrtwind des Vordermanns Kraftstoff sparen. Wenn sich die Fahrzeuge bei hoher Geschwindigkeit auf der Autobahn untereinander abstimmten, würde die Zahl der Verkehrsstaus deutlich sinken, vielleicht würde es auch überhaupt keine Staus mehr geben.

In diesem Punkt ist der Hype für meinen Geschmack schon einige Schritte weiter als das, was für die nähere Zukunft erwarten ist. Um einen derartigen Nutzen ziehen zu können, ist ein Netzwerkeffekt unbedingt vonnöten, dafür müsste schon ein beträchtlicher Anteil der Fahrzeuge selbstlenkend sein. Aber die Realität sieht natürlich anders aus: Sehr viele Fahrer werden bestenfalls mit gemischten Gefühlen auf die selbstlenkende Technologie blicken. Die meisten Menschen fahren nun einmal gerne selbst, Automagazine wie *Motor Trend* oder *Car and Driver* erreichen Millionenauflagen. Was hat man schließlich davon, das tollste Auto der Welt zu besitzen, wenn man es nicht einmal selbst lenken darf? Und auch bei den Fahrern, die offen sind für die neue Technologie, wird die Umsetzung vermutlich eher schrittweise stattfinden.

Die immer weiter auseinanderklaffende Einkommensschere und die jahrzehntelange Stagnation bei den Gehältern, den viele Menschen erleben, haben unter anderem zur Folge, dass Neuwagen für einen Großteil der Bevölkerung schlicht unbezahlbar sind. Aktuelleren Zahlen zufolge haben es Amerikas Verbraucher nicht eilig damit, ihren fahrbaren Untersatz gegen etwas Neueres einzutauschen. 2012 betrug das Durchschnittsalter der Fahrzeuge auf Amerikas Straße fast elf Jahre – ein neuer Rekordwert.

In einigen Fällen kann es auch zu noch mehr Problemen führen, wenn menschliche Fahrer und Roboter im Verkehr interagieren müssen. Denken Sie an den letzten aggressiven Fahrer zurück, mit dem Sie es zu tun hatten. Vielleicht hat die Person Sie geschnitten oder ohne zu gucken die Spur gewechselt. Und jetzt stellen Sie sich vor, dass diese Person auf einer Straße unterwegs ist, die ansonsten von selbstfahrenden Autos bevölkert wird – genau wissend, dass diese Fahrzeuge dafür programmiert wurden, sich unter allen Umständen defensiv zu verhalten. Ein derartiges „Fuchs im Hühnerstall"-Szenario könnte den menschlichen Fahrer dazu verleiten, noch riskanter zu fahren.

Aus dem Lager der optimistischsten Befürworter selbstfahrender Autos heißt es, schon in den nächsten fünf bis zehn Jahren sei mit Veränderungen in großem Ausmaß zu rechnen. Ich glaube, hier wird zu sehr durch die rosarote Brille gesehen, dafür türmen sich die technischen

Hürden, die Widerstände in der Gesellschaft und die ungeklärten Fragen zu Haftung und Regulierung noch zu hoch auf. Und dennoch gehe auch ich davon aus, dass es nur eine Frage der Zeit ist, bis wirklich autonome, also „fahrerlose" Fahrzeuge Einzug halten werden. Wenn es dazu kommt, werden sie potenziell nicht nur die Automobilbranche revolutionieren können, sondern ganze Industriezweige, große Bereiche des Arbeitsmarkts und das grundsätzliche Verhältnis von Mensch und Auto.

Eines sollten Sie sich verdeutlichen, wenn es um eine Zukunft geht, in der Ihr Auto fahrerlos ist: Vermutlich wird es gar nicht mehr „Ihr" Auto sein. Die meisten Experten, die sich Gedanken zur optimalen Rolle selbstfahrender Autos gemacht haben, stimmen in einem Punkt überein: Zumindest in dicht besiedelten Gebieten werden diese Fahrzeuge voraussichtlich eine gemeinsame Ressource sein. Das war auch von Anfang an Googles Absicht. Wie Google-Mitgründer Sergey Brin Burkhard Bilger vom Magazin *New Yorker* erklärte: „Werfen Sie einen Blick nach draußen, gehen Sie über die Parkplätze und entlang der mehrspurigen Straßen. Die Transport-Infrastruktur dominiert. Das ist eine enorme Belastung für das Land."[15]

Biolang herrscht heim Automobil das Modell vor, dass der Eigentümer gleichzeitig der Betreiber ist. Google will dieses Modell zunichtemachen. In Zukunft soll man einfach zum Smartphone (oder einem anderen internetfähigen Gerät) greifen können und sich, wann immer man es braucht, ein selbstfahrendes Auto bestellen können. Stehen Autos heutzutage 90 Prozent der Zeit oder noch länger ungenutzt herum, wird ihre Auslastung in Zukunft deutlich höher sein. Allein diese Veränderung würde in den Städten zu einer Revolution im Immobilienbereich führen. Riesige Flächen, die bislang für abgestellte Fahrzeuge reserviert sind, würden anders genutzt werden können. Natürlich müssen auch selbstfahrende Autos irgendwo geparkt werden, wenn sie nicht genutzt werden, aber es bestünde keine Notwendigkeit für zufälligen Leerstand. Die Autos könnten Stoßstange an Stoßstange geparkt werden. Wenn Sie dann ein Fahrzeug bestellen und gerade keines in Ihrer Nachbarschaft frei ist, würden Sie einfach das ganz vorne geparkte Fahrzeug bekommen.

Natürlich sind Zweifel berechtigt, ob Autos in den Städten tatsächlich eines Tages öffentliche Ressourcen sein werden. Zum einen würde das komplett den Zielen der Automobilindustrie zuwiderlaufen, denn wenn es nach den Herstellern geht, braucht jeder Haushalt mindestens ein Auto. Zum anderen könnte das Modell nur funktionieren, wenn Pendler in Spitzenzeiten Autos teilen, ansonsten könnten freie Fahrzeuge so knapp und teuer werden, dass sich viele Menschen die Fahrt nicht leisten könnten. Ein damit zusammenhängendes Problem ist die Sicherheit in einem gemeinsam genutzten Auto. Selbst wenn die Fahrzeugsoftware die logistischen Fragen lösen und einen effizienten und pünktlichen Service anbieten kann, ist ein kleines Auto doch ein deutlich intimerer Raum, den man mit völlig Fremden teilt, als ein Bus oder ein Zugabteil. Aber auch dafür lassen sich leicht Lösungen ersinnen. So könnte man Autos, die Einzelreisende aufnehmen sollen, leicht unterteilen. Man müsste andere Mitreisende nicht einmal sehen, wenn man das nicht wollte. Auf den Trennwänden könnte man virtuelle Fenster anbringen, damit sich die Fahrgäste nicht eingesperrt fühlen. Hochauflösende Kameras auf dem Fahrzeugdach würden Bilder von der Außenwelt zeigen. Wenn die Zeit gekommen ist, dass selbstfahrende Autos ein alltäglicher Anblick auf unseren Straßen werden, wird die dafür nötige Hardware erstaunlich günstig sein. Das Fahrzeug würde halten, ein grünes Licht an einer der Türen würde aufleuchten und Sie könnten einsteigen. Dann würde Sie das Auto zu Ihrem Ziel bringen, ganz so, als würden Sie alleine reisen. Sie teilen sich das Fahrzeug zwar mit anderen Passagieren, aber Sie reisen in Ihrem eigenen virtuellen Kokon. Andere Fahrzeuge könnten so ausgelegt sein, dass sie Gruppen transportieren (oder kommunikativere Einzelreisende). Vielleicht kann man die Trennwände auch ausblenden, wenn beide Seiten damit einverstanden sind.*

* Ein Problem bei gemeinsam genutzten selbstfahrenden Autos bestünde darin, die Fahrzeuge sauber zu halten. Das gilt umso mehr, wenn sie über Privatabteile verfügen. Hygiene ist bei Bussen und U-Bahnen oft ein Problem, und gerade wenn kein Fahrer oder andere Mitreisende zu sehen sind, legen vielleicht nicht alle Menschen ihr bestes Verhalten an den Tag.

Andererseits: Vielleicht müssen diese Pendlerkabinen auch gar nicht „virtuell" sein. Im Mai 2014 teilte Google mit, woran man in Sachen selbstfahrende Autos als Nächstes forschen werde: an zweisitzigen Elektrofahrzeugen, vor allem für Städte ausgelegt und mit einer Spitzengeschwindigkeit von 40 Stundenkilometern. Passagiere würden das Fahrzeug über eine Smartphone-App bestellen und so auch ihr Ziel eingeben. Die Google-Techniker sind zu dem Schluss gekommen, es sei nicht machbar, dem Fahrer im Notfall die Kontrolle über das Fahrzeug zurückzugeben, deshalb sind diese Fahrzeuge komplett automatisiert und verfügen weder über Lenkrad noch über ein Bremspedal. Warum man so drastisch von der Methode der großen Automobilhersteller abweiche, die ihre Modelle „schrittweise" automatisieren, erklärte Sergey Brin in einem Interview, das John Markoff von der *New York Times* führte: „Das scheint nicht im Einklang mit unserer Mission zu stehen, transformativ zu sein."[16]

Es ist natürlich auch vorstellbar, dass der Markt andere Lösungen entwickelt, an deren Ende gemeinsam genutzte selbstfahrende Autos stehen. „Echte selbstlenkende Autos werden innerhalb eines Jahrzehnts verfügbar sein und sie werden echte Gamechanger sein", sagt Kevin Drum vom Magazin *Mother Jones*.[17] Er hält ein Modell für realistisch, bei dem man Anteile an einem Fahrzeugdienst erwirbt und im Gegenzug eine garantierte Verfügbarkeit erhält. Der Preis soll einen Bruchteil dessen betragen, was ein Neuwagen kosten würde. Anders gesagt: Man würde sich das Auto nur mit anderen Abonnenten teilen und nicht mit der gesamten Öffentlichkeit.*

---

* Falls sich dieses Modell nicht durchsetzt, könnten automatisierte Fahrzeuge in verkehrsreichen Gegenden tatsächlich das Verkaufsaufkommen noch erhöhen. Wenn Ihnen ein autonomes Fahrzeug gehört und Sie in einen Stadtteil wollen, wo es nur wenige kostenpflichtige Parkplätze gibt, könnten Sie das Auto einfach um den Block fahren lassen, bis Sie alles erledigt haben. Vielleicht schicken Sie es zum Abkühlen auch einfach in ein angrenzendes Wohngebiet, statt die Parkgebühr zu zahlen. Womöglich haben Sie auch eine unerlaubte Software heruntergeladen, dank derer Sie Ihr Fahrzeug illegal parken können. Registriert das Fahrzeug, dass sich ein offiziell aussehender Wagen nähert, würde es rasch wegfahren.

Setzt sich das Sharing-Modell durch, würde eine höhere Auslastung der einzelnen Fahrzeuge natürlich bedeuten, dass im Verhältnis zur Bevölkerungsgröße weniger Autos unterwegs sind. Umweltschützer und Stadtplaner dürften sicherlich in Begeisterungsstürme ausbrechen, bei den Fahrzeugherstellern würde der Jubel vermutlich verhaltener ausfallen. Weniger Wagen pro Kopf wäre ein Schreckensszenario für die Industrie, aber es könnte darüber hinaus auch noch die Hersteller von Luxusfahrzeugen in große Bedrängnis bringen. Bei einem Auto, das Ihnen nicht gehört und das Sie nur für eine Fahrt nutzen werden, dürften Ihnen Hersteller und Modell relativ egal sein. Ein Auto wäre dann möglicherweise kein Statussymbol mehr und der Pkw könnte zu einem Standardprodukt werden.

Daher halte ich es für sehr wahrscheinlich, dass die Automobilhersteller darauf bestehen werden, dass auch in Zukunft jemand im Fahrersitz sitzt (auch wenn er oder sie nur selten die Kontrolle übernehmen wird). Die Firmen könnten vor demselben Dilemma stehen, mit dem sich viele einflussreiche Unternehmen angesichts disruptiver Technologien konfrontiert sehen: Schützt man das Geschäft, das heute und morgen den Umsatz bringt, oder trägt man dazu bei, eine junge Technologie voranzutreiben, die die Gefahr in sich trägt, das bestehende Geschäft seines Werts zu berauben oder gar völlig zu zerstören? Die Geschichte lehrt uns, dass Firmen sich fast immer dafür entscheiden, die bestehenden Einnahmequellen zu schützen.** Kommt es zu der Art von Revolution, die Brin vorschwebt, wird sie vermutlich außerhalb der Automobilindustrie ihren Anfang nehmen müssen. Natürlich befindet sich Brin vielleicht genau in der richtigen Position, diese Vision wahr werden zu lassen.

Sollte das Modell „Auto-Eigentümer gleich Auto-Betreiber" letztlich dem Untergang geweiht sein, hätte das weitreichende Folgen für weite

---

** Ein klassisches Beispiel dafür ist Microsoft, das sich an seine enormen Einnahmen aus dem Windows-Geschäft klammerte und es darüber völlig verpasste, auf dem Smartphone- und Tablet-Markt einen Fuß in die Tür zu bekommen.

Teile der Wirtschaft und des Arbeitsmarktes. Wie viele Autohändler, freie Werkstätten und Tankstellen gibt es in Ihrer Nachbarschaft? Deren Existenz hängt davon ab, dass es möglichst viele Autobesitzer gibt. In der Welt, wie sie Google vorschwebt, werden Roboterautos zu Flotten gebündelt sein. Wartung, Reparaturen, Versicherung, Betankung – all das wäre vermutlich ebenfalls zentralisiert. Zehntausende kleine Betriebe und die daran hängenden Arbeitsplätze würden sich in Luft auflösen. Hier eine Zahl, die Ihnen einen Eindruck vermitteln soll, wie viele Jobs gefährdet wären: Allein in Los Angeles arbeiten rund 10.000 Menschen in Waschstraßen![18]

Am unmittelbarsten wären natürlich diejenigen Menschen betroffen, die sich mit dem Fahren von Fahrzeugen ihren Lebensunterhalt verdienen. Das Taxigewerbe würde sich in Luft auflösen. Busse könnten automatisiert werden, vielleicht würden Busse auch einfach von den Straßen verschwinden, weil sie durch bessere und stärker personalisierte Formen des öffentlichen Nahverkehrs ersetzt werden. Auch Kurierjobs könnten der Vergangenheit angehören. Amazon beispielsweise experimentiert schon heute mit Methoden, Waren an bestimmten Orten noch am Tag der Bestellung in Packstationen zuzustellen. Warum die Packstationen nicht motorisieren? Ein automatisierter Lieferwagen könnte den Kunden informieren, dass er in wenigen Minuten vor der Tür steht. Dann würde er einfach warten, bis der Kunde kommt, einen Code eingibt und sein Paket entnimmt.*

---

* Das erscheint mir ein deutlich realistischeres Szenario als die Zustellung per Drohne, eine Idee, die Amazon 2013 in der Nachrichtensendung „60 Minutes" vorstellte. Keine Technologie wird jemals hundertprozentig sicher sein. Amazon wickelt dermaßen viele Geschäfte ab, dass schon eine gewaltige Menge an Drohnen notwendig wäre, damit es wirklich eine deutliche Verbesserung wäre. Selbst aus einer minimalen Fehlerquote würde, multipliziert mit der enormen Menge an Flügen, ein andauernder Strom unglücklicher Zwischenfälle resultieren. Zwischenfälle mit einer mehrere Kilogramm schweren Fracht, die Dutzende von Metern in der Luft hängt, ist nicht die Art von Problem, mit der man sich befassen möchte.

Ich kann mir vorstellen, dass Firmenflotten einer der ersten Bereiche sind, in dem automatisierte Fahrzeuge großflächig Einzug halten. Die Konzerne, die diese Flotte besitzen und betreiben, müssen sich schon heute mit großen Haftungsfragen herumschlagen. Ein einziger Fehler eines einzigen Fahrers kann sehr vielen Menschen den Tag gründlich verderben. Hat sich die Technologie allerdings erst einmal durchgesetzt und in der Praxis bewiesen, dass sie in puncto Sicherheit und Zuverlässigkeit Vorteile bietet, wird das den Unternehmen einen sehr starken Anreiz liefern, ihre Fahrzeugflotte zu automatisieren. Anders gesagt: Die selbstfahrenden Autos könnten ausgerechnet dort große Fortschritte machen, wo es am meisten Arbeitsplätze betrifft.

Viel war darüber zu lesen, dass relativ bald auch Lastkraftwagen vollständig automatisiert werden könnten. Auch hier gehe ich davon aus, dass es doch eher ein Fortschritt in gemächlichem Tempo sein wird. Tatsächlich werden Laster vielleicht schon bald imstande sein, sich eigenständig fortzubewegen, aber das enorme zerstörerische Potenzial dieser Fahrzeuge bedeutet wohl doch, dass auf absehbare Zeit noch jemand auf dem Fahrersitz Platz nehmen muss. Es gab Versuche mit automatisierten Konvois, in denen ein Laster so programmiert wird, dass er seinem Vordermann folgt. Diese Experimente verliefen erfolgreich und könnten für das Militär oder in weniger stark besiedelten Landstrichen eine wichtige Rolle spielen. Um eine vollständige Automatisierung möglich zu machen, müsse man zunächst das Problem lösen, dass die Infrastruktur der USA immer maroder wird, sagte 2013 der Manager eines Lkw-Herstellers im Interview mit David von Drehle vom Magazin *Time*.[19] Das ist ein wichtiger Punkt. Für Lkw-Fahrer gehört es zum Alltag, sich damit herumärgern zu müssen, dass die Straßen und Brücken in unserem Land auseinanderfallen und dass ständig Straßenausbesserungsarbeiten stattfinden. Hinzu kommt, wie bereits in Kapitel 1 erwähnt, die Gefahr, dass der vollständig automatisierte Transport von Lebensmitteln und anderen wichtigen Gütern zum Ziel von Hackerangriffen werden könnte.

Für die Entwicklung der amerikanischen Mittelklasse – und die Gesellschaftsstruktur in nahezu allen Industrienationen – gab es keine andere Erfindung, die so wichtig war wie das Automobil (vielleicht abgesehen von der Elektrifizierung). Das wirklich fahrerlose Auto kann die Art und Weise, wie wir über Autos denken und mit ihnen interagieren, völlig umkrempeln. Gleichzeitig könnte es Millionen solider Mittelklassejobs in Luft auflösen und zigtausende Firmen in den Ruin treiben. Einen kleinen Vorgeschmack auf die Konflikte und die sozialen Unruhen, die mit dem Aufstieg der autonomen Fahrzeuge einhergehen dürften, bekommt man angesichts der Streitereien um Uber, das Start-up, mit dessen App man sich eine Mitfahrgelegenheit bestellen kann. Auf fast jedem Markt, in den Uber vorgestoßen ist, kam es zu Auseinandersetzungen und Gerichtsklagen. Im Februar 2014 reichten die Taxifahrer in Chicago eine Klage gegen die Stadt ein. Der Vorwurf: Die nahezu 7.000 Taxilizenzen, welche die Stadt ausgegeben hat und deren Marktwert bei über 2,3 Milliarden Dollar liegt, würden durch Uber massiv an Wert verlieren.[20] Man stelle sich den Aufruhr vor, wenn die ersten Uber-Fahrzeuge ohne Fahrer auftauchen!

ARBEITSPLÄTZE FALLEN WEG, das mittlere Einkommen stagniert oder sinkt sogar. Wir laufen Gefahr, dass ein großer und wachsender Teil der Bevölkerung irgendwann ohne ausreichend frei verfügbares Haushaltseinkommen dasteht. Die Menschen könnten dann auch nicht mehr die Nachfrage nach Produkten und Dienstleistungen ankurbeln, die die Wirtschaft produziert. Im nächsten Kapitel werden wir diese Gefahr gründlicher beleuchten und uns ansehen, wie sie das Konjunkturwachstum gefährden und vielleicht sogar eine weitere Krise auslösen könnte.

KAPITEL 8

Verbraucher, Wachstumsgrenzen ... Krisen?

Es gibt eine oft kolportierte Geschichte über Henry Ford II und Walter Reuther, den legendären Boss der Autobauer-Gewerkschaft UAW: Die beiden besuchen gemeinsam ein kurz zuvor automatisiertes Kfz-Werk. Der Ford-Chef will Reuther provozieren und fragt ihn: „Na, Walter, wie bringen Sie diese Roboter dazu, Gewerkschaftsbeiträge zu bezahlen?" Reuther erwidert: „Na, Henry, wie bringen Sie sie dazu, Ihre Autos zu kaufen?"

In dieser Form wird das Gespräch vermutlich niemals stattgefunden haben, aber die Anekdote artikuliert dennoch eine Hauptsorge, die immer dann auftaucht, wenn es um die Folgen der weitverbreiteten Automatisierung geht: Arbeitnehmer sind zugleich auch Verbraucher und um die Produkte und Dienstleistungen kaufen zu können, die die Wirtschaft produziert, benötigen sie ihr Gehalt. Wie wichtig diese Doppelrolle ist, hat vielleicht keine andere Branche so sehr unter Beweis gestellt wie die Automobilindustrie. Als Henry Ford (der erste, nicht der zweite) 1914 die Produktion des Model T hochfuhr, machte er Schlagzeilen, indem er die Gehälter auf fünf Dollar pro Tag verdoppelte. So sorgte er dafür, dass sich seine Arbeitnehmer die Fahrzeuge würden leisten können, die sie herstellten. Von da an war der Aufstieg der Automobilindustrie untrennbar verbunden mit dem Entstehen einer starken amerikanischen Mittelschicht. Wie wir in Kapitel 2 gesehen haben, spricht einiges dafür, dass diese wirkmächtige Symbiose zwischen steigenden Löhnen und einer robusten, breit gestreuten Verbrauchernachfrage aktuell ihrem Ende zustrebt.

Ein Gedankenexperiment

Wir wollen ein Gedankenexperiment durchführen, um die extremsten Folgen durchzuspielen, die Reuthers Warnung nach sich ziehen könnte. Nehmen wir an, eine fremde außerirdische Spezies landet plötzlich auf der Erde. Tausende Kreaturen strömen aus dem gewaltigen Raumschiff und es dauert ein wenig, bis die Menschheit begreift: Die Besucher aus dem All sind nicht hier, um uns zu unterwerfen, um unsere Bodenschätze zu stehlen oder um unsere Anführer kennenzulernen. Nein, sie sind hier, um zu arbeiten.

Die Aliens haben sich völlig anders entwickelt als wir Menschenwesen. Ihre Gesellschaft ist in etwa vergleichbar mit der von staatenbildenden Insekten. Die Wesen an Bord des Raumschiffs stammen ausschließlich aus der Arbeiterkaste. Jedes dieser Wesen ist hochintelligent, es kann Sprachen lernen, Probleme lösen und sogar kreativ tätig sein. Angetrieben werden die Außerirdischen allerdings von einem einzigen, alles dominierenden biologischen Zwang: Ihre Erfüllung finden sie nur, wenn sie nützliche Arbeit leisten.

Freizeit, Unterhaltung oder allgemeine intellektuelle Beschäftigung – das alles interessiert die Außerirdischen nicht im Mindesten. Das Konzept „Zuhause" ist ihnen ebenso fremd wie Privatsphäre, Privateigentum, Geld oder Reichtum. Wenn sie schlafen müssen, dann tun sie das im Stehen an ihrem Arbeitsplatz. Was sie essen, ist ihnen egal, denn sie haben keinen Geschmackssinn. Die Fortpflanzung erfolgt ungeschlechtlich und nach wenigen Monaten sind die Wesen völlig ausgereift. Sie müssen sich keinen Partner suchen und haben keinerlei Wunsch, sich als Individuum irgendwie hervorzuheben. Sie dienen ausschließlich der Kolonie und es erfüllt sie der Drang zu arbeiten.

Schrittweise fügen sich die Aliens in unsere Gesellschaft und Wirtschaft ein. Sie sind begierig zu arbeiten und sie fordern im Gegenzug keinerlei Lohn. Arbeit ist für diese Kreaturen Lohn genug, genau genommen ist es sogar der einzige Lohn, den sie sich vorstellen können. Die einzigen Kosten, die durch ihre Beschäftigung anfallen, sind etwas Essen und etwas Trinken. Wenn man ihnen das gibt, pflanzen sie sich rasch fort.

Schon bald übertragen Firmen aller Größenordnungen den Außerirdischen unterschiedliche Rollen. Zunächst übernehmen die Aliens nur Routineaufgaben, Jobs ohne große Ansprüche, aber rasch zeigen sie, dass sie auch komplexere Anforderungen erfüllen können. Schritt für Schritt verdrängen die Außerirdischen die menschlichen Arbeiter. Selbst Firmeninhaber, die sich zunächst dagegen gesperrt haben, ihre menschliche Belegschaft zugunsten der Außerirdischen zu entlassen, kommen irgendwann an den Punkt, an dem sie keine andere Wahl mehr haben, weil die Konkurrenz bereits den Wandel vollzogen hat.

Bei den Menschen nimmt die Arbeitslosigkeit immer weiter zu. Wer noch einen Job hat, dessen Einkommen stagniert im besten Fall, angesichts des verschärften Wettbewerbs um Arbeitsplätze fallen die Löhne aber eher. Monate vergehen, dann Jahre. Immer mehr Langzeitarbeitslose bekommen keine staatliche Unterstützung mehr. Forderungen werden laut, der Staat solle endlich handeln, aber die politische Situation ist zerfahren. In den USA fordern die Demokraten Arbeitsbeschränkungen für Aliens. Die Republikaner wiederum blockieren nach massiver Lobbyarbeit der Großkonzerne diese Vorschläge und verweisen darauf, dass es inzwischen überall auf der Erde Aliens gibt. Wer amerikanische Unternehmen daran hindere, Außerirdische zu beschäftigen, belaste das Land mit einem massiven Wettbewerbsnachteil.

In der Öffentlichkeit wächst die Angst vor der Zukunft. Die Verbrauchermärkte werden immer stärker polarisiert. Eine kleine Gruppe (erfolgreiche Unternehmer, Großinvestoren oder Spitzenmanager) kassiert ordentlich ab, denn die Rentabilität der Firmen ist gestiegen. Der Absatz von Luxusgütern und hochpreisigen Dienstleistungen boomt. Die restlichen Verbraucher drängeln sich in Discountern. Immer mehr Menschen sind arbeitslos oder rechnen damit, es bald zu sein, insofern ist Sparsamkeit das Gebot der Stunde, will man irgendwie über die Runden kommen.

Schon bald jedoch erweist sich, dass die Quantensprünge, die die Firmengewinne hingelegt haben, nicht von Dauer sind. Was an Zugewinnen kam, erklärt sich fast ausschließlich damit, dass die Lohnkosten so dramatisch gesunken sind. Die Umsätze dagegen stagnieren oder fangen an zu schrumpfen. Die Aliens kaufen natürlich nichts und die menschlichen Konsumenten verkneifen sich immer häufiger alles, was sie nicht absolut notwendig brauchen. Von den Unternehmen, die keine lebenswichtigen Waren oder Dienstleistungen anbieten, gehen viele in die Knie. Ersparnisse werden aufgebraucht, Kreditrahmen ausgereizt. Hausbesitzer können ihre Hypotheken nicht mehr bedienen, Mieter geraten mit ihren Zahlungen in Rückstand. Hypotheken, Geschäftskredite, Verbraucherdarlehen, Studienkredite – überall explodieren die Ausfallraten. Die Steuereinnahmen brechen zusammen, während gleichzeitig der Bedarf an Sozialleistungen dramatisch anschwillt. Staaten geraten in Finanznot. Es droht eine neue Finanzkrise und inzwischen schränkt sich sogar die reiche Elite ein. Statt teurer Handtaschen und Luxusautos steht nunmehr Gold ganz oben auf dem Einkaufszettel. Wie sich nun erweist, war die Invasion der Aliens doch nicht so ein universeller Segen, wie es zunächst den Anschein hatte.

Maschinen sind keine Konsumenten

Zugegeben: Die Parabel von der Alien-Invasion ist schon recht drastisch und würde sich vielleicht gut für einen Low-Budget-Science-Fiction-Streifen eignen. Und dennoch: Das Szenario bildet ganz gut den theoretischen Endpunkt einer ungebremst voranschreitenden Entwicklung hin zu vollständiger Automatisierung ab. So weit kann es kommen, wenn keine politischen Maßnahmen ergriffen werden, um sich an die Situation anzupassen (mehr dazu in Kapitel 10).

Bislang hat dieses Buch eine Hauptbotschaft vermittelt: Der immer rascher werdende technische Fortschritt dürfte branchenübergreifend und über alle Qualifikationen hinweg zahlreiche Arbeitsplätze gefährden. Kommt es zu einem derartigen Trend, wären die Folgen für die Gesamtwirtschaft immens. Wenn Arbeitsplätze und die daran hängenden Einkommen gnadenlos automatisiert werden, kann es passieren, dass dem Großteil der Verbraucher die Mittel und die Kaufkraft fehlen, die vonnöten wären, damit die Wirtschaft weiterhin nachhaltig wachsen kann.

Jedes Produkt und jede Dienstleistung, die von einer Volkswirtschaft hergestellt wird, wird letztlich auch von jemandem gekauft (konsumiert). Ökonomisch bedeutet „Nachfrage" den Wunsch nach oder den Bedarf an etwas, unterstützt von der Fähigkeit und der Bereitschaft, dafür zu bezahlen. Es gibt nur zwei Möglichkeiten, wie Nachfrage nach Produkten und Dienstleistungen entstehen kann – der Staat erschafft diese Nachfrage oder die Verbraucher tun es. Normalerweise machen die Verbraucherausgaben der Bevölkerung in den USA mindestens zwei Drittel des BIP aus, in den meisten anderen Industrienationen liegt der Wert bei etwa 60 Prozent. Die überwiegende Mehrzahl der Verbraucher bezieht nahezu sämtliches Einkommen natürlich über eine Beschäftigung. Arbeitsplätze sind der zentrale Mechanismus, über den Kaufkraft verteilt wird.

Selbstverständlich kaufen auch Unternehmen Dinge, aber das ist keine Endnachfrage. Firmen kaufen sich etwas, das dazu verwendet wird, etwas anderes herzustellen. Oder sie kaufen etwas, um Investitionen vorzunehmen, die der künftigen Produktion zugutekommen. Gibt es allerdings keine Warennachfrage mehr, dann wird das Unternehmen dichtmachen und auch keine Einkäufe mehr tätigen. Ein Unternehmen kann natürlich an ein anderes Unternehmen verkaufen, aber irgendwann, an irgendeinem Punkt muss eine Person (oder eine Behörde) stehen, die etwas nur deshalb kauft, weil sie es haben möchte oder es braucht.

Der springende Punkt ist, dass ein Arbeitnehmer auch ein Verbraucher ist (und andere Verbraucher unterstützen kann). Diese Menschen sind es, die die Endnachfrage steuern. Wird ein Arbeitnehmer durch eine Maschine ersetzt, geht diese Maschine nicht nach Feierabend los und konsumiert. Die Maschine wird Energie benötigen und Ersatzteile, sie muss auch gewartet werden, aber noch einmal: Das sind Geschäftsausgaben, keine Endnachfrage. Wenn niemand kauft, was die Maschine herstellt, wird sie irgendwann abgeschaltet. Ein Industrieroboter in einem Pkw-Werk wird nicht in Betrieb bleiben, wenn niemand die von ihm montierten Autos kauft.*

---

* Natürlich kommen nicht alle Roboter in der Herstellung zum Einsatz, es gibt auch Konsumroboter. Stellen Sie sich vor, Ihnen würde eines Tages ein persönlicher Roboter gehören, der Dinge im Haushalt erledigt. Der würde dann Strom „konsumieren", er müsste repariert und gewartet werden. Ökonomisch betrachtet sind jedoch weiterhin Sie der Verbraucher, nicht der Roboter. Sie benötigen einen Job oder ein Einkommen, wie wollen Sie denn sonst die Betriebskosten für den Roboter bestreiten? Es sind nicht die Roboter, die die Endnachfrage erhöhen, das machen die Menschen. (Immer vorausgesetzt natürlich, dass Roboter nicht wirklich intelligent sind, ein Bewusstsein haben und die wirtschaftlichen Freiheiten erhalten, die nötig wären, um als Verbraucher agieren zu können. Diese spekulative Möglichkeit behandeln wir im nächsten Kapitel.)

Wenn also die Automatisierung in beträchtlichem Ausmaß Arbeitsplätze vernichtet – Arbeitsplätze, von denen die Verbraucher abhängen – oder wenn die Löhne so weit gedrückt werden, dass nur noch wenige Menschen ein nennenswertes frei verfügbares Einkommen vorweisen können, wie soll dann die moderne, auf Massenmärkte ausgelegte Volkswirtschaft weiterhin fortbestehen? Von den Industrien, die das Rückgrat unserer Konjunktur bilden (Automobile, Finanzdienstleistungen, Unterhaltungselektronik, Telekommunikation, Gesundheit und so weiter), sind nahezu alle für Märkte ausgelegt, die theoretisch aus vielen Millionen potenziellen Kunden bestehen. Die Märkte werden nicht nur vom Gesamtumsatz allein angetrieben, sondern auch durch die Stücknachfrage. Eine einzelne sehr wohlhabende Person kauft sich vielleicht ein wunderschönes Luxusauto, vielleicht auch ein Dutzend davon. Aber diese Person wird sich nicht Tausende Fahrzeuge kaufen und exakt dasselbe gilt auch für Mobiltelefone, Laptops, Essen in Restaurants, Kabelfernseh-Abos, Hypotheken, Zahnpastatuben, Prophylaxebehandlungen beim Zahnarzt oder einen der zahllosen anderen Artikel oder Dienste, die man sich vorstellen kann. Auf einem Massenmarkt kommt es sehr stark darauf, wie die Kaufkraft sich verteilt. Konzentriert sich das Einkommen extrem stark in einem winzigen Grüppchen potenzieller Kunden, gefährdet das auf Dauer die Überlebensfähigkeit der Märkte, die diese Branchen stützen.

Ungleichheit und Verbraucherausgaben – die aktuelle Beweislage

1992 waren die einkommensstärksten fünf Prozent der amerikanischen Haushalte für etwa 27 Prozent der gesamten Konsumausgaben verantwortlich. Bis 2012 war ihr Anteil auf 38 Prozent gestiegen. Der Anteil an den Gesamtkonsumausgaben der unteren 80 Prozent sank im selben Zeitraum von etwa 47 auf 39 Prozent.[1] Spätestens 2005 war der Trend hin zu einer verstärkten Konzentration von Einkommen und Ausgaben dermaßen offensichtlich und beständig, dass die Börsenanalysten der Citigroup eine Reihe berühmter Memos schrieben, die sich ausschließlich an ihre reichsten Kunden richteten. Die USA, so die Analysten, verwandle sich in eine „Plutonomie", ein topplastiges Wirtschaftssystem, in dem das Wachstum vor allem von einer winzigen, wohlhabenden Elite vorangetrieben wird, die einen immer größeren Anteil dessen konsumiert, was die Wirtschaft produziert. In den Memoranden wird den reichen Investoren unter anderem empfohlen, nicht in Firmen zu investieren, die die Bedürfnisse der rasch schrumpfenden amerikanischen Mittelschicht bedienen. Stattdessen solle man sein Augenmerk lieber auf Luxuskonzerne und auf Dienstleistungen legen, die die reichsten Verbraucher als Zielgruppe haben.[2]

Die Daten sprechen eine ganz eindeutige Sprache und zeigen, dass Amerikas Wirtschaft seit Jahrzehnten auf eine immer stärkere Einkommenskonzentration zusteuert. Gleichzeitig offenbaren die Daten ein grundlegendes Paradoxon. Seit Langem wissen Ökonomen, dass die Reichen einen kleineren Anteil ihres Einkommens ausgeben als die Mittelschicht und vor allem als die Armen. Die Haushalte mit den geringsten Einnahmen haben kaum eine Wahl: Fast alles, was sie verdienen, geben sie auch wieder aus. Das würde den wirklich Reichen wohl selbst dann nicht gelingen, wenn sie es versuchten. Das wiederum spricht ganz eindeutig dafür, dass wir einen weniger stabilen Gesamtkonsum erwarten sollten, wenn sich die Einkommen immer stärker in den Händen einiger weniger Wohlhabender konzentrieren. Der winzige Bruchteil der Bevölkerung, der wie ein Staubsauger immer mehr und mehr vom Nationaleinkommen ansaugt, wird es schlicht nicht alles ausgeben können. Genau das sollte man eigentlich an den Wirtschaftszahlen ablesen können.

Die historische Realität hingegen ergibt ein völlig anderes Bild: In den dreieinhalb Jahrzehnten zwischen 1972 und 2007 legten die durchschnittlichen Ausgaben als Prozentsatz des verfügbaren Einkommens von etwa 85 Prozent auf über 93 Prozent zu.[3] Über einen langen Zeitraum hinweg machten Konsumausgaben nicht nur den mit Abstand größten Anteil am amerikanischen BIP aus, sie waren auch das am schnellsten wachsende Segment. Anders gesagt: Die Schere bei den Gehältern klaffte immer weiter auseinander und die Einkommen konzentrierten sich immer mehr auf einen Punkt, dennoch gelang es den

Verbrauchern irgendwie, ihre Gesamtausgaben noch zu erhöhen. Und kein Faktor kurbelte das Wachstum der US-Wirtschaft so stark an wie die Verschwendungssucht der Verbraucher.

Im Januar veröffentlichten die Ökonomen Barry Cynamon (Federal Reserve Bank of St. Louis) und Steven Fazzari (Washington University in St. Louis) ein Forschungspapier, das diesem Paradoxon der wachsenden Einkommensungleichheit einerseits und den steigenden Verbraucherausgaben andererseits nachging. Ihre zentrale Schlussfolgerung lautete, dass der Jahrzehnte während Aufwärtstrend bei den Konsumausgaben vor allem dadurch zustande kam, dass die unteren 95 Prozent der amerikanischen Verbraucher mehr und mehr Schulden machten. Zwischen 1989 und 2007 verdoppelte sich das Verhältnis von Schulden zu Einkommen von etwas über 80 Prozent auf in der Spitze nahezu 160 Prozent. Bei den reichsten fünf Prozent schwankte dieser Wert relativ stabil um die 60 Prozent.[4] Der stärkste Anstieg der Verschuldung fiel zeitlich mit der Immobilienblase und der Phase vor Ausbruch der Finanzkrise zusammen, als der Zugang zu Hypothekenkrediten sehr einfach war.

Dass nahezu die gesamte amerikanische Bevölkerung ungebremst Kredite aufnimmt, war selbstverständlich kein haltbarer Zustand. Cynamon und Fazzari argumentieren: „Finanzielle Verwundbarkeit als Folge beispielloser Kreditaufnahmen löste die Wirtschaftskrise aus, als es unmöglich wurde, noch mehr Schulden zu machen und der Konsum daraufhin erzwungenermaßen nachließ."[5] Als die Krise ausbrach, gingen die Haushaltsausgaben um rund 3,4 Prozent zurück, ein Konsumeinbruch, wie ihn Amerika bis dato in keiner Nachkriegsrezession erlebt hatte. Hinzu kommt, dass der Rückgang der Ausgaben ausgesprochen langlebig war. Es sollte nahezu drei Jahre dauern, bis der Konsum wieder das Niveau von vor der Krise erreicht hatte.[6]

Cynamon und Fazzari beobachteten einen deutlichen Unterschied zwischen den beiden Einkommensgruppen, und zwar sowohl während als auch nach der Wirtschaftskrise. Die oberen fünf Prozent konnten ihre Ausgaben mäßigen, indem sie während der Rezession auf andere Ressourcen zurückgriffen. Die unteren 95 Prozent hingegen standen praktisch blank da und hatten keine andere Wahl: Sie mussten ihre

Ausgaben drastisch zurückfahren. Dass sich die Verbraucherausgaben anschließend wieder erholten, ist ausschließlich dem Grüppchen an der Spitze der Einkommensverteilung zu verdanken, wie die Ökonomen zudem feststellten. 2012 hatten die oberen fünf Prozent ihre Ausgaben inflationsbereinigt um etwa 17 Prozent erhöht, die unteren 95 Prozent hingegen verharrten noch immer auf dem Niveau von 2008. Cynamon und Fazzari sehen wenige Möglichkeiten, wie sich die Situation für die Mehrheit der Verbraucher deutlich verbessern könnte. Ihre Befürchtung: Die steigende Ungleichheit hätte eigentlich auf die Nachfrage durchschlagen müssen. Dass dies jahrzehntelang nicht geschah, sei darauf zurückzuführen, dass die unteren 95 Prozent sich verschuldeten. Jetzt wird die gebremste Nachfrage vermutlich das Konsumwachstum hinauszögern – und zwar jahrelang.[7]

In der Wirtschaftswelt der USA zeigt sich immer stärker, dass sich bei der Binnennachfrage die oberen Zehntausend den Ton angeben. Egal, welcher Industriezweig sich direkt an den amerikanischen Verbraucher wendet, von Haushaltsgeräten über Restaurants und Hotels bis hin zum Einzelhandel: Fast überall hat man es in der Mittelschicht mit stagnierenden oder rückläufigen Umsätzen zu tun, während Firmen, die das Luxussegment bedienen, weiterhin prosperieren.

Einige Spitzenmanager erkennen inzwischen, welche Gefahr da für Massenprodukte und Massendienstleistungen erwächst. Die größte Bedrohung für sein Unternehmen seien stagnierende Löhne, sagte im August 2013 John Skipper, Vorsitzender von ESPN. Der amerikanische Sportsender ist die wertvollste Medienmarke der Welt. ESPN kann über Satellit und über Kabel empfangen werden. Die Kosten für Kabelfernsehen haben sich in den vergangenen 15 Jahren in etwa vervierfacht, während die Löhne gleichzeitig stagnierten. „ESPN ist ein Massenprodukt", sagte Skipper, dennoch könnte der Dienst schon bald für einen nicht unerheblichen Teil seines Publikums nicht mehr bezahlbar sein.[8]

Als Amerikas größter Einzelhändler gilt Wal-Mart als Frühindikator für die Befindlichkeiten der Mittelschicht und der Arbeiterklasse, denn die Menschen aus diesen Klassen strömen auf der Suche nach niedrigen Preisen in Scharen in die Supermärkte. Im Februar 2014 veröffentlichte

Wal-Mart eine Umsatzprognose, die Investoren enttäuschte und den Aktienkurs deutlich nachgeben ließ: In den Geschäften, die seit mindestens einem Jahr geöffnet waren, fielen die Umsätze das vierte Quartal in Folge. Kürzungen beim Programm für Lebensmittelmarken sowie eine Erhöhung der Lohnsteuer würden besonders die Haushalte mit geringerem Einkommen stärker in Mitleidenschaft ziehen, warnte der Konzern. Rund jeder fünfte Wal-Mart-Kunde ist auf Lebensmittelmarken angewiesen und es gibt drückende Belege dafür, dass die finanzielle Belastung dieser Menschen so groß ist, dass sie praktisch keinerlei frei verfügbares Einkommen mehr besitzen.

Seit der jüngsten Wirtschaftskrise ist es in Wal-Mart-Läden ein normales Bild geworden, dass am Monatsersten in den Läden kurz nach Mitternacht hektische Betriebsamkeit herrscht. Der Grund? An diesem Tag werden die sogenannten Electronic Benefits Transfer Cards vom Staat aufgeladen. Mithilfe dieser Karten können die Empfänger von Sozialleistungen bargeldlos bezahlen. Zum Monatsende hin sind vielen der ärmsten Wal-Mart-Kunden buchstäblich das Essen und andere wichtige Produkte des täglichen Gebrauchs ausgegangen. Deshalb dieses Bild: Vor Mitternacht am Letzten des Monats werden die Einkaufswagen voll beladen, dann wartet man geduldig in der Schlange, bis, normalerweise kurz nach Mitternacht, das Geld aus dem Lebensmittelkartenprogramm eingetroffen ist.[9] Bei Wal-Mart macht sich zudem auch die wachsende Konkurrenz durch die sogenannten Dollar Stores bemerkbar, Geschäfte, in denen jeder Artikel einen Dollar kostet. Dass dort viele Verbraucher einkaufen gehen, hat nicht unbedingt etwas mit niedrigeren Preisen zu tun, sondern damit, dass es dort Artikel in kleineren Mengen gibt. So kann man zum Monatsende hin versuchen, aus dem letzten verbliebenen Geld noch möglichst viel herauszuholen.

Tatsächlich ergibt sich ein vergleichsweise einheitliches Bild, wenn man sich die wirtschaftliche Erholung der Privatwirtschaft ansieht: Die Gewinne schossen in die Höhe, die Umsätze aber blieben dabei oftmals hinter den Erwartungen zurück. Bei der Rentabilität haben Firmen zum Teil ein atemberaubendes Niveau erreicht, aber das gelang ihnen vor allem durch Senkung der Lohnkosten und nicht dadurch, dass sie mehr

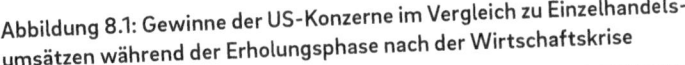

Abbildung 8.1: Gewinne der US-Konzerne im Vergleich zu Einzelhandels-
umsätzen während der Erholungsphase nach der Wirtschaftskrise

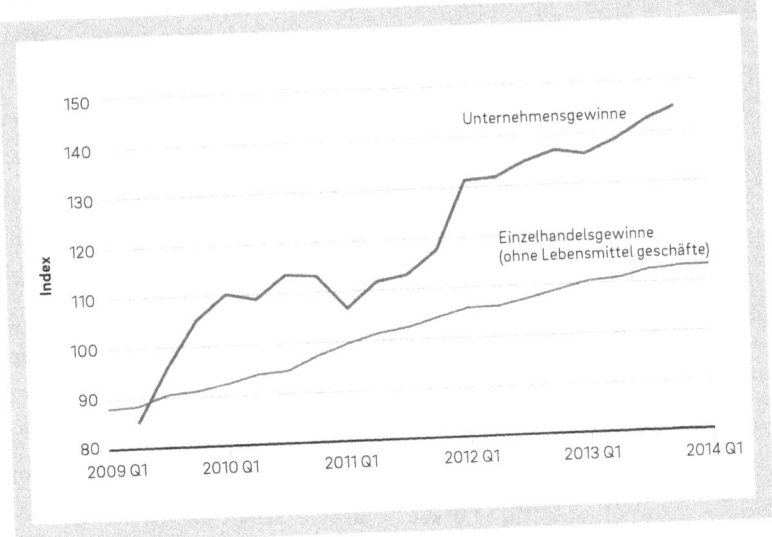

Quelle: Federal Reserve Bank of St. Louis.[10]

Waren verkaufen oder mehr Abnehmer für ihre Dienstleistungen finden. Das sollte keine Überraschung sein. Schauen Sie sich noch einmal die Abbildungen 2.3 und 2.4 in Kapitel 2 an. Firmengewinne als
Anteil vom BIP erreichten ein beispielloses Niveau, während gleichzeitig der Anteil der Arbeit am Nationaleinkommen auf den bisher tiefsten
Stand absackte.

Ich lese aus diesen Zahlen, dass sehr viele amerikanische Verbraucher sich die von den Unternehmen produzierten Produkte und Dienstleistungen nicht leisten können. Noch deutlicher wird das Bild durch
Abbildung 8.1. Die Grafik zeigt, wie sich die Gewinne der amerikanischen Unternehmen rasch erholten und sich im Verlauf der Erholung
von den Einzelhandelszahlen abkoppelten.* Man sollte sich hierbei

---

* Es sei an dieser Stelle darauf hingewiesen, dass der Einzelhandel zwar nur einen kleinen
  Bruchteil des Gesamtkonsums ausmacht beziehungsweise dessen, was üblicherweise

noch einmal vor Augen halten, dass die schrittweise Erholung der Ausgaben ausschließlich von Verbrauchern befeuert wurde, die in der Einkommenspyramide zu den obersten fünf Prozent gehören.

Die Weisheit der Ökonomen

Die Fakten sprechen dafür, dass ein hoher Prozentsatz der amerikanischen Verbraucher schlichtweg nicht über ausreichend Einkünfte verfügt, um die von der Wirtschaft produzierten Produkte und Dienstleistungen ausreichend nachzufragen. Dennoch herrscht bei den Ökonomen kein Konsens in der Frage, ob die Einkommensungleichheit das Wirtschaftswachstum spürbar bremst. Die führenden progressiven Ökonomen könnten sich vielleicht darauf verständigen, dass mangelnde Nachfrage ein Hauptproblem der Konjunktur ist, aber selbst in dieser Gruppe ist man sich nicht einig hinsichtlich der Frage, wie sich die Ungleichheit direkt auswirkt.

Dass Ungleichheit das Wachstum negativ beeinflusst, davon ist wohl keiner mehr überzeugt wie der Nobelpreisträger Joseph Stiglitz. In einem Kommentar für die *New York Times* schrieb er im Januar 2013: „Ungleichheit unterdrückt den Aufschwung", denn „unsere Mittelschicht ist zu schwach, um die Binnennachfrage zu stärken, die historisch unser Wirtschaftswachstum vorangetrieben hat".[11]

Zustimmung in weiten Teilen scheint Stiglitz bei Robert Solow zu finden, der 1987 den Nobelpreis für Wirtschaftswissenschaften dafür erhielt, dass er beleuchtete, wie sich technologische Innovation auf das langfristige Wirtschaftswachstum auswirkt. In einem Interview im Januar 2014 sagte Solow: „Die wachsende Ungleichheit scheint die Einkommensverteilung auszuhöhlen. Wir verlieren die soliden Mittelschichtjobs

als „Ausgaben für den privaten Konsum" bezeichnet wird. Diese Ausgaben entsprechen typischerweise rund 70 Prozent des amerikanischen BIP und es zählen alle Produkte und Dienstleistungen dazu, die die Verbraucher erwerben, sowie Mieten beziehungsweise „kalkulatorische Mieten" (eine Maßeinheit, die für Unterkünfte angesetzt wird, die vom Eigentümer selbst bewohnt werden).

und die stabilen Mittelschichteinkommen, die zuverlässig die Verbrauchernachfrage generieren, welche die Wirtschaft am Laufen hält und Innovationen anstößt."[12]

Paul Krugman ist ebenfalls Wirtschaftsnobelpreisträger und als Kolumnist und Blogger für die *New York Times* vielleicht derjenige, der am stärksten in der Öffentlichkeit steht. Er ist anderer Meinung als Stiglitz und schreibt in seinem Blog, er wünschte, er könne dieser These zustimmen, jedoch: Die Beweise würden die Theorie nicht stützen.[13,]*

Im Lager der konservativeren Ökonomen dürfte mit der These, dass die Ungleichheit das Wachstum deutlich abbremst, überhaupt kein Staat zu machen sein. Viele konservative Ökonomen bestreiten ja schon, dass mangelnde Nachfrage das größte Problem der Wirtschaft sei. Sie haben während Erholungsphasen stattdessen auf gewisse Unwägbarkeiten hingewiesen – beispielsweise im Hinblick auf das Ausmaß der Staatsverschuldung, mögliche Steuererhöhungen, mehr Regulierung und die Umsetzung des Affordable Care Act. Sie treten für eine Kürzung der öffentlichen Ausgaben ein, für Steuersenkungen und weniger Regulierung. Das werde die Zuversicht von Investoren und Firmen stärken

---

* Krugmans Widerspruch stützt sich vor allem darauf, dass Verbraucher nicht zwingen immer an ein und derselben Stelle der Einkommensverteilung stehen müssen. Einige Menschen erleben wirtschaftlich vielleicht ein besonders gutes oder schlechtes Jahr, insofern würden ihre Ausgaben eher ihre langfristigen Erwartungen reflektieren als ihre aktuelle Situation. (Wie wir sehen werden, hat das mit der „Hypothese permanenter Einkommen" zu tun.) Aus diesem Grund würden die Daten unabhängig von ihrem Zeitpunkt überhaupt nichts dazu verraten, wohin sich die Zukunft entwickelt. Er deutet sogar an, wir könnten Vollbeschäftigung haben aufgrund des Verkaufs von Jachten und Luxusfahrzeugen und der Dienstleistungen von Personal Trainern und Promiköchen. Ich habe da meine Zweifel (mehr dazu im Abschnitt „Techno-Feudalismus" weiter hinten in diesem Kapitel). Wie schon erwähnt, handelt es sich bei fast allen großen Branchen der modernen Wirtschaft um Bereiche, die Waren oder Dienstleistungen für die große Masse anbieten. Jachten und Ferraris sind einfach nicht bedeutsam genug, um auszugleichen, dass bei allen Dingen, die 99 Prozent der Verbraucher kaufen, die Nachfrage auf breiter Front sinkt. Hinzu kommt, dass die Herstellung von Jachten und Ferraris zunehmend automatisiert werden wird. Bleibt die Frage: Wie viele Personal Trainer und Promiköche brauchen die 0,01 Prozent der Bevölkerung wirklich?

sowie mehr Investitionen, größeres Wirtschaftswachstum und das Entstehen neuer Arbeitsplätze nach sich ziehen. Diese Idee scheint mir erstaunlich weit entfernt von der augenscheinlichen Realität. Krugman hat die Vorschläge wiederholt verspottet als Märchen von der „Confidence Fairy".[14]

Worauf ich mit all dem hinauswill: Die professionellen Ökonomen haben allesamt Zugang zu denselben objektiven Daten. Trotzdem können sie sich nicht einmal ansatzweise auf eine Antwort auf die Frage verständigen, die meiner Ansicht nach fundamental ist: Bremst die gesunkene Nachfrage das Wirtschaftswachstum aus? Und wenn ja: Trägt die Ungleichheit bei der Einkommensverteilung entscheidend dazu bei?

Ich vermute, dass wir hier einen Vorgeschmack darauf bekommen, wie der Berufsstand der Ökonomen reagieren wird, wenn die hier von mir beschriebene technologische Disruption Fahrt aufnimmt. Natürlich ist es absolut möglich, dass zwei „Wissenschaftler" gegensätzliche Schlussfolgerungen aus identischen Daten ziehen, aber bei Ökonomen verlaufen die Grenzen zu oft und zu sauber entlang klar definierter politischer Lager.

Wenn Sie wissen wollen, was eine bestimmte Person sagen wird, schauen Sie sich an, welche ideologische Ausrichtung diese Person hat. Häufig lässt sich daran besser prognostizieren, was die Person sagen wird, als anhand der Daten, um die es geht. Anders gesagt: Wenn Sie darauf warten, dass die Ökonomen an die Öffentlichkeit treten und erklären, sie seien sich jetzt einig in der Frage, welche Auswirkungen der technische Fortschritt auf die Wirtschaft hat, dann richten Sie sich besser auf eine ziemlich lange Wartezeit ein.

Aber ganz abgesehen von den ideologischen Grabenkämpfen der Ökonomen ergibt sich ein weiteres Problem vermutlich aus der extremen Quantifizierung dieser Wissenschaft. Nach dem Zweiten Weltkrieg hat sich die Wirtschaftslehre zu einer ausgesprochen mathematischen und datenbasierten Wissenschaft entwickelt. Das hat unbestritten viele positive Folgen, aber man sollte dabei nicht außer Acht lassen, dass wir logischerweise keine wirtschaftlichen Daten aus der Zukunft zur

Verfügung haben. Eine quantitative, datengestützte Analyse hängt zwingend von Informationen ab, die in der Vergangenheit gesammelt wurden. Und in einigen Fällen sind diese Daten Jahre oder gar Jahrzehnte alt. Die Ökonomen haben mithilfe all dieser historischen Daten ausgeklügelte mathematische Modelle ersonnen, aber die meisten davon basieren auf der Wirtschaft des frühen 20. Jahrhunderts.

Welchen Einschränkungen die ökonomischen Modelle unterliegen, zeigt sich darin, dass der Berufsstand es fast ausnahmslos versäumte, die weltweite Finanzkrise von 2008 vorherzusagen. Paul Krugman schrieb 2009 einen Artikel mit der Überschrift „How Did Economists Get It So Wrong?" (etwa: „Wie konnten die Ökonomen so dermaßen danebenliegen?"). Darin heißt es: „Dieses Scheitern bei der Vorhersage war noch das geringste Problem des Forschungsbereichs. Noch alarmierender war die Blindheit des ganzen Berufsstands, allein schon die Möglichkeit eines katastrophalen Scheiterns der Marktwirtschaft einzuräumen."[15]

Ich glaube, es gibt einige gute Gründe dafür, dass die mathematischen Modelle der Ökonomen ganz genauso versagen werden, wenn der exponentielle Fortschritt der Informationstechnologie die Wirtschaft immer mehr disrupiert. Erschwerend kommt hinzu, dass viele dieser Modelle mit vereinfachten (zum Teil sogar recht absurden) Annahmen arbeiten, was das Verhalten und Interagieren von Verbrauchern, Arbeitnehmern und Unternehmen anbelangt.

„Ein allzu großer Teil jüngster ‚mathematischer' Wirtschaftslehren besteht aus bloßen Tüfteleien, so ungenau wie die anfänglichen Voraussetzungen, auf denen sie beruhen, welche dem Autor erlauben, die Verwicklungen und gegenseitigen Abhängigkeiten der wirklichen Welt in einem Wust anmaßender und nutzloser Symbole aus dem Blick zu verlieren."[16] Vielleicht hat es niemand so gut formuliert wie John Maynard Keynes vor fast 80 Jahren in „Allgemeine Theorie der Beschäftigung, des Zinses und des Geldes", dem Buch, das nach landläufiger Meinung die Wirtschaftswissenschaften in die Moderne geführt hat. [Davon gibt es eine Übersetzung von 1936 und eine aktuellere. Das Zitat ist aus Letzterer von Fritz Waeger, 11. Auflage, Duncker & Humblot, Berlin, 2009.]

Komplexität, Feedback-Effekte, Verbraucherverhalten und „Wo bleibt die explodierende Produktivität?"

Eine Volkswirtschaft ist ein ausgesprochen komplexes System, in dem es unzählige Wechselwirkungen und Rückkopplungen gibt. Verändert man eine Variable, hat das eine Vielzahl von Auswirkungen zur Folge, die sich in Abstufungen durch das System verbreiten. Einige dieser Effekte werden auch die ursprüngliche Veränderung abschwächen oder gar konterkarieren.

Dass die Wirtschaft dazu neigt, sich durch Feedback-Effekte selbst zu regulieren, dürfte ein zentraler Grund dafür sein, dass noch kein Konsens erzielt wurde in der Frage, welche Rolle technischer Fortschritt beim Schaffen von Ungleichheit spielt. Der Aufstieg der Roboter schlage sich in den Produktivitätsdaten nicht nieder, schon gar nicht kurzfristig, ist ein gerne angeführtes Argument von Ökonomen, die skeptisch sind, was die Folgen von Technologie und Automatisierung angeht. Im letzten Quartal von 2013 beispielsweise wuchs die Produktivität in den USA auf das Jahr hochgerechnet nur noch um 1,8 Prozent – weitaus weniger als die beeindruckenderen 3,5 Prozent im Vorquartal.[17] Wir erinnern uns: Produktivität wird gemessen, indem man den Produktions-Output durch die Zahl der gearbeiteten Stunden teilt. Wenn Maschinen und Software also tatsächlich menschliche Arbeitskraft rasch ersetzen würden, müsste doch die Zahl der gearbeiteten Stunden rasant fallen, während die Produktivität gleichzeitig in die Höhe schießt.

Das Problem bei dieser Behauptung: In der Realwirtschaft liegen die Dinge nicht so einfach. Produktivität misst nicht, wie viel ein Unternehmen pro Stunde produzieren könnte, sondern wie viel es tatsächlich produziert. Anders gesagt: Die Produktivität wird direkt durch die Nachfrage beeinflusst. Der Output ist schließlich der Zähler in der Produktivitätsformel. Das ist vor allem dann wichtig, wenn man bedenkt, dass in den Industrienationen mittlerweile der Dienstleistungssektor den Großteil der Wirtschaft ausmacht. Hat ein Hersteller mit schwacher Nachfrage zu kämpfen, kann er durchaus beschließen, die Bänder einfach weiterlaufen zu lassen und seine Lager oder seine Vertriebskanäle zu füllen. Ein Dienstleister hat diese Möglichkeit nicht. Dort entspricht der Output unmittelbar der Nachfrage und jedes Unternehmen, dessen Nachfrage schwächelt, wird wahrscheinlich gleichzeitig beim Produktivitätswachstum enttäuschen, sofern es nicht sofort die Belegschaftsgröße reduziert oder die Arbeitsstunden so weit reduziert, dass die Zahlen wieder passen.

Nehmen wir an, Ihnen gehört ein kleines Unternehmen, das Analysen für Konzerne durchführt. Sie haben zehn Mitarbeiter, die voll ausgelastet sind. Plötzlich erscheint eine leistungsstarke neue Software auf dem Markt, die es möglich macht, dass die Arbeit von zehn Leuten künftig von acht erledigt werden kann. Also kaufen Sie die neue Software und entlassen zwei Personen. Da kommt sie, die Roboter-Revolution! Jetzt wird es so richtig losgehen mit der Produktivität. Aber halt, nicht so schnell: Ihr wichtigster Kunde rechnet mit weniger Nachfrage nach seinem Produkt oder seiner Dienstleistung. Eigentlich sollten Sie diese Woche einen neuen Auftrag unterzeichnen, aber daraus wird nun nichts. Kurzfristig sehen die Dinge erst einmal ziemlich trübe aus. Sie haben sich gerade erst von Mitarbeitern getrennt, also zögern Sie, die Stimmung noch weiter zu vermiesen, indem Sie weitere Entlassungen vornehmen. Bevor Sie sich's versehen, sitzen Ihre verbliebenen acht Mitarbeiter ziemlich oft untätig herum und sehen sich Youtube-Videos an, während die Uhr läuft. Die Produktivität sackt ab!

Das ist das übliche Muster während der meisten Abschwünge, die die amerikanische Wirtschaft hinter sich hat. In der Rezession sank meistens die Produktivität, weil der Output geringer wurde, obwohl die Arbeitszeit gleich blieb. Während der Weltwirtschaftskrise von 2007 bis 2009 dagegen trat genau das Gegenteil ein: Die Produktivität legte zu! Der Ausstoß schrumpfte spürbar, aber die gearbeiteten Stunden fielen noch schneller, während die Firmen sehr aggressiv Stellen strichen und die Arbeitslast der verbliebenen Belegschaft erhöhten. Diejenigen, die ihren Job behalten hatten (und natürlich weitere Kündigungswellen fürchteten), arbeiteten vermutlich härter und strichen alles an Aktivitäten, was nicht direkt mit ihrer Arbeit zusammenhängt. Das Resultat? Ein Anstieg der Produktivität.

In der Realwirtschaft laufen derartige Szenarien in zahllosen Unternehmen aller Größen und Formen ab. Irgendwo arbeitet sich ein Unternehmen gerade in neue Technologie ein, welche die Produktivität steigert. Woanders reagiert ein anderes Unternehmen auf schwache Nachfrage mit einer Verringerung der Produktion. Im Schnitt ergibt das einen nur mittelmäßigen Wert, was die Produktivität anbelangt.

Was ich damit sagen möchte: Kurzfristige Kennzahlen wie die Produktivität sind zumeist variabel und eher chaotisch. Langfristig dagegen zeichnet sich der Trend deutlich klarer ab. Beweise dafür haben wir in Kapitel 2 gesehen. Erinnern Sie sich? Dort habe ich Ihnen erläutert, dass seit den frühen 1970er-Jahren die Produktivität deutlich rascher gestiegen ist als die Löhne.

Wie sich eine schwache Verbrauchernachfrage auf die Produktivität auswirkt, ist nur ein Beispiel für die Rückkopplungen, die in einer Volkswirtschaft greifen. Es gibt zahlreiche weitere Beispiele und sie können sich sowohl in die eine als auch in die andere Richtung auswirken. Eine schwächelnde Verbrauchernachfrage beispielsweise kann dazu führen, dass neue Technologien langsamer entwickelt und eingeführt werden. Beim Fällen geschäftlicher Entscheidungen berücksichtigen die Unternehmen sowohl das aktuelle wirtschaftliche Umfeld als auch das künftige. Sind die Prognosen schlecht oder schrumpfen die Gewinne, wird das Unternehmen wahrscheinlich auch die Ausgaben für Forschung und Entwicklung zurückfahren und weniger Kapitalausgaben vornehmen. Das Resultat: In den darauffolgenden Jahren kann der technische Fortschritt durchaus langsamer vonstattengehen, als es anderenfalls gekommen wäre.

Bei einem weiteren Beispiel geht es ums Verhältnis von arbeitserleichternder Technologie und den Löhnen vergleichsweise gering qualifizierter Arbeiter. Wenn technische Neuerungen (oder ein anderer Faktor) dafür sorgen, dass Gehälter stagnieren oder sogar fallen, wird aus Managementsicht die menschliche Arbeitskraft (zumindest vorübergehend) wieder attraktiver als Maschinen. Denken Sie nur an die Fast-Food-Industrie. In Kapitel 1 stellte ich die These auf, dass diese Branche aufgrund des Auftauchens von Robotertechnologie schon bald reif für eine Disruption sein wird. Aber das wirft eine grundlegende Frage auf: Warum ist die Branche nicht schon weiter mit der Automatisierung?

Einen Hamburger oder einen Taco zu belegen ist doch, gelinge gesagt, nicht gerade die vorderste Front der Präzisionsfertigung. Die Antwort (beziehungsweise ein Teil der Antwort) lautet, dass Technologie bereits dramatische Folgen nach sich gezogen hat. Noch haben in Fast-Food-Restaurants Maschinen die Mitarbeiter nicht großflächig überflüssig gemacht, aber die Technik hat die Arbeitsplätze ihrer Kompetenzen beraubt und die Arbeiter größtenteils austauschbar gemacht. Fast-Food-Angestellte werden in einen mechanisierten Fließbandprozess integriert und benötigen dafür nur wenig Ausbildung.*Aus diesem Grund kann die Branche mit starker Personalfluktuation und minimal qualifiziertem Personal zurechtkommen. Das hat dazu geführt, dass diese Arbeitsplätze fest in der Kategorie der Niedriglohnjobs verankert bleiben. Und inflationsbereinigt ist der Mindestlohn in den USA seit Ende der 1960er-Jahre übrigens um mehr als zwölf Prozent gefallen.[18]

---

* Dieser „Fast-Food-Effekt" könnte in Zukunft Fachkräften in vielen anderen Bereichen zusetzen. Lang bevor die Roboter so weit sind, die menschlichen Arbeitskräfte vollständig zu ersetzen, ist die Technik dennoch so weit, dass Berufe ihrer Qualifikation beraubt werden und die Gehälter entsprechend fallen. Ein klassisches Beispiel für dieses „Deskilling" liefern die Taxifahrer in London. Wer diesen Beruf ergreifen will, muss sich ein außergewöhnliches Maß an Informationen über das Straßennetz der britischen Hauptstadt aneignen. Dieser „The Knowledge" („Das Wissen") genannte Wissensschatz wird Londoner Taxifahrern seit 1865 abverlangt. Die Neurowissenschaftlerin Eleanor Maguire vom University College London stellte fest, dass all das Auswendiglernen das Gehirn der Taxifahrer verändert hat: Londons Taxifahrer weisen im Durchschnitt einen größeren Hippocampus auf als Menschen aus anderen Berufsbildern (im Hippocampus sitzt das Erinnerungsvermögen). Das Aufkommen von GPS-gestützter Satellitennavigation hat den Wert all dieses Wissens natürlich immens reduziert. Taxifahrer mit „The Knowledge" stellen in London noch immer die Mehrzahl, aber das hängt vor allem mit Regulierungsauflagen zusammen. Fahrer ohne „The Knowledge" müssen im Voraus bestellt werden und dürfen auf der Straße keine Fahrgäste aufsammeln. Neue Dienste wie Uber machen es möglich, Taxis per Smartphone zu bestellen, also selbst der Akt, sich ein Taxi heranwinken zu müssen, könnte schon bald der Geschichte angehören. Und die Taxifahrer selbst werden vielleicht irgendwann ganz durch automatisierte Fahrzeuge ersetzt. Lang bevor es so weit ist, dürfte die Technik aber die Ansprüche an diesen Job drastisch vermindert haben und die Gehälter drücken. Vielleicht bleibt Londoner Taxifahrern dank Regulierungsauflagen dieses Schicksal erspart, aber in vielen anderen Bereichen wird es den Arbeitnehmern nicht so gut ergehen.

In seinem Buch „Fast Food Gesellschaft: Fette Gewinne, faules System" erzählt Eric Schlosser 2001, wie McDonald's bereits in den 1990er-Jahren mit fortschrittlicher Technik versuchte, den Arbeitsaufwand zu verringern. Auf Versuchsanlagen in Colorado Springs nahmen sich Getränkeroboter Pappbecher, befüllten sie mit Eis und anschließend mit Limonade. Die Herstellung von Pommes frites war vollständig automatisiert und „in der Küche regierte fast in allen Bereichen moderne Computersoftware".[19] Dass all diese Neuerungen nicht schon längst Einzug gehalten haben in den McDonald's-Restaurants, kann durchaus damit zu tun haben, dass die Löhne weiterhin sehr niedrig sind. Allerdings ist nicht zu erwarten, dass dieser Zustand ewig Bestand haben wird. Irgendwann wird der Punkt kommen, an dem der Nutzen weiterer Automatisierung den Nutzen niedriger Löhne überwiegt.

Den Maschinenbestand aufzustocken, reduziert unter Umständen nicht nur einfach die Arbeitskosten, sondern kann weitere wichtige Vorteile mit sich bringen. So ist die Qualität besser beziehungsweise gleichbleibender und beim Kunden mag die automatisierte Herstellung als hygienischer gelten. Zudem kann es Synergien zwischen den Robotern und anderen neuen Technologien geben. Naheliegend ist heutzutage eine App, die es Kunden erlaubt, sich ihre Mahlzeit komplett personalisiert zusammenzustellen, im Voraus dafür zu bezahlen und sie dann punktgenau abzuholen. In den 1990er-Jahren wäre so etwas noch die reinste Zukunftsmusik gewesen.

Unter dem Strich heißt all das: In einer Branche wie der Fast-Food-Industrie werden arbeitssparende Entwicklungen höchstwahrscheinlich nicht beständig und vorhersehbar ablaufen. Es kann sein, dass die Dinge über einen längeren Zeitraum vergleichsweise stabil bleiben und dann, sobald ein bestimmter Punkt überschritten ist und eine Neubewertung der Vorteile von Mensch und von Maschine erforderlich wird, setzt ein rascher Wandel ein.

Ebenfalls zu bedenken gilt es, wie sich Verbraucher verhalten, wenn ihnen Entlassungen oder Gehaltskürzungen drohen. Gehen sie davon aus, dass die Arbeitslosigkeit oder die geringeren Einkünfte dauerhaft sein werden, wirkt sich das ganz anders aus als die Einschätzung, es handle sich nur um eine vorübergehende Phase. Die Ökonomen haben einen eindrucksvollen Namen dafür: Der Nobelpreisträger Milton Friedman hat diese Idee als „Hypothese permanenter Einkommen" formalisiert. Größtenteils hat es jedoch schlicht mit gesundem Menschenverstand zu tun. Wenn Sie 1.000 Dollar im Lotto gewinnen, geben Sie vielleicht einen Teil aus und legen einen Teil zurück, aber Sie werden Ihr Konsumverhalten gewiss nicht dauerhaft und im großen Maßstab umstellen, schließlich handelt es sich um einen einmaligen Ausreißer. Wenn dagegen Ihr Monatsgehalt ab dem nächsten Ersten um 1.000 Dollar höher ausfällt, werden Sie vielleicht einen neuen Wagen leasen, häufiger essen gehen oder sogar in ein größeres Haus umziehen.

Historisch galt Arbeitslosigkeit als kurzfristiges Phänomen. Wer seine Arbeit verliert, aber zuversichtlich ist, innerhalb kürzerer Zeit eine vergleichbar bezahlte Stelle zu finden, wird die Wartezeit vielleicht mit dem Ersparten überbrücken oder die Kreditkarte belasten, um das Konsumverhalten praktisch unverändert zu belassen. In den Nachkriegsjahren war es an der Tagesordnung, dass Firmen Mitarbeiter für ein paar Wochen oder Monate entließen und sie dann, sobald sich die Prognosen verbesserten, wieder einstellten. Das hat sich heute natürlich geändert. Nach der Finanzkrise von 2008 erreichten die Zahlen für Langzeitarbeitslosigkeit neue Rekordwerte und historisch betrachtet ist die Langzeitarbeitslosigkeit noch immer sehr hoch. Selbst erfahrene Arbeitnehmer, die es gewohnt sind, sich häufiger einen neuen Job zu suchen, müssen sich oftmals mit schlechter bezahlten Stellen begnügen. Dieser neue Trend ist natürlich auch den Verbrauchern nicht verborgen geblieben.

Entsprechend scheint es nur vernünftig, davon auszugehen, dass auch in der Einschätzung dessen, was Arbeitslosigkeit bedeutet, eine schrittweise Veränderung einsetzt. Wenn für immer mehr Menschen Arbeitslosigkeit ein länger andauernder oder gar dauerhafter Zustand ist, dann dürfte dies die Auswirkungen auf das Konsumverhalten dieser Menschen noch verstärken. Anders formuliert: Die historischen Zahlen sind nicht zwingend ein guter Indikator für die künftige Entwicklung. Wenn die Verbraucher stärker zu spüren bekommen, was der technische Fortschritt für sie bedeutet, werden sie möglicherweise beschließen, ihre Ausgaben aggressiver zurückzufahren, als dies in der Vergangenheit der Fall war.

Die Komplexität der Realwirtschaft ähnelt in vielerlei Hinsicht dem Klimasystem, wo ebenfalls ein nahezu undurchdringliches Gespinst an gegenseitigen Abhängigkeiten und Feedback-Effekten herrscht. Klimaforscher sagen uns, die steigenden Mengen an Kohlendioxid in der Atmosphäre würden nicht bedeuten, dass wir mit einem stetigen und beständigen Anstieg der Temperaturen rechnen können. Stattdessen werden die Durchschnittstemperaturen chaotisch ansteigen, begleitet von Phasen der Stagnation und möglicherweise auch Jahren oder noch längeren Phasen, in denen es vergleichsweise kalt ist. Außerdem können wir erwarten, dass die Zahl der Stürme und der extremen Wetterlagen zunimmt.

Zu einem ganz ähnlichen Phänomen könnte es in der Wirtschaft kommen, während sich Einkommen und Vermögen immer stärker auf einige Wenige konzentrieren und ein immer größerer Anteil der Verbraucher über immer weniger Kaufkraft verfügt. Kennzahlen wie die Produktivität oder die Arbeitslosenquote werden sich nicht in einer geraden Linie entwickeln und die Wahrscheinlichkeit von Finanzkrisen könnte durchaus zunehmen.

Auch die Klimaforscher sorgen sich wegen möglicher Tipping Points, mit deren Erreichen eine Umkehr unmöglich wird. So könnten die steigenden Temperaturen dazu führen, dass die arktische Tundra auftaut. Dabei würden gewaltige Mengen an im Boden gebundenem Kohlendioxid freigesetzt, was die Erderwärmung beschleunigen würde. Und ganz genauso ist es möglich, dass rasche technologische Innovationen grundlegend verändern, wie die Verbraucher über die Wahrscheinlichkeit und die wahrscheinliche Dauer von Phasen der Arbeitslosigkeit denken und als Reaktion darauf ihre Ausgaben stark kürzen. Wenn es dazu kommt, liegt es nahe, dass eine wirtschaftliche Abwärtsspirale einsetzt, die sogar diejenigen Arbeitnehmer beeinträchtigt, deren Stellen nicht direkt von der technologischen Disruption betroffen sind.

Ist angesichts eskalierender Ungleichheit Wirtschaftswachstum nachhaltig?

Die Konsumausgaben in den Vereinigten Staaten sind, wie wir gesehen haben, bislang auch weiterhin gewachsen, während sich die Ausgaben immer stärker konzentrierten. Auf die oberen fünf Prozent der Haushalte entfallen mittlerweile fast 40 Prozent des gesamten Verbrauchs. Die eigentliche Frage lautet nun, ob dieser Trend in den kommenden Jahren und Jahrzehnten Bestand haben kann, während die Informationstechnologie mit ungebremster Beschleunigung voraneilt.

Die oberen fünf Prozent haben vergleichsweise hohe Einkünfte, aber die überwältigende Mehrheit dieser Haushalte ist in hohem Maße abhängig von ihrer Arbeit. Selbst in dieser Spitzengruppe sind die Einkommen noch einmal in atemberaubendem Maß gebündelt. Die Zahl der wirklich reichen Haushalte, der Haushalte also, die bei unverändertem Ausgabenniveau von ihrem angehäuften Wohlstand leben könnten, fällt deutlich kleiner aus. Während der ersten Jahre der Erholung nach der jüngsten Wirtschaftskrise entfielen 95 Prozent der Einkommenszugewinne auf das oberste eine Prozent.[20]

Die obersten fünf Prozent setzen sich größtenteils zusammen aus Akademikern und Wissensarbeitern mit mindestens einem Universitätsabschluss. In Kapitel 4 haben wir gesehen, dass viele dieser Fachberufe genau im Fadenkreuz des technischen Fortschritts stehen. Einige Berufe könnten im Zuge der Software-Automatisierung komplett wegfallen, andere werden vielleicht so weit vereinfacht, dass die Gehälter einbrechen. Weitere mögliche Gefahrenquellen für diese Arbeitnehmer sind das Offshoring und der Umstieg auf Big-Data-basierte Managementmethoden, für die oftmals weniger Analysten und weniger mittleres Management benötigt werden. Diese Trends betreffen die Haushalte in der obersten Kategorie nicht nur direkt, sondern erschweren es jungen Arbeitnehmern, irgendwann in eine Position mit vergleichbarem Einkommen und vergleichbarem Konsumverhalten zu kommen.

Unter dem Strich bedeutet das, dass die oberen fünf Prozent künftig immer mehr einem Mikrokosmos des gesamten Arbeitsmarkts ähneln dürften – auch hier besteht die Gefahr einer Aushöhlung. Bei fortwährendem technischem Fortschritt könnte die Zahl der amerikanischen Haushalte, die über ausreichend frei verfügbares Einkommen verfügen, und so zuversichtlich in die Zukunft blicken, dass sie ihr Konsumverhalten nicht einschränken, noch weiter schrumpfen.

Der Umstand, dass viele dieser Spitzenhaushalte finanziell deutlich anfälliger dastehen, als es ihre Einkommen vermuten lassen, verstärkt das Risiko noch weiter. Diese Verbraucher leben normalerweise konzentriert in städtischen Gebieten mit hohen Lebenshaltungskosten und fühlen sich in vielen Fällen vermutlich noch nicht einmal sonderlich wohlhabend. Viele von ihnen haben den Aufstieg in die oberen fünf Prozent durch „assortative Paarung" geschafft – sie haben sich mit einem anderen gut verdienenden Hochschulabsolventen zusammengetan. Aber die Wohn- und Bildungsausgaben sind oftmals für diese Familien derart hoch, dass der Lebensstandard stark gefährdet wird, wenn ein Partner seinen Arbeitsplatz verliert. Anders formuliert: In einem Haushalt, in dem beide Partner berufstätig sind, ist die Wahrscheinlichkeit, dass eine plötzliche Arbeitslosigkeit zu einem drastischen Zurückfahren der Ausgaben führt, im Grunde doppelt so hoch.

Der Druck wächst also, den technischer Fortschritt auf die Spitzengruppe ausübt. Gleichzeitig spricht wenig dafür, dass sich die Aussichten für die unteren 95 Prozent deutlich verbessern werden. Roboter und Selbstbedienungstechnologie werden sich weiter im Dienstleistungsbereich ausbreiten, was die Löhne drückt und den vergleichsweise gering qualifizierten Arbeitnehmern weniger Möglichkeiten lässt. Automatisierte Fahrzeuge oder 3D-Drucker im Baugewerbe könnten mit der Zeit Millionen Jobs vernichten. Viele von diesen Arbeitnehmern werden sozial absteigen, einige werden womöglich vollständig aus dem Arbeitsmarkt ausscheiden. Mit der Zeit müssen möglicherweise immer mehr Haushalte mit einem Einkommen zurechtkommen, das sehr nah am Existenzminimum liegt. Es kann gut sein, dass die Warteschlangen von Menschen, die am Monatsersten im Supermarkt darauf warten, dass ihre Sozialhilfekarten aufgeladen werden, noch viel länger werden.

Wenn die Gehälter nicht steigen, bleibt den unteren 95 Prozent nur ein Weg, mehr Geld auszugeben – sie müssen sich stärker verschulden. Wie Cynamon und Fazzari nachgewiesen haben, konnten die amerikanischen Verbraucher in den zwei Jahrzehnten bis zum Ausbrechen der Finanzkrise von 2008 vor allem deshalb die Konjunktur befeuern, weil sie immer mehr Schulden machten. Seit dieser Krise sehen die Bilanzen allerdings trübe aus und die Kreditvoraussetzungen wurden deutlich verschärft, weshalb viele Amerikaner ihre Konsumausgaben zurückgeschraubt haben. Selbst wenn diese Haushalte wieder Kredit bekämen, wäre auch das vermutlich nur eine vorübergehende Lösung. Ohne steigende Einkünfte sind höhere Schulden nicht verantwortbar und es bestünde natürlich die Gefahr, dass Kreditausfälle eine neue Krise auslösen. Es gibt noch einen Bereich, in dem Amerikaner mit geringerem Einkommen einfachen Zugang zu Krediten haben, und das sind Studienkredite. In diesem Bereich hat der Schuldenberg ungeahnte Ausmaße erreicht und die Rückzahlungsforderungen werden auf Jahrzehnte hinaus das verfügbare Einkommen von Hochschulabsolventen stark reduzieren. Wie es bei denjenigen aussieht, die gar keinen Abschluss erlangt haben, davon will ich gar nicht erst sprechen.

Meine Argumentation hier bewegt sich im Theoretischen, aber die These, dass die Ungleichheit dem Wirtschaftswachstum schaden kann, lässt sich statistisch belegen. In einem im April 2011 veröffentlichten Bericht untersuchten die Ökonomen Andrew G. Berg und Jonathan D. Ostry vom Internationalen Währungsfonds (IWF) eine Reihe von Industrienationen und Schwellenländern. Dabei kamen sie zu dem Schluss, dass Ungleichheit beim Einkommen ein zentraler Faktor ist, der die Nachhaltigkeit wirtschaftlichen Wachstums beeinflusst.[21] Nur selten würden Volkswirtschaften Wachstumsphasen durchlaufen, die über Jahrzehnte hinweg anhalten, schreiben Berg und Ostry. Vielmehr würden „Phasen raschen Wachstums durch Zusammenbrüche und manchmal Stagnation unterbrochen – die Hügel, Täler und Ebenen des Wachstums".

Erfolgreiche Wirtschaften würden sich durch die Länge der Wachstumsphasen hervorheben. Die Ökonomen stellten eine signifikante Korrelation zwischen höherer Ungleichheit und kürzeren Wachstumsphasen fest. Tatsächlich ging eine Verringerung der Ungleichheit um zehn Prozentpunkte mit Wachstumsphasen einher, die 50 Prozent länger waren. Im Blog des IWF warnten die beiden Ökonomen die USA: Die extreme Einkommensungleichheit, die dort herrsche, habe ganz klare Folgen für die Wachstumsperspektiven des Landes: „Einige tun Ungleichheit ab und konzentrieren sich stattdessen auf das Gesamtwachstum. Die Flut hebe alle Boote an, so lautet ihr Argument. Doch wenn eine Handvoll Jachten zu Kreuzfahrtschiffen wird, während der Rest aus morschen Kanus besteht, läuft etwas massiv schief."[22]

Langfristige Risiken: Klamme Verbraucher, Deflation, Wirtschaftskrisen … und vielleicht sogar Techno-Feudalismus

2009 veröffentlichte ich mein erstes Buch zum Thema Automatisierung. Mehrere Leser schrieben mir daraufhin und sagten, ich hätte einen wichtigen Punkt übersehen: Roboter würden zwar in der Tat die Löhne drücken und Arbeitslosigkeit verursachen, aber eine effizientere Produktion würde doch die Sachen im Gegenzug deutlich billiger machen! Das bedeute, selbst wenn das Einkommen schrumpfe, könne man weiterhin konsumieren, denn die Preise für die Produkte, die man benötige, würden ja ebenfalls sinken. Auf den ersten Blick scheint dieses Argument Sinn zu ergeben, aber es gibt einige deutliche Vorbehalte.

Am naheliegendsten ist natürlich der Punkt, dass sehr viele Menschen ohne Arbeit dastehen könnten und damit praktisch null Einkünfte haben. Niedrige Preise lösen in dieser Situation ihre Probleme nicht. Berücksichtigt man das durchschnittliche Haushaltsbudget, kommt noch hinzu, dass einige der wichtigsten Bestandteile zumindest kurz- und mittelfristig eher immun gegen technischen Fortschritt sind: Landpreise, Immobilienpreise und Versicherungskosten beispielsweise sind an allgemeine Buchwerte gekoppelt, die wiederum vom gesamten Lebensstandard abhängen. Deshalb ist es in Entwicklungsländern wie Thailand Ausländern nicht erlaubt, Grundbesitz zu erwerben: Es bestünde die Gefahr, dass die Preise so hochgetrieben werden, dass die eigenen Bürger sich keine Immobilien mehr leisten können.

In Kapitel 6 haben wir gesehen, dass die Aufgabe, die Gesundheitskosten zu drücken, Roboter zumindest in der näheren Zukunft noch vor Probleme stellen werden. Die größten unmittelbaren Effekte dürfte die Automatisierung bei den Kosten in der verarbeitenden Industrie und in einigen nicht zwingend notwendigen Dienstleistungsbereichen haben, vor allem im Informationssektor und der Unterhaltung. Aber im Ausgabenprofil der meisten Haushalte nehmen derartige Dinge nur einen vergleichsweise geringen Stellenwert ein. Größere Posten wie Miete, Lebensmittel, Energie, Gesundheitskosten, Transport oder Versicherungen werden in naher Zukunft höchstwahrscheinlich nicht schlagartig günstiger werden. Es besteht die konkrete Gefahr, dass viele Haushalte zwischen stagnierenden oder sinkenden Einkommen auf der einen Seite und kostspieligen und weiterhin teurer werdenden Posten auf der anderen Seite aufgerieben werden.

Selbst wenn es dem technischen Fortschritt gelingen sollte, alle Preise zu senken, hat dieses Szenario dennoch einen Pferdefuß. Historisch betrachtet bestand der Weg zum Wohlstand grundsätzlich darin, dass die Löhne rascher steigen als die Preise. Wenn jemand aus dem Jahr 1900 heute einen Supermarkt beträte, würde er schockiert sein davon, wie teuer alles ist. Und dennoch geben wir heute einen deutlich kleineren Anteil unseres Einkommens für Lebensmittel aus, als es 1900 der Fall war. Die nominellen Preise mögen dramatisch gestiegen sein, aber Lebensmittel sind real gemessen günstiger geworden. Und dass das so ist, liegt daran, dass die Einkommen noch dramatischer gestiegen sind als die Preise.

Stellen wir uns nun das Gegenteil vor: Die Einkünfte gehen zurück, aber die Preise sinken noch rascher. Theoretisch würde das bedeuten, dass die Kaufkraft zunimmt und Sie dann mehr Dinge kaufen können sollten. In der Realität jedoch ist die Deflation wirtschaftlich betrachtet ein sehr unschönes Szenario. An erster Stelle ist zu nennen, dass ein Deflationszyklus nur sehr schwer zu durchbrechen ist. Warum jetzt kaufen, wenn man weiß, dass es morgen noch billiger sein wird? Die Verbraucher halten sich zurück, warten auf noch niedrigere Preise. Das wiederum macht weitere Preissenkungen nötig sowie einen Produktionsrückgang von Waren und Dienstleistungen. Ein weiteres Problem besteht darin, dass es in der Praxis für die Arbeitgeber oftmals schwierig ist, die Löhne tatsächlich zu senken. Wahrscheinlicher ist es, dass sie Stellen streichen. Insofern wird Deflation zumeist mit rasch steigender Arbeitslosigkeit assoziiert – wiederum ein Szenario, bei dem viele Verbraucher ganz ohne Einkommen dastehen.

Und noch ein drittes großes Problem: Deflation macht Schulden nicht mehr handhabbar. Steckt die Wirtschaft in einer Deflation, fällt vielleicht Ihr Einkommen (vorausgesetzt, Sie gehören zu den Glückspilzen, die noch einen Job haben), der Wert Ihres Hauses fällt und die Aktienkurse geben nach. Was sich jedoch nicht verändert, ist die Höhe Ihrer Hypothek, Ihres Autokredits und Ihres Studiendarlehens. Die Schulden sind festgeschrieben. Wenn also die Einkommen sinken, geraten Schuldner in Not und verfügen über noch weniger frei verfügbares Einkommen, mit dem sie den Konsum ankurbeln könnten. Genauso geraten Regierungen in die Bredouille, weil die Steuereinnahmen sinken. Ist die Situation von Dauer, dürfte die Zahl der Kreditausfälle zunehmen, was zu einer Bankenkrise führen könnte. Deflation ist nichts, was man sich herbeiwünschen sollte. Die Geschichte lehrt uns, dass der Idealfall in einer relativ flachen Inflationskurve besteht, bei der die Einkommen schneller wachsen als die Verbraucherpreise. Nur so können die Dinge, die wir kaufen wollen, mit der Zeit eher zu bezahlen sein.

Egal, ob Haushalte zwischen stagnierenden Einkommen und steigenden Kosten aufgerieben werden oder ob es zur allgemeinen Deflation kommt – beide Szenarien könnten eine schwere Rezession hervorrufen, wenn die Verbraucher ihre Ausgaben aufs Nötigste zurückfahren. Ich habe es bereits erwähnt: Es besteht darüber hinaus das Risiko, dass die fortschreitende technologische Disruption das Konsumverhalten grundlegend verändert, wenn mehr und mehr Menschen aus gutem Grund befürchten müssen, langfristig arbeitslos zu werden oder in Frührente zu gehen. Für gewöhnlich reagieren Regierungen auf Wirtschaftsabschwünge mit kurzfristigen haushaltspolitischen Maßnahmen wie einer Erhöhung der staatlichen Ausgaben oder einmaligen Steuervergünstigungen für die Steuerzahler. Beim genannten Szenario dürfte das vergleichsweise wenig bewirken. Maßnahmen wie diese sollen unmittelbar die Nachfrage ankurbeln – man „füllt die Pumpe" in der Hoffnung, eine Aufwärtsspirale in Gang setzen zu können, die dann zu mehr Arbeitsplätzen führt. Wenn die Firmen aber dank neuer Automatisierungstechnologien diese Nachfrage ohne zusätzliche Arbeitskräfte bedienen können, wären die Effekte dieser staatlichen Maßnahmen auf den Arbeitsmarkt eher enttäuschend. Ähnlich lägen die Dinge bei geldpolitischen Interventionen der Zentralbanken: Diese können mehr Geld drucken, aber solange die Firmen niemanden einstellen, fehlt ein Mechanismus, um die Verbraucher mit mehr Kaufkraft auszustatten.* Kurz gesagt: Herkömmliche wirtschaftspolitische Ansätze würden möglicherweise sehr wenig an der Sorge der Verbraucher um ihre künftige Einkommenssituation ändern.

---

* Wenn eine Zentralbank wie die amerikanische Federal Reserve „Geld druckt", kauft sie normalerweise Staatsanleihen. Beim Abschluss des Geschäfts zahlt sie Geld auf das Bankkonto der Stelle, von der sie die Anleihen gekauft hat. Das ist neu geschaffenes Geld, es entsteht aus dem Nichts. Ist dieses neue Geld im Bankensystem, sollen die Banken es dann verleihen. Dieses Prinzip nennt sich Mindestreservesystem: Die Banken müssen einen kleinen Teil des Gelds zurückbehalten, aber den Großteil dürfen sie als Kredit ausgeben. Gedacht ist, dass die Banken das Geld an Firmen verleihen, die dann expandieren und mehr Menschen einstellen können. Oder die Kreditinstitute verleihen es an Verbraucher, die das Geld ausgeben und auf diese Weise Nachfrage schaffen. So oder so sollten Arbeitsplätze entstehen und Geld (Kaufkraft) fließt in Richtung der Verbraucher. Irgendwann wird das Geld wieder in einer Bank eingezahlt und der Großteil kann dann wieder als Darlehen vergeben werden. So beginnt der Kreislauf von vorne. Auf diesem Weg strömt das neu geschaffene Geld durch die Wirtschaft, vermehrt sich und ist im Großen und Ganzen ertragreich. Wenn es die Automatisierungstechnologie den Unternehmen aber erlaubt, zu expandieren oder neue Nachfrage zu bedienen, ohne dafür großflächig neu einstellen zu müssen, oder wenn die Nachfrage so schwach ist, dass die Firmen gar kein Interesse an Krediten haben, wird nur wenig von dem neuen Geld seinen Weg zum Verbraucher finden. Es wird also nicht ausgegeben und es wird sich nicht auf die beabsichtigte Art und Weise mehren, sondern sich einfach nur im Bankensystem hin- und herbewegen. Genau das passierte im Grunde während der Finanzkrise von 2008. Schuld war allerdings nicht die Automatisierung von Arbeitsplätzen, vielmehr konnten die Banken keine kreditwürdigen Schuldner finden und/oder niemand wollte Kredite aufnehmen. Alle blieben quasi auf ihrem Geld sitzen. Ökonomen sprechen in einem derartigen Fall von einer „Liquiditätsfalle".

Wenn die Haushalte immer stärker in Bedrängnis geraten, ihre Schulden bedienen zu können, besteht natürlich das Risiko einer weiteren Banken- und Finanzkrise. Es reicht schon ein vergleichsweise kleiner Anteil an faulen Krediten, um das Bankensystem einer harten Belastungsprobe zu unterziehen. Zur Finanzkrise von 2008 kam es, als 2007 scharenweise Gläubiger mit schlechter Bonität ihre Kredite nicht mehr zurückzahlen konnten. Zwar war die Zahl dieser Subprime-Loans (Darlehen mit geringer Bonität) von 2000 bis 2007 sprunghaft angestiegen, aber selbst in ihren Spitzenzeiten machten sie nur etwa 13,5 Prozent der Hypotheken aus, die neu in den USA vergeben wurden.[22] Dennoch war die Wirkung, die diese Zahlungsausfälle verursachten, natürlich gewaltig, was daran lag, dass die Banken mit hoch komplexen Finanzderivaten arbeiteten. Dieses Risiko existiert bis heute. 2014 veröffentlichten die Bankenregulierer aus den USA und neun weiteren Industrienationen einen Bericht, worin sie warnten: „Fünf Jahre nach der Krise haben die großen Unternehmen nur wenig Fortschritt erzielt", was das Derivaterisiko anbelangt. Und dieser Fortschritt verlaufe „uneinheitlich und ist, alles in allem, unbefriedigend".[23] Anders gesagt: Es besteht weiterhin die ausgesprochen reale Gefahr, dass schon ein lokaler Anstieg der Zahlungsausfälle ausreichen könnte, eine weitere globale Krise in Gang zu setzen.

Wohl kein Langzeitszenario ist so angsteinflößend wie das, bei dem sich das globale Wirtschaftssystem an die neue Realität anpasst. Es wäre ein perverser Verlauf der kreativen Zerstörung, wenn die Massenmarktbranchen, die derzeit unsere Wirtschaft vorantreiben, abgelöst würden durch neue Industriezweige, die hochwertige Produkte und Dienstleistungen herstellen, die sich ausschließlich an eine superreiche Elite wenden. Der absolute Großteil der Menschheit wäre dann praktisch entrechtet. Wirtschaftliche Mobilität würde es nicht mehr geben. Die Plutokratie würde sich in umzäunten Siedlungen oder in Elite-Städten abschotten, die vielleicht von autonomen Militärrobotern und Drohnen geschützt werden. Anders gesagt: Es wäre eine Art Rückkehr ins Mittelalter mit seinem Feudalsystem, allerdings mit einem gewaltigen Unterschied: Die Leibeigenen im Mittelalter waren für das

System von Bedeutung, denn sie bearbeiteten das Land. In einer futuristischen Welt, in der automatisierter Feudalismus herrscht, wären die „Bauern" größtenteils überflüssig.

Eine ganz gute Vorstellung von dieser düsteren Zukunft gibt der Film „Elysium" aus dem Jahr 2013. Darin sind die Plutokraten auf einen künstlichen, dem Garten Eden ähnelnden Trabanten gezogen, der die Erde umkreist. Inzwischen sorgen sich erste Ökonomen, dass dieses Szenario vielleicht keine reine Fiktion ist. Der bekannte Blogger Noah Smith warnte 2014 in einem Blogeintrag vor einer Zukunft, in der eine „wimmelnde, zerlumpte, verblödete Menschheit am Rande des Hungertods vor sich hin darbt" und an die Tore klopft, die die Elite beschützen. Smith weist darauf hin, dass „anders als bei den Tyranneien von Stalin und Mao eine von Robotern durchgesetzte Tyrannei immun ist gegen einen Umschwung der öffentlichen Meinung. Der Pöbel soll doch denken, was er will, die Roboter-Lords werden die Waffen kontrollieren. Für immer."[24] Selbst für einen Vertreter der „trübsinnigen Wissenschaft" [wie Thomas Carlyle die Ökonomie einst nannte, d. Übers.] ist das ein ausgesprochen düsteres Bild.*

Technologie und die alternde Erwerbsbevölkerung

In allen Industrienationen bietet sich dasselbe Bild: Der Altersdurchschnitt der Bevölkerung steigt beständig. Viele Beobachter sagen deshalb voraus, dass es zu einem Arbeitskräftemangel kommen wird, wenn die geburtenstarken Jahrgänge in Rente gehen und den Arbeitsmarkt verlassen. 2010 veröffentlichten Barry Bluestone und Mark Melnik von der Northeastern University einen Bericht, in dem es heißt, 2018 würden in den USA als direkte Folge der alternden Erwerbsbevölkerung

---

* In *Elysium* hackt sich der Mob schließlich in die Computersysteme der Elite und gelangt auf diese Weise in die fliegende Festung. Das ist zumindest eine Hoffnung, die es in diesem Zusammenhang gibt: Die Elite müsste sehr sorgfältig abwägen, wem sie vertraut und wer sich um ihre Technologie kümmern darf. Hackerangriffe und Cyber-Attacken wären wahrscheinlich die größte Bedrohung ihrer Herrschaft.

bis zu fünf Millionen Stellen unbesetzt bleiben. „30 bis 40 Prozent aller prognostizierten Arbeitsplätze im Sozialbereich [der den Autoren zufolge Bereiche wie das Gesundheitswesen, Bildung, Gemeindedienste, die Künste und die Verwaltung umfasst] könnten nicht besetzt werden, sofern sich nicht ältere Arbeitnehmer erbarmen und dort noch eine Extrarunde drehen."[25]

Diese Prognose steht natürlich in krassem Gegensatz zu dem Bild, das ich auf den vorigen Seiten entworfen habe. Da stellt sich die Frage: Welche Zukunftsvision ist denn nun korrekt? Sorgt die Technik für Massenarbeitslosigkeit und noch mehr Ungleichheit? Oder werden die Löhne endlich wieder steigen, während die Arbeitgeber händeringend nach Mitarbeitern im arbeitsfähigen Alter suchen, um ihre offenen Stellen zu besetzen?

Dass die Babyboomer jetzt verstärkt in Rente gehen, hat in den Vereinigten Staaten deutlich gemäßigtere Auswirkungen als in anderen Industrienationen. Länder wie Japan stehen vor echten demografischen Katastrophen. Wenn die USA und andere Industrienationen also auf einen weitverbreiteten Arbeitskräftemangel zusteuern, sollte man die Anzeichen dafür zuerst in Japan feststellen können.

Bislang allerdings bietet die japanische Volkswirtschaft nur wenig Anhaltspunkte für einen allgemeinen Fachkräftemangel. Natürlich gibt es in bestimmten Bereichen zahlreiche unbesetzte Stellen, speziell im schlecht bezahlten Berufsfeld der Altenpflege; die Regierung hat im Vorfeld der 2020 in Tokio stattfindenden Olympischen Sommerspiele außerdem die Befürchtung geäußert, man verfüge möglicherweise über zu wenig ausgebildete Bauarbeiter. Bei einem grundsätzlichen Mangel an Arbeitskräften sollte man allerdings allerorten ein Anziehen der Gehälter registrieren und dafür spricht überhaupt nichts. 1990 brachen in Japan der Immobilienmarkt und der Aktienmarkt zusammen. Seitdem durchleidet das Land Jahrzehnte der Stagnation und sogar der Deflation. Anstatt Arbeitsplätze zu schaffen, die dann keinen Abnehmer finden, hat die Wirtschaft eine ganze „verlorene Generation" zu verantworten. Diese als „Freeter" bezeichneten jungen Menschen konnten keine krisenfeste Karrierepfade einschlagen, was zur Folge hat, dass sie selbst mit 30 oder 40 noch bei ihren Eltern leben. Im Februar 2014 teilte die japanische Regierung mit, dass 2013 das Grundgehalt inflationsbereinigt um etwa ein Prozent gesunken sei. Damit lagen sie wieder auf dem Stand, der nach der Finanzkrise von 2008 erreicht worden war, der tiefsten Stand der vergangenen 16 Jahre.[26]

Noch schwerer tut man sich in anderen Ländern damit, einen grundsätzlichen Mangel an Arbeitskräften zu finden. Im Januar 2014 lag in Italien und Spanien, zwei der am schnellsten überalternden Länder Europas, die Jugendarbeitslosigkeit auf katastrophal hohem Niveau: In Italien waren es 42 Prozent, in Spanien atemberaubende 58 Prozent.[27] Diese außergewöhnlich hohen Zahlen sind natürlich das direkte Ergebnis der Finanzkrise, aber man muss sich dennoch fragen, wie lange wir noch warten müssen, bevor der versprochene Arbeitskräftemangel die Arbeitslosigkeit bei jungen Menschen spürbar zu reduzieren beginnt.

Eine der wichtigsten Lektionen, die uns der Fall Japan aufzeigt, passt zu dem, was ich in diesem Kapitel verdeutlichen wollte: Arbeitnehmer sind auch Verbraucher. Wenn die Menschen älter werden, scheiden sie irgendwann aus dem Arbeitsleben aus, aber meistens konsumieren sie dann auch weniger. Zudem konzentrieren sich ihre Ausgaben immer stärker auf den Gesundheitsbereich. Die Zahl der zur Verfügung stehenden Arbeitnehmer mag also schrumpfen, aber gleichzeitig lässt auch die Nachfrage nach Produkten und Dienstleistungen nach. Und das bedeutet weniger Jobs. Anders gesagt: Die Auswirkungen dessen, dass so viele Menschen in Rente gehen, könnten größtenteils verpuffen. Und wenn die Rentner analog zu ihren gesunkenen Einkünften auch ihre Ausgaben verringern, beantwortet das auch zu einem Großteil die Frage, ob das wirtschaftliche Wachstum dauerhaft sein kann. In Ländern wie Japan, Polen und Russland, in denen die Bevölkerung tatsächlich schrumpft, könnte sich eine langfristige wirtschaftliche Stagnation oder sogar Kontraktion als unumgänglich erweisen, denn die Bevölkerungsgröße trägt sehr stark dazu bei, die Größe einer Volkswirtschaft zu bestimmen.

Selbst in den USA mit ihrer weiterhin wachsenden Bevölkerung gibt es gute Gründe zu der Annahme, dass die demografischen Faktoren die

Verbraucherausgaben drücken werden. Der Übergang von traditionellen Renten hin zu definierten Rentensparplänen (in den USA 401k genannt) hat dazu geführt, dass sehr viele amerikanische Haushalte einer äußerst ungewissen Zukunft entgegenblicken, wenn die Pensionierung näherrückt. Im Februar 2014 veröffentlichte der Ökonom James Poterba vom MIT eine Analyse, in der es hieß, erstaunliche 50 Prozent aller amerikanischen Haushalte zwischen 65 und 69 Jahren hätten für die Rente Rücklagen zur Verfügung, die gerade einmal 5.000 Dollar oder sogar noch weniger betrugen.[28]

Poterba zufolge hätte selbst ein Haushalt mit Rücklagen in Höhe von 100.000 Dollar ein garantiertes Einkommen, das sich ohne Erhöhung der Lebenskosten gerade einmal auf 5.400 Dollar pro Jahr (oder 450 Dollar pro Monat) belaufen würde, wenn das ganze Geld in eine feste Rente investiert würde.[29] Anders gesagt: Sehr viele Amerikaner werden vermutlich nahezu vollständig von der Sozialversicherung abhängig sein. 2013 belief sich die durchschnittliche Zahlung der Sozialversicherung auf etwa 1.300 Dollar, einige Rentner erhielten auch nur 804 Dollar. Das sind keine Beträge, die eine stabile Konsumnachfrage ermöglichen – schon gar nicht, wenn man bedenkt, dass die Medicare-Beiträge aktuell bei etwa 150 Dollar liegen und in Zukunft noch steigen dürften.

Wie in Japan wird es auch in Amerika in bestimmten Bereichen der Wirtschaft einen Mangel an Arbeitskräften geben, vor allem in Branchen, die direkt mit dem Alterungstrend zu tun haben. Wir erinnern uns an die Prognose des Amts für Arbeitsmarktstatistik aus Kapitel 6: Bis 2022 sollen 1,8 Millionen neue Jobs in der Altenpflege entstehen. Dieser Zahl kann man aber eine andere gegenüberstellen, die Carl Benedikt Frey und Michael A. Osborne errechnet haben. In ihrem 2013 veröffentlichten Aufsatz schreiben die beiden Forscher der Uni Oxford, dass rund 47 Prozent der Arbeitsplätze in den USA (entsprechend etwa 64 Millionen Stellen) theoretisch „in einem oder zwei Jahrzehnten" automatisiert werden könnten.[30] Vergleicht man diese beiden Prognosen miteinander, kann man schwerlich argumentieren, dass wir auf einen umfassenden Arbeitskräftemangel zusteuern. De facto kann es durchaus dazu kommen, dass die Überalterung nicht die Folgen des Technologiebooms aufhebt, sondern vielmehr im Zusammenspiel mit der zunehmenden Ungleichheit dazu führt, dass die Verbraucherausgaben spürbar zurückgehen. Eine schwache Nachfrage könnte dann eine zweite Entlassungswelle nach sich ziehen und auch die Berufe in Mitleidenschaft ziehen, die nicht direkt anfällig für Automatisierung sind.[*]

Verbrauchernachfrage in China und anderen Schwellenländern

Wenn Ungleichheit und eine negative demografische Entwicklung die Verbraucherausgaben in den USA, Europa und anderen industrialisierten Regionen der Welt nachteilig beeinflussen, könnte man doch eigentlich davon ausgehen, dass die Verbraucher in den rasch wachsenden Schwellenländern in die Bresche springen, oder? Ganz besonders große Hoffnungen liegen dabei auf China, das nach einer Phase atemberaubenden Wachstums von vielen als künftig größte Volkswirtschaft der Welt gesehen wird. Der Wachwechsel könnte, so glauben zahlreiche Beobachter, schon innerhalb der nächsten zehn Jahre erfolgen.

Aus meiner Sicht gibt es einige Gründe, der Idee mit Skepsis zu begegnen, dass China und die anderen Schwellenländer schon in naher Zukunft die weltweite Verbrauchernachfrage stark beeinflussen werden. Der erste Grund dabei: China steht selbst vor einem demografischen Schock gewaltigen Ausmaßes.

Mit der Ein-Kind-Politik konnte das Land eine Bevölkerungsexplosion erfolgreich abwenden, aber es hat zugleich dazu geführt, dass die Gesellschaft in raschem Tempo altert. 2030 wird es voraussichtlich deutlich mehr als 200 Millionen ältere Bürger in China geben, etwa doppelt so viele wie noch 2010. 2050 wird mehr als ein Viertel der Bevölkerung

---

[*] Ein Roboter beispielsweise, der in einem Restaurant am Tisch bedient, müsste technisch schon sehr ausgereift sein. Bis es so weit kommt, dürfte noch einige Zeit vergehen. Wenn die Kunden allerdings knapsen müssen, steht „essen gehen" ganz oben auf der Streichliste, also wären auch die Arbeitsplätze der Servicekräfte gefährdet.

65 Jahre oder älter sein, davon werden allein über 90 Millionen Menschen über 80 Jahre alt sein.[31]

Der Aufstieg des Kapitalismus führte zum Untergang der „eisernen Reisschüssel", dem System, bei dem die Staatskonzerne für die Renten verantwortlich waren. Heutzutage müssen die Pensionäre selber sehen, wie sie zurechtkommen, oder sie müssen sich auf ihre Kinder verlassen. Rückläufige Geburtenzahlen haben allerdings zu dem berüchtigten „4-2-1-Problem" geführt: Eine erwachsene Person im arbeitsfähigen Alter wird irgendwann beide Eltern und vier Großeltern unterstützen müssen.

Dass China eine so erstaunlich hohe Sparquote (Schätzungen sprechen von bis zu 40 Prozent) aufweist, dürfte auch sehr stark damit zusammenhängen, dass das Land seinen älteren Mitbürgern kein soziales Netz bietet. Dass Immobilien im Verhältnis zum Einkommen so teuer sind, dürfte ein weiterer wichtiger Faktor sein. Viele Arbeitnehmer legen regelmäßig mehr als die Hälfte ihres Einkommens beiseite in der Hoffnung, eines Tages genügend für eine Anzahlung auf ein Haus zusammenzuhaben.[32]

Wenn ein Haushalt dermaßen viel Geld beiseitelegt, kann er natürlich nicht mehr allzu viel Geld in den Konsum stecken. Tatsächlich entfällt auf den persönlichen Verbrauch nur etwa 35 Prozent der chinesischen Volkswirtschaft – ein Wert, der etwa halb so hoch ist wie der in den USA. Chinas Wirtschaftswachstum ist vor allem vom Exportgeschäft abhängig sowie von einem verblüffend hohen Maß an Investitionen. 2013 kletterte der Anteil an Chinas BIP, der auf Sachinvestitionen wie Fabriken, Maschinen, Wohnungen und andere physikalische Infrastruktur entfiel, auf 54 Prozent, nachdem es ein Jahr zuvor noch 48 Prozent gewesen waren.[33] Fast alle Beobachter sind sich einig darin, dass ein derartiger Wert auf Dauer völlig untragbar ist, schließlich müssen sich die Investitionen irgendwann auch bezahlt machen und das geht nur mittels Konsum: Fabriken müssen Dinge produzieren, die mit Gewinn verkauft werden, neue Immobilien müssen vermietet werden und so weiter.

Der chinesischen Regierung ist bewusst, dass sie ihre Wirtschaft stärker am Inlandskonsum ausrichten muss, und man diskutiert seit

Jahren immer wieder darüber. Spürbare Fortschritte sucht man dennoch bislang vergebens. Wer nach „Neuausrichtung China" googelt, findet zigtausend Treffer und der Großteil davon (so schätze ich) hat in etwa folgenden Tenor: „Liebe Konsumenten in China, passt euch endlich der Entwicklung an und fangt an, Sachen zu kaufen!"

Die Sache hat nur einen Haken: Damit es so weit kommen kann, müssten die Haushaltseinkommen drastisch steigen, zudem müssten die Probleme gelöst werden, die zum enormen Anstieg der Sparquote geführt haben. Verbesserungen im Renten- und Gesundheitssystem könnten dazu etwas dazu beitragen, weil damit die finanziellen Risiken der Haushalte sinken. Einige Faktoren, die zur Sparwut der Chinesen beitragen, werden sich nur schwer aus der Welt schaffen lassen. Die Ökonomen Shang-Jin Wie und Xiaobo Zhang haben die These aufgestellt, die als Folge der Ein-Kind-Politik entstandene Schieflage im Geschlechterverhältnis sei der Grund für die hohe Sparquote. Frauen seien ein knappes Gut und der Heiratsmarkt sei hart umkämpft, deshalb müssten Männer oftmals ein ordentliches Vermögen oder ein Haus vorweisen können, um eine Partnerin gewinnen zu können.[35] Vielleicht ist der starke Wunsch, sich finanzielle Reserven zuzulegen, darüber hinaus auch schlicht ein zentraler Aspekt der chinesischen Kultur.

Immer wieder hört man, China laufe Gefahr, alt zu werden, bevor es reich wird. Was meiner Meinung nach grundsätzlich zu wenig berücksichtigt wird, ist, dass China sich nicht nur im Wettrennen mit der Demografie befindet, sondern auch mit der Technologie. In Kapitel 1 haben wir gesehen, dass in Chinas Fabriken bereits sehr stark auf Roboter und Automatisierung gesetzt wird. Einige Hersteller verlagern die Produktion zurück in Industrienationen oder ziehen weiter an noch günstigere Standorte wie Vietnam. Wenn wir einen Blick zurück auf Abbildung 2.8 in Kapitel 2 werfen, erkennen wir ganz deutlich, dass der technische Fortschritt dem amerikanischen Arbeitsmarkt in den verarbeitenden Industrien einen ungebremsten Zusammenbruch bescherte, der sich über 60 Jahre hinzog. Es erscheint unvermeidbar, dass China letztlich denselben Weg wird gehen müssen, und es kann durchaus sein, dass die Beschäftigungszahlen in den Fabriken noch schneller sinken werden als in den USA. In Amerikas Fabriken schritt die Automatisierung nur so schnell voran, wie es die technischen Erfindungen zuließen. Chinas verarbeitende Industrie hingegen kann in vielen Fällen modernste Technologie einfach aus dem Ausland kaufen.

Soll dieser Übergang gelingen, ohne dass die Arbeitslosenzahlen steigen, wird China einen immer größeren Anteil seiner Erwerbsbevölkerung im Dienstleistungssektor unterbringen müssen. Doch der typische Pfad, den die Industrienationen eingeschlagen haben, verlief anders: Sie wurden erst dank einer starken verarbeitenden Industrie wohlhabend und verlagerten dann den Schwerpunkt hin zu einer Dienstleistungswirtschaft. Steigen die Einkünfte, geben die Haushalte normalerweise einen größeren Anteil davon für Dienstleistungen aus. Auf diese Weise tragen sie dazu bei, dass auch außerhalb der Fabriken Arbeitsplätze entstehen. Während ihrer „Goldlöckchen-Phase" nach dem Zweiten Weltkrieg genossen die USA den Luxus, eine starke Mittelschicht aufzubauen. Technischer Fortschritt erfolgte rasch, war aber noch weit davon entfernt, Arbeiter vollständig überflüssig zu machen. China steht vor der Aufgabe, während des Roboterzeitalters ein ähnliches Kunststück vollführen zu müssen – in einer Phase also, in der Maschinen und Software immer stärker nicht nur Arbeitsplätze in der verarbeitenden Industrie gefährden, sondern im Dienstleistungssektor selbst. Selbst wenn es China gelingt, seine Wirtschaft stärker auf Inlandskonsum umzustellen, wäre es doch sehr optimistisch zu erwarten, dass der chinesische Verbrauchermarkt ausländischen Unternehmen ohne Einschränkungen offenstünde. Die Finanz- und Wirtschaftselite der USA hat von der Globalisierung gewaltig profitiert; der politisch einflussreichste Teil der Gesellschaft ist sehr daran interessiert, dass die Importe weiterfließen. In China dagegen ergibt sich ein anderes Bild: Die Elite des Landes kooperiert zumeist direkt mit der Regierung und ihr Hauptinteresse ist es, den Fortbestand der Regierung zu sichern. Am meisten Angst bereiten ihr wahrscheinlich die Schreckgespenster Massenarbeitslosigkeit und soziale Unruhen. Wenn derartige Szenarien drohen würden, würde die Elite wohl nicht zögern, stark protektionistische Maßnahmen zu ergreifen.

China steht vor großen Herausforderungen, aber für die ärmeren Länder sind diese Herausforderungen noch viel gewaltiger, denn beim Wettrennen gegen die Technologie liegen sie weit abgeschlagen hinter China. Wenn selbst die beschäftigungsintensivsten Branchen der verarbeitenden Industrie immer stärker auf Automatisierung setzen, dürfte den armen Ländern der historische Weg zum Wohlstand größtenteils versperrt bleiben. Zwischen 1995 und 2002 sind weltweit etwa 22 Millionen Fabrikjobs verschwunden, heißt es in einer Studie. Der Produktionsausstoß verzeichnete im selben Zeitraum ein 30-prozentiges Plus.[36] Wenn die Welt keine Millionen und Abermillionen Menschen mehr benötigt, die für wenig Geld in Fabriken schuften, wie sollen die ärmsten Nationen Asiens und Afrikas dann ihre Zukunftsaussichten deutlich verbessern? Von einer klaren Antwort auf diese Frage sind wir weit entfernt.

DER TECHNISCHE FORTSCHRITT wird die Ungleichheit bei den Einkommen und im Konsum weiter verschärfen. Für ein anhaltendes Wohlergehen ist eine lebendige und breit gefächerte Marktnachfrage essenziell, aber die zunehmende Ungleichheit wird diese Nachfrage früher oder später untergraben. Die Verbraucher sind nicht nur wichtig, wenn es darum geht, die aktuelle Konjunkturaktivität zu unterstützen, sondern auch für den Gesamtprozess der Innovation. Entwickelt werden neue Ideen von einzelnen Menschen oder von Teams, aber letztlich ist es der Verbrauchermarkt, der Anreize für Innovationen liefert. Und es sind die Verbraucher, die entscheiden, welche neuen Ideen sich durchsetzen – und welche zum Scheitern verurteilt sind. Diese „Schwarmintelligenz" ist unerlässlich für die Darwin'schen Prozesse, in deren Verlauf die besten Innovationen aus der Masse herausragen und sich letztlich über die gesamte Wirtschaft und die Gesellschaft hinweg verbreiten.

Nach allgemeiner Einschätzung liegt bei geschäftlichen Investitionen der Fokus auf der langfristigen Zukunft und die Entscheidung fällt größtenteils unabhängig vom aktuellen Konsum. Die Vergangenheitswerte allerdings lassen dies als Mythos erscheinen. Während praktisch jeder Rezession, die die USA seit den 1940er-Jahren erlebt haben, sind die Investitionen rasant gefallen.[37] Wenn Unternehmen Investitionsentscheidungen treffen, spielen sowohl das aktuelle Marktumfeld als auch kurzfristige Prognosen eine sehr wichtige Rolle. Anders gesagt: Eine aktuell schwache Verbrauchernachfrage kann durchaus unseren künftigen Wohlstand vermindern.

In einem Klima, in dem die Verbraucher ums Überleben kämpfen, werden sich viele Unternehmen eher auf Kostensenkung konzentrieren als auf eine Ausweitung ihrer Märkte. Zu den wenigen Hoffnungsträgern für potenzielles Investment dürfte arbeitserleichternde Technologie zählen. Die Folge: Wagniskapitalgeber und Forschungsgelder werden sich überproportional auf Innovationen konzentrieren, die ganz speziell darauf abzielen, Arbeitsplätze überflüssig zu machen oder Berufe weniger anspruchsvoll. Irgendwann könnten wir es mit großen Scharen von Robotern auf Arbeitssuche zu tun haben – aber dann werden wir auch weniger von den weit gefächerten Innovationen haben, die die Gesamtqualität unseres Lebens verbessern.

Alle Trends, die wir uns in diesem Kapitel angesehen haben, basieren meiner Meinung nach auf einer sehr realistischen, möglicherweise sogar konservativen Einschätzung des künftigen technischen Fortschritts. Bei den Berufen, bei denen vor allem vergleichsweise monotone und vorhersehbare Aufgaben abgearbeitet werden, gibt es keinen Zweifel: Sie werden im Laufe der nächsten zehn Jahre oder so in hohem Maße anfällig für weitere Automatisierung werden. Je besser die Technologie wird, desto mehr Jobs werden betroffen sein.

Es gibt allerdings eine noch extremere Möglichkeit: Sehr, sehr viele Technologen, darunter einige, die als führend in ihrem Feld gelten, geben deutlich aggressivere Prognosen ab, wenn es darum geht, was letztlich möglich sein wird. Im nächsten Kapitel werfen wir einen neutralen Blick auf einige hochmoderne und deutlich spekulativere Technologien. Es kann sein, dass diese Durchbrüche auf absehbare Zeit nur ein Science-Fiction-Traum bleiben. Sollten sie aber eines Tages umgesetzt werden, würden sie das Risiko einer durch Technologie verursachten Massenarbeitslosigkeit und Lohnungleichheit dramatisch verstärken. Vielleicht käme es sogar zu Szenarien, die die wirtschaftlichen Risiken, um die es bislang in erster Linie ging, noch in den Schatten stellen würden.

KAPITEL 9

Superintelligenz

und die Singularität

Im Mai 2014 veröffentlichte der Physiker Stephen Hawking von der Universität Cambridge einen Artikel, in dem er vor den Gefahren warnte, die die raschen Entwicklungen bei der Künstlichen Intelligenz (KI) mit sich brächten. Verfasser des Artikels waren neben Hawking auch noch Max Tegmarks und Nobelpreisträger Frank Wilczek, beide Physiker am MIT, sowie der Informatiker Stuart Russell von der University of California in Berkeley. Die Erschaffung einer tatsächlich denkenden Maschine wäre „das größte Ereignis der Menschheitsgeschichte", heißt es in dem Artikel, der in der britischen Zeitung *The Independent* erschien.

Ein Computer, der klüger als der Mensch sei, sei imstande, „Finanzmärkte zu überlisten, menschliche Erfinder in Sachen Innovation zu überholen, menschliche Anführer zu manipulieren und Waffen zu entwickeln, die wir nicht einmal begreifen könnten". All dies als Science-Fiction abzutun, könne sich als „möglicherweise der schlimmste Fehler unserer Geschichte erweisen".[1]

Roboter, die Kästen bewegen oder Hamburger braten, Algorithmen, die musizieren, Berichte schreiben oder an der Wall Street handeln – alles, was ich bislang an Technologie beschrieben habe, fällt in die Kategorie der spezialisierten oder „schwachen" Künstlichen Intelligenz. Selbst das bislang beeindruckendste Beispiel für Maschinenintelligenz – Watson von IBM – lässt sich nicht einmal ansatzweise mit allgemeiner, menschenähnlicher Intelligenz vergleichen. Außerhalb des Reichs der Science-Fiction ist bislang alles, was wir an Künstlicher Intelligenz gesehen haben, schwache KI.

Eines meiner Hauptargumente in diesem Buch bestand darin, dass in der realen Welt die Künstliche Intelligenz bislang stark spezialisiert sein mag, dies aber nicht unbedingt bedeute, dass nicht dennoch sehr viele Jobs automatisiert werden können. Bei den Jobs, die ein Großteil der Erwerbsbevölkerung erledigt, handelt es sich mehrheitlich in der einen oder anderen Form um Routineaufgaben, die berechenbar sind. Wir haben gesehen, dass die spezialisierten Roboter rasch besser werden und dass mit Maschinellem Lernen versehene Algorithmen gewaltige Datenmengen verarbeiten können. Früher oder später wird das dazu führen, dass über alle Qualifikationsebenen hinweg eine gewaltige Zahl von Arbeitsplätzen gefährdet sein wird. Nichts davon erfordert, dass Maschinen wie Menschen denken. Ein Computer muss nicht über die gesamte Bandbreite Ihrer intellektuellen Fähigkeiten verfügen, um Ihre Arbeit erledigen zu können – er muss einzig die Dinge erledigen können, für die Sie bislang Geld erhalten.

Entsprechend konzentrieren sich die meisten Forschungs- und Entwicklungsarbeiten in Sachen KI (und nahezu das komplette Wagniskapital) weiterhin auf spezialisierte Anwendungen. Sehr viel spricht dafür, dass diese Technologien in den kommenden Jahren und Jahrzehnten in dramatischem Maße an Wirksamkeit und Flexibilität zulegen.

Während diese spezialisierten Produkte praktische Resultate hervorbringen und Investoren anlocken, lauert im Hintergrund eine weitaus erschreckendere Herausforderung: Ein wirklich intelligentes System zu entwickeln, eine Maschine, die auf neue Ideen kommt, die ein eigenes Bewusstsein um seine Existenz an den Tag legt und die vernünftige Gespräche führen kann – das ist weiterhin der Heilige Gral der Künstlichen Intelligenz.

Die Idee von einer echten Denkmaschine fasziniert die Menschen schon mindestens seit 1950, als Alan Turing die Arbeit veröffentlichte, die das Feld der Künstlichen Intelligenz begründete. In den folgenden Jahrzehnten durchlief die KI-Forschung Höhen und Tiefen. Immer wieder schossen die Erwartungen weit über alles hinaus, was technisch auch nur ansatzweise machbar war, vor allem mit Blick auf die Geschwindigkeit der Rechner zum jeweiligen Zeitpunkt. Die unvermeidliche Folge: Enttäuschung machte sich breit, Investorengelder wurden abgezogen, Forschungsaktivitäten eingestellt. Es kam zu langen Phasen der Stagnation, sogenannten „KI-Wintern". Mittlerweile ist jedoch wieder einmal der Frühling ausgebrochen. Heutige Rechner sind imstande, Außergewöhnliches zu leisten, hinzu kommen Fortschritte in bestimmten Bereichen der KI-Forschung und neue Erkenntnisse zur Funktionsweise des menschlichen Gehirns. In der Kombination sorgt das für sehr viel Optimismus.

James Barrat, Autor eines Buches über die Auswirkungen moderner KI, hat etwa 200 Forscher befragt, die sich nicht mit schwacher KI befassen, sondern an starker KI auf Niveau des Menschen arbeiten, an sogenannter „Artificial General Intelligence" (AGI). Barrat bat die Informatiker, unter vier Zukunftsszenarien auszuwählen, wann man AGI erreichen wird. Das Ergebnis: 42 Prozent sagten, es werde 2030 eine Denkmaschine geben, 25 Prozent tippten auf 2050 und 20 Prozent auf 2100. Nur zwei Prozent hielten es für völlig unmöglich. Erstaunlicherweise schrieben einige Teilnehmer Kommentare an den Rand des Fragebogens und sagten, Barrat hätte eine noch frühere Option anbieten sollen – vielleicht sogar schon 2020.[2]

Einige Experten befürchten, dass sich hier wieder einmal eine zu starke Erwartungshaltung bildet. Yann LeCun, Leiter des KI-Forschungslabors, das Facebook neu in New York City errichtet hat, schrieb im Oktober 2013 in einem Blogeintrag: „KI ist innerhalb von fünf Jahrzehnten etwa vier Mal ‚gestorben', und zwar aufgrund von Hype: Die Leute stellten wilde Behauptungen auf (oftmals, um potenzielle Investoren oder Fördereinrichtungen zu beeindrucken). Dann kommt es zu einer Gegenreaktion."[3] In eine ähnliche Richtung argumentiert Gary Marcus, Professor der NYU, Experte für kognitive Wissenschaften und Blogger für das Magazin *New Yorker*. Durchbrüche in Gebieten wie neuronalen Netzen, die per Deep Learning lernen, und sogar einige der Fähigkeiten, die IBMs Watson zugesprochen wurden, seien viel zu stark aufgebauscht worden, sagt Marcus.[4]

Und dennoch: Es scheint offensichtlich, dass dieser Bereich mittlerweile ordentlich Fahrt aufgenommen hat. Vor allem der Aufstieg von Unternehmen wie Google, Facebook und Amazon hat die Dinge mächtig in Bewegung gebracht. Nie zuvor haben dermaßen finanzkräftige Großkonzerne das Thema Künstliche Intelligenz als dermaßen zentral für ihr Geschäftsmodell angesehen – und nie zuvor war die KI-Forschung dermaßen dicht an der Schnittstelle des Konkurrenzkampfs dieser Schwergewichte angesiedelt. Eine ähnliche Wettbewerbsdynamik entwickelt sich zwischen Nationen. KI wird für das Militär, Geheimdienste und die Überwachungsapparate in autoritären Staaten unerlässlich.* In der Tat könnte schon in naher Zukunft ein ungebremstes Wettrüsten in Sachen militärischer KI ausbrechen. Für mich stellt sich nicht die Frage, ob dem Forschungsgebiet als Ganzes ein weiterer KI-Winter droht, sondern ob der Fortschritt auf die schwache KI begrenzt bleibt und sich nicht doch noch auf die AGI ausbreitet.

Gelingt KI-Forschern der Sprung zu AGI, spricht wenig dafür, dass das Ergebnis eine Maschine sein wird, die einfach nur so klug wie ein Mensch ist. Gelingt der Bau einer AGI, würde vermutlich allein schon das Mooresche Gesetz dafür sorgen, dass bald ein Computer die intellektuellen Fähigkeiten des Menschen übertrifft. Eine Denkmaschine würde natürlich alle Vorteile genießen, die die Computer haben, darunter die Fähigkeit, Informationen in einer Geschwindigkeit abzurufen und zu verarbeiten, die unser Verständnis überschreitet. Schon bald würden wir uns den Planeten mit etwas teilen, das wir aus der Menschheitsgeschichte überhaupt nicht kennen – mit einem wirklich fremden (und uns überlegenen) Intellekt.

Und das könnte durchaus erst der Anfang sein. KI-Forscher sind sich im Allgemeinen einig, dass ein derartiges System irgendwann seine Intelligenz nach innen richten würde. Es würde sich darauf konzentrieren, sein eigenes Design zu verbessern und seine Software umzuschreiben. Vielleicht würde es auch mithilfe evolutionärer Programmmiertechniken sein Design neu entwerfen, testen und optimieren. Das würde zu einem sukzessiven Prozess der „rekursiven Verbesserung" führen. Mit jeder neuen Revision würde das System klüger werden und seine Fähigkeiten ausbauen. Die Zyklen würden schneller und schneller ablaufen, letztlich käme es zu einer „Intelligenz-Explosion", an deren Ende eine Maschine stünde, die Tausende oder sogar Millionen Male

---

* Angesichts der jüngsten Meldungen wird sich der eine oder andere Leser an dieser Stelle eine satirische Spitze über die National Security Agency vermutlich nicht verkneifen mögen. Wie Stephen Hawking schreibt, gibt es echte (und vorstellbar existenzielle) Gefahren, die von Künstlicher Intelligenz ausgehen. Sollte tatsächlich an irgendeiner Stelle eine wirklich fortschrittliche KI auftauchen, zählt die NSA keineswegs zu den unattraktivsten Optionen.

klüger als jedes menschliche Wesen wäre. Wie Hawking und seine Mitautoren schrieben: Es wäre das „größte Ereignis der Menschheitsgeschichte".

Eine derartige Intelligenz-Explosion hätte zweifelsohne dramatische Folgen für die Menschheit. Es könnte zu einer disruptiven Welle kommen, die unsere gesamte Zivilisation auf den Kopf stellt, von unserer Wirtschaft ganz zu schweigen. Der Futurist und Erfinder Ray Kurzweil spricht von einem „Bruch in der Struktur der Menschheitsgeschichte". Es wäre der Anbruch eines Ereignisses – möglicherweise auch eines ganzen Zeitalters –, das als „die Singularität" bezeichnet wird.

Die Singularität

Es war vermutlich der Computerpionier John von Neumann, der als Erster den Begriff Singularität auf ein künftiges Technologieereignis bezog. Angeblich sagte er irgendwann in den 1950er-Jahren, dass „der sich stets beschleunigende technische Fortschritt [...] den Anschein [erweckt], auf eine unumgängliche Singularität in der Geschichte der Menschheit hinauszulaufen, nach der das Leben der Menschen, wie wir es kennen, nicht weitergehen kann".⁵ Konkreter ausgearbeitet wurde das Thema 1993 von Vernor Vinge, einem Mathematiker der San Diego State University, der einen Artikel mit dem Titel „Die kommende Singularität" schrieb. Vinge hält offenbar nicht viel von Understatement, denn sein Werk beginnt mit der Aussage: „Innerhalb von 30 Jahren werden wir über die technischen Mittel verfügen, übermenschliche Intelligenz zu erschaffen. Kurz danach wird das Zeitalter des Menschen enden."⁶

In der Astrophysik bezeichnet die Singularität den Punkt innerhalb eines Schwarzen Lochs, an dem die normalen physikalischen Gesetze nicht mehr gelten. Im Grenzbereich des Schwarzen Lochs, dem Ereignishorizont, ist die Schwerkraft so stark, dass nicht einmal mehr Licht entkommen kann. Vinge zog einen Vergleich zur technologischen Singularität: Sie stellt einen Bruch im menschlichen Fortschritt dar, der bis zu seinem Eintreffen größtenteils im Unklaren bleibt. Zu versuchen, die Zukunft nach der Singularität vorherzusagen, wäre so, als ob ein Astronom versuchte, in ein Schwarzes Loch zu blicken.

Den Staffelstab übernahm als Nächster Ray Kurzweil, der 2005 sein Buch „Menschheit 2.0: Die Singularität naht" veröffentlichte. Kurzweil, der zum wichtigsten Evangelisten der Singularität aufgestiegen ist, hat anders als Vinge keinerlei Probleme damit, über den Ereignishorizont hinauszublicken und uns einen erstaunlich detaillierten Einblick in die Zukunft zu geben. Die erste wirklich intelligente Maschine wird Kurzweil zufolge in den späten 2020er-Jahren gebaut werden. Die Singularität selbst wird dann um das Jahr 2045 herum eintreten.

Nach allem, was man so hört, ist Kurzweil ein hervorragender Erfinder und Ingenieur. Er hat eine Reihe erfolgreicher Unternehmen gegründet, um seine Erfindungen aus Bereichen wie optischer Zeichenerkennung, Computersprache und Musiksynthese zu vermarkten. Er hat 20 Ehrendoktortitel erhalten, die National Medal of Technology und er wurde in die Ruhmeshalle des amerikanischen Patentamts aufgenommen. Das Magazin *Inc.* bezeichnete ihn einmal als „rechtmäßigen Erben" von Thomas Edison.

Seine Arbeit zur Singularität allerdings ist eine merkwürdige Mischung aus fundierten und gut aufbereiteten Ansichten zur Beschleunigung der technischen Entwicklung zum einen und Ideen zum anderen, die so spekulativ erscheinen, dass sie schon fast ans Absurde grenzen. Dazu zählt beispielsweise Kurzweils aus tiefstem Herzen kommender Wunsch, seinen verstorbenen Vater wieder auferstehen zu lassen, indem er aus dessen Grab DNA entnimmt und den Körper dann mit futuristischer Nanotechnologie neu schafft.

Kurzweil hat eine sehr aktive Gemeinde um sich und seine Ideen geschart, eine Gefolgschaft, die mit brillanten und teilweise sehr ungewöhnlichen Charakteren durchsetzt ist. Diese „Singularianer" haben sogar ihre eigene Bildungseinrichtung erschaffen. An der Singularity University im Silicon Valley kann man exponentielle Technologie studieren. Zu den Sponsoren zählen große Namen wie Google, Genentech, Cisco und Autodesk.

Zu den zentralen Prognosen Kurzweils gehört die feste Überzeugung, dass wir mit den Maschinen der Zukunft verschmelzen werden. Der Mensch wird Gehirnimplantate erhalten, die die Intelligenz dramatisch steigern. Dieses geistige Aufrüsten gilt als unumgänglich, wollen wir auch nach der Singularität noch die Technologie verstehen und kontrollieren können.

Was Kurzweils Vision für die Welt nach der Singularität anbelangt, ist vielleicht kein Aspekt so umstritten und fragwürdig wie die uns angeblich winkende Unsterblichkeit. Die Singularianer gehen größtenteils davon aus, nicht mehr sterben zu müssen. Erreichen wollen sie ihr Ziel, indem sie eine Art „Langlebigkeits-Fluchtgeschwindigkeit" erreichen. Die Idee dahinter: Man muss nur so lange am Leben bleiben, um es bis zur nächsten lebensverlängernden Innovation zu schaffen. So kann man bis zur Unsterblichkeit durchhalten. Gelingen soll das durch moderne Technik zum Konservieren und Aufrüsten des biologischen Körpers. Vielleicht wird es auch irgendwann möglich, seinen Geist auf einen Computer oder Roboter zu überspielen.

Natürlich will Kurzweil dafür sorgen, dass er das Eintreten der Singularität noch erlebt, deshalb schluckt er jeden Tag bis zu 200 unterschiedliche Pillen und Nahrungsergänzungsmittel, hinzu kommen regelmäßige Infusionen. Dass Gesundheits- und Ernährungsbücher fantastische Versprechungen abgeben, ist man mittlerweile ja schon gewohnt. Kurzweil und sein Co-Autor, der Mediziner Terry Grossman, führen dies aber in ihren Büchern „Fantastic Voyage: Live Long Enough to Live Forever" und „Transcend: Nine Steps to Living Well Forever" auf eine ganz neue Ebene. Dass all dieses Gerede von Unsterblichkeit und Transformationen einen zutiefst religiösen Beigeschmack hat, ist den zahlreichen Kritikern der Singularitätsbewegung natürlich nicht entgangen. Tatsächlich spotten viele, die ganze Idee sei nichts als eine Ersatzreligion für die technische Elite, eine Art „Entrückungserlebnis für Nerds".

2011 berichtete das Magazin *Time* in einer Titelstory über die Singularitätsbewegung. Dies und andere Berichte in den Mainstream-Medien haben bei einigen Beobachtern Bedenken hervorgerufen, was die Schnittmenge zu traditionellen Religionen anbelangt. Sollte die Bewegung in der breiten Öffentlichkeit Anklang finden, stelle sie eine „ernsthafte Bedrohung traditioneller Religionsgemeinden dar, deren eigene Erlösungsfantasien im Vergleich schwach abschneiden könnten", schrieb Robert Geraci, Professor für Religionswissenschaft am Manhattan College, in seinem Essay „The Cult of Kurzweil"[7]. Kurzweil hingegen leugnet vehement alle religiösen Anklänge. Er argumentiert, seine Prognosen würden auf einer soliden und wissenschaftlichen Analyse von Vergangenheitswerten beruhen.

Normalerweise könnte man das ganze Konzept einfach als Unfug abtun, wenn da nicht der Umstand wäre, dass ein ganzes Aufgebot an Silicon-Valley-Milliardären sehr starkes Interesse an der Singularität an den Tag gelegt hat. Sowohl Larry Page und Sergey Brin von Google sowie der Paypal-Mitgründer (und Facebook-Großaktionär) Peter Thiel haben sich öffentlich mit dem Thema befasst. Auch Bill Gates pries Kurzweils Fähigkeit, die Zukunft der Künstlichen Intelligenz vorherzusagen. Im Dezember 2012 nahm Google Kurzweil unter Vertrag, damit dieser die Forschungsabteilung des Unternehmens in Sachen KI leitet, 2013 gliederte Google ein Biotechnologie-Unternehmen namens Calico aus. Ziel der Neugründung ist es, an Therapien gegen das Altern und an Methoden zur Verlängerung der menschlichen Lebensdauer zu forschen.

Meine Meinung zu dem Thema: So etwas wie die Singularität kann ganz gewiss eintreten, ist aber alles andere als unvermeidlich. Am nützlichsten erscheint das Konzept, wenn man nebensächlichen Ballast abwirft (wie die Annahmen der Unsterblichkeit) und die Singularität stattdessen einfach als eine künftige Phase dramatischen technischen Fortschritts und disruptiver Technologie ansieht. Es könnte sich noch erweisen, dass der notwendige Katalysator für die Singularität – die Erfindung einer Superintelligenz – letztlich unmöglich ist oder in sehr weiter Zukunft liegt.* Diese Ansicht teilen einige Koryphäen aus den Neurowissenschaften. Noam Chomsky, der seit über 60 Jahren am

---

* An allererster Stelle wird maschinelle Intelligenz als Pfad zur Superintelligenz genannt, aber es sei darauf hingewiesen, dass der Schritt auch auf biologischem Weg erfolgen könnte. Die menschliche Intelligenz könnte mit Technologie hochgerüstet werden oder künftige Generationen werden genetisch mit höherer Intelligenz ausgestattet. Die meisten westlichen Nationen dürften vermutlich sehr stark zögern, sich auf irgendetwas einzulassen, das nach

MIT Kognitionswissenschaften erforscht, vertritt die Meinung, wir seien „Äonen davon entfernt", eine Maschinenintelligenz zu bauen, die es mit dem Menschen aufnehmen kann. Die Singularität hält er für „reine Science-Fiction".[8]

In dieselbe Kerbe schlägt der Harvard-Psychologe Steven Pinker. Er sagt: „Es gibt keinerlei Grund für die Annahme, dass die Singularität kommt. Dass man sich eine Zukunft in seiner Vorstellung ausmalen kann, ist kein Beleg dafür, dass sie wahrscheinlich oder auch nur möglich ist."[9] Gordon Moore, dessen Name wohl auf ewig mit exponentiell voranschreitender Technologie verbunden sein wird, hegt ebenfalls Zweifel, ob etwas wie die Singularität jemals eintreten wird.[10]

Andererseits gibt es auch jede Menge Experten, die an den Zeitrahmen glauben, den Kurzweil für das Erscheinen starker Künstlicher Intelligenz gesteckt hat. Der MIT-Physiker Max Tegmark (einer der Co-Autoren des Hawking-Artikels) sagte James Hamblin vom Magazin *The Atlantic*: „Das kann sehr schnell gehen. Jeder, der darüber nachdenkt, was seine Kinder in der Highschool oder auf der Uni mal studieren sollen, sollte sich besser damit beschäftigen."[11] Andere halten eine Denkmaschine für grundsätzlich möglich, rechnen aber deutlich später mit ihr. Gary Marcus beispielsweise glaubt, der Bau einer starken KI werde mindestens doppelt so lang dauern wie von Kurzweil veranschlagt, aber, so Marcus: „Wahrscheinlich werden noch vor Ende des Jahrhunderts Maschinen klüger sein als wir, und zwar nicht nur beim Schach oder Beantworten von Quizfragen, sondern bei so ziemlich allem, von Mathematik über Maschinenbau bis hin zu Wissenschaft und Medizin."[12]

Eugenik klingt, aber es hat sich gezeigt, dass den Chinesen derartige Bedenken fremd sind. Das Genominstitut in Peking hat Tausende DNA-Proben von Menschen entnommen, die nachgewiesenermaßen über einen sehr hohen IQ verfügen. Jetzt arbeitet man dort daran, die Gene zu isolieren, die Einfluss auf die Intelligenz haben. Gelingt ihnen das, könnten die Chinesen die Erkenntnisse dazu nutzen, Embryonen auf hohe Intelligenz zu untersuchen und sich durch Auswahlprozesse schrittweise eine intelligentere Bevölkerung heranzuziehen.

Die Spekulationen rund um eine starke KI haben sich in den vergangenen Jahren immer stärker verlagert, und zwar weg vom Ansatz einer Top-down-Programmierung. Stattdessen rückte der Versuch in den Mittelpunkt, das menschliche Gehirn nachzubauen und dann zu simulieren. Es herrscht große Uneinigkeit in der Frage, wie realistisch dieser Weg ist und wie viel Wissen über das Gehirn wir noch brauchen, um eine funktionstüchtige Simulation zu erschaffen. Grundsätzlich sind die Informatiker in diesem Punkt optimistischer, die Skeptiker findet man eher im Lager der Naturwissenschaften und der Psychologie. Der Biologe Paul Z. Myers von der Universität von Minnesota zählt zu den größten Kritikern. Er schrieb eine scharfe Erwiderung auf die Prognose Kurzweils, dass das Gehirn bis 2020 erfolgreich nachgebaut sein werde. Kurzweil, so Myers in einem Blog-Eintrag, sei ein „Spinner, der keine Ahnung von der Funktionsweise des Gehirns" habe und der dazu neige, „sich Blödsinn auszudenken und lächerliche Behauptungen aufzustellen, die nicht das Geringste mit der Realität zu tun haben"[13].

Das mag nebensächlich sein. KI-Optimisten sagen, eine Simulation müsse dem menschlichen Gehirn nicht bis ins allerletzte Detail entsprechen, Flugzeuge schlügen schließlich auch nicht wie ein Vogel mit den Flügeln. Skeptiker würden an dieser Stelle vermutlich erwidern, dass wir die Aerodynamik der Intelligenz nicht einmal ansatzweise gut genug verstehen, um überhaupt Flügel bauen zu können – egal, ob sie nun schlagen oder nicht. Die Optimisten hielten dann vermutlich dagegen, indem sie auf die Gebrüder Wright verweisen. Diese hätten ihr Fluggerät durch Herumbasteln und Experimente zum Fliegen gebracht und nicht auf Grundlage von Theorien zur Aerodynamik. Und so weiter und so weiter.

Die dunkle Seite

Singularianer blicken zumeist mit unerschütterlichem Optimismus auf die Möglichkeit einer Intelligenzexplosion. Andere sind da deutlich zurückhaltender. Dass eine uns völlig fremde und superkluge Intelligenz ihre Energie voll und ganz in den Dienst der Aufgabe stellt, der Menschheit zu einem besseren Leben zu verhelfen, halten viele Experten, die sich gründlich mit den Folgen einer starken KI beschäftigt haben, für hoffnungslos naiv. Einige Wissenschaftler haben so starke Bedenken, dass sie eine Reihe kleinerer Organisationen gegründet haben, die sich explizit damit befassen, die Gefahren zu analysieren, die von starker Künstlicher Intelligenz ausgehen, oder die Möglichkeiten erforschen, künftige KI-Systeme mit eingebauter „Freundlichkeit" zu versehen.

In seinem Buch „Our Final Invention: Artificial Intelligence and the End of the Human Era" (2013) entwirft James Barrat das „Spielendes-Kind-Szenario":[14] An irgendeinem geheimen Ort – in einem staatlichen Forschungslabor, in einem Wall-Street-Unternehmen oder einer großen IT-Firma – verfolgt eine Gruppe Informatiker, wie eine Maschinenintelligenz sich den menschlichen Fähigkeiten annähert und diese dann übertrifft. Die Forscher haben dem KI-Kind zuvor gewaltige Mengen an Informationen zur Verfügung gestellt, vielleicht so ziemlich jedes jemals veröffentlichte Buch sowie Datensätze aus dem Internet. Wenn sich das System dem Intelligenzgrad des Menschen annähert, kappen die Forscher die Verbindung der rasch klüger werdenden KI zur Außenwelt. Sie stecken das System quasi in eine Kiste. Jetzt ist die Frage, ob es dort bleiben wird, schließlich könnte die KI durchaus von dem Wunsch getrieben sein, ihrem Gefängnis zu entfliehen und ihren Horizont zu erweitern. Wie stellt sie das an? Täuscht sie die Wissenschaftler? Macht sie Versprechungen oder stößt sie Drohungen aus? Und wenn ja, gegen die Gruppe insgesamt oder gegen einzelne Mitglieder? Die Maschine wäre nicht nur klüger, sie könnte auch Ideen und Optionen in einem für uns nicht nachvollziehbaren Tempo entwerfen und prüfen. Es wäre so, als müssten Sie gegen Garri Kasparow Schach spielen, aber während Sie 15 Sekunden Zeit für Ihren Zug bekommen, hat er eine Stunde.

Das Risiko, dass die KI aus ihrer Einzelhaft fliehen kann, online geht und sich teilweise oder komplett auf andere Computer kopiert, ist für diejenigen Wissenschaftler, denen dieses Szenario Kopfschmerzen bereitet, inakzeptabel hoch. Sollte die KI entkommen, könnte sie natürlich eine Vielzahl wichtiger Systeme bedrohen, sei es das Finanzsystem, die militärischen Netzwerke, das Stromnetz oder andere Teile der Energie-Infrastruktur.

All dies klingt erstaunlich ähnlich den Szenarien, die in beliebten Science-Fiction-Filmen und -Büchern entworfen werden, und genau das ist das Problem. Die ganze Idee hat sich so sehr in der Fantasie festgesetzt, dass jeder Versuch einer ernsthaften Diskussion zu diesem Thema Gefahr läuft, sich dem Spott preiszugeben. Sollte sich ein Behördenvertreter oder ein Politiker öffentlich hinstellen und derartige Bedenken publik machen, kann er sich einer ordentlichen Portion Spott und Häme gewiss sein.

Das ändert nichts daran, dass hinter den Kulissen beim Militär, bei den Sicherheitsdiensten und bei den Großkonzernen das Interesse an KI aller Arten fraglos wächst. Schafft es eine Partei, eine Intelligenzexplosion herbeizuführen, winkt ein gewaltiger First-Mover-Advantage. Anders gesagt: Wem als Erstes der Durchbruch gelingt, der ist praktisch nicht mehr einholbar. Das ist einer der Hauptgründe, weshalb man Angst haben sollte vor dem Szenario eines KI-Wettrüstens. So groß ist der Vorteil, den ein Pionier haben würde, dass es ausgesprochen wahrscheinlich wäre, dass eine KI auch rasch in Richtung Selbstoptimierung gedrängt würde – wenn nicht von sich aus, dann von seinen menschlichen Schöpfern. Das macht die Intelligenzexplosion möglicherweise zu einer sich selbst erfüllenden Prophezeiung.

Kennen Sie die berühmte Ein-Prozent-Doktrin von Dick Cheney? Ich halte es für klug, sie auch auf die Möglichkeit anzuwenden, dass eine starke Künstliche Intelligenz entsteht. Die Wahrscheinlichkeit mag – zumindest auf absehbare Zeit – sehr gering sein, aber die Folgen sind dermaßen dramatisch, dass das Risiko unbedingt ernst genommen werden sollte.

Wir können die existenziellen Risiken abtun, die mit einer fortschrittlichen KI einhergehen, und so tun, als müssten künftige Denkmaschinen uns in jedem Fall freundlich gesonnen sein. Dennoch ändert das nichts daran, dass die Auswirkungen auf den Arbeitsmarkt und die Wirtschaft dramatisch wären. In einer Welt, in der bezahlbare Maschinen über die Fähigkeiten selbst der klügsten Menschen verfügen oder diese (wahrscheinlicher noch) übertreffen, muss man sich fragen, wer denn dann überhaupt noch einen Arbeitsplatz hätte. In denen meisten

Fällen würde keine noch so gute Ausbildung und kein Training dafür sorgen, dass ein Mensch gegenüber derartigen Maschinen wettbewerbsfähig wäre, Elite-Uni-Abschlüsse hin oder her.

Selbst Berufe, von denen wir meinen, sie seien ausschließlich Menschen vorbehalten, wären dann in Gefahr. Schauspieler und Musiker beispielsweise müssten mit digitalen Simulationen konkurrieren, die neben echter Intelligenz auch übermenschliches Talent vorzuweisen hätten. Vielleicht handelt es sich um ganz neue Persönlichkeiten, die für körperliche Perfektion entworfen sind, vielleicht basieren sie aber auch auf realen Personen, lebenden oder toten.

Ich hatte im vorigen Kapitel als Gedankenexperiment die Invasion Außerirdischer durchgespielt – eine weit entwickelte Künstliche Intelligenz, die mindestens so intelligent wie der Mensch ist, hätte dieselben Auswirkungen wie die Ankunft von Aliens. Maschinen wären dann nicht länger nur eine Bedrohung für vergleichsweise monotone, sich wiederholende oder vorhersehbare Aufgaben, sondern wären imstande, so ziemlich alles zu tun. Das wiederum würde natürlich bedeuten, dass praktisch niemand mehr mit seiner Arbeit Geld verdienen kann. Kapitaleinnahmen (beziehungsweise Einnahmen aus dem Besitz der Maschinen) wären in der Hand einer winzigen Elite konzentriert. Das würde die in diesem Buch vorgestellten Trends dramatisch verstärken. Aber das wäre nicht notwendigerweise der Schlusspunkt der Entwicklung.

Sowohl für jene, welche die Singularität als Heilsbringer sehen, als auch für diejenigen, die sich sorgen, was eine fortschrittliche Künstliche Intelligenz bedeuten könnte, geht KI oftmals einher mit einer anderen disruptiven technischen Kraft oder ermöglicht diese überhaupt erst: Die Rede ist von Nanotechnologie.

Fortschrittliche Nanotechnologie

Was genau Nanotechnologie ist, lässt sich nur schwer definieren. Von Anfang an war sie im Grenzbereich zwischen realitätsbasierter Wissenschaft und etwas, das viele wohl als pure Fantasie betiteln würden, angesiedelt. Nanotechnologie stand im Mittelpunkt außergewöhnlichen Hypes, großer Kontroversen und sogar blanker Angst. Milliardenschwere politische Kämpfe wurden um Nanotechnologie geführt und einige der größten Koryphäen haben sich verbale Kriege und Ideen-Wettrennen geliefert.

Die grundlegenden Ideen der Nanotechnologie gehen bis mindestens Dezember 1959 zurück. Damals hielt der legendäre Nobelpreisträger Richard Feynman eine Rede am California Institute of Technology. Die Vorlesung des Physikers trug den Titel „There's Plenty of Room at the Bottom" (etwa: „Unten ist noch jede Menge Platz"). Feynman ging in der Rede auf das Problem ein, kleine Dinge zu beeinflussen und zu kontrollieren. Und mit „klein" meinte er wirklich klein. Feynman erklärte, er scheue sich nicht, „die finale Frage zu stellen, ob wir irgendwann in ferner Zukunft imstande sein werden, die Atome so anzuordnen, wie wir es wollen – ja, ich rede von den Atomen, ganz unten!" Feynman schwebte ganz offensichtlich eine Art mechanisierte Herangehensweise an die Chemie vor. Fast jede Substanz lasse sich synthetisieren, erklärte er, und zwar einfach, indem man „die Atome dort ablegt, wo sie der Chemiker haben will, und schon verfügt man über die Substanz".[15]

Ende der 1970er-Jahre übernahm K. Eric Drexler den Staffelstab von Feynman. Der damalige MIT-Doktorand brachte ihn vielleicht nicht über die Ziellinie, aber zumindest schaffte er eine volle Stadionrunde. Drexler entwarf das Bild einer Welt, in der nanogroße molekulare Maschinen fähig sind, Atome rasch neu anzuordnen und billiges und im Überfluss vorhandenes Rohmaterial praktisch sofort in alles zu verwandeln, was wir haben wollen. Er prägte den Begriff „Nanotechnologie" und schrieb zwei Bücher zu dem Thema. Das erste – „Engines of Creation: The Coming Era of Nanotechnology" (1986) – verkaufte sich sehr gut und war hauptsächlich dafür verantwortlich, dass das Thema Nanotechnologie das Interesse der Öffentlichkeit weckte. Science-Fiction-Autoren fanden hier eine Fülle neuer Anregungen und vielen Berichten zufolge fühlte sich eine ganze Generation junger Wissenschaftler durch das Buch dazu inspiriert, sich der Nanotechnologie zu widmen. Drexlers zweites Buch, „Nanosystems: Molecular Machinery, Manufacturing, and Computation", war deutlich technikorientierter und basierte auf seiner Doktorarbeit am MIT, wo er den allerersten

Doktortitel erhielt, der je im Feld der molekularen Nanotechnologie vergeben wurde.

Molekulare Maschinen, sogenannte Assembler! Die ganze Idee mag einem wie ein Witz vorkommen, bis man begreift, dass derartige Geräte bereits existieren und für die Chemie des Lebens sogar von zentraler Bedeutung sind. Das bekannteste Beispiel dafür ist das Ribosom – im Grunde nichts anderes als eine molekulare Fabrik, die in Zellen enthalten ist, die in der DNA enthaltenen Informationen ausliest und dann die vielen Tausend unterschiedlichen Proteinmoleküle zusammenfügt, die die strukturellen und funktionellen Bausteine aller biologischen Organismen darstellen.

Trotzdem war es radikal, von Drexler zu behaupten, derart winzige Maschinen würden eines Tages das Reich der Biologie verlassen können – ein Reich, wo die molekularen Montagearbeiter in einem weichen, wassergefüllten Umfeld agieren – und in eine Welt vorstoßen, die jetzt von makrogroßen Maschinen dominiert wird, die aus harten Materialien wie Stahl und Kunststoff bestehen.

Drexlers Ideen mögen damals noch so radikal erschienen sein, aber zur Jahrtausendwende war Nanotechnologie fest im Mainstream verankert. 2000 verabschiedete der amerikanische Kongress das Gesetz zur Schaffung der National Nanotechnology Initiative (NNI). Präsident Bill Clinton unterschrieb das Gesetz, damit war der Weg frei für das Programm, dessen Aufgabe es sein sollte, die Forschungsbemühungen im Feld der Nanotechnologie abzustimmen. 2004 legte die Regierung Bush nach mit dem 21st Century Nanotechnology Research and Development Act (etwa: „Gesetz zur Forschung an und Entwicklung von Nanotechnologie im 21. Jahrhundert"), ein Gesetz, das Fördermittel in Höhe von 3,7 Milliarden Dollar zur Verfügung stellte. Insgesamt pumpte Washington über die NNI zwischen 2001 und 2013 fast 18 Milliarden Dollar in die Forschung zur Nanotechnologie.[16]

Das klang nach fantastischen Nachrichten für alle, die sich für Forschung an Nanofabriken interessieren, aber die Realität stellte sich dann doch etwas anders dar. Noch während der Kongress daran arbeitete, Mittel für die Forschung an Nanotechnologie bereitzustellen, hätten hinter den Kulissen gewaltige Mauscheleien eingesetzt, sagt Drexler. In seinem 2013 veröffentlichten Buch „Radical Abundance: How a Revolution in Nanotechnology Will Change Civilization" schildert Drexler, wie 2000 die Pläne für die National Nanotechnology Initiative geschmiedet wurden. Damals hieß es: „Die Essenz der Nanotechnologie ist die Fähigkeit, auf molekularer Ebene zu arbeiten, Atom für Atom, und große Strukturen mit grundlegend neuer molekularer Anordnung entstehen zu lassen." Die Forschung werde darauf abzielen, „Kontrolle über Strukturen und Geräte auf atomarer, molekularer und supramolekularer Ebene zu erlangen und zu lernen, diese Geräte effizient herzustellen und zu verwenden".[17] Anders gesagt: Das Konzept der NNI entsprang direkt der Vorlesung, die Feynman 1959 gehalten hatte, und Drexlers späterer Arbeit am MIT.

Nachdem die NNI ins Leben gerufen worden war, entwickelte sich jedoch eine völlig andere Vision. Wie Drexler es formuliert, habe die neue Führung sofort „jeglichen Verweis auf Atome und Moleküle in Verbindung mit einer Herstellung aus den Plänen der NNI getilgt und Nanotechnologie neu definiert als alles, was klein genug ist. Kleine Partikel waren gerade in, aber atomare Präzision war out."[18] Für Drexler stellte es sich so dar, als sei das Schiff der Nanotechnologie von Piraten gekapert worden, die die dynamischen Nanofabriken über Bord warfen und davonsegelten mit einem Frachtraum, der bis obenhin vollgeladen war mit Materialien, die aus winzigen, aber statischen Partikeln gebaut worden waren. Unter der Aufsicht der NNI flossen praktisch sämtliche Fördergelder in Forschung, die auf relativ traditionellen Techniken der Chemie und Werkstoffkunde beruhten. Der Wissenschaft der molekularen Fertigung und Herstellung blieb wenig bis gar nichts.

Für diesen plötzlichen Richtungswechsel gibt es einige Gründe. 2000 schrieb Bill Joy, Mitgründer von Sun Microsystems, einen Artikel für das Magazin *Wired* mit dem Titel „Why the Future Doesn't Need Us" („Warum uns die Zukunft nicht braucht"). In dem Artikel betonte Joy, welch existenzielle Gefahren von der Genforschung, der Nanotechnologie und Künstlicher Intelligenz ausgehen können. Drexler selbst hatte die Möglichkeit diskutiert, dass sich selbst reproduzierende molekulare Assembler außer Kontrolle geraten könnten und uns – und praktisch alles andere – als eine Art Rohstoff verwenden könnten. In „Engines of Creation" bezeichnete Drexler dies als „Grauer-Schmiere-Szenario" und schrieb Unheil verheißend: „Das macht eines ganz klar: Wir können uns gewisse Arten von Unfällen mit sich selbst reproduzierenden Assemblern nicht erlauben."[19]

Joy hielt das für untertrieben. Er schrieb: „Graue Schmiere wäre sicherlich ein deprimierendes Ende für unser menschliches Treiben auf diesem Planeten, viel schlimmer als bloß Feuer oder Eis, und ein Ende, das seinen Anfang mit einem simplen Laborunfall nimmt."[20] Und dennoch wurde zu diesem Thema noch mehr Öl ins Feuer gegossen in Form von Michael Crichtons Bestseller „Beute" von 2002. In dem Roman spielen Schwärme räuberischer Nanobots eine zentrale Rolle und in der Einleitung wird – wieder einmal – aus Drexlers Buch zitiert.

Allgemeine Befürchtungen, was Graue Schmiere und Nanobot-Killer anbelangt, war dabei nur ein Teil des Problems. Andere Wissenschaftler begannen zu hinterfragen, ob molekulare Assembler überhaupt realisierbar seien. Zu den prominentesten Skeptikern zählt der inzwischen verstorbene Richard Smalley, Chemie-Nobelpreisträger für seine Arbeit an Werkstoffen auf Nano-Ebene. Smalley (was für ein treffender Name) war zu der Schlussfolgerung gelangt, dass molekulare Assembler und Nanofabriken außerhalb biologischer Systeme in grundlegendem Widerspruch zu den chemischen Realitäten standen. In wissenschaftlichen Journalen lieferte er sich öffentliche Debatten mit Drexler und argumentierte, man könne Atome nicht einfach auf mechanischem Weg hin- und herschubsen. Sie müssten gezwungen werden, Verbindungen einzugehen, und es sei unmöglich, molekulare Maschinen zu bauen, die dazu imstande seien. Drexler warf Smalley vor, seine Arbeit verfälscht darzustellen, und hielt ihm vor, dass dieser selbst einmal gesagt hätte: „Wenn Wissenschaftler behaupten, etwas sei möglich, unterschätzen sie zumeist, wie lang es dauern wird. Aber wenn sie behaupten, es sei unmöglich, liegen sie vermutlich falsch." Die Debatte wurde hitziger und persönlicher und fand schließlich ihren Höhepunkt in Smalleys Vorwurf an Drexler, dieser würde „unseren Kindern Angst einjagen". Sein Fazit lautete: „Unsere Zukunft in der realen Welt wird schwierig werden und es gibt reale Gefahren, aber Monster wie den sich selbst reproduzierenden mechanischen Nanobot Ihrer Träume wird es nicht geben."[21]

Hat Drexler recht mit seiner Einschätzung zur Machbarkeit molekularer Assembler, oder irrt er sich und Smalley liegt richtig? In welcher Form und in welchem Ausmaß die Folgen der Nanotechnologie zu spüren sein werden, wird sehr stark von der Antwort auf diese Frage abhängen. Erweist sich Smalleys Pessimismus als begründet, wird die Nanotechnologie auch weiterhin ein Feld sein, in dem man sich vor allem darauf konzentriert, neue Werkstoffe und Substanzen zu entwickeln. Hier wurden bereits drastische Fortschritte verzeichnet, vor allem dank der Entdeckung und Weiterentwicklung von Kohlenstoffnanoröhren, Gebilden, bei denen Schichten von Kohlenstoffatomen zu langen, hohlen Röhren gerollt werden, die sich dann für außergewöhnlich viele Dinge verwenden lassen. Werkstoffe, die auf Kohlenstoffnanoröhren basieren, können bis zu 100 Mal so stark wie Stahl sein, während sie nur ein Sechstel so viel wiegen.[22] Gleichzeitig leiten sie Elektrizität und Wärme viel, viel besser als Stahl. Kohlenstoffnanoröhren könnten die Grundlage für wichtige neue Leichtgewichtmaterialien sein, die etwa beim Bau von Fahrzeugen und Flugzeugen zum Einsatz kommen.

Auch in der Entwicklung von Elektrotechnik der nächsten Generation könnte ihnen zentrale Bedeutung zukommen. Andere wichtige Durchbrüche finden sich bei der Entwicklung sehr leistungsstarker Umweltfiltersysteme, bei diagnostischen Tests in der Medizin und in der Krebsbehandlung. 2013 kündigten Forscher des Indian Institute of Technology in Madras eine auf Nanopartikeln beruhende Filtertechnik an, die eine fünfköpfige Familie für gerade einmal 16 Dollar pro Jahr mit sauberem Wasser versorgen kann.[23]

Nanofilter könnten auch dafür sorgen, dass Entsalzungsanlagen effektiver arbeiten. Auf diesem Weg wird die Nanotechnologie weiter an Bedeutung gewinnen und für eine Vielzahl von Anwendungsbereichen dramatisch verbesserten Nutzen bringen, sei es in der Herstellung, der

Medizin, der Solarenergie, der Bauindustrie oder dem Umweltschutz. Die Herstellung von Nanomaterialien ist jedoch eine sehr kosten- und technologieintensive Angelegenheit, insofern spricht nur wenig dafür, dass diese Industrie eine Vielzahl neuer Arbeitsplätze schaffen wird.

Sollte sich allerdings Drexlers Vision bewahrheiten, und sei es auch nur zum Teil, würden die Auswirkungen der Nanotechnologie unser Verständnis nahezu übersteigen. In „Radical Abundance" beschreibt Drexler, wie eine futuristische Einrichtung, die für die Herstellung großer Produkte ausgelegt ist, aussehen könnte: In einem etwa garagengroßen Raum umgeben Montageroboter eine bewegliche Plattform. An der Rückseite des Raums findet man eine Vielzahl von Kammern, jede davon ein verkleinertes Modell des Fertigungsraums. Und jede Kammer enthält wiederum kleinere Versionen von sich. Während die Kammern kleiner und kleiner werden, werden aus normalen Maschinen Mikromaschinen und schließlich Nanomaschinen. Auf dieser Ebene werden die einzelnen Atome zu Molekülen arrangiert. Läuft der Prozess an, beginnt er auf molekularer Ebene. Von da aus erreicht die Fertigung rasch größeres Format, während jede nachfolgende Stufe die resultierenden Komponenten zusammenbaut. Eine derartige Fabrik könnte, so glaubt Drexler, innerhalb von ein, zwei Minuten ein komplexes Gerät wie beispielsweise ein Auto herstellen. In einer ähnlichen Einrichtung würde der gesamte Vorgang dann genauso einfach umgekehrt. Fertige Produkte würden dort in ihre einzelnen Materialien zerlegt, die dann recycelt werden könnten.[24]

Natürlich wird dies auf absehbare Zeit reine Zukunftsmusik bleiben. Und dennoch: Eine molekulare Fertigung würde das Ende der verarbeitenden Industrie darstellen, wie wir sie kennen. Gleichzeitig würde es wohl das Aus für ganze Industriezweige der Wirtschaft bedeuten, die sich auf Bereiche wie Einzelhandel, Vertrieb und Abfallwirtschaft konzentrieren. Die Folgen für die Weltwirtschaft wären atemberaubend.

Gleichzeitig würden die Preise für hergestellte Dinge natürlich ins Bodenlose fallen. Auf gewisse Weise bietet die molekulare Fertigung die Aussicht, die digitale Wirtschaft greifbar zu machen. „Informationen wollen frei sein", heißt es häufig. Moderne Nanotechnologie könnte ein ähnliches Phänomen für materielle Güter anstoßen. Eine Tischversion von Drexlers Maschine könnte eines Tages über Fähigkeiten verfügen, die dem „Replikator" ähneln, wie er in der Fernsehserie „Star Trek" zum Einsatz kommt. „Tee, Earl Grey, heiß", lautet ein häufiger Befehl von Captain Picard und im Handumdrehen steht das gewünschte Getränk auf dem Tisch. Ganz ähnlich könnte eine Nanofabrik eines Tages praktisch alles herstellen, das wir uns wünschen.

Für einige Technologie-Optimisten geht Nanofertigung Hand in Hand mit dem Konzept einer „Post Scarcity"-Ökonomie, einer Volkswirtschaft, in der es keinen Mangel mehr gibt, nahezu alle materiellen Güter im Überfluss vorhanden sind und praktisch nichts kosten. Dienstleistungen werden in dieser Welt von modernen KI übernommen. In diesem technologischen Utopia müsste man sich keine Gedanken mehr machen um Ressourcenknappheit oder Umweltschäden, denn es gäbe überall molekulares Recycling und saubere Energie im Überfluss. Vielleicht gäbe es keine Marktwirtschaft mehr und (wie bei „Star Trek" auch) keinen Verwendungszweck für Geld. Das mag sehr einladend klingen, allerdings wären noch zahlreiche Einzelheiten zu klären. Grund und Boden beispielsweise wären weiterhin knapp, insofern müsste man sich fragen, wie in einer Welt praktisch ohne Arbeit, Geld oder Möglichkeiten, wirtschaftlich aufzusteigen, Lebensräume verteilt würden. Und wo kämen nach dem Wegfall einer Marktwirtschaft die Anreize her, weiteren Fortschritt zu erschaffen?

Dieses von der Nanotechnologie beflügelte Utopia könnte schon in etwa 100 Jahren Realität werden, sagt der Physiker (und „Star Trek"-Fan) Michio Kaku.[*] Bis dahin stellen sich einige stärker praxisbezogene und unmittelbarere Fragen, was Nanofabriken angeht. Das „Graue-Schmiere-Szenario" und andere Bedenken bezüglich der Selbstvermehrung sind durchaus real, ebenso die Möglichkeit, dass

---

[*] Michio Kaku spricht über die „Post Scarcity"-Ökonomie in dem Video: „Can Nanotechnology Create Utopia?", das auf Youtube abgerufen werden kann.

diese Technologie vorsätzlich missbraucht wird. Sollte ein autoritäres Regime die Nanofabriken für militärische Zwecke nutzen, könnte das zu einer Weltordnung führen, die mit Utopia nichts mehr gemein hat. Drexler warnt, dass sich die USA zwar vollständig von einer durchdachten Forschung an Nanofabriken abgewendet haben, dies jedoch nicht zwingend auch für andere Länder gelte. Die USA, Europa und China mögen allesamt in etwa in gleichem Maße in die Nanotechnologie-Forschung investieren, aber das heißt nicht, dass sie auch alle an denselben Themen forschen.[25] Ähnlich wie bei Künstlicher Intelligenz besteht auch hier die Gefahr eines ungebremsten Wettrüstens. Wer in Sachen molekulare Assembler vorzeitig einer defätistischen Haltung verfällt, rüstet damit möglicherweise einseitig ab.

IN DIESEM KAPITEL haben wir uns ziemlich deutlich von den stärker auf die Praxis und aufs Jetzt bezogenen Argumenten abgewendet, die ich bislang vorgebracht habe. Echte Denkmaschinen, fortschrittliche Nanotechnologie und vor allem die Singularität – ob es dazu kommen wird, ist in hohem Maße spekulativ. Möglicherweise wird von diesen Dingen nichts erreichbar sein oder frühestens in einigen Jahrhunderten. Wird einer dieser Durchbrüche allerdings irgendwann Realität, steht wohl außer Frage, dass er den Trend hin zu Automatisierung dramatisch beschleunigen würde und die Wirtschaft massiv und auf nicht absehbare Weise disrupieren würde.

Diese Zukunftstechnologien sind in gewissem Maße auch mit einer Art Paradoxon belegt. Moderne KI oder molekulare Assembler zu entwickeln erfordert enorme Investitionen in die Forschung und Entwicklung. Doch lang bevor diese wahrlich fortschrittlichen Technologien alltagstauglich werden, dürften stärker spezialisierte KI-Formen und Roboter einen Großteil der Arbeitsplätze auf unterschiedlichem Niveau bedrohen. Im vorigen Kapitel haben wir gesehen, dass diese Entwicklung die Nachfrage stark aushöhlen könnte – und damit den Anreiz verringern würde, weiter in Innovation zu investieren. Anders gesagt: Die Forschung, die zum Erreichen der Singularität notwendig wäre, erhält möglicherweise niemals die nötigen Mittel. Der Fortschritt würde sich somit selbst begrenzen.

Wir haben uns in diesem Kapitel diverse Technologien angesehen. Keine davon hat Einfluss auf die zentralen Argumente, die ich in diesem Buch vorgebracht habe. Stattdessen handelt es sich bei ihnen um mögliche – und drastische – Verstärker des unerbittlich voranschreitenden, von der Technologie vorangetriebenen Trends hin zu mehr Ungleichheit und steigender Arbeitslosigkeit. Im nächsten Kapitel betrachten wir einige politische Maßnahmen, die helfen könnten, sich gegen diesen Trend zu stemmen.

KAPITEL 10

Hin zu einem

Paradigmenwechsel

in der Wirtschaft

In einem Interview mit *CBS News* wurde der Präsident der Vereinigten Staaten gefragt, ob mit einer baldigen Verbesserung zu rechnen sei, was das große Arbeitslosenproblem des Landes angehe. „Es gibt keine Zauberlösung", erwiderte der Präsident. „Allein schon, um auf der Stelle zu treten, müssen wir uns sehr schnell bewegen." Damit wollte er zum Ausdruck bringen, dass die Wirtschaft Monat für Monat Zehntausende Jobs erschaffen muss, nur um mit dem Bevölkerungswachstum Schritt zu halten und zu verhindern, dass die Arbeitslosigkeit weiter zunimmt.

Der Präsident wies darauf hin, dass „wir es zu tun haben mit einer Kombination aus älteren Arbeitnehmern, die ihren Job wegen der Technologie verloren haben, und jüngeren Menschen, die (zu schlecht ausgebildet) auf den Arbeitsmarkt drängen". Um die Wirtschaft zu stimulieren, schlug der Präsident eine Steuersenkung vor, aber er ging auch noch einmal auf das Thema Bildung ein. Insbesondere machte er sich stark für Programme, bei denen es um „berufliche Weiterbildung" und „Umschulung" ging. Das Problem werde nicht von allein wieder verschwinden, so der Präsident: „Es kommen zu viele Leute auf den Arbeitsmarkt und zu viele Maschinen werfen Leute hinaus."[1]

Die Aussage des Präsidenten spiegelt die konventionelle – und nahezu universelle – Annahme zum Wesen des Arbeitslosigkeitsproblems wider, dass nämlich die Lösung stets in mehr Bildung oder mehr Weiterbildung besteht. Mit der richtigen Ausbildung werden die Arbeitnehmer immer weiter die Kompetenzleiter hinaufklettern und auf wundersame Weise den Maschinen immer einen Schritt voraus sein. Sie werden mehr kreative Arbeiten erledigen, mehr brainstormen. Offenbar gibt es keinerlei Grenzen, wenn es darum geht, wie weit der durchschnittliche Arbeitnehmer ausgebildet und weitergebildet werden kann. Und genauso unbegrenzt ist offenbar die Zahl der hochwertigen Arbeitsplätze, die die Wirtschaft erschaffen kann, um all diese neu ausgebildeten Arbeitnehmer zu absorbieren. Bildung und Umschulung sind als Lösungsansatz offenbar zeitlos.

Wenn Sie diese Meinung vertreten, wird es Sie vermutlich auch nur wenig interessieren, dass es sich bei dem eben erwähnten Präsidenten um Kennedy handelt und wir über den 2. September 1963 sprechen. Die Arbeitslosenrate lag zum damaligen Zeitpunkt bei etwa 5,5 Prozent und Maschinen beschränkten sich fast ausschließlich darauf, „den Platz manueller Arbeit einzunehmen". Sieben Monate nach diesem Interview landete der Bericht zur „dreifachen Revolution" auf dem Schreibtisch eines neuen Präsidenten. Weitere vier Jahre danach sollte sich Dr. King in der Washington National Cathedral zum Thema Technologie und Automatisierung äußern. In dem halben Jahrhundert, das seitdem vergangen ist, hat sich der Glaube an Bildung als Allzwecklösung für Arbeitslosigkeit und Armut kaum weiterentwickelt. Die Maschinen hingegen haben sich sehr stark verändert.

Sinkende Grenzerträge aus der Bildung

Würden wir tabellarisch erfassen, welche Gewinne die stetig steigenden Investitionen in Bildung erbracht haben, dürften wir mit ziemlicher Wahrscheinlichkeit eine Grafik erhalten, die den S-Kurven aus Kapitel 3 ähnelt. Die Phase der leichten Gewinne haben wir längst hinter uns gelassen. Der Anteil der Schüler, die einen Highschool-Abschluss erlangt, hat sich bei etwa 75 bis 80 Prozent eingependelt. Die meisten Ergebnisse der standardisierten Tests zeigen für die vergangenen Jahrzehnte wenig oder gar keine Verbesserung. Wir befinden uns im flachen Teil der Kurve und Fortschritte werden hier bestenfalls schrittweise erzielt.

Eine Flut an Indizien spricht dafür, dass viele der Studenten, die aktuell Amerikas Colleges besuchen, für Arbeiten auf College-Niveau akademisch nicht vorbereitet oder in einigen Fällen auch einfach schlecht geeignet sind. Von diesen wird ein Großteil nicht nur den Abschluss nicht schaffen, sondern die Uni auch noch durch Studienkredite hoch verschuldet verlassen. Von denen, die einen Abschluss schaffen, wird eventuell die Hälfte keine Arbeit finden, für die ein Hochschulabschluss erforderlich wäre, unabhängig davon, was in der Stellenausschreibung steht. Alles in allem gelten in Amerika etwa 20 Prozent der Hochschulabsolventen als überqualifiziert für ihren aktuellen Beruf und das Durchschnittseinkommen für neue Hochschulabsolventen entwickelt sich seit über einem Jahrzehnt rückläufig. In Europa, wo das Stadium in vielen Ländern kostenlos oder nahezu kostenlos ist, sind grob geschätzt etwa 30 Prozent der Absolventen überqualifiziert für ihren aktuellen Job.[2] In Kanada liegt der Anteil bei etwa 27 Prozent.[3] In China sind sogar erstaunliche 43 Prozent der Arbeiterschaft überqualifiziert für ihren aktuellen Posten.[4]

Die Schuld liege vor allem bei den Studenten und den Pädagogen, heißt es an dieser Stelle dann meistens in den USA. Die College-Studenten würden zu viel Zeit mit Spaßhaben und zu wenig Zeit mit Lernen verbringen. Sie würden sich auf Bereiche mit einfachen Themen konzentrieren, anstatt sich an einem der anspruchsvolleren technischen Felder zu versuchen. Das mag stimmen oder auch nicht, aber Fakt ist: Bis zu einem Drittel der amerikanischen Absolventen mit einem Abschluss in Maschinenbau, Naturwissenschaften oder anderen technischen Bereichen findet keine Anstellung, die Kapital aus ihrem Studium schlägt.[5]

Amerikas Hochschulen würden Studenten ziemlich gut für die zur Verfügung stehenden Jobs ausbilden, hält Steven Brint dagegen. Der Soziologe der Universität von Kalifornien in Riverside hat sehr viel zum Thema Höhere Bildung veröffentlicht. Stint schreibt: „Einige Jobs erfordern spezielle Fähigkeiten, die sich nur über technische Programme aneignen lassen, aber die meisten Jobs sind doch eher Routineangelegenheiten." Es sei wichtig, „den Anordnungen der Vorgesetzten Folge zu leisten", außerdem würden „Zuverlässigkeit und stetes Bemühen sehr geschätzt". Engagiertes Arbeiten sei in der Hochschule nicht erforderlich, weil es am Arbeitsplatz auch nicht erforderlich sei, so Stint: „In den meisten Jobs ist es wichtiger, zur Arbeit zu erscheinen und die Aufgaben zu erledigen, als herausragende Leistungen abzuliefern."[6] Wenn man mit Absicht einen Job beschreiben wollte, der sich für eine Automatisierung aufdrängt, könnte man es wohl kaum besser formulieren.

Mehr Hochschulabschlüsse zu verteilen, ändert nichts an dem Prozentsatz der Arbeiterschaft, die in den akademischen, technischen und Managementbereichen beschäftigt ist, in denen die meisten Uni-

Absolventen gerne arbeiten würden. Das Resultat ist häufig viel mehr eine Inflation der Qualifikationen. Für Stellen, für die früher meistens ein Highschool-Abschluss notwendig war, muss man heute schon ein vierjähriges Studium absolviert haben. Der Master-Abschluss ist der neue Bachelor-Abschluss und der Abschluss an einer nicht zur Elite zählenden Schule hat wenig Wert. Wir halten auf eine klare Grenze zu, was die Fähigkeiten der Menschen angeht, die auf die Hochschulen geschickt werden, und was die Zahl der hoch qualifizierten Jobs angeht, die diesen Studierenden offenstehen werden, sofern sie den Abschluss schaffen. Das Problem bei der ganzen Sache ist, dass die Kompetenzleiter gar keine Leiter ist, sondern eine Pyramide und an ihrer Spitze ist nur begrenzt Platz.

Historisch betrachtet ähnelte der Arbeitsmarkt, was Qualifikationen und Kompetenzen der Arbeiter anbelangte, seit jeher einer Pyramide. Ganz oben stand eine vergleichsweise kleine Zahl von hoch qualifizierten Akademikern und Unternehmern und sorgte für den Großteil an Kreativität und Innovation. Die überwältigende Mehrheit der Arbeiterschaft wiederum befasste sich mit Aufgaben, die bis zu einem gewissen Grad monoton sind und sich wiederholen. Als unterschiedliche Bereiche der Wirtschaft mechanisiert oder automatisiert wurden, wechselten die Arbeitnehmer vom Routinejob in der einen Branche zu einem Routinejob in einer anderen Branche. Die Art Mensch, die 1900 auf einer Farm angestellt war oder 1950 in einer Fabrik, scannt heute Barcodes bei Wal-Mart oder füllt die Regale auf. In vielen Fällen hat dieser Übergang zusätzliche Ausbildung und höhere Fähigkeiten erfordert, aber das ändert nichts daran, dass es sich größtenteils um Routinearbeit handelt. Historisch betrachtet passten also die Arten von Aufgaben, die die Wirtschaft erledigt haben wollte, und die Fähigkeiten der zur Verfügung stehenden Arbeiterschaft recht gut zusammen.

Es wird jedoch immer deutlicher, dass Roboter, mit Maschinellem Lernen versehene Algorithmen und andere Formen der Automatisierung Schicht um Schicht vom Fundament der Kompetenzpyramide abtragen werden. Und weil die KI-Anwendungen immer näher an besser qualifizierte Berufe heranrücken werden, dürfte selbst der sichere

Bereich an der Spitze der Pyramide mit der Zeit immer kleiner werden. Allgemein heißt es, man müsse mehr Geld in Bildung und Weiterbildung stecken, dann werde man es auch irgendwie schaffen, alle auf dieser immer kleiner werdenden Fläche an der Spitze unterzubringen.[*] Wer das für möglich hält, glaubt wahrscheinlich auch, dass nach Abschluss der Mechanisierung der Landwirtschaft alle arbeitslosen Landarbeiter eine Anstellung als Traktorfahrer finden. Die Zahlen passen da einfach nicht zueinander.

Die Grundschulbildung und die höhere Schulbildung in Amerika sind mit großen Problemen behaftet. Die Zahl der Highschool-Abbrecher in den Innenstädten ist sehr hoch und Kinder aus sozial schwachen Schichten sind oftmals schon stark im Nachteil, noch bevor sie überhaupt eingeschult werden. Selbst wenn wir jedem amerikanischen Kind per Zauberstab eine erstklassige Ausbildung verpassen könnten, würde das dennoch bloß bedeuten, dass wir noch mehr Highschool-Absolventen haben, die aufs College gehen und um die begrenzte Zahl von Arbeitsplätzen an der Spitze der Pyramide wetteifern. Das heißt natürlich nicht, wir sollten unseren Zauberstab gar nicht erst schwenken! Das sollten wir unbedingt, aber wir sollten nicht erwarten, dass dann sämtliche unserer Probleme gelöst sind. Dass dieser Zauberstab nicht existiert, muss wohl nicht extra erwähnt werden. Zwar herrscht Konsens darin, dass wir unsere Schulen besser gestalten müssen, aber danach ist dann auch schon Schluss mit der Einigkeit. Mehr Geld für Schulen, Charter Schools, das Entlassen von schlechten Lehrern, bessere Bezahlung für die guten Lehrer, längere Schultage (oder mehr Schuljahre), Gutscheine für Privatschulen ... Wer eines dieser Themen anschneidet, findet sich sehr rasch in einem politischen Minenfeld wieder.

---

[*] Wobei man hier nicht vergessen sollte, dass viele dieser höher qualifizierten Jobs durch Offshoring bedroht werden könnten.

Die Automatisierungsgegner

Man könne doch einfach versuchen, diesen gnadenlosen Fortschritt hin zu immer mehr Automatisierung zu stoppen, wird gerne propagiert. In seiner einfachsten Version könnte der Versuch so aussehen, dass sich eine Gewerkschaft dagegen sperrt, dass in einem Werk, in einem Lagerhaus oder einem Supermarkt neue Maschinen aufgestellt werden. Dann gibt es noch das etwas feiner nuancierte intellektuelle Argument, das besagt: Zu viel Automatisierung ist einfach schlecht für uns – und möglicherweise auch gefährlich.

Der vielleicht bekannteste Vertreter aus diesem Lager ist Nicholas Carr. In seinem 2010 erschienenen Buch „Wer bin ich, wenn ich online bin ... und was macht mein Gehirn solange? – Wie das Internet unser Denken verändert" stellt Carr die These auf, dass das Internet sich negativ auf unser Denkvermögen auswirkt. Ähnlich argumentiert er gegen die Automatisierung in seinem Artikel „All Can Be Lost: The Risk of Putting Our Knowledge in the Hands of Machines" (etwa: „Wir könnten alles verlieren: Welches Risiko wir eingehen, wenn wir all unser Wissen in die Hände von Maschinen legen"), den er 2013 für das Magazin *The Atlantic* schrieb. Carr beschwert sich darin über den „Aufstieg der ‚technologielastigen Automatisierung' als dominante Designphilosophie der Informatiker und Programmierer". Er vertritt die Ansicht, „diese Philosophie räumt den Fähigkeiten der Technik den Vorrang gegenüber den Interessen der Menschen ein"[7].

In seinem Artikel für *The Atlantic* führt Carr eine Reihe von Anekdoten an, die zeigen, wie Automatisierung menschliche Fähigkeiten untergraben kann und dabei manchmal katastrophale Konsequenzen zeitigt. Einige Beispiele sind schon ein wenig seltsam: 4.000 Jahre lang konnten sich die Inuit im Norden Kanadas auf der Jagd auch ohne Hilfsmittel in ihrer kalten Welt zurechtfinden. Jetzt verlieren sie diese Fähigkeit, weil sie sich auf GPS verlassen. Die besten Beispiele allerdings holt sich Carr aus der Luftfahrt. Die immer stärkere Automatisierung im Cockpit hat paradoxe Folgen: Auf der einen Seite reduziert sie die kognitive Belastung der Piloten und trägt mit hoher Wahrscheinlichkeit zu einer verbesserten Sicherheit bei, auf der anderen Seite bedeutet es aber auch, dass die Piloten immer weniger Zeit damit verbringen, das Flugzeug tatsächlich zu fliegen. Sie haben also weniger Flugpraxis und das mehr oder weniger instinktive Reagieren, das sich Berufspiloten in endlosen Stunden des Trainings aneignen, kann verlorengehen. Carr sorgt sich, dass ein ähnlicher Effekt auch in Büros, Fabriken und an anderen Arbeitsplätzen Einzug hält, wenn die Automatisierung weiter voranschreitet.

Auch einige Ökonomen vertreten die These, dass „Designphilosophie" ein Problem darstellt. Erik Brynjolfsson vom MIT beispielsweise hat zu einer neuen großen Herausforderung für Unternehmer, Ingenieure und Ökonomen aufgerufen. Es gehe darum, „Ergänzungen, nicht Ersatz für Arbeit zu erfinden" und die „auf Arbeitsersparnis und Automatisierung abzielende gedankliche Haltung durch eine Haltung zu ersetzen, bei der das Machen und Erschaffen im Mittelpunkt steht"[8].

Nehmen wir an, dass sich ein Start-up der von Brynjolfsson gestellten Aufgabe stellt und ein System baut, das explizit dafür ausgelegt ist, die Menschen im Spiel zu belassen. Dann entwickelt ein Wettbewerber ein System, das komplett automatisiert ist oder mit minimaler menschlicher Intervention auskommt. Damit das starker auf den Menschen ausgerichtete System wettbewerbsfähig bleibt, muss eine von zwei Bedingungen erfüllt sein: Entweder ist es deutlich günstiger, um die höheren Arbeitskosten auszugleichen, oder die Resultate sind dermaßen überzeugend, dass der Kunde einen deutlichen Mehrwert erhält, und sie sorgen letztlich für Umsätze, die so hoch sind, dass die zusätzlichen Kosten als lohnenswerte Investition erscheinen. Es gibt gute Gründe, anzuzweifeln, dass in der absolut überwältigenden Mehrheit der Fälle eine von beiden Bedingungen erfüllt ist. Bei einer Automatisierung von Angestelltenjobs würden beide Systeme hauptsächlich aus Software bestehen, es gäbe also wenig Grund für eine enorme Kostenersparnis. Es ist durchaus denkbar, dass in einigen Bereichen, die für das Kerngeschäft eines Unternehmens von zentraler Bedeutung sind, das menschenlastigere System einen deutlichen Vorteil hätte (und langfristig mehr Umsatz generieren könnte). Aber für die Mehrheit der routinemäßiger ablaufenden operativen Aktivitäten? Für die Jobs, wo es wichtiger ist, zur Arbeit zu erscheinen, als herausragende Arbeit zu leisten? Nein, da dürfte es unwahrscheinlich sein.

Bei diesem einfachen Vergleich der Kosten kommt zudem wohl die Tendenz zu mehr Automatisierung zu schlecht weg. Jede Person, die ein Unternehmen neu einstellt, bringt eine ganze Palette an Nebenkosten mit sich. Je größer die Belegschaft, desto mehr Manager benötigt man, desto größer muss die Personalabteilung sein. Mitarbeiter benötigen Büros, Geräte und Parkplätze. Mitarbeiter sorgen zudem für Unsicherheitsfaktoren: Sie werden krank, sie haben mal schlechte Tage, sie nehmen Urlaub, haben Probleme mit dem Auto, sie kündigen und bringen darüber hinaus eine Vielzahl weiterer potenzieller Ärgernisse mit sich.

Und jede neue Person bringt zudem ihre eigenen Haftungsrisiken mit. Sie könnte sich – oder jemand anderen – am Arbeitsplatz verletzen. Sie könnte dem Ruf des Unternehmens schaden. Wenn Sie wissen wollen, wie es zu so etwas kommen kann, suchen Sie im Internet doch mal nach Videos zum Thema „Auslieferungsfahrer schmeißt Paket".

Was bedeutet das alles unter dem Strich? Ein Unternehmen kann sich noch so sehr rühmen, Arbeitsplätze geschaffen zu haben, ein vernünftiger Geschäftsinhaber will nicht noch mehr Menschen einstellen. Er tut das nur, weil er muss. Die Entwicklung hin zu immer mehr Automatisierung ist kein Artefakt der „Designphilosophie" und hängt auch nicht mit den persönlichen Vorlieben der Ingenieure zusammen. Nein, der Hauptantrieb ist in allererster Linie der Kapitalismus. Die „technologielastige Automatisierung", die Carr so ein Kopfzerbrechen bereitet, fand vor mindestens 200 Jahren statt und die Ludditen waren damals schon sehr unzufrieden mit dieser Situation. Der einzige Unterschied zu heute besteht darin, dass der exponentiell verlaufende Fortschritt uns nun hin zum großen Finale drängt. Jedem rational denkenden Unternehmen wird die Einführung arbeitssparender Technologie nahezu immer unwiderstehlich erscheinen. Um das zu ändern, reicht es nicht aus, einen Aufruf an Ingenieure und Designer in die Welt zu setzen. Um das zu ändern, müssten die grundlegenden Anreize verändert werden, auf denen die Marktwirtschaft beruht.

Einige der von Carr geäußerten Bedenken sind real, aber es gibt auch eine gute Nachricht: In den wichtigsten Bereichen haben wir bereits Absicherungsmaßnahmen eingeführt. Die dramatischsten Beispiele für Risiken, die mit der Automatisierung einhergehen, sind diejenigen, bei denen Menschenleben in Gefahr geraten oder sonstige Katastrophen drohen. Hier wird immer wieder auf die Luftfahrt verwiesen. Aber diese Branche unterliegt bereits einer sehr strengen Regulierung. Die Luftfahrt ist sich schon seit Jahren des Zusammenhangs von Cockpit-Automatisierung und den Fähigkeiten der Piloten bewusst und hat dieses Wissen vermutlich in ihre Trainingsmethoden einfließen lassen. Es steht außer Frage, dass die moderne Luftfahrt in Sachen Sicherheit erstaunlich gut abschneidet. Einige Experten rechnen damit, dass die Automatisierung der Flugzeuge noch deutlich extremer werden wird. So sagte Sebastian Thrun der *New York Times*, in nicht allzu ferner Zukunft werde „Pilot" ein Beruf sein, der der Vergangenheit angehöre.[9]

Ich kann mir nicht vorstellen, dass schon in naher Zukunft 300 Passagiere ein Flugzeug besteigen werden, das ohne Piloten fliegt. Die Kombination aus regulatorischen Auflagen, möglichen Haftungsfragen und Skepsis der Öffentlichkeit dürfte bei Berufen, die direkt mit der öffentlichen Sicherheit in Verbindung stehen, für starken Gegenwind sorgen. Es dürften viel eher die Millionen und Abermillionen anderer Arbeitsplätze sein, die Menschen in den Fast-Food-Restaurants, die Büroangestellten und all die anderen, die am dramatischsten die Folgen der Automatisierung zu spüren bekommen werden. In diesen Bereichen hat ein möglicher technischer Defekt oder eine mangelhafte Leistung deutlich weniger dramatische Folgen. Außerdem gibt es dort nur wenige Hürden, die den unerbittlichen (und natürlich von Marktreizen getriebenen) Vormarsch in Richtung vollständige Automatisierung bremsen könnten.

In Wirtschaft und Gesellschaft durchlaufen Maschinen schrittweise einen grundlegenden Wandel: Sie wachsen hinaus über ihre traditionelle Rolle als Werkzeuge und werden in vielen Fällen zu autonomen Arbeitern. Carr hält das für gefährlich und würde dem vermutlich am liebsten einen Riegel vorschieben. Doch in Wahrheit ist es doch so, dass der erstaunliche Wohlstand und das hohe Maß an Bequemlichkeit, das wir in der modernen Zivilisation erreicht haben, die direkte Folge des technischen Fortschritts sind – und der wichtigste Motor für diesen Fortschritt dürfte das unaufhörliche Streben gewesen sein, auf immer effizientere Weise Kapital aus der menschlichen Arbeit zu schlagen. Zu sagen, man sei gegen zu viel Automatisierung, aber nicht grundsätzlich technologiefeindlich eingestellt, ist einfach. In der Praxis allerdings sind diese beiden Trends unzertrennbar miteinander verknüpft. Und sofern es nicht zu einem massiven – und alles andere als empfehlenswerten – Eingreifen des Staats in die Privatwirtschaft kommt, dürfte jede Bemühung zum Scheitern verurteilt sein, den unvermeidlichen, marktgetriebenen Aufstieg autonomer Technologien am Arbeitsplatz zu stoppen.

Was für ein bedingungsloses Grundeinkommen spricht

Immer höhere Investitionen in die Aus- und Weiterbildung werden unsere Probleme also voraussichtlich nicht lösen. Wenn wir das akzeptieren und es gleichzeitig unrealistisch ist, dass die Forderungen erfüllt werden, der fortschreitenden Automatisierung der Arbeitsplätze ein Ende zu bereiten, dann sind wir letztlich gezwungen, über den Tellerrand zu schauen und herkömmliche politische Maßnahmen ad acta zu legen. Die meiner Meinung nach wirksamste Lösung besteht in einer Form von garantiertem Grundeinkommen.

Die Idee, an die Bürger ein Mindesteinkommen oder ein garantiertes Grundeinkommen auszuschütten, ist alles andere als neu. Im derzeitigen politischen Klima dürfte der Vorschlag eines Grundeinkommens in Amerika als „Sozialismus" geschmäht werden und als massive Ausweitung des Sozialstaats. Die historischen Wurzeln dieser Idee sprechen allerdings eine ganz andere Sprache. Der Vorschlag wurde von Ökonomen und Intellektuellen beider politischen Lager begrüßt, aber besonders vehement dafür stark gemacht haben sich Konservative und Freidenker. Einer der Vordenker war Friedrich Hayek, heute eine Ikone der Konservativen. In seinem dreibändigen Werk „Recht, Gesetz und

Freiheit", das er zwischen 1973 und 1979 veröffentlichte, stellte Hayek die These auf, ein garantiertes Grundeinkommen sei eine legitime Maßnahme, mit der sich ein Staat gegen Not absichern könne. Dass ein derartiges Sicherungsnetz benötigt wird, ist laut Hayek direkte Folge des Übergangs zu einer offeneren und mobileren Gesellschaft, in der sich viele Personen nicht länger auf traditionelle Systeme der Unterstützung verlassen können:

> „Es gibt aber noch eine andere Klasse allgemeiner Risiken, hinsichtlich welcher die Notwendigkeit staatlichen Handelns bis vor kurzem nicht generell zugegeben wurde [...] Das Problem ist hier hauptsächlich das Schicksal derjenigen, die aus unterschiedlichen Gründen nicht ihren Lebensunterhalt verdienen können [...], also alle Personen in einer unglücklichen Lage, in die jeder geraten kann und gegen die sich die meisten Menschen allein nicht ausreichend vorsehen können, in der aber eine Gesellschaft, die einen gewissen Wohlstand erreicht hat, es sich leisten kann, für alle zu sorgen.
>
> Die Sicherung eines gewissen Mindesteinkommens für jeden oder eine Art von Minimum, unter das keiner sinken muss, selbst wenn er unfähig ist, für sich selbst zu sorgen, scheint nicht nur ein völlig legitimer Schutz gegen ein allen gemeinsames Risiko, sondern ein notwendiger Bestandteil der Großen Gesellschaft, in welcher der einzelne keine spezifischen Ansprüche mehr an die Mitglieder der besonderen kleinen Gruppe hat, in die er hineingeboren wurde." [10] [deutsche Übersetzung: Monika Streissler, Tübingen: Mohr Siebeck, 2003]

Für diejenigen, welche an das Zerrbild von Hayeks Theorien glauben, das derzeit im extrem konservativen Flügel populär ist, dürften diese Worte ziemlich überraschend klingen. Wenn Hayek von „Großer Gesellschaft" spricht, meint er allerdings etwas ganz Anderes als das, was Lyndon B. Johnson vorschwebte, als er diesen Begriff verwendete. Es ging ihm nicht um einen stetig wachsenden Sozialstaat, Hayeks Vision war vielmehr eine Gesellschaft, die auf der Freiheit des Einzelnen beruht, auf Marktprinzipien, Rechtsstaatlichkeit und auf begrenzter Einmischung des Staats. Doch seine Bezugnahme auf eine „Große Gesellschaft" und seine Aussage, ein Staat, der ein gewisses Maß an Wohlstand erreicht habe, könne es sich leisten, für all seine Bürger zu sorgen, scheinen in krassem Gegensatz zu den extremeren Ansichten zu stehen, die heute vom konservativen Lager vertreten werden. Dort scheint man es eher mit Margaret Thatcher zu halten, die meinte, so etwas wie Gesellschaft gebe es nicht.

Und tatsächlich würde der Vorschlag, ein garantiertes Grundeinkommen einzuführen, heutzutage mit hoher Wahrscheinlichkeit als liberaler Versuch angeprangert, Einkommensgleichheit herzustellen. Hayek selbst wies dies jedoch ausdrücklich zurück. Er schrieb: „Es ist bedauerlich, dass der Versuch, all jenen, die nicht für sich selbst sorgen können, ein gleiches Minimum zu sichern, mit den völlig abweichenden Zielen verknüpft wurde, eine ‚gerechte' Verteilung der Einkommen zu gewährleisten."[11] Für Hayek hatte ein Grundeinkommen nichts mit Gleichmacherei oder „gerechter Verteilung" zu tun. Es ging darum, sich gegen Not abzusichern und ein effizientes Funktionieren von Gesellschaft und Wirtschaft zu gewährleisten.

Eine der zentralen Lehren aus Hayeks Ideen besteht meiner Ansicht nach darin, dass er im Grunde genommen eher Realist denn Ideologe war. Er erkannte, dass sich das Wesen der Gesellschaft wandelte. Die Menschen verließen die Bauernhöfe, wo sie größtenteils autark gewesen waren, und zogen in die Städte. Dort waren sie abhängig von Arbeitsplätzen. Die Struktur der Großfamilie zerbrach, der Einzelne musste fortan ein größeres Risiko eingehen. Hayek hatte kein Problem damit, dass der Staat hilft, die Menschen gegen diese Risiken abzusichern. Die Vorstellung, dass sich die Rolle des Staates verändern kann, passt natürlich hervorragend zu den Herausforderungen, vor denen wir heute stehen.*

---

* Die Vorstellung, Staat und Gesellschaft müssten mit der Zeit gehen, vertrat schon eine weitere Ikone der Konservativen. Auf Tafel 4 im Jefferson Memorial steht folgendes Zitat

Die Argumentation der Konservativen für ein gesetzliches Grundeinkommen stützt sich hauptsächlich darauf, dass die Menschen ein Sicherheitsnetz bekämen, ihnen gleichzeitig aber die Wahlfreiheit gelassen wird. Der Staat greift nicht in die wirtschaftlichen Entscheidungen des Einzelnen ein und fängt auch nicht damit an, Produkte und Dienstleistungen direkt anzubieten; stattdessen erhält jeder die nötigen Mittel, um sich am Markt zu beteiligen. Es ist eine grundlegend marktorientierte Herangehensweise, eine minimale Sicherung einzuziehen. Die Umsetzung würde andere, weniger effiziente Mechanismen wie den Mindestlohn, Lebensmittelmarken, Sozialhilfe und Wohngeld überflüssig machen.

Eignen wir uns Hayeks Pragmatismus an und übertragen ihn auf die Situation, wie sie sich in den kommenden Jahren und Jahrzehnten entwickeln dürfte, dann erscheint es sehr wahrscheinlich, dass der Staat letztlich in irgendeiner Form aufgerufen sein wird, etwas zu unternehmen, wenn der technische Fortschritt mehr und mehr die wirtschaftliche Sicherheit der Einzelnen gefährdet. Weisen wir Hayeks marktorientierte Lösung zurück, bleibt nur noch eine Lösung: die Ausweitung des traditionellen Sozialstaats, inklusive aller damit einhergehenden Probleme. Man kann sich leicht vorstellen, wie gewaltige neue Verwaltungsapparate entstehen, die sich damit befassen, die wirtschaftlich abgehängten Massen zu ernähren und ihnen ein Dach über dem Kopf zu geben, möglicherweise in dystopischen, quasi-institutionalisierten Umgebungen.

---

von Thomas Jefferson: „Ich bin kein Verfechter ständiger Änderungen von Gesetzen und Verfassungen, aber Gesetze und Institutionen müssen Hand in Hand mit dem Fortschritt des menschlichen Geistes gehen. In gleichem Maße, in dem dieser Geist sich weiterentwickelt und erleuchteter wird, neue Entdeckungen gemacht und neue Wahrheit zutage gefördert werden und Gepflogenheiten und Meinungen sich ändern, so müssen mit den neuen Umständen auch die Institutionen sich weiterentwickeln, um mit den Zeiten Schritt zu halten. Wir könnten genauso gut verlangen, dass ein Mann weiterhin den Mantel trägt, der ihm als Kind noch passte, wenn wir von einer zivilisierten Gesellschaft verlangen, für immer unter dem Joch ihrer barbarischen Vorfahren zu stehen."

Tatsächlich könnte dies der Weg des geringsten Widerstands sein – und die vorgegebene Entwicklung, sofern wir einfach die Hände in den Schoß legen. Ein Grundeinkommen wäre effizient, die Verwaltungskosten wären vergleichsweise gering. Pro Kopf berechnet wäre eine bürokratische Ausweitung des Wohlfahrtstaates deutlich kostspieliger und von seinen Auswirkungen her viel unausgeglichener. Höchstwahrscheinlich würde weniger Menschen damit geholfen, allerdings würden eine Reihe traditioneller – und zum Teil sehr lukrativer – Arbeitsplätze entstehen. Außerdem gäbe es reichlich Gelegenheit für Unternehmer aus der Privatwirtschaft, sich ein Stück vom Kuchen zu sichern. Man kann davon ausgehen, dass die privilegierten Nutznießer – hochrangige Verwaltungsleiter und Manager der Privatunternehmen – auf politischer Ebene enormen Druck ausüben werden, um zu gewährleisten, dass sich die Dinge in die von ihnen gewünschte Richtung entwickeln.

Natürlich gibt es schon zahlreiche Beispiele für derartige Entwicklungen. Gewaltige Waffenprogramme, die das Verteidigungsministerium nicht braucht, werden vom Kongress unterstützt, weil sie – im Vergleich zu den enormen Kosten – eine bescheidene Zahl von Arbeitsplätzen schaffen und den großen Konzernen satte Gewinne bescheren. Atemberaubende 2,4 Millionen Amerikaner und Amerikanerinnen sitzen in den Gefängnissen des Landes ein – der Anteil an der Gesamtbevölkerung ist der weltweit höchste, drei Mal so hoch wie zum nächstgrößten Land und mehr als zehn Mal so hoch wie in Industrienationen wie Dänemark, Finnland oder Japan. 2008 waren etwa 60 Prozent dieser Menschen nicht wegen Gewaltverbrechen im Gefängnis und die jährlichen Kosten für ihre Unterbringung beliefen sich auf etwa 26.000 Dollar pro Kopf.[12] Es gibt mächtige Eliten, die ein starkes Interesse daran haben sicherzustellen, dass die Vereinigten Staaten in diesem Bereich Spitzenreiter bleiben. Dazu zählt die Gewerkschaft der Gefängniswärter ebenso wie die Manager der Privatunternehmen, die viele Gefängnisse betreiben.

Das progressive Lager würde man im derzeitigen politischen Umfeld vermutlich leichter für die Idee eines garantierten Einkommens erwärmen können. Auch wenn Hayek in die andere Richtung argumentiert, würden viele Liberale die Idee wahrscheinlich als Methode begrüßen, für mehr gesellschaftliche und wirtschaftliche Gerechtigkeit zu sorgen. Ein bedingungsloses Grundeinkommen könnte tatsächlich zu einem Brachialalgorithmus werden, der Armut mildert und Einkommensungleichheit abbaut. Mit einer einzigen Unterschrift könnte der Präsident der Vereinigten Staaten die extreme Armut und die Obdachlosigkeit im Land praktisch ausmerzen.

Es kommt auf die Anreize an

Will man einen funktionsfähigen Plan für ein garantiertes Grundeinkommen entwickeln, ist nichts so wichtig wie die richtigen Anreize. Ziel sollten ein universelles Sicherheitsnetz sein sowie eine Ergänzung geringer Einkommen. Es sollte nicht dazu führen, dass der Anreiz fehlt, sich überhaupt eine Arbeit zu suchen und so produktiv wie möglich zu sein. Das Grundeinkommen müsste relativ niedrig ausfallen, ausreichend hoch, um damit über die Runden zu kommen, aber nicht hoch genug, um es dabei allzu bequem zu haben. Es spricht sogar einiges dafür, das Einkommensniveau zu Beginn noch niedriger anzusetzen und es dann schrittweise mit der Zeit anzuheben. So kann man beobachten, wie sich das Programm auf die Erwerbsbevölkerung auswirkt.

Um das Prinzip eines Grundeinkommens in die Realität umzusetzen, kann man eine von zwei grundsätzlichen Herangehensweisen verfolgen. Variante eins: Ein bedingungsloses Grundeinkommen wird jedem Erwachsenen ausgezahlt, unabhängig davon, über welche sonstigen Einkommensquellen die Person verfügt. Variante zwei: Ein garantiertes Mindesteinkommen (oder eine andere Variation, etwa eine negative Einkommensteuer) wird ausschließlich an Menschen am unteren Ende der Einkommensverteilung ausgeschüttet und sukzessive reduziert, wenn die anderen Einkünfte steigen. Die zweite Alternative ist natürlich weniger kostspielig, birgt aber die Gefahr desaströser falscher Anreize. Wenn das garantierte Einkommen sich an der Bedürftigkeit orientiert, geraten die Empfänger mit ihren sonstigen Einkünften in einen Effektivsteuersatz, der einer Pfändung gleichkommen kann. Sie können also in eine „Armutsfalle" rutschen, bei der es nichts oder nur sehr wenig bringt, härter zu arbeiten. Das schlechteste Beispiel dafür sind die Maßnahmen der Sozialversicherung bei Erwerbsunfähigkeit. Viele Menschen versuchen offenbar, sich auf diesem Weg ein garantiertes Mindesteinkommen zu sichern, wenn ihre anderen Möglichkeiten erschöpft sind. Ist der Antrag einer Person erst einmal bewilligt worden, läuft sie mit jedem Versuch, in den Arbeitsmarkt zurückzukehren, Gefahr, sowohl das Einkommen als auch die begleitenden Sozialleistungen einzubüßen. Die Folge: Praktisch niemand, der einmal für erwerbsunfähig erklärt wurde, geht je wieder arbeiten.

Wenn ein garantiertes Einkommen von der Bedürftigkeit abhängt, sollte der Schnitt logischerweise auf einem relativ hohen Niveau erfolgen, am besten weit im Bereich der Mittelschicht. Wenn jemand beschließt, andere Einnahmemöglichkeiten zu ignorieren, steht ihm ein tiefer Fall bevor. Eine weitere gute Idee wäre es, zwischen aktiven und passiven Einkünften zu unterscheiden. Ein garantiertes Einkommen könnte mit passiven Einkünften wie Renten, Kapitalerträgen oder Sozialversicherungsbeiträgen verrechnet werden. Aktive Einkünfte wie Gehälter aus einer Anstellung, selbstständiger Arbeit oder aus einem kleinen Geschäft würden entweder überhaupt nicht verrechnet oder erst ab einer sehr hohen Stufe. So sollte gewährleistet werden können, dass jeder so hart wie möglich arbeitet und das Beste aus seiner Situation macht.

Ein garantiertes Einkommen dürfte zudem eine Reihe subtilerer Anreize für Einzelne und Familien schaffen. Der konservative Soziologe Charles Murray schrieb 2006 in seinem Buch „In Our Hands: A Plan to Replace the Welfare State", ein garantiertes Einkommen werde Männer ohne College-Abschluss wohl zu attraktiveren Ehepartnern machen. Diese Gruppe ist auf dem Arbeitsmarkt sowohl vom technischen Fortschritt als auch vom Offshoring am härtesten betroffen gewesen. Ein Grundeinkommen könnte dazu führen, dass bei den einkommensschwächeren Gruppen die Zahl der Eheschließungen zunimmt, vielleicht kehrt es auch den Trend um, dass immer mehr Kinder in einem Haushalt mit nur einem Elternteil aufwachsen. Außerdem könnten Haushalte natürlich leichter beschließen, dass ein Elternteil zu Hause bleibt und sich um die Kinder kümmert. Das sind alles Punkte, die ganz parteiunabhängig allgemeinen Zuspruch finden könnten.

Ganz abgesehen davon gibt es aus meiner Sicht zwingende Gründe dafür, noch weiter zu gehen und ein Programm für Grundeinkommen mit ausdrücklichen Anreizen zu versehen. Die wichtigsten dieser Anreize würden auf die Bildung abzielen, vor allem auf der Highschool-Ebene. Aktuelle Daten zeigen, dass es auch weiterhin starke wirtschaftliche Anreize dafür gibt, einen College-Abschluss anzustreben. Die Realität dahinter hat jedoch leider nichts damit zu tun, dass die Nachfrage nach College-Absolventen schlagartig und dramatisch angestiegen wäre, sondern vielmehr damit, dass Jobs für Leute, die nur einen Highschool-Abschluss vorweisen können, massiv wegbröckeln. Aus meiner Sicht entsteht dadurch die reale Gefahr, dass eine beträchtliche Menge an Schülern, die nicht dafür bestimmt ist, aufs College zu gehen, den Anreiz verliert, auch nur die Highschool abzuschließen. Wenn ein Schüler, der auf der Highschool u kämpfen hat, weiß, dass er ein Grundeinkommen erhalten wird, und zwar unabhängig davon, ob er den Abschluss schafft, entsteht natürlich ein sehr starker falscher Anreiz. Insofern sollte das Grundeinkommen für diejenigen, die ihren Highschool-Abschluss machen (oder einen entsprechenden Test bestehen), etwas höher ausfallen.

Hinter alledem steht die grundsätzliche Idee, dass wir Bildung als öffentliches Gut betrachten sollten. Wenn die Menschen um uns herum besser gebildet sind, profitieren wir alle davon und normalerweise führt mehr Bildung zu einer friedlicheren Gesellschaft und einer produktiveren Wirtschaft. Wenn es unser Schicksal sein sollte, in ein Zeitalter überzutreten, wo traditionelle Arbeit ein knappes Gut wird, dann wird eine gebildete Bevölkerung besser in der Lage sein, für das Mehr an Freizeit eine konstruktivere Verwendung zu finden. Technologie bietet uns zahllose Möglichkeiten, produktiv zu sein. In Wikipedia beispielsweise stecken unzählige Stunden Arbeit, geleistet von freiwilligen und unbezahlten Helfern. Ein weiteres Beispiel ist die Open-Source-Bewegung. Viele Menschen bauen sich online ein kleines Geschäft auf, um zusätzliche Einnahmequellen zu erschließen. Um sich an derartigen

Aktivitäten zu beteiligen, benötigt man allerdings ein Minimum an Bildung. Man könnte auch über andere Anreize nachdenken, beispielsweise könnten Menschen, die sich freiwillig in Gemeindediensten oder Umweltschutzprojekten engagieren, ein höheres Einkommen erhalten. In meinem vorigen Buch „The Lights in the Tunnel" regte ich an, ein garantiertes Grundeinkommen explizit durch Anreize dieser Art zu ergänzen. Das brachte mir eine Menge Kritik von liberaler eingestellten Lesern ein. Sie verwehrten sich gegen die Idee eines Nanny States, also gegen staatliche Bevormundung. Nichtsdestotrotz gibt es einige grundlegende Anreize – am wichtigsten im Bereich der Bildung –, auf die sich praktisch alle verständigen könnten. Die Grundidee ist die, dass man (wenn auch künstlich) einige der Anreize kopiert, die mit traditionellen Jobs einhergehen. In einer Zeit, in der mehr Bildung nicht immer zu besseren Karriereaussichten führt, ist es wichtig zu gewährleisten, dass jeder einen zwingenden Grund hat, zumindest die Highschool abzuschließen. Die daraus resultierenden Vorteile liegen für mich auf der Hand. Selbst Ayn Rand würde, wenn sie vernünftig wäre, wohl einen persönlichen Nutzen darin erkennen, von Menschen umgeben zu sein, die einen höheren Bildungsgrad und mehr Optionen für eine konstruktive Nutzung ihrer Freizeit haben.

Der Markt als erneuerbare Ressource

Neben der Notwendigkeit, ein grundlegendes Sicherheitsnetz einzuziehen, spricht meiner Meinung nach auch wirtschaftlich viel für ein garantiertes Einkommen. In Kapitel 8 haben wir gesehen, dass die durch Technologie verstärkte Ungleichheit voraussichtlich den Massenkonsum in Gefahr bringen wird. Wenn der Arbeitsmarkt weiter wegbricht und die Gehälter stagnieren oder fallen, zerfällt auch der Mechanismus, mit dessen Hilfe bislang Kaufkraft in die Hände der Verbraucher gelangt. Darunter leidet die Nachfrage nach Produkten und Dienstleistungen.

Um das Problem zu verdeutlichen, stellen wir uns die Märkte als erneuerbare Ressource vor. Ein Verbrauchermarkt ist ein Teich voller Fische. Verkauft ein Unternehmen Produkte oder Dienstleistungen, fängt es Fische. Bezahlt es seinen Mitarbeitern Löhne, wirft es Fische zurück in den See. Nun schreitet die Automatisierung voran und die Zahl der Arbeitsplätze sinkt. Das bedeutet, immer weniger Fische kommen zurück ins Wasser. Halten Sie sich nun vor Augen, dass nahezu alle großen Industriezweige darauf angewiesen sind, zumindest halbwegs große Fische in großer Zahl zu finden. Eine zunehmende Ungleichheit resultiert in einer sehr geringen Menge sehr großer Fische, die aus Sicht der meisten Massenmarktbranchen keineswegs sehr viel mehr wert sind als die normal großen Fische. (Auch ein Milliardär wird sich keine tausend Smartphones, Autos oder Restaurantmenüs kaufen.)

Dieses Szenario ist als klassisches „Tragik der Allmende"-Problem bekannt. Ökonomen würden an dieser Stelle vermutlich mehrheitlich übereinstimmen, dass diese Situation ein wie auch immer geartetes Eingreifen des Staats erfordert. Wenn es dazu nicht kommt, bleibt kein anderer individueller Anreiz als zu versuchen, so viele Fische wie möglich zu fangen. Berufsfischern dürfte durchaus bewusst sein, dass sie gerade dabei sind, ihren See/Ozean zu überfischen und dass sie damit auch ihren eigenen Lebensunterhalt gefährden. Dennoch werden sie Tag für Tag ausziehen und ihre Netze ausweifen, um möglichst viel zu fangen, denn sie wissen, dass ihre Konkurrenz schließlich ganz genau dasselbe tut. Die einzige tragfähige Lösung besteht darin, dass eine regulierende Amtsgewalt einschreitet und Fangquoten verhängt.

Im Fall unseres Verbrauchermarkts wollen wir die Zahl der virtuellen Fische, die von den Unternehmen gefangen werden können, nicht begrenzen. Wir wollen vielmehr dafür sorgen, dass der Fischbestand sich erholt. Ein garantiertes Grundeinkommen ist eine sehr effektive Methode, genau dafür zu sorgen, erhöht es doch unmittelbar die Kaufkraft von Haushalten mit niedrigem oder mittlerem Einkommen.

Blicken wir weiter in die Zukunft. Lassen Sie uns annehmen, dass Maschinen eines Tages in beträchtlichem Ausmaß die menschliche Arbeitskraft verdrängt haben werden. Das bedeutet meiner Meinung nach, dass Kaufkraft in irgendeiner Form direkt umverteilt werden muss, damit die Wirtschaft weiter wachsen kann. Im Mai 2014 veröffentlichten die Ökonomen John G. Fernald und Charles I. Jones einen

Aufsatz zur Zukunft des amerikanischen Wirtschaftswachstums. Darin spekulierten sie, dass Roboter „zunehmend menschliche Arbeitskräfte im Bereich Warenfertigung verdrängen" könnten. „Falls Kapital die Arbeitskraft vollständig verdrängen kann", so ihre Schlussfolgerung, „würden die Wachstumsraten vermutlich explodieren. Die Einkünfte würden in endlicher Zeit unendlich."[13] Diese Logik erschließt sich mir überhaupt nicht. Zu solchen Resultaten gelangt man, wenn man einfach Zahlen in eine Gleichung einsetzt, ohne die Implikationen wirklich zu durchdenken. Wenn Maschinen den Menschen vollständig abgelöst haben, hat niemand mehr einen Arbeitsplatz oder ein Einkommen aus seiner Arbeit. Der absolute Großteil der Verbraucher verfügt über keinerlei Kaufkraft. Wie soll da die Wirtschaft weiter wachsen? Vielleicht kann der winzige Prozentsatz von Menschen mit beträchtlichem Kapitalbesitz den ganzen Konsum übernehmen, aber um die Weltwirtschaft am Wachsen zu halten, müssten sie dauerhaft Güter und Dienstleistungen in unglaublichen Mengen kaufen.* Und damit wären wir wieder beim „Techno-Feudalismus". Mit diesem Szenario hatten wir uns in Kapitel 8 befasst und festgestellt, dass es nicht allzu erstrebenswert erscheint.

Es gibt allerdings auch eine optimistischere Einschätzung. Vielleicht könnte man sagen, dass das mathematische Modell von Fernald und Jones einen Mechanismus enthält, der zur Verteilung der Kaufkraft geeignet ist (und der nichts mit Arbeitseinkünften zu tun hat). Gäbe es

---

* Was wir „die Wirtschaft" nennen, ist der Gesamtwert sämtlicher hergestellten und verkauften Waren und Dienstleistungen. Die Wirtschaft kann entweder gewaltige Mengen an Waren und Dienstleistungen zu geringen und moderaten Preisen herstellen oder eine viel kleinere Menge an qualitativ überaus hochwertigen Waren und Dienstleistungen. Für das erste Szenario bedarf es einer breiten Verteilung der Kaufkraft. Ermöglicht wird dies aktuell durch Arbeitsplätze. Beim zweiten Szenario ist es unklar, welche Produkte und Dienstleistungen die Wirtschaft produzieren könnte, die bei der wohlhabenden Elite sehr hoch im Kurs stehen. Um was für Güter auch immer es sich handelt, sie müssten von den wenigen Glückspilzen eifrigst konsumiert werden, andernfalls würde die Wirtschaft nicht wachsen, sondern schrumpfen.

etwas wie ein Grundeinkommen und würde dieses mit der Zeit angehoben werden, um ein anhaltendes Wirtschaftswachstum zu generieren, könnte die Vorstellung, dass das Wachstum explodiert und die Einkommen in die Höhe schnellen, Sinn ergeben. Von allein wird das jedoch nicht der Fall sein, der Markt wird sich nicht selbst regulieren. Es bedürfte vielmehr einer grundlegenden Neuordnung unserer Wirtschaftsregeln.

Die Märkte – oder die gesamte Wirtschaft – als Ressource zu betrachten, ist meines Erachtens auch im Hinblick auf einen anderen Gesichtspunkt äußerst sinnvoll. Sie erinnern sich vielleicht an mein Argument aus Kapitel 3: Die Technologien, die den Arbeitsmarkt umkrempeln werden, sind das Ergebnis gemeinsamer Anstrengungen, die generationenübergreifend von zahlreichen Individuen geleistet und oftmals vom Steuerzahler finanziert wurden. Man könnte argumentieren, dass all dieser akkumulierte technische Fortschritt (ebenso wie die wirtschaftlichen und politischen Institutionen, welche eine lebendige Marktwirtschaft ermöglichen) eigentlich bis zu einem gewissen Grad eine Ressource ist, die allen Bürgern und Bürgerinnen gehört. Statt des Begriffs „garantiertes Grundeinkommen" hört man auch immer wieder den Begriff „citizens's dividend" („Bürgerdividende"). Dieser spiegelt aus meiner Sicht sehr gut das Argument wider, dass jeder Person wenigstens ein Mindestanspruch auf den gesamtwirtschaftlichen Wohlstand eines Landes zusteht.

Der Peltzman-Effekt und wirtschaftliche Risiken

1975 veröffentlichte Sam Peltzman, Ökonom an der Universität Chicago, eine Studie, worin er nachwies, dass Verordnungen zur Erhöhung der Verkehrssicherheit die Zahl der Unfallopfer nicht signifikant senkte. Der Grund dafür? Weil sich die Fahrer nun sicherer fühlten, gingen sie mehr Risiken ein, spekulierte Peltzman.[14]

Dieser Peltzman-Effekt (auch als Risikokompensation bekannt) konnte seitdem in zahlreichen Bereichen nachgewiesen werden. Kinderspielplätze beispielsweise sind heutzutage viel sicherer als früher. Steile Rutschen und hohe Klettergeräte sind entfernt worden, stattdessen wurden gepolsterte Oberflächen angebracht. Und doch zeigen Studien, dass nicht deutlich weniger Kinder als früher in die Notaufnahme müssen oder sich etwas brechen.[15] Ähnliche Beobachtungen hat man im Bereich Fallschirmspringen gemacht: Die Ausrüstung ist sehr viel besser und sicherer geworden, aber die Mortalitätsrate bleibt in etwa unverändert, weil die Fallschirmspringer nun riskanter agieren.

Konservative Ökonomen ziehen den Peltzman-Effekt gerne als Argument gegen eine Verschärfung der Regulierung heran. Meiner Meinung nach gibt es sehr gute Gründe für die Annahme, dass diese Risikokompensation sich auch auf den wirtschaftlichen Bereich erstreckt. Menschen, die ein Sicherheitsnetz unter sich wissen, sind eher bereit, größere wirtschaftliche Risiken einzugehen. Sie haben eine gute Idee für ein neues Geschäft? Dann wären Sie doch bestimmt eher bereit, Ihre Festanstellung zu kündigen und sich auf das Abenteuer Selbstständigkeit einzulassen, wenn Sie wüssten, dass Ihnen in jedem Fall ein garantiertes Einkommen bleibt. Ebenso würden Sie vielleicht eher einen sicheren Job aufgeben, der Ihnen wenig Raum zur persönlichen Weiterentwicklung bietet, und eine anspruchsvollere, aber weniger sichere Stelle bei einem kleinen Start-up-Unternehmen antreten. Ein garantiertes Einkommen würde ein finanzielles Polster für alle möglichen Unternehmensaktivitäten darstellen, egal ob man ein Online-Geschäft aufbaut, ein „Lädchen" oder eine Kneipe eröffnet oder als kleiner Farmer oder Rancher eine Dürreperiode überstehen muss. In vielen Fällen könnte das Geld gerade ausreichen, schwierige Zeiten zu überstehen, die einem ansonsten das Genick gebrochen hätten. Unter dem Strich heißt das: Ein gut durchdachtes Grundeinkommen würde nicht dazu führen, dass wir ein Land der Faulpelze werden, es könnte vielmehr die Wirtschaft dynamischer und unternehmerisch wagemutiger machen.

Herausforderungen, Schattenseiten, Unwägbarkeiten

Ein garantiertes Einkommen ist nicht völlig frei von Nachteilen und Risiken. Die kurzfristig größte Sorge ist die, ob man damit nicht einen starken Anreiz schafft, nicht zu arbeiten. Es ist ganz offensichtlich, dass Maschinen mit der Zeit immer mehr Arbeiten übernehmen werden, gleichzeitig steht außer Frage, dass die Wirtschaft auf absehbare Zeit noch massiv vom Einsatz menschlicher Arbeitskräfte abhängig sein wird.

Bislang gibt es keine Beispiele für ein garantiertes Mindesteinkommen auf Landesebene. Alaska schüttet seinen Bürgern seit 1976 jährlich eine bescheidene Dividende aus den Öleinnahmen aus. In den vergangenen Jahren waren das zumeist zwischen 1.000 und 2.000 Dollar pro Person. Sowohl Erwachsene als auch Kinder sind empfangsberechtigt, für eine Familie kann da also eine hübsche Summe zusammenkommen. Im Oktober 2013 sammelten in der Schweiz die Befürworter eines Grundeinkommens genügend Unterschriften für ein Volksbegehren. Sie wollen ein erstaunlich großzügig bemessenes bedingungsloses Grundeinkommen in Höhe von 2.500 Schweizer Franken einführen. Im Juni 2016 findet die Abstimmung darüber statt.

Kleinere Experimente in den USA und Kanada haben gezeigt, dass Grundeinkommen-Empfänger im Durchschnitt etwa fünf Prozent weniger arbeiten. Hier handelte es sich allerdings um zeitlich begrenzte Programme, die das Verhalten vermutlich weniger stark beeinflussen als eine dauerhafte Maßnahme.[16]

Eine der größten politischen und psychologischen Hürden auf dem Weg zu einem garantierten Grundeinkommen besteht darin, sich damit abfinden zu müssen, dass ein gewisser Teil der Empfänger das Geld einfach nehmen und sich vom Arbeitsmarkt verabschieden wird. Einige Leute werden beschließen, den ganzen Tag lang Videospiele zu spielen oder, schlimmer noch, sie geben das Geld für Alkohol oder Drogen aus. Einige Empfänger werden ihr Geld vielleicht zusammenwerfen, sich Wohnraum teilen und vielleicht sogar „Leistungsverweigerer-Kommunen" begründen. Solange das Grundeinkommen relativ gering ist und es überdies genügend positive Arbeitsanreize gibt, wäre der Prozentsatz der Menschen, die sich für diesen Weg entscheiden, vermutlich sehr gering. In absoluten Zahlen betrachtet könnte es sich jedoch um eine ganze Menge Leute handeln, die zudem auch noch eine ziemlich exponierte Stellung einnehmen würden. Das wäre natürlich nur schwerlich mit der protestantischen Arbeitsethik zu vereinbaren. Gegner des garantierten Einkommens müssten vermutlich nicht lange suchen, um mit beunruhigenden Geschichten aufwarten zu können, welche die öffentliche Unterstützung für diese Politik untergraben. Dass einige Leute beschließen würden, weniger oder vielleicht sogar gar nicht mehr zu arbeiten, sollte nicht grundsätzlich negativ beurteilt werden. Man darf eines dabei nicht vergessen: Wenn jemand beschließt auszusteigen, tut er das aus eigenem Antrieb heraus. Es handelt sich also im Allgemeinen um die unambitioniertesten und unproduktivsten Mitglieder der Gesellschaft.* In einer Welt, in der alle gezwungen sind, um immer weniger Arbeitsplätze zu konkurrieren, gibt es keinen Grund zur Annahme, dass es stets die Leistungsfähigsten sein werden, die diese Stellen ergattern. Arbeiten einige Menschen weniger oder verabschieden sich ganz aus dem Arbeitsmarkt, könnten die Löhne für diejenigen, die weiterhin hart arbeiten wollen, etwas ansteigen. Eines der Hauptprobleme, die wir lösen wollen, sind schließlich die seit Jahrzehnten stagnierenden Gehälter. Ich kann nichts furchtbar Dystopisches daran finden, einigen relativ leistungsschwachen Menschen ein Mindesteinkommen als Anreiz dafür anzubieten, aus der Erwerbsbevölkerung auszuscheiden, sofern das Endergebnis darin besteht, dass diejenigen, die hart arbeiten und es zu etwas bringen wollen, auf diesem Wege mehr Möglichkeiten und höhere Einkommen haben.

Unser Wertesystem zielt darauf ab, das Produktivsein zu feiern. Gleichzeitig sollte man sich ins Gedächtnis rufen, dass Konsum eine wichtige Rolle in der Wirtschaft übernimmt. Ein aus dem Erwerbsleben Ausgestiegener, der das Grundeinkommen bezieht, wird so zum zahlenden Kunden für den hart arbeitenden Kleinunternehmer in der

---

* Natürlich lasse ich hier diejenigen Menschen außen vor, die (vielleicht auch nur vorübergehend) aus der Erwerbsbevölkerung aussteigen und dafür Gründe haben, die wir als legitimer erachten. Als Beispiel sei hier die Betreuung von Kindern oder anderen Familienmitgliedern genannt. Für manche Familien könnte ein Grundeinkommen zumindest eine Teillösung darstellen, was das aufziehende Problem der Altenbetreuung anbelangt.

Nachbarschaft, der ein kleines Geschäft aufgezogen hat. Und dieser Geschäftsmann erhält selbstredend dasselbe Grundeinkommen.

Abschließend möchte ich darauf hinweisen, dass sich die meisten politischen Fehler, die bei der Einführung eines Grundeinkommens gemacht werden, mit der Zeit von selbst korrigieren würden. Wären die Einkommen anfangs zu hoch angesetzt und sorgten damit für einen starken Anreiz, nicht zu arbeiten, wären zwei Szenarien denkbar: Entweder ist die Automatisierungstechnologie so hoch entwickelt, dass sie den Produktionsrückgang auffangen würde (was also keine weiteren Probleme bedeuten würde), oder es gäbe einen Arbeitskräftemangel und einen Inflationsschub. Ein allgemeiner Preisanstieg wiederum würde den Wert des Grundeinkommens schmälern und dadurch den Anreiz verstärken, das Grundeinkommen mit Arbeit aufzustocken. Sofern die politischen Entscheider nicht etwas wirklich Unangebrachtes tun und beispielsweise einen automatischen Inflationsausgleich einbauen, sollte jede Inflation nur von kurzer Dauer sein und die Wirtschaft würde rasch zurück ins Gleichgewicht finden.

Es gilt, politische Hürden zu nehmen und Risiken zu bedenken, was den möglichen Anreiz anbelangt, nicht zu arbeiten. Gleichzeitig stellt sich die Frage, welche Folgen ein Grundeinkommen auf die Mieten in hochpreisigen Gegenden hätten. Stellen wir uns vor, dass jeder Einwohner von Städten wie New York, San Francisco oder London 1.000 Dollar pro Monat zusätzlich bekäme. Vieles spricht dafür, dass ein Großteil dieses zusätzlichen Geldes, vielleicht sogar alles, in den Taschen der Vermieter landen würde, während die Mieter um den knappen Wohnraum konkurrieren. Für dieses Problem gibt es keine schnelle Lösung. Mietpreisbremsen sind eine Möglichkeit, aber diese haben auch zahlreiche dokumentierte Nachteile. Viele Ökonomen fordern, die Planungsbeschränkungen zu lockern, damit die Häuser dichter gebaut werden können, aber da wäre mit Widerstand der Altmieter zu rechnen.

Doch es gibt eine Kraft, die dem entgegenwirkt. Anders als ein Job verschafft einem ein garantiertes Einkommen mehr Mobilität. Einige Leute dürften ihr Grundeinkommen nehmen und auf der Suche nach einer günstigeren Bleibe wegziehen. Verfallende Städte wie Detroit könnten einen Zustrom von Neubürgern erleben. Andere Menschen würden gleich ganz von der Stadt aufs Land ziehen. Ein garantiertes Grundeinkommen könnte durchaus dazu beitragen, viele der Kleinstädte und ländlichen Regionen wiederzubeleben, die an Bevölkerungsschwund leiden, seit sich die Arbeitsplätze in Luft aufgelöst haben. Die positiven Folgen für die Wirtschaft in ländlichen Gebieten könnte aus meiner Sicht eines der Argumente sein, wie man die Idee eines garantierten Grundeinkommens auch dem konservativen Lager in den USA schmackhaft machen könnte.

Wenn ein garantiertes Grundeinkommen beschlossen würde, wäre natürlich noch ein weiterer Aspekt zu bedenken, nämlich die Einwanderungspolitik. Wahrscheinlich müssten die Zuwanderung und die Erlangung der Staatsbürgerschaft inklusive eines Anspruchs auf das Grundeinkommen beschränkt werden oder neue Staatsbürger müssten eine längere Wartephase absolvieren. All das würde natürlich die Komplexität und die Unsicherheit bei einem ohnehin schon sehr polarisierenden politischen Thema noch weiter verstärken.

Wie wird das Grundeinkommen finanziert?

Wenn die Vereinigten Staaten jedem Erwachsenen zwischen 21 und 65 Jahren und jedem älteren Bürger, der keine Sozialversicherungsbeiträge oder Rente erhält, ein bedingungsloses Grundeinkommen von 10.000 Dollar jährlich bezahlten, würden die Gesamtkosten etwa 2.000 Milliarden Dollar betragen.[17] Die tatsächlichen Zahlen wären etwas niedriger, wenn man den Kreis der Menschen, die einen Anspruch haben, beschneidet und die Summe möglicherweise ab einem bestimmten Gesamteinkommen gegenrechnet. (Wie schon erwähnt: Es wäre wichtig, das Grundeinkommen erst auf recht hohem Niveau stufenweise zu reduzieren, um Armutsfallen zu vermeiden.) Zudem müsste man zahlreiche nationale und regionale Sozialprogramme zur Bekämpfung der Armut streichen, seien es Lebensmittelmarken, Wohlfahrtsprogramme, Mietunterstützung und der Earned Income Tax Credit (EITC). (Diese Form der Lohnaufbesserung wird später im Detail erörtert.) Insgesamt könnten so schätzungsweise bis zu 1.000 Milliarden jährlich eingespart werden.

Anders formuliert: Ein jährliches Grundeinkommen von 10.000 Dollar würde rund 1.000 Milliarden Dollar an Neueinnahmen erforderlich machen, vielleicht auch deutlich weniger, abhängig davon, welche Form von garantiertem Mindesteinkommen wir beschließen. Diese Summe wiederum würde allerdings dadurch sinken, dass die Auszahlung des Grundeinkommens zu höheren Steuereinnahmen führen würde. Das Grundeinkommen selbst wäre zu versteuern und dürfte viele Haushalte aus der berühmt-berüchtigten Gruppe der 47 Prozent führen, von der Mitt Romney sprach (gemeint ist der Anteil der amerikanischen Bevölkerung, der aktuell keine Einkommensteuer zahlt). Die meisten Haushalte mit geringerem Einkommen würden den Großteil ihres Grundeinkommens ausgeben, was direkt besteuerbare wirtschaftliche Aktivität nach sich zöge.

Wenn wir davon ausgehen, dass der technische Fortschritt für mehr Ungleichheit sorgen und den Massenkonsum untergraben wird, könnte ein garantiertes Grundeinkommen auf lange Sicht durchaus zu deutlich höheren Wachstumsraten der Wirtschaft führen – was natürlich nichts anderes bedeuten würde als merklich höhere Steuereinnahmen. Das Grundeinkommen würde dafür sorgen, dass ein ständiger Kaufkraftstrom zu den Verbrauchern fließt, und wäre somit ein wirkungsvoller Wirtschaftsstabilisator. Die Wirtschaft könnte auf diese Weise einige der Kosten vermeiden, die mit schweren Rezessionen einhergehen.

Natürlich sind all diese Effekte schwer zu quantifizieren, aber aus meiner Sicht spricht vieles dafür, dass sich das bedingungslose Grundeinkommen zumindest in weiten Teilen selbst finanzieren würde. Hinzu kommt, dass der wirtschaftliche Nutzen mit der Zeit noch steigen würde, während die Technologie sich weiterentwickelt und die Wirtschaft immer kapitalintensiver wird.

Bei dem Klima, das derzeit in Amerikas Politik herrscht, wäre es selbstredend eine gewaltige Aufgabe, sich auf zusätzliche Mittel zu verständigen. Kaum ein Politiker traut sich, das Wort „Steuern" überhaupt in den Mund zu nehmen, und wenn, dann nur, um unverzüglich ein „senken" hinterherzuschicken. Am einfachsten umsetzbar wäre das

Vorhaben möglicherweise, wenn man eine Vielzahl unterschiedlicher Steuern dazu nutzte, die nötigen Einnahmen zu beschaffen. Ein offensichtlicher Kandidat wäre eine CO_2-Steuer. Sie könnte bis zu 100 Milliarden Dollar im Jahr einspielen und gleichzeitig dazu beitragen, die Emissionswerte für Treibhausgase zu senken. Es zirkulieren bereits Vorschläge für eine umsatzneutrale CO_2-Steuer mit Ermäßigungen für Privathaushalte und diese könnten als Ausgangspunkt für ein Grundeinkommen fungieren. Eine weitere Möglichkeit wäre eine Mehrwertsteuer. Die Vereinigten Staaten sind die einzige Industrienation, die derzeit ohne diese Form der Konsumsteuer auskommt, die bei jedem Schritt des Produktionsprozesses erhoben wird. Als Teil des Endpreises, den die Unternehmen für Produkte und Dienstleistungen berechnen, wird die Mehrwertsteuer an den Verbraucher weitergereicht. Grundsätzlich gilt eine Mehrwertsteuer als sehr effektiver Weg, die Steuereinnahmen zu erhöhen. Davon abgesehen gibt es aber zahllose weitere Möglichkeiten, etwa eine Anhebung der Firmenbesteuerung (alternativ könnten auch Steuervergünstigungen gestrichen werden), eine Form von nationaler Grundsteuer, eine Anhebung der Kapitalertragssteuern oder eine Finanztransaktionssteuer.

Dass auch die Einkommensteuer angehoben wird, erscheint unvermeidbar. Einer der besten Ansätze besteht darin, die Progression im Steuersystem zu erhöhen. Die steigende Ungleichheit führt dazu, dass sich das besteuerbare Einkommen immer stärker ganz oben sammelt. Unser Steuersystem sollte so überarbeitet werden, dass es der Einkommensverteilung entspricht. Anstatt durch die Bank weg für alle die Steuern zu erhöhen oder nur die oberste Steuerstufe stärker in die Pflicht zu nehmen, wäre es besser, mehrere neue obere Steuerstufen einzuziehen, um mehr Einkünfte von den Steuerzahlern zu bekommen, die über ein sehr hohes Einkommen verfügen, beispielsweise eine Million Dollar jährlich oder noch darüber.

Jeder ein Kapitalist

Meiner Meinung nach ist ein wie auch immer geartetes garantiertes Einkommen möglicherweise die beste Gesamtlösung im Umgang mit dem Vormarsch der Automatisierungstechnologie. Daneben gibt es aber noch weitere realisierbare Ideen. Mit am häufigsten hört man den Vorschlag, sich nicht auf Einkünfte, sondern auf Vermögen zu konzentrieren. Wenn in einer künftigen Welt fast das gesamte Einkommen vom Kapital eingestrichen wird und menschliche Arbeitskraft nur noch sehr wenig wert ist, könnte man doch einfach dafür sorgen, dass jeder über ausreichend Kapital verfügt und sich auf diese Weise wirtschaftlich absichert, oder?

Bei den meisten derartigen Vorschlägen kommen Strategien auf den Tisch, bei denen die Mitarbeiter verstärkt zu Aktionären der Unternehmen werden, alternativ erhält jeder ein gewisses Guthaben in einem Investmentfonds. In einem Artikel für das Magazin *The Atlantic* regte der Ökonom Noah Smith an, dass die Regierung allen Bürgern zu deren 18. Geburtstag ein „breit gestreutes Wertpapierportfolio" kauft. Dass nicht jeder gleich losstürmt, die Aktien zu Geld machen und feiern geht, könne man „mit einer leichten Prise Paternalismus verhindern, etwa über Sperrfristen"[18]. Das Problem daran: Eine „leichte Prise Paternalismus" würde möglicherweise nicht ausreichen.

Stellen Sie sich eine Zukunft vor, in der Ihr wirtschaftliches Überleben nahezu ausschließlich davon abhängt, was Sie besitzen. Der Wert Ihrer Arbeit tendiert gegen null. In so einer Welt wäre Schluss mit den Geschichten über Menschen, die alles verloren haben und sich dann mühsam wieder nach oben kämpften. Wer sein Geld falsch anlegt oder von einem Bernie Madoff ausgenommen wird, hat einen Fehler gemacht, der möglicherweise nicht mehr zu korrigieren ist. Wenn der Einzelne die absolute Kontrolle über sein Kapital bekommt, ist es unvermeidlich, dass einige unglückliche Personen etwas Derartiges erleben. Was würden wir mit diesen Personen und Familien tun, die in eine solche Lage geraten sind? Wären sie „too big to fail"? Falls ja, gäbe es ein klares moralisches Risiko – wenn die Menschen wüssten, dass sie letztlich aufgefangen werden, würden sie in diesem Bewusstsein vielleicht größere Risiken eingehen. Falls nicht, hätten wir Menschen in echter Notlage und ohne große Hoffnung, aus dieser Situation herauszukommen.

Angesichts dieses Risikos würde sich die überwältigende Mehrheit der Menschen natürlich verantwortungsbewusst verhalten. Das wiederum könnte ganz eigene Probleme aufwerfen. Wenn Sie Ihr Kapital einbüßen, bedeutet das Armut für Sie und Ihre Kinder. Wären Sie in einer derartigen Lage willens, einen Teil Ihres Kapitals in ein neues Geschäftsunterfangen zu investieren? Die Erfahrung mit 401k-Pensionsplänen zeigt, dass viele Menschen zu wenig auf dem Börsenmarkt investieren und zu viel Geld in Investitionen stecken, die sie als sicher einschätzen, die aber geringere Renditen abwerfen. In einer Welt, in der Kapital alles bedeutet, könnte sich diese Präferenz noch verstärken. Es gäbe eine gewaltige Nachfrage nach sicheren Anlagewerten, was zur Folge hätte, dass die Renditen dieser Anlagen sehr niedrig wären. Anders gesagt: Beschließt man, den Menschen Vermögen zu geben, kann das zu etwas völlig anderem als dem Peltzman-Effekt führen, den ich bei einem garantierten Grundeinkommen erwarten würde. Eine übermäßige Risikoaversion könnte weniger Unternehmertum, geringere Einkommen und eine schwächere Marktnachfrage nach sich ziehen.*

Nicht so leicht zu beantworten ist natürlich auch die Frage, wie diese Wertpapierzuwendungen bezahlt werden sollen. Ich schätze, eine großflächige Umverteilung von Kapital würde sich politisch als noch unrealistischer erweisen als die Einführung eines bedingungslosen Grundeinkommens. Einen möglichen Weg, wie man Vermögen seinen gegenwärtigen Besitzern wegnimmt, zeigt Thomas Piketty in seinem Buch „Das Kapital im 21. Jahrhundert" auf: durch eine globale Vermögenssteuer. Damit das Kapital nicht einfach in Steueroasen mit niedrigeren Steuersätzen abwandert, müssten alle Länder zusammenarbeiten. Fast

---

* Einige Ökonomen, allen voran der ehemalige amerikanische Finanzminister Larry Summers, vertreten die Theorie, dass die Wirtschaft derzeit in einer Art „säkularer Stagnation" steckt – eine Situation, bei der die Zinsen knapp über Null liegen, die Wirtschaft nicht ihr volles Potenzial abruft und zu wenig in produktivere Möglichkeiten investiert wird. Eine Zukunft, bei der das wirtschaftliche Überleben des Einzelnen davon abhängt, wie gut seine Investitionen laufen, könnte durchaus zu einem ähnlichen Szenario führen.

alle (auch Piketty) sind sich einig, dass dies auf absehbare Zeit sehr unrealistisch ist.

Pikettys Buch erregte 2014 sehr viel Aufmerksamkeit. Der französische Ökonom stellt in seinem Werk die These auf, dass in den künftigen Jahrzehnten die Ungleichheit im Hinblick auf Einkommen und Vermögen zwangsläufig immer stärker werden wird. Er geht das Thema Ungleichheit ausschließlich auf der Grundlage einer Analyse historischer Wirtschaftsdaten an. Seine Kernaussage: Die Kapitalrendite wächst normalerweise stärker als die Wirtschaft, was bedeutet, dass mit der Zeit der Kapitalbesitz einen immer größeren Anteil am Wirtschaftskuchen für sich in Beschlag nimmt. Piketty legt erstaunlich wenig Interesse für die Trends an den Tag, auf die wir uns hier konzentriert haben. Tatsächlich taucht das Wort „Roboter" auf den über 800 Seiten des Werkes lediglich ein einziges Mal auf. Viel wird derzeit über Pikettys Theorie debattiert. Sollte er richtigliegen, wird der technische Fortschritt meiner Meinung nach die Auswirkungen von Pikettys Schlussfolgerungen massiv verstärken. Unter dem Strich könnte die künftige Ungleichheit sogar noch höher ausfallen, als er es prognostiziert hat.

Möglicherweise wird das Thema Ungleichheit (und vor allem die Auswirkungen, die sie auf die amerikanische Politik hat) immer stärker ins Licht der Öffentlichkeit rücken. Eventuell wird dadurch eines Tages die Art Vermögenssteuer, wie sie Piketty vorschwebt, doch noch umsetzbar. Kommt es so weit, sollte man meiner Meinung nach das umverteilte Kapital nicht häppchenweise an die einzelnen Bürger verteilen. Ich halte es für besser, einen zentral gelenkten Vermögensfonds aufzulegen (ähnlich wie der von Alaska) und die resultierenden Renditen dazu zu nutzen, ein Grundeinkommen zu finanzieren.

Kurzfristige politische Maßnahmen

Auf absehbare Zeit wird ein garantiertes Einkommen vermutlich politisch nicht realisierbar sein. Es gibt jedoch eine Reihe anderer Dinge, die sich für die nähere Zukunft als hilfreich erweisen könnten.

Viele dieser Ideen sind im Grunde genommen echte wirtschaftspolitische Maßnahmen, die nach der jüngsten Krise dafür sorgen sollen, dass sich die Wirtschaft dauerhafter und stabiler erholt. Anders gesagt, handelt es sich um Dinge, die wir ohnehin tun sollten, egal, wie wir zu den möglichen Folgen der Jobautomatisierung und der vermehrten Nutzung von Robotern stehen.

An allererster Stelle wäre der Punkt zu nennen, dass die USA dringend in ihre öffentliche Infrastruktur investieren muss. Was das Ausbessern von Straßen und Brücken und das Renovieren von Schulen und Flughäfen anbelangt, gibt es einen gewaltigen Rückstau. Hier muss irgendwann gehandelt werden, daran führt kein Weg vorbei, und je länger wir warten, desto mehr wird es kosten. Die Bundesregierung kann sich aktuell Geld leihen zu Zinsen, die erstaunlich nah bei null liegen. Gleichzeitig erreicht die Arbeitslosenquote bei Bauarbeitern zweistellige Werte. Eines Tages könnte als einer der größten Fälle von Misswirtschaft in die Geschichtsbüchern eingehen, dass wir diese Gelegenheit ungenutzt verstreichen ließen und die notwendigen Investitionen nicht vornahmen, als die Kosten noch gering waren.

Ich hege meine Zweifel, dass Programme, die auf mehr Bildung und mehr Weiterbildung abzielen, langfristig und systemisch das Problem lösen können, dass immer mehr Menschen als Folge des technischen Fortschritts ihre Arbeit verlieren. Dennoch gibt es natürlich viele Dinge, die wir tun können und sollten, um die unmittelbaren Aussichten von Studierenden und der werktätigen Bevölkerung zu verbessern. Dass es an der Spitze der Kompetenzpyramide nur begrenzt Platz geben wird, werden wir nicht ändern können. Was wir dagegen ändern können, ist, uns um diejenigen Arbeitnehmer zu kümmern, die nicht die Kompetenzen für die existierenden Jobchancen mitbringen. Ganz offensichtlich ist dabei die Notwendigkeit, mehr Geld in Community Colleges zu investieren. Einige Berufe mit geringen Arbeitslosenquoten leiden derzeit an deutlichen Engpässen in der Ausbildung, dazu zählen auch Gesundheitsbereiche wie die Pflege. Es herrscht ein enormer Bedarf, aber viele Studenten finden keinen Zugang zu ohnehin schon überfüllten Kursen. Grundsätzlich stellen Community Colleges unsere wichtigste Ressource dar, wenn es darum geht, Menschen fit für den immer dynamischer werdenden Arbeitsmarkt zu machen.

Rechnen wir damit, dass künftig Arbeitsplätze und sogar ganze Berufszweige immer schneller verschwinden könnten, sollten wir alles in unserer Macht Stehende unternehmen, um Möglichkeiten zur Umschulung zu eröffnen. Community Colleges sind vergleichsweise kostengünstig. Wenn wir den Zugang zu diesen Bildungseinrichtungen erweitern und gleichzeitig die ausschließlich gewinnorientierten Schulen zügeln, die hauptsächlich in der Absicht gegründet wurden, Finanzhilfen einzustreichen, würde das die Perspektive sehr vieler Menschen verbessern. In Kapitel 5 haben wir gesehen, dass MOOCs und andere Neuerungen im Online-Lernen die Weiterbildungsmöglichkeiten stark verändern könnten.

Ein weiterer wichtiger Vorschlag bezieht sich auf den „Earned Income Tax Credit", eine Lohnaufbesserung, die in den USA an Geringverdiener ausgezahlt wird. Der EITC unterliegt bislang zwei zentralen Einschränkungen: Erstens haben Arbeitslose keinen Anspruch darauf. Um zu gewährleisten, dass ein Anreiz besteht, sich Arbeit zu suchen, bekommen nämlich nur diejenigen Menschen den Zuschuss, die ein Einkommen haben. Zweitens ist das Programm in erster Linie als eine Form von Kindergeld gedacht. 2013 konnten alleinerziehende Eltern mit drei oder mehr Kindern bis zu 6.000 Dollar bekommen, ein Arbeitnehmer ohne Kinder dagegen gerade einmal 487 Dollar, also etwa 40 Dollar pro Monat. Die Regierung Obama hat angekündigt, das Angebot für kinderlose Arbeitnehmer auszuweiten, allerdings läge die Obergrenze auch dann nur bei etwa 1.000 Dollar pro Jahr. Will man den EITC in ein realistisches, langfristig gedachtes Programm umbauen, müsste man den Anspruch auch auf die Menschen ausweiten, die keine Arbeit finden können – und das käme natürlich einer Umwandlung in ein garantiertes Einkommen gleich. Kurzfristig stehen die Chancen, dass der EITC ausgeweitet wird, allerdings eher schlecht, denn die Republikaner im Kongress sprechen davon, das Programm zu kürzen.

Halten Sie es mit der These, dass unsere Wirtschaft mit der Zeit immer weniger arbeitsintensiv werden wird? Dann bestünde der logische nächste Schritt darin, unser Besteuerungssystem umzustellen – weg von der Arbeit und hin zum Kapital. Große staatliche Programme wie beispielsweise diejenigen, die die Senioren unterstützen, werden größtenteils über Lohnsteuern finanziert, die sowohl Arbeitnehmer als auch Arbeitgeber belasten. Unternehmen, die in hohem Maße kapital- oder technologieintensiv sind, fahren bei diesem Besteuerungsmodell in gewissem Maße umsonst auf dem Trittbrett mit – sie schlagen Profit aus unseren Märkten und Institutionen, während sie gleichzeitig ihrer Verpflichtung entgehen, zu den Programmen beizutragen, die für die Gesellschaft insgesamt wichtig sind.

Solange die Steuerlast übermäßig auf diejenigen Industriezweige und Unternehmen entfällt, die arbeitsintensiver sind, wächst der Anreiz, sich, wann immer möglich, von menschlichen Arbeitskräften zu trennen und sich stattdessen stärker zu automatisieren. Irgendwann könnte das gesamte System instabil werden. Wir sollten stattdessen auf eine Form der Besteuerung umsteigen, die denjenigen Firmen mehr abverlangt, die sich stark auf Technologie verlassen und vergleichsweise wenig Menschen beschäftigen. Irgendwann werden wir uns von der Idee verabschieden müssen, dass die arbeitende Bevölkerung die Rentner finanziert und für Sozialprogramme aufkommt. Stattdessen werden wir mit der Prämisse arbeiten müssen, dass es unsere Gesamtwirtschaft ist, die diese Dinge stützt. Schließlich war das Wirtschaftswachstum deutlich größer als das Tempo, in dem neue Arbeitsplätze entstanden und Gehälter gestiegen sind.

Sie halten diese Vorschläge für zu ambitioniert? Dann möchte ich noch eine letzte Maßnahme empfehlen, die eigentlich recht simpel sein sollte. Angesichts der Trends, die wir in diesem Buch untersucht haben, liegt es auf der Hand, dass wir jetzt nicht anfangen sollten, das bestehende soziale Netz abzubauen. Wenn es überhaupt irgendwann mal einen guten Zeitpunkt dafür gibt, die Programme zusammenzustreichen, von denen die verletzlichsten Teile unserer Bevölkerung abhängen, dann ist hier und heute ganz gewiss nicht dieser Zeitpunkt. Schon gar nicht, solange es keine machbare Alternative gibt.

DAS POLITISCHE KLIMA in den Vereinigten Staaten ist dermaßen vergiftet, die Kluft zwischen den Lagern dermaßen groß, dass es praktisch unmöglich erscheint, dass sich die beiden Seiten selbst auf die allergewöhnlichste Wirtschaftspolitik verständigen könnten. So betrachtet könnte man Gespräche über radikalere Schritte wie ein garantiertes Grundeinkommen einfach als vollkommen zwecklos abtun. Es gibt eine verständliche Versuchung, sich ausschließlich auf kleinere, möglicherweise leichter umzusetzende Maßnahmen zu konzentrieren, auf Projekte, die am Rand unserer Probleme nagen. Alle Debatten über die größeren Herausforderungen werden auf irgendwann verschoben.

Das ist gefährlich, denn wir sind mittlerweile auf der exponentiellen Entwicklungskurve des IT-Fortschritts schon ein gutes Stück vorangekommen und nähern uns ihrem steilen Teil. Die Dinge werden schneller ablaufen und die Zukunft könnte schneller, als uns lieb ist, über uns hereinbrechen.

Um sich zu verdeutlichen, was für eine gewaltige Aufgabe eine umfassende Wirtschaftsreform bedeutet, muss man sich nur ansehen, wie viele Jahrzehnte heftiger Auseinandersetzungen es in den USA bedurfte, bis eine allgemeine Krankenversicherung Realität wurde. Als Erster schlug Franklin D. Roosevelt ein nationales Gesundheitssystem vor, doch dann dauerte es nahezu 80 Jahre, bis der Affordable Care Act verabschiedet wurde. Und hier kommt noch hinzu, dass Amerika sich an den seit Langem bestehenden Systemen orientieren konnte, die es in praktisch jeder anderen Industrienation gibt. Vorbilder für eine funktionierende Umsetzung eines garantierten Einkommens gibt es keine ... genauso wenig wie politische Maßnahmen, die darauf abzielen, sich auf die Folgen einzustellen, die die Zukunftstechnologien mit sich bringen werden. Wir werden uns zu alledem etwas einfallen lassen müssen, wenn es so weit ist. Insofern ist es definitiv nicht zu früh, eine ernste Debatte zu diesen Punkten anzustoßen.

Dabei wird es auch um unsere grundlegende Haltung bei diversen Fragen gehen: Welche Rolle spielt die Arbeit für unsere Wirtschaft? In welcher Weise reagieren die Menschen auf Anreize? Anreize sind wichtig, darin sind sich alle einig, aber es gibt gute Gründe für die Annahme, dass unsere aktuellen wirtschaftlichen Anreize gefahrlos leicht modifiziert werden könnten. Und das gilt für beide Enden des Gehaltsspektrums. Die These, auch nur mäßig erhöhte Spitzensteuersätze würden jedwedes Unternehmertum und jede Lust auf Investitionen erlahmen lassen, ist schlichtweg nicht haltbar. Dass

Unternehmer nicht allzu viel Zeit damit verbringen, sich den Kopf wegen Spitzensteuersätzen zu zerbrechen, zeigt allein schon die Tatsache, dass sowohl Apple als auch Microsoft Mitte der 1970er-Jahre gegründet wurden – zu einer Zeit also, als der Spitzensteuersatz bei 70 Prozent lag. Und genauso ist es am unteren Ende der Gehaltspyramide wichtig, dass die Menschen motiviert sind, zur Arbeit zu gehen. In einem Land allerdings, das so reich ist wie die USA, muss der Anreiz aber möglicherweise nicht so extrem sein, dass er mit Schreckgespenstern wie Obdachlosigkeit und bitterer Armut hantiert. Es mag die Sorge geben, dass wir letztlich zu viele Menschen haben, die im Wagen sitzen, und zu wenige, die ihn ziehen, aber diese Sorge sollte noch einmal überdacht werden, wenn sich zeigt, dass die Maschinen immer besser darin werden, den Wagen zu ziehen.

Im Mai 2014 war es endlich soweit: Die Beschäftigtenzahlen in den USA erreichten wieder das Niveau, das sie vor der Wirtschaftskrise gehabt hatten. Damit endete nach mehr als sechs Jahren eine historische „jobless recovery". Aber obwohl sich die Beschäftigtenzahlen erholten, herrschte doch gemeinhin Einigkeit in der Einschätzung, dass die Qualität dieser Jobs deutlich schlechter war. Die Krise hatte Millionen Mittelschichtsjobs vernichtet und während der Erholung waren unverhältnismäßig viele neue Arbeitsplätze in schlecht bezahlten Servicebereichen entstanden. Sehr viele dieser Posten wurden im Fast-Food-Sektor und im Einzelhandel geschaffen – just in solchen Industriezweigen also, die, wie wir gesehen haben, von den Entwicklungen im Roboterbau und durch Automatisierung im Selbstbedienungsbereich in Mitleidenschaft gezogen werden dürften. Sowohl bei der Zahl der Langzeitarbeitslosen als auch bei denen, die keine Vollzeitanstellung finden können, sind die Werte überdurchschnittlich hoch.

Schlagzeilen machten damals die Beschäftigungszahlen, aber dahinter lauerte eine weitere Zahl, die für die Zukunft nichts Gutes verheißt. Seit Ausbruch der Finanzkrise ist in den USA die Zahl der Erwachsenen im arbeitsfähigen Alter um etwa 15 Millionen Menschen angestiegen.[19] Für all diese Millionen und Abermillionen Neuzugänge am Arbeitsmarkt hatte die Wirtschaft keinerlei Verwendung. Wie John F. Kennedy sagte: „Allein schon, um auf der Stelle zu treten, müssen wir uns sehr schnell bewegen." 1963 hat das noch funktioniert. In unserer Zeit könnte sich das als unmöglich erweisen.

FAZIT

In dem Monat, in dem die Zahl der Arbeitsplätze in den Vereinigten Staaten endlich wieder das Niveau von vor der Krise erreichte, veröffentlichte die US-Regierung zwei Berichte, die erahnen lassen, welche gewaltigen und komplexen Herausforderungen die kommenden Jahrzehnte für uns bereithalten dürften. Der erste Bericht blieb nahezu völlig unbeachtet. Es handelt sich um eine kurze Analyse, veröffentlicht von der Behörde für Arbeitsmarktstatistik. Untersucht wurde, wie sich in den 15 vorangegangenen Jahren die Gesamtmenge an Arbeit, die in Amerikas Privatwirtschaft geleistet worden war, verändert hatte. Die Behörde hatte dabei nicht einfach nur die Kopfzahlen gemessen, sondern war tief eingetaucht in die Materie.

1998 verbrachten die Arbeitnehmer in der amerikanischen Geschäftswelt insgesamt 194 Milliarden Stunden auf der Arbeit. Anderthalb Jahrzehnte später, 2013, war der Wert der Waren und Dienstleistungen, die Amerikas Firmen produzierten, inflationsbereinigt um etwa 3.500 Milliarden Dollar gestiegen. Das entspricht einer Steigerung um 42 Prozent. Die Gesamtzahl an Arbeitsstunden, die die menschlichen Arbeitnehmer dafür benötigten, belief sich auf ... 194 Milliarden Stunden! Wie Shawn Sprague, der Autor des Berichts, anmerkte: „Das bedeutet, dass die Zahl der gearbeiteten Stunden im Verlauf dieser 15 Jahre letztlich überhaupt nicht gestiegen ist, und das trotz der Tatsache, dass die US-Bevölkerung in diesem Zeitraum um mehr als 40 Millionen Menschen anwuchs, und trotz der Tatsache, dass in diesem Zeitraum Tausende neue Unternehmen gegründet worden waren."[1]

Der zweite Bericht, veröffentlicht am 6. Mai 2014, schaffte es hingegen auf die Titelseite der *New York Times*. Es handelte sich um das National Climate Assessment, einen von mehreren Behörden unter Aufsicht eines 60-köpfigen Gremiums erstellten Bericht. Darin heißt es, dass der „Klimawandel, der einst als Thema für die ferne Zukunft galt, sich im Hier und Heute festgesetzt hat"[2]. Weiter heißt es: „Die Sommer sind länger und heißer und außergewöhnliche Hitzeperioden halten länger an, als es alle derzeit lebenden Amerikaner je erlebt haben." Schon jetzt verzeichnen die Vereinigten Staaten einen dramatischen Anstieg sintflutartiger Regenfälle, die oftmals mit Überflutungen und großflächigen Zerstörungen einhergehen. In dem Bericht wird prognostiziert, dass bis zum Jahr 2100 der Meeresspiegel zwischen 30 und 120 Zentimeter ansteigen wird. Bereits heute würden „Bewohner einiger Küstenstädte bei Stürmen und Hochwassern häufiger überflutete Straßen melden". Die Marktwirtschaft hat begonnen, sich auf die Existenz des Klimawandels einzustellen. Es wird teurer, sich gegen Überflutungen zu versichern, teilweise bieten die Versicherer für besonders anfällige Gebiete gar keinen Schutz mehr an.

Im Lager der Technologie-Optimisten tendiert man oftmals dazu, Befürchtungen wegen des Klimawandels und seiner Folgen für die Umwelt herunterzuspielen. Technologie wird dort sehr eindimensional betrachtet – als eine universell positive Kraft, deren exponentiell ablaufender Fortschritt uns mit größter Wahrscheinlichkeit vor allen drohenden Gefahren erretten wird. Im Überfluss vorhandene saubere Energie werde viel früher, als wir erwarten würden, unsere Wirtschaft beflügeln und technische Innovationen etwa bei der Entsalzung der Meere und beim Recycling würden zeitnah entwickelt werden und so die negativsten Umweltauswirkungen abwenden.

Ein gewisses Maß an Optimismus ist in jedem Fall gerechtfertigt. Vor allem auf dem Gebiet der Solarenergie war zuletzt ein Trend zu beobachten, der gleich dem Mooreschen Gesetz wirkte und die Kosten rasch drückte. Die Kapazitäten, die weltweit zur Erzeugung von Solarstrom zur Verfügung stehen, haben sich etwa alle zweieinhalb Jahre verdoppelt.[3] Die größten Optimisten halten es für möglich, dass wir bereits Anfang der 2030er-Jahre unseren gesamten Strombedarf per Sonnenenergie decken werden.[4] Aber es gilt noch, enorme Hindernisse zu überwinden. So sind zwar die Preise für Photovoltaikmodule stark gefallen, aber andere wichtige Kosten wie die für das notwendige Equipment und den Einbau sind nicht im selben Maß gefallen. Eine realistischere Einschätzung besagt: Wollen wir die Folgen des Klimawandels erfolgreich lindern und uns anpassen, werden wir uns doch noch auf eine Mischung aus Innovation und Regulierung verlassen müssen.

Die Zukunft wird nicht einfach in einem Wettlauf zwischen Technologie und Umweltauswirkungen bestehen, die Dinge werden schon deutlich komplizierter ablaufen. Wie wir gesehen haben, hat auch der Fortschritt im Bereich Informationstechnologie seine Schattenseiten und wenn es zu massenhafter Arbeitslosigkeit kommt oder ein Großteil der Bevölkerung um ihre wirtschaftliche Sicherheit bangen muss, werden die Herausforderungen des Klimawandels politisch sogar noch schwieriger anzugehen sein als ohnehin schon.

Etwa 63 Prozent der Amerikaner glauben, dass der Klimawandel real ist, stellten Forscher der Universität Yale und der George-Mason-Universität im Jahr 2013 fest. Nur knapp mehr als die Hälfte machte sich zumindest etwas Sorgen wegen der künftigen Auswirkungen des Klimawandels.[5] Eine aktuellere Gallup-Umfrage relativiert diese Zahlen möglicherweise.[6] Auf der Liste der 15 größten Sorgen rangierte der Klimawandel auf Platz 14. Ganz oben stand die Wirtschaft und für die absolute Mehrheit der gewöhnlichen Menschen bedeutet „die" Wirtschaft natürlich in allererster Linie: Was für Jobs gibt es? Wie sind sie bezahlt?

Die Geschichte zeigt: Wenn Arbeit ein knappes Gut ist, spielt die Angst vor weiter steigender Arbeitslosigkeit Politikern und Interessengruppen, die mit dem Umweltschutz nichts am Hut haben, in die Hände. Das war beispielsweise so in den amerikanischen Bundesstaaten, in denen der Kohlebergbau traditionell ein wichtiger Arbeitgeber war. Es waren keineswegs zu strenge Umweltschutzauflagen, die dafür sorgten, dass immer weniger Kumpel angestellt wurden, das hatte vielmehr mit der Mechanisierung zu tun, doch das wurde unter den Tisch gekehrt. Selbst Unternehmen, die nur wenig Arbeitsplätze zu bieten haben, spielen regelmäßig Bundesstaaten und Städte gegeneinander aus auf der Suche nach niedrigeren Steuern, höheren Subventionen und möglichst wenig gesetzlichen Auflagen.

Weitaus gefährlicher könnte die Lage sein, wenn man einmal über die Vereinigten Staaten und andere Industrienationen hinausblickt. Wir haben gesehen, dass sich weltweit Fabrikjobs in beängstigender Geschwindigkeit in Luft auflösen. Arbeitsintensive Herstellungsprozesse als ein Weg zum Wohlstand können für viele Entwicklungsländer obsolet werden, genauso wie effizientere Bewirtschaftungsmethoden dazu führen, dass eine bäuerliche Lebensweise immer mehr an Bedeutung verliert. In vielen dieser Länder wird sich der Klimawandel deutlich stärker auswirken und schon jetzt hat die Umwelt dort massiven Schaden erlitten. In einem Worst-Case-Szenario ist mit weitverbreiteter wirtschaftlicher Unsicherheit, Dürren und steigenden Lebensmittelpreisen zu rechnen, die ein Land gesellschaftlich und politisch instabil machen.

Das größte Risiko ist, dass es zu einer Verkettung unglücklicher Umstände kommt, bei der Massenarbeitslosigkeit aufgrund technologischer Fortschritte und die Folgen des Klimawandels etwa im Gleichschritt voranmarschieren, sich gegenseitig hochschaukeln und womöglich noch verstärken. Wenn wir jedoch die technische Innovation als Lösung des Problems sehen – und gleichzeitig die Auswirkungen auf Beschäftigung und Einkommensverteilung berücksichtigen und uns darauf einstellen –, dann wird das Ergebnis wahrscheinlich viel positiver ausfallen.

Wir müssen einen Pfad durch dieses Dickicht schlagen und eine Zukunft schaffen, die möglichst vielen Menschen Sicherheit und Wohlstand bietet. Dies könnte sich als derzeit größte Herausforderung für die Menschheit erweisen.

DANKSAGUNG

An allererster Stelle möchte ich dem gesamten Team bei Basic Books, insbesondere meinem hervorragenden Lektor T. J. Kelleher, dafür danken, dass sie mit mir daran gearbeitet haben, dieses Buchprojekt zu realisieren. Mein Agent, Don Fehr von Trident Media, hat entscheidend dazu beigetragen, dass dieses Buch bei Basic Books das perfekte Zuhause gefunden hat.

Ausgesprochen dankbar bin ich auch den vielen Lesern meines Vorgängerwerkes „The Lights in the Tunnel", die sich mit Vorschlägen und Kritik bei mir meldeten und mir Beispiele dafür lieferten, wie sich der unaufhaltsame Trend hin zu mehr Automatisierung in der realen Welt niederschlägt. Viele der Ideen und Gespräche halfen mir im Zuge der Vorarbeiten zu diesem Buch beim Ausarbeiten meiner Ideen. Ganz besonders danken möchte ich Abhas Gupta von Mohr Davidow Ventures. Er hat mich auf einige Fallbeispiele hingewiesen, die hier erwähnt werden, und machte zahlreiche wertvolle Anmerkungen, nachdem er eine erste Rohfassung gelesen hatte.

Viele der Grafiken und Tabellen in diesem Buch wurden mit Daten des hervorragenden Federal Reserve Economic Data (FRED) Systems erzeugt, das die Federal Reserve Bank of St. Louis zur Verfügung stellt. Ich kann interessierten Lesern nur wärmstens empfehlen, sich die FRED-Website anzusehen und die bemerkenswerten Gestaltungsmöglichkeiten des Systems auszuprobieren. Weiter danke ich Lawrence Mishel vom Economic Policy Institute. Er war so freundlich, mich seine

Analyse abdrucken zu lassen, die zeigt, wie dramatisch in den USA der Produktivitäts- und der Lohnzuwachs voneinander abweichen. Ich danke auch Simon Colton dafür, dass ich eine Zeichnung verwenden durfte, die seine künstlerische KI-App The Painting Fool erschaffen hat.

Und schließlich danke ich meiner Familie und insbesondere meiner wunderbaren Frau Xiaoxiao Zhao für ihre Unterstützung und Geduld während der langen Tage (und Nächte) des Schreibens an diesem Buch.

FUSSNOTEN

Einführung

1. The Economic Report of the President, 2013, Tabelle B-47, http://www.whitehouse.gov
   /sites/default/files/docs/erp2013/full_2013_economic_report_of_the_president.pdf.
   Die Tabelle zeigt Spitzenwochenlöhne von etwa 341 Dollar im Jahr 1973 und 295 Dollar
   im Dezember 2012, gemessen in 1984er-Dollar. Produktivität: Federal Reserve
   Economic Data der Federal Reserve Bank of St. Louis: Nonfarm Business Sector:
   Real Output Per Hour of All Persons, Index 2009=100, saisonbereinigt [OPHNFB]; US
   Department of Labor: Bureau of Labor Statistics; https://research.stlouisfed.org/fred2
   /series/OPHNFB/; abgerufen am 29. April 2014.
2. Neil Irwin, Aughts Were a Lost Decade for U.S. Economy, Workers, in: *Washington Post*,
   2. Januar 2010, http://www.washingtonpost.com/wp-dyn/content/article/2010/01/01
   /AR2010010101196.html.
3. Ebd.

Kapitel 1

1. John Markoff, Skilled Work, Without the Worker, in: *New York Times*, 18. August 2012,
   http://www.nytimes.com/2012/08/19/business/new-wave-of-adept-robots-is-changing
   -global-industry.html.
2. Damon Lavrinc, Peek Inside Tesla's Robotic Factory, in: *Wired.com*, 16. Juli 2013,
   http://www.wired.com/autopia/2013/07/tesla-plant-video/.
3. Webseite der International Federation of Robotics, Industrial Robot Statistics 2013,
   http://www.ifr.org/industrial-robots/statistics/.
4. Jason Tanz, Kinect Hackers Are Changing the Future of Robotics, in: *Wired Magazine*,
   Juli 2011, http://www.wired.com/magazine/2011/06/mf_kinect/.
5. Esther Shein, Businesses Adopting Robots for New Tasks, in: *Computerworld*, 1. August
   2013, http://www.computerworld.com/s/article/9241118/Businesses_adopting
   _robots_for_new_tasks.

6. Stephanie Clifford, U.S. Textile Plants Return, with Floors Largely Empty of People, in: *New York Times*, 12. September 2013, http://www.nytimes.com/2013/09/20/business /us-textile-factories-return.html.

7. ebd.

8. o. Verf: Coming Home, in: *The Economist*, 19. Januar 2013, http://www.economist.com /news/special-report/21569570-growing-number-american-companies-are-moving-their-manufacturing-back-united.

9. Caroline Baum, So Who's Stealing China's Manufacturing Jobs?, in: *Bloomberg News*, 14. Oktober 2003, http://www.bloomberg.com/apps/news?pid=newsarchive&sid =aRI4bAft7Xw4.

10. Paul Mozur & Eva Dou, Robots May Revolutionize China's Electronics Manufacturing, in: *Wall Street Journal*, 24. September 2013, http://online.wsj.com/news/articles/SB10001 42405270230375960457909312260719610.

11. Mehr zu Chinas künstlich niedrig gehaltenen Kapitalkosten: Michael Pettis, Avoiding the Fall: China's Economic Restructuring (Washington, DC: Carnegie Endowment for International Peace, 2013)

12. Barney Jopson, Nike to Tackle Rising Asian Labour Costs, in: *Financial Times*, 27. Juni 2013, http://www.ft.com/intl/cms/s/0/277197a6-df6a-11e2-881f-00144feab7de.html.

13. Zitat von Vardakostas bei: Wade Roush, Hamburgers, Coffee, Guitars, and Cars: A Report from Lemnos Labs, in: *Xconomy.com*, 12. Juni 2012, http://www.xconomy.com /san-francisco/2012/06/12/hamburgers-coffee-guitars-and-cars-a-report-from -lemnos-labs/.

14. Website von Momentum Machines, http://momentummachines.com; David Szondy, Hamburger-Making Machine Churns Out Custom Burgers at Industrial Speeds, in: *Gizmag.com*, 25. November 2012, http://www.gizmag.com/hamburger-machine /25159/

15. Firmenwebsite von McDonald's, http://www.aboutmcdonalds.com/mcd/our_company .html.

16. US Department of Labor, Bureau of Labor Statistics, Pressemitteilung vom 19. Dezember 2013, USDL-13-2393, Employment Projections—2012–2022, Tabelle 8, http://www.bls.gov/news.release/pdf/ecopro.pdf.

17. Alana Semuels, National Fast-Food Wage Protests Kick Off in New York, in: *Los Angeles Times*, 29. August 2013, http://articles.latimes.com/2013/aug/29/business/la-fi-mo -fast-food-protests-20130829.

18. Schuyler Velasco, McDonald's Helpline to Employee: Go on Food Stamps, in: *Christian Science Monitor*, 24. Oktober 2013, http://www.csmonitor.com/Business/2013/1024 /McDonald-s-helpline-to-employee-Go-on-food-stamps.

19. Sylvia Allegretto, Marc Doussard, Dave Graham-Squire, Ken Jacobs, Dan Thompson, Jeremy Thompson, Fast Food, Poverty Wages: The Public Cost of Low-Wage Jobs in the Fast-Food Industry, UC Berkeley Labor Center, 15. Oktober 2013, http://laborcenter. berkeley.edu/publiccosts/fast_food_poverty_wages.pdf.

20. Hiroko Tabuchi, For Sushi Chain, Conveyor Belts Carry Profit, in: *New York Times*, 30. Dezember 2010, http://www.nytimes.com/2010/12/31/business/global/31sushi.html.

21. Stuart Sumner, McDonald's to Implement Touch-Screen Ordering, in: *Computing*, 18. Mai 2011, http://www.computing.co.uk/ctg/news/2072026/mcdonalds-implement-touch-screen.

22. US Department of Labor, Bureau of Labor Statistics, in: *Occupational Outlook Handbook*, 29. März 2012, http://www.bls.gov/ooh/About/Projections-Overview.htm.

23. Ned Smith, Picky Robots Grease the Wheels of e-Commerce, in: *Business News Daily*, 2. Juni 2011, http://www.businessnewsdaily.com/1038-robots-streamline-order-fulfillment-e-commerce-pick-pack-and-ship-warehouse-operations.html.

24. Greg Bensinger, Before Amazon's Drones Come the Robots, in: *Wall Street Journal*, 8. Dezember 2013, http://online.wsj.com/news/articles/SB1000142405270230333020457924601242171 2386.

25. Bob Trebilcock, Automation: Kroger Changes the Distribution Game, in: *Modern Materials Handling*, 4. Juni 2011, http://www.mmh.com/article/automation_kroger_changes_the_game.

26. Die größte Einzelgewerkschaft der USA, zuständig für die Transportarbeiter.

27. Alana Semuels, Retail Jobs Are Disappearing as Shoppers Adjust to Self-Service, in: *Los Angeles Times*, 4. März 2011, http://articles.latimes.com/2011/mar/04/business/la-fi-robot-retail-20110304.

28. Redbox-Firmenblog, A Day in the Life of a Redbox Ninja, 12. April 2010, http://blog.redbox.com/2010/04/a-day-in-the-life-of-a-redbox-ninja.html.

29. Redbox-Unternehmenswebsite, http://www.redbox.com/career-technology.

30. Meghan Morris, It's Curtains for Blockbuster's Remaining U.S. Stores, in: *Crain's Chicago Business*, 6. November 2013, http://www.chicagobusiness.com/article/20131106/NEWS07/131109882/its-curtains-for-blockbusters-remaining-u-s-stores.

31. Alorie Gilbert, Why So Nervous About Robots, Wal-Mart?, in: *CNET News*, 8. Juli 2005, http://news.cnet.com/8301-10784_3-5779674-7.html.

32. Jessica Wohl, Wal-Mart Tests iPhone App Checkout Feature, in: *Reuters*, 6. September 2012, http://www.reuters.com/article/2012/09/06/us-walmart-iphones-checkout-idUSBRE8851DP20120906.

33. Brian Sumers, New LAX Car Rental Company Offers Only Audi A4s—and No Clerks, in: *Daily Breeze*, 6. Oktober 2013, http://www.dailybreeze.com/general-news/20131006/new-lax-car-rental-company-offers-only-audi-a4s-x2014-and-no-clerks.

34. Firmenwebsite von Vision Robotics, http://visionrobotics.com.

35. Firmenwebsite von Harvest Automation, http://www.harvestai.com/agricultural-robots-manual-labor.php.

36. Peter Murray, Automation Reaches French Vineyards with a Vine-Pruning Robot, in: *Singularity Hub*, 26. November 2012, http://singularityhub.com/2012/11/26/automation-reaches-french-vineyards-with-a-vine-pruning-robot.

37. o. Verf., Latest Robot Can Pick Strawberry Fields Forever, in: *Japan Times*, 26. September 2013, http://www.japantimes.co.jp/news/2013/09/26/business/latest-robot-can-pick-strawberry-fields-forever.

38. ACFR-Website, http://sydney.edu.au/engineering/research/robotics/agricultural.shtml.

39. Emily Sohn, Robots on the Farm, in: *Discovery News*, 12. April 2011, http://news. discovery.com/tech/robotics/robots-farming-agriculture-110412.htm.

40. Alana Semuels, Automation Is Increasingly Reducing U.S. Workforces, in: *Los Angeles Times*, 17. Dezember 2010, http://articles.latimes.com/2010/dec/17/business /la-fi-no-help-wanted-20101217.

Kapitel 2

1. Mehr zu Martin Luther King Juniors letzter Predigt und seinem Gedenkgottesdienst: Ben A. Franklin, Dr. King Hints He'd Cancel March If Aid Is Offere", in: *New York Times*, 1. April 1968, und Nan Robertson, Johnson Leads U.S. in Mourning: 4,000 Attend Service at Cathedral in Washington, in: *New York Times*, 6. April 1968.

2. Den kompletten Text von „Remaining Awake Through a Great Revolution", der Predigt von Martin Luther King, können Sie abrufen unter: http://mlk-kpp01.stanford.edu/index .php/kingpapers/article/remaining_awake_through_a_great_revolution/.

3. Den Text des Berichts zur dreifachen Revolution und eine Liste der Unterzeichner finden Sie unter: http://www.educationanddemocracy.org/FSCfiles/C_CC2a_TripleRevolution .htm. Gescannte Bilder des Originaldokuments und des Begleitschreibens an Präsident Johnson finden Sie unter: http://osulibrary.oregonstate.edu/special collections/coll /pauling/peace/papers/1964p.7–04.html.

4. John D. Pomfret, Guaranteed Income Asked for All, Employed or Not, in: *New York Times*, 22. März 1964. Für weitere Berichterstattung über den „Triple Revolution"-Bericht siehe Brian Steensland, The Failed Welfare Revolution: America's Struggle over Guaranteed Income Policy (Princeton: Princeton University Press, 2011), S. 43–44.

5. Wieners Artikel wird ausführlich besprochen und zitiert in: John Markoff, In 1949, He Imagined an Age of Robots, in: *New York Times*, 20. Mai 2013.

6. Aus einem Brief Vonneguts an Robert Weide vom 12. Januar 1983. Zitiert in Dan Wakefield (Hrsg.), Kurt Vonnegut Letters (New York: Delacorte Press, 2012), S. 293.

7. Die Anmerkungen von Lyndon B. Johnson zur Unterzeichnung des Gesetzes am 19. August 1964 finden Sie bei: Gerhard Peters u. John T. Woolley, The American Presidency Project, http://www.presidency.ucsb.edu/ws/?pid=26449.

8. Die Berichte der National Commission on Technology, Automation, and Economic Progress findet man online unter: http://catalog.hathitrust.org/Record/009143593, http://catalog.hathitrust.org/Record/007424268 und http://www.rand.org/content /dam/rand/pubs/papers/2013/P3478.pdf.

9. Für Informationen zu den Arbeitslosenquoten der 1950er- und 1960er-Jahre siehe „A Brief History of US Unemployment" auf der Website der *Washington Post*, http: //www.washingtonpost.com/wp-srv/special/business/us-unemployment-rate-history/.

10. Für eine anschauliche Beschreibung, wie die ersten digitalen Rechner gebaut und betrieben wurden und welche Gruppen daran arbeiteten, siehe: George Dyson, Turing's Cathedral: The Origins of the Digital Universe (New York: Vintage, 2012, dt. Titel: Turings Kathedrale: Die Ursprünge des digitalen Zeitalters, Propyläen Verlag, 2014).

11. In der Privatwirtschaft in der Herstellung beschäftigt und nicht mit Führungsaufgaben beauftragt. Diese Gruppe stellte mehr als die Hälfte der amerikanischen Arbeitnehmer.

12. Für eine Auflistung der Durchschnittsgehälter von in der Herstellung oder nicht mit Führungsaufgaben betrauten Arbeitern siehe Tabelle B-47 im Wirtschaftsbericht 2013 des US-Präsidenten, http://www.whitehouse.gov/sites/default/files/docs/erp2013 /full_2013_economic_report_of_the_president.pdf. Wie bereits in der Einleitung erwähnt, zeigt die Tabelle für 1973 einen Spitzenlohn von 341 Dollar pro Woche und von 295 Dollar für den Dezember 2012, gemessen in Dollar von 1984. Ich habe diese Werte mithilfe des Inflationsrechners der Behörde für Arbeitsmarktstatistik (http://www.bls.gov/data/inflation_calculator.htm) in Dollar von 2013 umgerechnet.

13. Zu mittleren Haushaltseinkommen im Vergleich zum Pro-Kopf-BIP siehe Tyler Cowen, The Great Stagnation: How America Ate All the Low-Hanging Fruit of Modern History, Got Sick, and Will (Eventually) Feel Better (New York: Dutton, 2011), S. 15, und Lane Kenworthy, Slow Income Growth for Middle America, 3. September 2008, http://lanekenworthy.net/2008/09/03/slow-income-growth-for-middle-america/.

14. Lawrence Mishel, The Wedges Between Productivity and Median Compensation Growth, Economic Policy Institute, 26. April 2012, http://www.epi.org/publication /ib330-productivity-vs-compensation/.

15. o. Verf., The Compensation-Productivity Gap, US Bureau of Labor Statistics, 24. Februar 2011, http://www.bls.gov/opub/ted/2011/ted_20110224.htm.

16. John B. Taylor u. Akila Weerapana, Principles of Economics (Mason: Cengage Learning, 2012), S. 344. Achten Sie insbesondere auf die Grafik und den Kommentar am linken Rand. Taylor genießt als Ökonom einen ausgezeichneten Ruf und ist vor allem für die „Taylor-Regel" bekannt. Mithilfe dieser Regel legen Notenbanken (auch die Federal Reserve) ihre Zinsschritte fest.

17. Robert H. Frank und Ben S. Bernanke, Principles of Economics, 3. Ausgabe (New York: McGraw Hill/Irwin, 2007), S. 596–597.

18. John Maynard Keynes, zitiert in: David Hackett Fischer, The Great Wave: Price Revolutions and the Rhythm of History (New York: Oxford University Press, 1996), S. 294.

19. Datenquelle: FRED (Federal Reserve Economic Data), Federal Reserve Bank of St. Louis: Nonfarm Business Sector: Lohnquote, Index 2009=100, saisonbereinigt [PRS85006173]; US-Arbeitsministerium: Bureau of Labor Statistics; https://research. stlouisfed.org/fred2/series/PRS85006173; Zugriff am 29. April 2014. Die vertikale Achse ist ein Index, bei dem 2009 auf 100 gesetzt wurde. Die Prozentsatzangaben in der Grafik (65 und 58 Prozent) wurden zur Verdeutlichung eingefügt. Siehe auch: Margaret Jacobson u. Filippo Occhino, Behind the Decline in Labor's Share of Income, Federal Reserve Bank of Cleveland, 3. Februar 2012 (http://www.clevelandfed.org /research/trends/2012/0212/01gropro.cfm).

20. Scott Thurm, For Big Companies, Life Is Good, in: *Wall Street Journal*, 9. April 2012, http://online.wsj.com/article/SB10001424052702303815404577331660464739018. html.

21. ebd.

22. Datenquelle: FRED (Federal Reserve Economic Data), Federal Reserve Bank of St. Louis: Unternehmensgewinne nach Steuern (ohne Inventarbewertungskorrekturen und verbrauchsbedingte Abschreibungen), in Milliarden Dollar, saisonbereinigte Jahresrate; Bruttoinlandsprodukt in Milliarden Dollar, saisonbereinigte Jahresrate; http://research. stlouisfed.org/fred2/graph/?id=CP; Zugriff am 29. April 2014.

23. Loukas Karabarbounis u. Brent Neiman, The Global Decline of the Labor Share, National Bureau of Economic Research, Arbeitspapier #19136, veröffentlicht im Juni 2013, http:// www.nber.org/papers/w19136.pdf; siehe auch http://faculty.chicagobooth.edu/loukas. karabarbounis/research/labor_share.pdf.

24. ebd., S. 1.

25. ebd.

26. Datenquelle: FRED (Federal Reserve Economic Data), Federal Reserve Bank of St. Louis: Erwerbsquote im nicht-militärischen Bereich, in Prozent, saisonbereinigt [CIVPART]; http://research.stlouisfed.org/fred2/graph/?id=CIVPART; Zugriff am 29. April 2014.

27. Tabellen zur Beteiligung von Männern und Frauen an der erwerbstätigen Bevölkerung finden Sie auf der FRED-Website; http://research.stlouisfed.org/fred2/series /LNS11300001 beziehungsweise http://research.stlouisfed.org/fred2/series /LNS11300002.

28. Eine Grafik für die Erwerbsquote der 25- bis 54-Jährigen finden Sie unter: http://research.stlouisfed.org/fred2/graph/?g=l6S.

29. Siehe Willem Van Zandweghe, Interpreting the Recent Decline in Labor Force Participa- tion, in: Economic Review – First Quarter 2012, Federal Reserve Bank of Kansas City, S. 29, http://www.kc.frb.org/publicat/econrev/pdf/12q1VanZandweghe.pdf.

30. Siehe Catherine Rampell, How Many Jobs Should We Be Adding Each Month?, in: New York Times (Blog „Economix"), 6. Mai 2011, http://economix.blogs.nytimes. com/2011/05/06/how-many-jobs-should-we-be-adding-each-month/.

31. Datenquelle: FRED (Federal Reserve Economic Data), Federal Reserve Bank of St. Louis: Alle Beschäftigten, Gesamtwirtschaft ohne landwirtschaftlichen Bereich, in Tsd. Personen, saisonbereinigt [PAYEMS]; US-Arbeitsministerium: Bureau of Labor Statistics; https://research.stlouisfed.org/fred2/series/PAYEMS/; Zugriff am 10. Juni 2014.

32. Murat Tasci, Are Jobless Recoveries the New Norm?, Federal Reserve Bank of Cleveland, Research Commentary, 22. März 2010, http://www.clevelandfed.org /research/commentary/2010/2010-1.cfm.

33. Datenquelle: FRED (Federal Reserve Economic Data), Federal Reserve Bank of St. Louis: Alle Beschäftigten, Gesamtwirtschaft ohne landwirtschaftlichen Bereich, in Tsd. Personen, saisonal bereinigt [PAYEMS]; US-Arbeitsministerium: Bureau of Labor Statistics; https://research.stlouisfed.org/fred2/series/PAYEMS/; Zugriff am 10. Juni 2014.

34. Center on Budget and Policy Priorities, Chart Book: The Legacy of the Great Recession, 6. September 2013, http://www.cbpp.org/cms/index.cfm?fa=view&id=3252.

35. Ghayads Experiment wird beschrieben in: Mathew O'Brien, The Terrifying Reality of Long-Term Unemployment, in: The Atlantic, 13. April 2013, http://www.theatlantic.com

/business/archive/2013/04/the-terrifying-reality-of-long-term-unemployment/
274957/.

36. Zu dem Bericht des Urban Institute siehe Mathew O'Brien, Who Are the Long-Term
Unemployed?, in: The Atlantic, 23. August 2013, http://www.theatlantic.com/business
/archive/2013/08/who-are-the-long-term-unemployed/278964; Josh Mitchell,
Who Are the Long-Term Unemployed?, Urban Institute, Juli 2013, http://www.urban
.org/uploadedpdf/412885-who-are-the-long-term-unemployed.pdf.

37. o. Verf.: The Gap Widens Again, in: The Economist, 10. März 2012,
http://www.economist.com/node/21549944.

38. Emmanuel Saez, Striking It Richer: The Evolution of Top Incomes in the United States,
University of California, Berkeley, 3. September 2013, http://elsa.berkeley.edu/~saez
/saez-UStopincomes-2012.pdf.

39. CIA World Factbook, Country Comparison: Distribution of Family Income:
Gini Index, https://www.cia.gov/library/publications/the-world-factbook
/rankorder/2172rank.html; Zugriff am 29. April 2014.

40. Dan Ariely, Americans Want to Live in a Much More Equal Country (They Just Don't
Realize It), in: The Atlantic, 2. August 2012, http://www.theatlantic.com/business
/archive/2012/08/americans-want-to-live-in-a-much-more-equal-country-they-just
-dont-realize-it/260639/.

41. Jonathan James, The College Wage Premium, Federal Reserve Bank of Cleveland,
Economic Commentary, 8. August 2012, http://www.clevelandfed.org
/research/commentary/2012/2012–10.cfm.

42. Diana G. Carew, No Recovery for Young People (Blog des Progressive Policy Institute),
5. August 2013, http://www.progressivepolicy.org/2013/08/no-recovery-for-young
-people/.

43. Nir Jaimovich u. Henry E. Siu, The Trend Is the Cycle: Job Polarization and Jobless
Recoveries, National Bureau of Economic Research, Arbeitspapier #18334, veröffentlicht im August 2012, http://www.nber.org/papers/w18334, auch: http://faculty.arts.
ubc.ca/hsiu/research/polar20120331.pdf.

44. Siehe beispielsweise Ben Casselman, Low Pay Clouds Job Growth, in: Wall Street
Journal, 3. April 2013, http://online.wsj.com/article/SB10001424127887324635904578
643654030630378.html.

45. Diese Informationen stammt aus den monatlichen Berichten des Büros für Arbeitsmarktstatistik zur Beschäftigungslage. Tabelle A-5 im Bericht zum Dezember 2007
(http://www.bls.gov/news.release/archives/empsit_01042008.pdf) zeigt 122 Millionen
Vollzeitstellen und etwa 24 Millionen Teilzeitstellen. Tabelle A-8 im Bericht zum August
2013 (http://www.bls.gov/news.release/archives/empsit_09062013.pdf) weist etwa
117 Millionen Vollzeitjobs und 27 Millionen Teilzeitstellen aus.

46. David Autor, The Polarization of Job Opportunities in the U.S. Labor Market:
Implications for Employment and Earnings, eine gemeinsame Veröffentlichung vom
Center for American Progress und dem Hamilton Project, April 2010, S. 8–9,
http://economics.mit.edu/files/5554.

47. ebd., S. 4.

48. ebd., S. 2.
49. Jaimovich u. Siu, The Trend Is the Cycle: Job Polarization and Jobless Recoveries, S. 2.
50. Chrystia Freeland, The Rise of 'Lovely' and 'Lousy' Jobs, in: *Reuters*, 12. April 2012, http://www.reuters.com/article/2012/04/12/column-freeland-middleclass-idUS L2E8FCCZZ20120412.
51. Kunstwort aus Reagan und *economics* (Wirtschaftswissenschaften). Bezeichnet die Wirtschaftspolitik der USA unter Ronald Reagan (US-Präsident von 1981 bis 1989).
52. Als „Rust Belt" („Rostgürtel") wird die im Nordosten der USA gelegene größte Industrieregion des Landes bezeichnet.
53. Galina Hale u. Bart Hobijn, The U.S. Content of ‚Made in China', Federal Reserve Bank of San Francisco (FRBSF), Economic Letter, 8. August 2011, http://www.frbsf.org/ economic-research/publications/economic-letter/2011/august/us-made-in-china/.
54. Datenquelle: FRED (Federal Reserve Economic Data), Federal Reserve Bank of St. Louis: Alle Angestellten in der verarbeitenden Industrie, in Tsd., saisonbereinigt [MANEMP], geteilt durch die Gesamtzahl aller Arbeitnehmer: Gesamtwirtschaft ohne Landwirtschaft, in Tsd. Menschen, saisonbereinigt [PAYEMS]; US-Arbeitsministerium: Bureau of Labor Statistics; https://research.stlouisfed.org/fred2/series/PAYEMS/; Zugriff am Juni 10, 2014.
55. Bruce Bartlett, ‚Financialization' as a Cause of Economic Malaise, in: *New York Times* (Blog „Economix"), 11. Juni 2013, http://economix.blogs.nytimes.com/2013/06/11 /financialization-as-a-cause-of-economic-malaise/; Brad Delong, The Financialization of the American Economy (Blog), 18. Oktober 18, 2011, http://delong.typepad.com /sdj/2011/10/the-financialization-of-the-american-economy.html.
56. Simon Johnson u. James Kwak, 13 Bankers: The Wall Street Takeover and the Next Financial Meltdown (New York: Pantheon, 2010), S. 85–86.
57. Matt Taibbi, The Great American Bubble Machine, in: *Rolling Stone*, 9. Juli 2009, http:// www.rollingstone.com/politics/news/the-great-american-bubble-machine-20100405.
58. Ökonomen haben in einer Reihe von Untersuchungen den Zusammenhang zwischen Finanzmarkt-Kapitalismus und Ungleichheit nachgewiesen. Für eine umfassende Abhandlung siehe James K. Galbraith, Inequality and Instability: A Study of the World Economy Just Before the Great Crisis (Oxford University Press, 2012). Zum Verhältnis zwischen Finanzmarkt-Kapitalismus und Rückgang des Arbeitsanteils siehe den Global Wage Report 2012/13 der Internationalen Arbeitsorganisation, http://www.ilo.org /wcmsp5/groups/public/—dgreports/—dcomm/—publ/documents/publication/ wcms_194843.pdf.
59. Susie Poppick, 4 Ways the Market Could Really Surprise You, in: *CNN Money*, 28. Januar 2013, http://money.cnn.com/gallery/investing/2013/01/28/stock-market-crash. moneymag/index.html.
60. Matthew Yglesias, America's Private Sector Labor Unions Have Always Been in Decline, in: *Slate* (Blog „Moneybox"), 20. März 2013, http://www.slate.com/blogs/moneybox /2013/03/20/private_sector_labor_unions_have_always_been_in_decline.html.
61. Zu mittleren Gehältern in Kanada und zur gewerkschaftlichen Organisierung siehe Miles Corak, The Simple Economics of the Declining Middle Class – and the Not So Simple

Politics, Economics for Public Policy Blog, 7. August 2013, http://miles corak. com/2013/08/07/the-simple-economics-of-the- declining-middle-class-and-the-not -so-simple-politics/, und o. Verf., Unions on Decline in Private Sector, in: *CBC News Canada*, 2. September 2012, http://www.cbc.ca/news/canada/unions-on-decline-in -private-sector-1.1150562.

62. Carl Benedikt Frey u. Michael A. Osborne, The Future of Employment: How Susceptible Are Jobs to Computerisation?, Oxford Martin School, Programme on the Impacts of Future Technology, 17. September 2013, S. 38, http://www.futuretech.ox.ac.uk/sites /futuretech.ox.ac.uk/files/The_Future_of_Employment_OMS_Working_Paper_1.pdf.

63. Paul Krugman, Robots and Robber Barons, in: *New York Times*, 9. Dezember 2012, http: //www.nytimes.com/2012/12/10/opinion/krugman-robots-and-robber-barons.html?gwh =054BD73AB17F28CD31B3999AABFD7E86; Jeffrey D. Sachs u. Laurence J. Kotlikoff, *Smart Machines and Long-Term Misery*, National Bureau of Economic Research, Arbeitspapier #18629, veröffentlicht im Dezember 2012, http://www.nber.org/papers /w18629.pdf.

Kapitel 3

1. Robert J. Gordon, Is U.S. Economic Growth Over? Faltering Innovation Confronts the Six Headwinds, National Bureau of Economic Research, NBER-Arbeitspapier 18315, veröffentlicht im August 2012, http://www.nber.org/papers/w18315; siehe auch http://faculty-web.at.northwestern.edu/economics/gordon/is%20us%20economic %20growth%20over.pdf.

2. Für eine ausführlichere Erklärung zu den S-Kurven in der Halbleiterfertigung siehe Murrae J. Bowden, Moore's Law and the Technology S-Curve, in: *Current Issues in Technology Management*, Stevens Institute of Technology, Winter 2004, https: //www.stevens.edu/howe/sites/default/files/bowden_0.pdf.

3. Siehe beispielsweise Michael Kanellos, With 3D Chips, Samsung Leaves Moore's Law Behind, in: *Forbes.com*, 14. August 2013, http://www.forbes.com/sites/michaelkanellos /2013/08/14/with-3d-chips-samsung-leaves-moores-law-behind; John Markoff, Researchers Build a Working Carbon Nanotube Computer, in: *New York Times*, 25. September 2013, http://www.nytimes.com/2013/09/26/science/researchers-build -a-working-carbon-nanotube-computer.html?ref=johnmarkoff&_r=0.

4. President's Council of Advisors on Science and Technology, Report to the President and Congress: Designing a Digital Future: Federally Funded Research and Development in Networking and Information Technology, Dezember 2010, S. 71, http://www .whitehouse.gov/sites/default/files/microsites/ostp/pcast-nitrd-report-2010.pdf.

5. James Fallows, Why Is Software So Slow?, in: *The Atlantic*, 14. August 2013, http:// www.theatlantic.com/magazine/archive/2013/09/why-is-software-so-slow/309422/.

6. Wissenschaftsautorin Joy Casad hat errechnet, dass die Geschwindigkeit, mit der Neuronen Signale übertragen, ungefähr eine halbe Millisekunde beträgt. Das ist deutlich langsamer als das, was in Computerchips abläuft. Siehe Joy Casad,

How Fast Is a Thought?, in: *Examiner.com*, 20. August 2009, http://www.examiner.com /article/how-fast-is-a-thought.

7. IBM-Pressemitteilung: IBM Research Creates New Foundation to Program SyNAPSE Chips, 8. August 2013, http://finance.yahoo.com/news/ibm-research-creates-foundation -program-040100103.html.

8. Siehe etwa o. Verf., Rise of the Machines, in: *The Economist* (Free Exchange blog), 20. October 2010, http://www.economist.com/blogs/freeexchange/2010/10/technology.

9. Investor-Relations-Webseite von Google, http://investor.google.com/financial/tables. html.

10. Historische Daten zu General Motors (GM) findet man unter: http://money.cnn.com /magazines/fortune/fortune500_archive/snapshots/1979/563.html. GM verdiente im Jahr 1979 rund 3,5 Milliarden Dollar, was etwa elf Milliarden in 2012er-Dollar entspricht.

11. Scott Timberg, Jaron Lanier: The Internet Destroyed the Middle Class, in: *Salon.com*, 12. Mai 2013, http://www.salon.com/2013/05/12/jaron_lanier_the_internet _destroyed_the_middle_class/.

12. Das Video kann man abrufen unter: https://www.youtube.com/watch?v=wb2cl_gJUok. Alternativ suchen Sie auf Youtube nach „Man vs. Machine: Will Human Workers Become Obsolete?" Kurzweils Äußerung findet sich bei etwa 05:40.

13. Robert Jensen, The Digital Provide: Information (Technology), Market Performance and Welfare in the South Indian Fisheries Sector, in: *Quarterly Journal of Economics*, 122, Nr. 3 (2007): S. 879–924.

14. Eine kleine Auswahl von Stellen, in denen die Geschichte der Sardinenfischer von Kerala erzählt wird: „The Rational Optimist" von Matt Ridley, „Eine Geschichte der Welt in 100 Objekten" von Neil MacGregor, „The Mobile Wave: Wie die revolutionären Entwicklungen des mobilen Webs unsere Welt völlig verändern werden" von Michael Saylor, „Race Against the Machine" von Erik Brynjolfsson und Andrew McAfee, „Content Nation" von John Blossom, „Planet India" von Mira Kamdar und im Artikel (o. Verf.) „To Do with the Price of Fish", in: *The Economist*, 10. Mai 2007. Und jetzt natürlich auch hier.

Kapitel 4

1. Ein statistischer Wert, der die Offensivleistung eines Baseball-Spielers abbilden soll. Er erfasst, wie gut ein Spieler darin ist, aufs erste Mal („First Base") zu kommen, und wie gut er darin ist, Spieler auf anderen Malen voranzubringen.

2. David Carr, The Robots Are Coming! Oh, They're Here, in: *New York Times* (Media Decoder blog), 19. Oktober 2009, http://mediadecoder.blogs.nytimes.com/2009/10/19 /the-robots-are-coming-oh-theyre-here.

3. Steven Levy, Can an Algorithm Write a Better News Story Than a Human Reporter?, in: *Wired*, 24. April 2012, http://www.wired.com/2012/04/can-an-algorithm-write-a -better-news-story-than-a-human-reporter.

4. Website von Narrative Science, http://narrativescience.com.

5. George Leef, The Skills College Graduates Need, Pope Center for Education Policy, 14. Dezember 2006, http://www.popecenter.org/commentaries/article.html?id=1770.

6. Kenneth Neil Cukier u. Viktor Mayer-Schoenberger, The Rise of Big Data, in: *Foreign Affairs*, Mai/Juni 2013, http://www.foreignaffairs.com/articles/139104/kenneth-neil -cukier-and-viktor-mayer-schoenberger/the-rise-of-big-data.

7. Thomas H. Davenport, Paul Barth u. Randy Bean, How ,Big Data' Is Different, in: *MIT Sloan Management Review*, 20. Juli 2012, http://sloanreview.mit.edu/article /how-big-data-is-different.

8. Charles Duhigg, How Companies Learn Your Secrets, in: *New York Times*, 16. Februar 2012, http://www.nytimes.com/2012/02/19/magazine/shopping-habits.html.

9. Zitat aus: Steven Levy, In the Plex: How Google Thinks, Works, and Shapes Our Lives (New York: Simon & Schuster, 2011; dt. Titel: Google Inside: Wie Google denkt, arbeitet und unser Leben verändert; MITP, 2012), S. 64.

10. Tom Simonite, Facebook Creates Software That Matches Faces Almost as Well as You Do, in: *MIT Technology Review*, 17. März 2014, http://www.technologyreview.com/news/525586 /facebook-creates-software-that-matches-faces-almost-as-well-as-you-do/.

11. Zitat aus: John Markoff, Scientists See Promise in Deep-Learning Programs, in: *New York Times*, 23. November 2012, http://www.nytimes.com/2012/11/24/science /scientists-see-advances-in-deep-learning-a-part-of-artificial-intelligence.html.

12. Don Peck, They're Watching You at Work, in: *The Atlantic*, Dezember 2013, http://www .theatlantic.com/magazine/archive/2013/12/theyre-watching-you-at-work/354681/.

13. United States Patent No. 8,589,407, Automated Generation of Suggestions for Personalized Reactions in a Social Network, 19. November 2013, http://patft.uspto.gov /netacgi/nph-Parser?Sect1=PTO2&Sect2=HITOFF&p=1&u=%2Fnetahtml%2FPTO%2Fs earch-adv.htm&r=1&f=G&l=50&d=PALL&S1=08589407&OS=PN/08589407&RS =PN/08589407.

14. Diese Information stammt aus einem Telefonat, das der Autor am 14. Mai 2014 mit Adam Devine geführt hat, bei Work Fusion zuständig für Produktmarketing und strategische Partnerschaften.

15. Die faszinierende Geschichte vom Bau Watsons können Sie ausführlich nachlesen in Stephen Bakers Buch „Final Jeopardy!: Man vs. Machine and the Quest to Know Everything" (New York: Houghton Mifflin Harcourt, 2011).

16. Rob High, The Era of Cognitive Systems: An Inside Look at IBM Watson and How it Works, IBM Redbooks, 2012, S. 2, http://www.redbooks.ibm.com/redpapers/pdfs /redp4955.pdf.

17. Wenn man beim Billard die weiße Kugel in einer der Taschen versenkt (deshalb „sink it"), wird das in der Fachsprache auch als „scratchen" bezeichnet.

18. Baker, Final Jeopardy!: Man vs. Machine and the Quest to Know Everything, S. 30.

19. ebd., S. 9 und 26.

20. ebd. S. 68.

21. ebd.

22. ebd. S. 78.
23. David Ferrucci, Eric Brown, Jennifer Chu-Carroll et al.: An Overview of the DeepQA Project, in: *AI Magazine*, Herbst 2010, http://www.aaai.org/Magazine/Watson/watson.php.
24. IBM-Pressemitteilung: IBM Research Unveils Two New Watson Related Projects from Cleveland Clinic Collaboration, 15. Oktober 2013, http://www-03.ibm.com/press/us/en/pressrelease/42203.wss.
25. IBM-Fallstudie: IBM Watson/Fluid, Inc., 4. November 2013, http://www-03.ibm.com/innovation/us/watson/pdf/Fluid_case_study_11_4_2013.pdf.
26. IBM Watson/MD Buyline, Inc., IBM-Fallstudie, 4. November 2013, http://www-03.ibm.com/innovation/us/watson/pdf/MDB_case_study_11_4_2013.pdf.
27. Pressemitteilung von IBM: Citi and IBM Enter Exploratory Agreement on Use of Watson Technologies, 5. März 2012, http://www-03.ibm.com/press/us/en/pressrelease/37029.wss.
28. Pressemitteilung von IBM: IBM Watson's Next Venture: Fueling New Era of Cognitive Apps Built in the Cloud by Developers, 14. November 2013, http://www-03.ibm.com/press/us/en/pressrelease/42451.wss.
29. Quentin Hardy, IBM to Announce More Powerful Watson via the Internet, in: *New York Times*, 13. November 2013, http://www.nytimes.com/2013/11/14/technology/ibm-to-announce-more-powerful-watson-via-the-internet.html?_r=0.
30. Nick Heath, „Let's Try and Not Have a Human Do It": How One Facebook Techie Can Run 20,000 Servers, *ZDNet*, 25. November 2013, http://www.zdnet.com/lets-try-and-not-have-a-human-do-it-how-one-facebook-techie-can-run-20000-servers-7000023524.
31. Michael S. Rosenwald, Cloud Centers Bring High-Tech Flash But Not Many Jobs to Beaten-Down Towns, in: *Washington Post*, 24. November 2011, http://www.washingtonpost.com/business/economy/cloud-centers-bring-high-tech-flash-but-not-many-jobs-to-beaten-down-towns/2011/11/08/gIQAccTQtN_print.html.
32. Quentin Hardy, Active in Cloud, Amazon Reshapes Computing, in: *New York Times*, 27. August 2012, http://www.nytimes.com/2012/08/28/technology/active-in-cloud-amazon-reshapes-computing.html.
33. Mark Stevenson, An Optimist's Tour of the Future: One Curious Man Sets Out to Answer „What's Next?" (New York: Penguin Group, 2011; dt. Titel: Morgen ist heute gestern – Eine optimistische Reise in die Zukunft; Piper, 2012), S. 101.
34. Michael Schmidt u. Hod Lipson, Distilling Free-Form Natural Laws from Experimental Data, in: *Science 324* (3. April 2009), http://creativemachines.cornell.edu/sites/default/files/Science09_Schmidt.pdf.
35. Stevenson, An Optimist's Tour of the Future, S. 104.
36. Presseveröffentlichung der National Science Foundation: Maybe Robots Dream of Electric Sheep, But Can They Do Science?, 2. April 2009, http://www.nsf.gov/mobile/news/news_summ.jsp?cntn_id=114495.
37. Asaf Shtull-Trauring, An Israeli Professor's ‚Eureqa' Moment, in: *Haaretz*, 3. Februar 2012, http://www.haaretz.com/weekend/magazine/an-israeli-professor-s-eureqa-moment-1.410881.

38. John R. Koza, Human-Competitive Results Produced by Genetic Programming, in: *enetic Programming and Evolvable Machines 11*, Nr. 3–4 (September 2010), http://dl.acm.org/citation.cfm?id=1831232.

39. Website von John Koza, http://www.genetic-programming.com/#_What_is_Genetic, auch: http://eventful.com/events/john-r-koza-routine-human-competitive-machine-intelligence-/E0–001–000792572–0.

40. Lev Grossman, 2045: The Year Man Becomes Immortal, in: *Time*, 10. Februar 2011, http://content.time.com/time/magazine/article/0,9171,2048299,00.html.

41. Zitat aus: Sylvia Smith, Iamus: Is This the 21st Century's Answer to Mozart?, in: *BBC News*, 2. Januar 2013, http://www.bbc.co.uk/news/technology-20889644.

42. Zitat aus: Kadim Shubber, Artificial Artists: When Computers Become Creative, in: *Wired Magazine–UK*, 13. August 2007, http://www.wired.co.uk/news/archive /2013–08/07/can-computers-be-creative/viewgallery/306906.

43. Shubber, Artificial Artists: When Computers Become Creative.

44. o. Verf., Bloomberg Bolsters Machine-Readable News Offering, in: *The Trade*, 19. Februar 2010, http://www.thetradenews.com/News/Operations_Technology/Market _data/Bloomberg_bolsters_machine-readable_news_offering.aspx.

45. Neil Johnson, Guannan Zhao, Eric Hunsader, Hong Qi, Nicholas Johnson, Jing Meng u. Brian Tivnan, Abrupt Rise of New Machine Ecology Beyond Human Response Time, in: *Nature*, 11. September 2013, http://www.nature.com/srep/2013/130911/srep02627 /full/srep02627.html.

46. Christopher Steiner, Automate This: How Algorithms Came to Rule Our World (New York: Portfolio/Penguin, 2012), S. 116–120.

47. Max Raskin u. Ilan Kolet, Wall Street Jobs Plunge as Profits Soar: Chart of the Day, in: *Bloomberg News*, 23. April 2013, http://www.bloomberg.com/news/2013–04–24 /wall-street-jobs-plunge-as-profits-soar-chart-of-the-day.html.

48. Steve Lohr, David Ferrucci: Life After Watson, in: *New York Times* (Blog „Bits"), 6. Mai 2013, http://bits.blogs.nytimes.com/2013/05/06/david-ferrucci-life-after-watson/?_r=1.

49. Zitat aus: Alan S. Blinder, Offshoring: The Next Industrial Revolution?, in: *Foreign Affairs*, März/April 2006, http://www.foreignaffairs.com/articles/61514/alan-s-blinder /offshoring-the-next-industrial-revolution.

50. Alan S. Blinder, Free Trade's Great, but Offshoring Rattles Me, in: *Washington Post*, 6. Mai 2007, http://www.washingtonpost.com/wp-dyn/content/article/2007/05/04 /AR2007050402555.html.

51. Blinder, Offshoring: The Next Industrial Revolution?

52. Carl Benedikt Frey u. Michael A. Osborne, The Future of Employment: How Susceptible Are Jobs to Computerisation?, Oxford Martin School, Programme on the Impacts of Future Technology, 17. September 2013, S. 38, http://www.futuretech.ox.ac.uk/sites /futuretech.ox.ac.uk/files/The_Future_of_Employment_OMS_Working_Paper_1.pdf.

53. Alan S. Blinder, On the Measurability of Offshorability, in: *VOX*, 9. Oktober 2009, http://www.voxeu.org/article/twenty-five-percent-us-jobs-are-offshorable.

54. Keith Bradsher, Chinese Graduates Say No Thanks to Factory Jobs, in: *New York Times*, 24. Januar 2013, http://www.nytimes.com/2013/01/25/business/as-graduates-rise-in

Fußnoten

-china-office-jobs-fail-to-keep-up.html; Keith Bradsher, „Faltering Economy in China Dims Job Prospects for Graduates", *New York Times*, 16. Juni 2013, http://www.nytimes .com/2013/06/17/business/global/faltering-economy-in-china-dims-job-prospects -for-graduates.html?pagewanted=all.

55. Eric Mack, Google Has a ‚Near Perfect' Universal Translator — for Portuguese, at Least, in: *CNET News*, 28. Juli 2013, http://news.cnet.com/8301–17938_105–57595825–1 /google-has-a-near-perfect-universal-translator-for-portuguese-at-least/.

56. Tyler Cowen, Average Is Over: Powering America Beyond the Age of the Great Stagnation (New York: Dutton, 2013), S. 79.

57. John Markoff, Armies of Expensive Lawyers, Replaced by Cheaper Software, in: *New York Times*, 4. März 2011, http://www.nytimes.com/2011/03/05/science/05legal.html.

58. Arin Greenwood, Attorney at Blah, in: *Washington City Paper*, 8. November 2007, http://www.washingtoncitypaper.com/articles/34054/attorney-at-blah.

59. Erin Geiger Smith, Shocking? Temp Attorneys Must Review 80 Documents Per Hour, in: *Business Insider*, 21. Oktober 2009, http://www.businessinsider.com/temp-attorney -told-to-review-80-documents-per-hour-2009–10.

60. Ian Ayres, *Super Crunchers: Why Thinking in Numbers Is the New Way to Be Smart (New York: Bantam Books, 2007), S. 117.

61. o. Verf., Peter Thiel's Graph of the Year, in: *Washington Post* (Wonkblog), 30. December 2013, http://www.washingtonpost.com/blogs/wonkblog/wp/2013/12/30/peter-thiels -graph-of-the-year/.

62. Paul Beaudry, David A. Green u. Benjamin M. Sand, The Great Reversal in the Demand for Skill and Cognitive Tasks, National Bureau of Economic Research, NBER-Arbeits- papier 18901, veröffentlicht im März 2013, http://www.nber.org/papers/w18901.

63. Hal Salzman, Daniel Kuehn u. B. Lindsay Lowell, Guestworkers in the High-Skill U.S. Labor Market, Economic Policy Institute, 24. April 2013, http://www.epi.org /publication/bp359-guestworkers-high-skill-labor-market-analysis/.

64. Zitat aus: Michael Fitzpatrick, Computers Jump to the Head of the Class, in: *New York Times*, 29. Dezember 2013, http://www.nytimes.com/2013/12/30/world/asia /computers-jump-to-the-head-of-the-class.html.

Kapitel 5

1. Die Petition ist abrufbar unter http://humanreaders.org/petition/.

2. Pressemitteilung der Universität Akron: Man and Machine: Better Writers, Better Grades, 12. April 2012, http://www.uakron.edu/education/about-the-college /news-details.dot?newsId=40920394–9e62–415d-b038–15fe72ea677&pageTitle =Recent%20Headlines&crumbTitle=Man%20and%20%20machine:%20Better %20writers,%20better%20grades.

3. Ry Rivard, Humans Fight over Robo-Readers, in: *Inside Higher Ed*, 15. März 2013, http: //www.insidehighered.com/news/2013/03/15/professors-odds-machine-graded-essays.

4. John Markoff, Essay-Grading Software Offers Professors a Break, in: *New York Times*, 4. April 2013, http://www.nytimes.com/2013/04/05/science/new-test-for-computers -grading-essays-at-college-level.html.

5. John Markoff, Virtual and Artificial, but 58,000 Want Course, in: *New York Times*, 15. August 2011, http://www.nytimes.com/2011/08/16/science/16stanford.html?_r=0.

6. Quellen für die Geschichte des Stanford-KI-Kurses: Max Chafkin, Udacity's Sebastian Thrun, Godfather of Free Online Education, Changes Course, in: Fast Company, Dezember 2013/Januar 2014, http://www.fastcompany.com/3021473/udacity-sebastian -thrun-uphill-climb; Jeffrey J. Selingo, College Unbound: The Future of Higher Education and What It Means for Students (New York: New Harvest, 2013), S. 86–101; und Felix Salmon, Udacity and the Future of Online Universities (Reuters-Blog), 23. Januar 2012, http://blogs.reuters.com/felix-salmon/2012/01/23/udacity-and-the -future-of-online-universities/.

7. Thomas L. Friedman, Revolution Hits the Universities, in: *New York Times*, 26. Januar 2013, http://www.nytimes.com/2013/01/27/opinion/sunday/friedman-revolution-hits -the-universities.html.

8. Pressemitteilung der Penn Graduate School of Education: Penn GSE Study Shows MOOCs Have Relatively Few Active Users, with Only a Few Persisting to Course End, 5. Dezember 2013, http://www.gse.upenn.edu/pressroom/press-releases/2013/12 /penn-gse-study-shows-moocs-have-relatively-few-active-users-only-few-persisti.

9. Tamar Lewin, After Setbacks, Online Courses Are Rethought, in: *New York Times*, 10. Dezember 2013, http://www.nytimes.com/2013/12/11/us/after-setbacks-online- courses-are-rethought.html.

10. Alexandra Tilsley, Paying for an A, in: *Inside Higher Ed*, 21. September 2012, http://www .insidehighered.com/news/2012/09/21/sites-offering-take-courses-fee-pose-risk -online-ed.

11. Jeffrey R. Young, Dozens of Plagiarism Incidents Are Reported in Coursera's Free Online Courses, in: *Chronicle of Higher Education*, 16. August 2012, http://chronicle.com /article/Dozens-of-Plagiarism-Incidents/133697/.

12. MOOCs and Security (MIT Geospacial Data Center-Blog), 9. Oktober 2012, http://cybersecurity.mit.edu/2012/10/moocs-and-security/.

13. Steve Kolowich, Doubts About MOOCs Continue to Rise, Survey Finds, in: *Chronicle of Higher Education*, 15. Januar 2014, http://chronicle.com/article/Doubts-About-MOOCs -Continue-to/144007/.

14. Jeffrey J. Selingo, College Unbound (Amazon Publishing, 2013), S. 4.

15. Michelle Jamrisko u. Ilan Kole, College Costs Surge 500% in U.S. Since 1985: Chart of the Day, in: *Bloomberg Personal Finance*, 26. August 2013, http://www.bloomberg.com /news/2013–08–26/college-costs-surge-500-in-u-s-since-1985-chart-of-the-day .html.

16. Zu Studienkrediten siehe: Rohit Chopra, Student Debt Swells, Federal Loans Now Top a Trillion, in: *Consumer Financial Protection Bureau*, 17. Juli 2013, und Blake Ellis, „Average Student Loan Debt: $29,400", *CNN Money*, 5. Dezember 2013, http://money .cnn.com/2013/12/04/pf/college/student-loan-debt/.

17. Zum Anteil der Studierenden, die einen Abschluss schaffen: National Center of Education Statistics, http://nces.ed.gov/fastfacts/display.asp?id=40.

18. Selingo, College Unbound, S. 27.

19. Senior Administrators Now Officially Outnumber Faculty at the UC (Reclaim UC-Blog), 19. September 2011, http://reclaimuc.blogspot.com/2011/09/senior-administrators-now-officially.html.

20. Selingo, *College Unbound*, S. 28.

21. ebd.

22. Clayton Christensens Interview mit Mark Suster bei Startup Grind 2013 finden Sie auf Youtube, http://www.youtube.com/watch?v=KYVdf5xyD8I.

23. William G. Bowen, Matthew M. Chingos, Kelly A. Lack u. Thomas I. Nygren, Interactive Learning Online at Public Universities: Evidence from Randomized Trials, Ithaka S+R Research Publication, 22. Mai 2012, http://www.sr.ithaka.org/research-publications/interactive-learning-online-public-universities-evidence-randomized-trials.

Kapitel 6

1. Gina Kolata, As Seen on TV, a Medical Mystery Involving Hip Implants Is Solved, in: *New York Times*, 6. Februar 2014, http://www.nytimes.com/2014/02/07/health/house-plays-a-role-in-solving-a-medical-mystery.html.

2. Catherine Rampell, U.S. Health Spending Breaks from the Pack, in: *New York Times* (Blog „Economix"), 8. Juli 2009, http://economix.blogs.nytimes.com/2009/07/08/us-health-spending-breaks-from-the-pack/.

3. Firmenwebsite von IBM, http://www-03.ibm.com/innovation/us/watson/watson_in_healthcare.shtml.

4. Spencer E. Ante, IBM Struggles to Turn Watson Computer into Big Business, in: *Wall Street Journal*, 7. Januar 2014, http://online.wsj.com/news/articles/SB10001424052702304887104579306881917668654.

5. Dr. Courtney DiNardo zitiert in: Laura Nathan-Garner, The Future of Cancer Treatment and Research: What IBM Watson Means for Our Patients, in: *MD Anderson—Cancerwise*, 12. November 2013, http://www2.mdanderson.org/cancerwise/2013/11/the-future-of-cancer-treatment-and-research-what-ibm-watson-means-for-patients.html.

6. Pressemitteilung der Mayo Clinic: Artificial Intelligence Helps Diagnose Cardiac Infections, 12. September 2009, http://www.eurekalert.org/pub_releases/2009–09/mc-aih090909.php.

7. National Research Council, Preventing Medication Errors: Quality Chasm Series (Washington, DC: National Academies Press, 2007), S. 47.

8. National Research Council, *To Err Is Human: Building a Safer Health System* (Washington, DC: National Academies Press, 2000), S. 1.

9. Pressemitteilung der National Academies: Medication Errors Injure 1.5 Million People and Cost Billions of Dollars Annually, 20. Juli 2006, http://www8.nationalacademies.org/onpinews/newsitem.aspx?RecordID=11623.

10. Martin Ford, Dr. Watson: How IBM's Supercomputer Could Improve Health Care, in: *Washington Post*, 16. September 2011, http://www.washingtonpost.com/opinions/dr-watson-how-ibms-supercomputer-could-improve-health-care/2011/09/14/gIQAOZQzXK_story.html.

11. Ein 2010 in den USA verabschiedetes Gesetz, das vielen einkommenschwachen Bürgern eine Krankenversicherung ermöglicht.

12. Roger Stark, The Looming Doctor Shortage, Washington Policy Center, November 2011, http://www.washingtonpolicy.org/publications/notes/looming-doctor-shortage.

13. Marijke Vroomen Durning, Automated Breast Ultrasound Far Faster Than Hand-Held, in: *Diagnostic Imaging*, 3. Mai 2012, http://www.diagnosticimaging.com/articles/automated-breast-ultrasound-far-faster-hand-held.

14. Zur Doppelbefundung siehe: Farhad Manjoo, Why the Highest-Paid Doctors Are the Most Vulnerable to Automation, in: *Slate*, September 27, 2011, http://www.slate.com/articles/technology/robot_invasion/2011/09/will_robots_steal_your_job_3.html; I. Anttinen, M. Pamilo, M. Soiva u. M. Roiha, Double Reading of Mammography Screening Films— One Radiologist or Two?, in: *Clinical Radiology 48*, Nr. 6 (Dezember 1993), S. 414-421, http://www.ncbi.nlm.nih.gov/pubmed/8293648?report=abstract; und Fiona J. Gilbert et al., Single Reading with Computer-Aided Detection for Screening Mammography, in: *New England Journal of Medicine*, 16. Oktober 2008, http://www.nejm.org/doi/pdf/10.1056/NEJMoa0803545.

15. Manjoo, Why the Highest-Paid Doctors Are the Most Vulnerable to Automation.

16. Rachael King, Soon, That Nearby Worker Might Be a Robot, in: *Bloomberg Businessweek*, 2. Juni 2010, http://www.businessweek.com/stories/2010—06—02/soon-that-nearby-worker-might-be-a-robotbusinessweek-business-news-stock-market-and-financial-advice.

17. Pressemitteilung von General Electric: GE to Develop Robotic-Enabled Intelligent System Which Could Save Patients Lives and Hospitals Millions, 30. Januar 2013, http://www.genewscenter.com/Press-Releases/GE-to-Develop-Robotic-enabled-Intelligent-System-Which-Could-Save-Patients-Lives-and-Hospitals-Millions-3dc2.aspx.

18. Website von I-Sur, http://www.isur.eu/isur/.

19. Statistiken zur Altersstruktur der US-Bevölkerung findet man auf der Website des Amts für Ältere, eine Behörde des Gesundheitsministeriums: http://www.aoa.gov/Aging_Statistics/.

20. Für Statistiken zu Alterungsprozessen in Japan siehe: o. Verf., Difference Engine: The Caring Robot, in: *The Economist*, 14. Mai 2014, http://www.economist.com/blogs/babbage/2013/05/automation-elderly.

21. ebd.

22. o. Verf., Robotic Exoskeleton Gets Safety Green Light, in: *Discovery News*, 27. Februar 2013, http://news.discovery.com/tech/robotics/robotic-exoskeleton-gets-safety-green-light-130227.htm.

23. US Bureau of Labor Statistics, Occupational Outlook Handbook, http://www.bls.gov/ooh/most-new-jobs.htm.

24. Heidi Shierholz, Six Years from Its Beginning, the Great Recession's Shadow Looms over the Labor Market, Economic Policy Institute, 9. Januar 2014, http://www.epi.org /publication/years-beginning-great-recessions-shadow/.

25. Steven Brill, Bitter Pill: How Outrageous and Egregious Profits Are Destroying Our Health Care, in: *Time*, 4. März 2013.

26. Elisabeth Rosenthal, As Hospital Prices Soar, a Stitch Tops $500, in: *New York Times*, 2. Dezember 2013, http://www.nytimes.com/2013/12/03/health/as-hospital-costs -soar-single-stitch-tops-500.html.

27. Kenneth J. Arrow, Uncertainty and the Welfare Economics of Medical Care, in: *American Economic Review*, Dezember 1963, http://www.who.int/bulletin/volumes /82/2/PHCBP.pdf.

28. The Concentration of Health Care Spending: NIHCM Foundation Data Brief July 2012, National Institute for Health Care Management, Juli 2012, http://nihcm.org/images /stories/DataBrief3_Final.pdf.

29. Brill, Bitter Pill.

30. Jenny Gold, Proton Beam Therapy Heats Up Hospital Arms Race, in: *Kaiser Health News*, Mai 2013, http://www.kaiserhealthnews.org/stories/2013/may/31/proton-beam -therapy-washington-dc-health-costs.aspx.

31. James B. Yu, Pamela R. Soulos, Jeph Herrin, Laura D. Cramer, Arnold L. Potosky, Kenneth B. Roberts u. Cary P. Gross, Proton Versus Intensity-Modulated Radiotherapy for Prostate Cancer: Patterns of Care and Early Toxicity, in: *Journal of the National Cancer Institute 105*, Nr. 1 (2. Januar 2013), http://jnci.oxfordjournals.org/content/105/1.toc.

32. Gold, Proton Beam Therapy Heats Up Hospital Arms Race.

33. Sarah Kliff, Maryland's Plan to Upend Health Care Spending, in: *Washington Post* (Wonkblog), 10. Januar 2014, http://www.washingtonpost.com/blogs/wonkblog/wp /2014/01/10/%253Fp%253D74854/.

34. Underpayment by Medicare and Medicaid Fact Sheet, American Hospital Association, Dezember 2010, http://www.aha.org/content/00–10/10medunderpayment.pdf.

35. Im selben Informationsblatt hieß es, dass Medicaid (das Programm für die Ärmeren) 89 Prozent der tatsächlichen Krankenhauskosten bezahlte.

36. Ed Silverman, Increased Abandonment of Prescriptions Means Less Control of Chronic Conditions, in: *Managed Care*, Juni 2010, http://www.managedcaremag.com/archives /1006/1006.abandon.html.

37. Dean Baker, Financing Drug Research: What Are the Issues?, Center for Economic and Policy Research, September 2004, http://www.cepr.net/index.php/Publications /Reports/financing-drug-research-what-are-the-issues.

38. Matthew Perrone, Scooter Ads Face Scrutiny from Gov't, Doctors, in: *Associated Press*, 28. März 2013, http://news.yahoo.com/scooter-ads-face-scrutiny-govt-doctors -141816931–finance.html.

39. Farhad Manjoo, My Father the Pharmacist vs. a Gigantic Pill-Packing Machine, in: *Slate*, http://www.slate.com/articles/technology/robot_invasion/2011/09/will_robots_steal _your_job_2.html.

40. Daniel L. Brown, A Looming Joblessness Crisis for New Pharmacy Graduates and the Implications It Holds for the Academy, in: *American Journal of Pharmacy Education 77*, Nr. 5 (13. Juni 2012): S. 90, http://www.ncbi.nlm.nih.gov/pmc/articles/PMC3687123/.

Kapitel 7

1. Website von GE, https://www.ge.com/stories/additive-manufacturing.
2. Pressemitteilung von American Airlines: American Becomes the First Major Commercial Carrier to Deploy Electronic Flight Bags Throughout Fleet and Discontinue Paper Revisions, 24. Juni 2013, http://hub.aa.com/en/nr/pressrelease/american-airlines-completes-electronic-flight-bag-implementation.
3. Tim Catts, GE Turns to 3D Printers for Plane Parts, in: *Bloomberg Businessweek*, 27. November 2013, http://www.businessweek.com/articles/2013–11–27/general-electric-turns-to-3d-printers-for-plane-parts.
4. Lucas Mearian, The First 3D Printed Organ—a Liver—Is Expected in 2014, in: *ComputerWorld*, 26. Dezember 2013, http://www.computerworld.com/s/article/9244884/The_first_3D_printed_organ_a_liver_is_expected_in_2014?taxonomyId=128&pageNumber=2.
5. Hod Lipson u. Melba Kurman, Fabricated: The New World of 3D Printing (New York, John Wiley & Sons, 2013; dt. Titel: Die neue Welt des 3D-Drucks, Wiley-VCH Verlag, 2014).
6. Mark Hattersley, The 3D Printer That Can Build a House in 24 Hours, in: *MSN Innovation*, 11. November 2013, http://innovation.uk.msn.com/design/the-3d-printer-that-can-build-a-house-in-24-hours.
7. Informationen zu den Beschäftigungszahlen im US-Baugewerbe finden Sie auf der Website des US-Amts für Arbeitsmarktstatistik: http://www.bls.gov/iag/tgs/iag23.htm.
8. Weitere Einzelheiten finden Sie auf der „DARPA Grand Challenge"-Website: http://archive.darpa.mil/grandchallenge/.
9. Tom Simonite, Data Shows Google's Robot Cars Are Smoother, Safer Drivers Than You or I, in: *Technology Review*, 25. Oktober 2013, http://www.technologyreview.com/news/520746/data-shows-googles-robot-cars-are-smoother-safer-drivers-than-you-or-i/.
10. ebd.
11. The Self-Driving Car Logs More Miles on New Wheels (Google-Firmenblog), 7. August 2012, http://googleblog.blogspot.co.uk/2012/08/the-self-driving-car-logs-more-miles-on.html.
12. Zitat aus: Heather Kelly, Driverless Car Tech Gets Serious at CES, in: *CNN*, 9. Januar 2014, http://www.cnn.com/2014/01/09/tech/innovation/self-driving-cars-ces/.
13. Für Unfallstatistiken siehe: http://www.census.gov/compendia/statab/2012/tables/12s1103.pdf; für globale Zahlen siehe: http://www.who.int/gho/road_safety/mortality/en/.
14. Informationen zu Notbremsassistenten finden Sie unter: http://www.iihs.org/iihs/topics/t/crash-avoidance-technologies/qanda.

15. Zitat aus: Burkhard Bilger, Auto Correct: Has the Self-Driving Car at Last Arrived?, in: *New Yorker*, 25. November 2013, http://www.newyorker.com/reporting /2013/11/25/131125fa_fact_bilger?currentPage=all.

16. John Markoff, Google's Next Phase in Driverless Cars: No Steering Wheel or Brake Pedals, in: *New York Times*, 27. Mai 2014, http://www.nytimes.com/2014/05/28 /technology/googles-next-phase-in-driverless-cars-no-brakes-or-steering-wheel.html.

17. Kevin Drum, Driverless Cars Will Change Our Lives. Soon., in: *Mother Jones* (Blog), 24. Januar 2013, http://www.motherjones.com/kevin-drum/2013/01/driverless-cars -will-change-our-lives-soon.

18. Lila Shapiro, Car Wash Workers Unionize in Los Angeles, in: *Huffington Post*, 23. Februar 2012, http://www.huffingtonpost.com/2012/02/23/car-wash-workers-unionize _n_1296060.html.

19. David Von Drehle, The Robot Economy, in: *Time*, 9. September 2013, S. 44–45.

20. Andrew Harris, Chicago Cabbies Sue Over Unregulated Uber, Lyft Services, in: *Bloomberg News*, 6. Februar, 2014, http://www.bloomberg.com/news/2014 –02–06 /chicago-cabbies-sue-over-unregulated-uber-lyft-services.html.

Kapitel 8

1. Für Statistiken zu Verbraucherausgaben siehe: Nelson D. Schwartz, The Middle Class Is Steadily Eroding. Just Ask the Business World, in: *New York Times*, 2. Februar 2014, http://www.nytimes.com/2014/02/03/business/the-middle-class-is-steadily-eroding -just-ask-the-business-world.html.

2. Rob Cox u. Eliza Rosenbaum, The Beneficiaries of the Downturn, in: *New York Times*, 28. Dezember 2008, http://www.nytimes.com/2008/12/29/business/29views.html. Die berühmten „Plutonomie-Memos" spielen auch in Michael Moores Dokumentarfilm „Kapitalismus: Eine Liebesgeschichte" von 2009 eine Rolle.

3. Barry Z. Cynamon u. Steven M. Fazzari, Inequality, the Great Recession, and Slow Recovery, 23. Januar 2014, http://pages.wustl.edu/files/pages/imce/fazz/cyn-fazz _consinequ_130113.pdf.

4. ebd.

5. ebd., S. 18.

6. Mariacristina De Nardi, Eric French u. David Benson, Consumption and the Great Recession, National Bureau of Economic Research, NBER-Arbeitspapier 17688, Dezember 2011, http://www.nber.org/papers/w17688.pdf.

7. Cynamon u. Fazzari, Inequality, the Great Recession, and Slow Recovery, S. 29.

8. Derek Thompson, ESPN President: Wage Stagnation, Not Technology, Is the Biggest Threat to the TV Business, in: *The Atlantic*, 22. August 2013, http://www.theatlantic. com/business/archive/2013/08/espn-president-wage-stagnation-not-technology-is -the-biggest-threat-to-the-tv-business/278935/.

9. Jessica Hopper, Waiting for Midnight, Hungry Families on Food Stamps Give Walmart ‚Enormous Spike', in: *NBC News*, 28. November 2011, http://rockcenter.nbcnews.com/

_news/2011/11/28/9069519-waiting-for-midnight-hungry-families-on-food-stamps -give-walmart-enormous-spike.

10. Datenquelle: FRED (Federal Reserve Economic Data), Federal Reserve Bank of St. Louis: Unternehmensgewinne nach Steuern (ohne Abschreibungen auf Lagerbestände (IVA) und um Kapitalverbrauch bereinigt (CCAdj)) [CP] und Einzelhandelsumsätze: Total (ausgenommen Lebensmitteldienstleistungen) [RSXFS]; http://research.stlouisfed.org /fred2/series/CP/; http://research.stlouisfed.org/fred2/series/RSXFS/; Zugriff am 29. April 2014.

11. Joseph E. Stiglitz, Inequality Is Holding Back the Recovery, in: New York Times, 19. Januar 2013, http://opinionator.blogs.nytimes.com/2013/01/19/inequality-is -holding-back-the-recovery.

12. Washington Center for Equitable Growth, Interview mit Robert Solow, 14. Januar 2014, Video abrufbar unter http://equitablegrowth.org/2014/01/14/1472/our-bob-solow -equitable-growth-interview-tuesday-focus-january-14–2014.

13. Paul Krugman, Inequality and Recovery, in: New York Times (Blog „The Conscience of a Liberal"), 20. Januar 2013, http://krugman.blogs.nytimes.com/2013/01/20/inequality -and-recovery/.

14. Siehe beispielsweise Krugman: Cogan, Taylor, and the Confidence Fairy, in: New York Times (Blog „The Conscience of a Liberal"), 19. März 2013, http://krugman.blogs .nytimes.com/2013/03/19/cogan-taylor-and-the-confidence-fairy/.

15. Paul Krugman, How Did Economists Get It So Wrong?, in: New York Times Magazine, 2. September 2009, http://www.nytimes.com/2009/09/06/magazine/06Economic-t.html.

16. John Maynard Keynes, The General Theory of Employment, Interest and Money (London: Macmillan, 1936; dt. Titel: Allgemeine Theorie der Beschäftigung, des Zinses und des Geldes; Duncker & Humblot, 1936), Kapitel 21, online abrufbar unter: http:// gutenberg.net.au/ebooks03/0300071h/chap21.html.

17. Für Zahlen zur US-Produktivität siehe: Pressemitteilung des US Bureau of Labor Statistics, 6. März 2014, http://www.bls.gov/news.release/prod2.nr0.htm.

18. Lawrence Mishel, Declining Value of the Federal Minimum Wage Is a Major Factor Driving Inequality, Economic Policy Institute, 21. Februar 2013, http://www.epi.org /publication/declining-federal-minimum-wage-inequality/.

19. Eric Schlosser, Fast Food Nation: The Dark Side of the All-American Meal (New York: Harper, 2004; dt. Titel: Fast Food Gesellschaft: Fette Gewinne, faules System, Riemann, 2003), S. 66.

20. Emmanuel Saez, Striking It Richer: The Evolution of Top Incomes in the United States, University of California, Berkeley, 3. September 2013, http://elsa.berkeley.edu/~saez /saez-UStopincomes-2012.pdf.

21. Andrew G. Berg u. Jonathan D. Ostry, Inequality and Unsustainable Growth: Two Sides of the Same Coin?, International Monetary Fund, 8. April 2011, http://www.imf.org/external/pubs/ft/sdn/2011/sdn1108.pdf.

22. Andrew G. Berg u. Jonathan D. Ostry, Warning! Inequality May Be Hazardous to Your Growth, iMFdirect, 8. April 2011, http://blog-imfdirect.imf.org/2011/04/08/inequality -and-growth/.

23. Ellen Florian Kratz, The Risk in Subprime, in: *CNN Money*, 1. März 2007, http://money.cnn. com/2007/02/28/magazines/fortune/subprime.fortune/index.tm?postversion=2007030117.

24. Senior Supervisors Group, Progress Report on Counterparty Data, 15. Januar 2014, http://www.newyorkfed.org/newsevents/news/banking/2014/SSG_Progress_Report_on_Counterparty_January2014.pdf.

25. Noah Smith, Drones Will Cause an Upheaval of Society Like We Haven't Seen in 700 Years, in: *Quartz*, 11. März 2014, http://qz.com/185945/drones-are-about-to-upheave-society-in-a-way-we-havent-seen-in-700-years.

26. Barry Bluestone u. Mark Melnik, After the Recovery: Help Needed, in: *Civic Ventures*, 2010, http://www.encore.org/files/research/JobsBluestonePaper3–5-10.pdf.

27. Andy Sharp u. Masaaki Iwamoto, Japan Real Wages Fall to Global Recession Low in Abe [Japanese Prime Minister] Risk, in: *Bloomberg Businessweek*, 5. Februar 2014, http://www.businessweek.com/news/2014–02–05/japan-real-wages-fall-to-global-recession-low-in-spending-risk.

28. Zur Jugendarbeitslosigkeit siehe: Ian Sivera, Italy's Youth Unemployment at 42% as Jobless Rate Hits 37-Year High, in: *International Business Times*, 8. Januar 2014, http://www.ibtimes.co.uk/italys-jobless-rate-hits-37-year-record-high-youth-unemployment-reaches-41-6-1431445, und Ian Sivera, Spain's Youth Unemployment Rate Hits 57.7 % as Europe Faces a ‚Lost Generation', in: *International Business Times*, 8. Januar 2014, http://www.ibtimes.co.uk/spains-youth-unemployment-rate-hits-57–7-europe-faces-lost-generation-1431480.

29. James M. Poterba, Retirement Security in an Aging Society, National Bureau of Economic Research, NBER-Arbeitspapier 19930, Februar 2014, http://www.nber.org/papers/w19930, außerdem http://www.nber.org/papers/w19930.pdf. Siehe Tabelle 9, S. 21.

30. ebd., basierend auf Tabelle 15, S. 39; siehe Spalte „Joint & Survivor, Male 65 and Female 60, 100% Survivor Income-Life Annuity." Ein alternativer Plan mit einer dreiprozentigen jährlichen Erhöhung beginnt bei nur 3.700 Dollar (oder rund 300 Dollar pro Monat).

31. Carl Benedikt Frey u. Michael A. Osborne, The Future of Employment: How Susceptible Are Jobs to Computerisation?, Oxford Martin School, Programme on the Impacts of Future Technology, 17. September 2013, S. 38, http://www.futuretech.ox.ac.uk/sites/futuretech.ox.ac.uk/files/The_Future_of_Employment_OMS_Working_Paper_1.pdf.

32. Zu Bevölkerungszahlen Chinas siehe: Deirdre Wang Morris, China's Aging Population Threatens Its Manufacturing Might, in: *CNBC*, 24. Oktober 2012, http://www.cnbc.com/id/49498720 und World Population Ageing 2013, Vereinte Nationen, Hauptabteilung Wirtschaftliche und Soziale Angelegenheiten, S. 32, http://www.un.org/en/development/desa/population/publications/pdf/ageing/WorldPopulationAgeing2013.pdf.

33. Zur chinesischen Sparquote (wie gesagt, bis zu 40 Prozent) siehe: Keith B. Richburg, Getting Chinese to Stop Saving and Start Spending Is a Hard Sell, in: *Washington Post*, 5. Juli 2012, http://www.washingtonpost.com/world/asia_pacific/getting-chinese-to-stop-saving-and-start-spending-is-a-hard-sell/2012/07/04/gJQAc7P6OW_story_1.html, und o. Verf.,China's Savings Rate World's Highest, in: *China People's Daily*, 30. November 2012, http://english.people.com.cn/90778/8040481.html.

34. Mike Riddell, China's Investment/GDP Ratio Soars to a Totally Unsustainable 54.4%, in: *Bond Vigilantes*, 14. Januar 2014, http://www.bondvigilantes.com/blog/2014/01/24 /chinas-investmentgdp-ratio-soars-to-a-totally-unsustainable-54−4-be-afraid/.

35. Shang-Jin Wei u. Xiaobo Zhang, Sex Ratios and Savings Rates: Evidence from ‚Excess Men' in China, 16. Februar 2009, http://igov.berkeley.edu/sites/default/files/Shang-Jin.pdf.

36. Caroline Baum, So Who's Stealing China's Manufacturing Jobs?, in: *Bloomberg News*, 14. Oktober 2003, http://www.bloomberg.com/apps/news?pid=newsarchive&sid =aRI4bAft7Xw4.

37. Zum Investment- und Geschäftszyklus siehe: Paul Krugman, Shocking Barro, in: *New York Times* (Blog „The Conscience of a Liberal"), 12. September 2011, http://krugman.blogs.nytimes.com/2011/09/12/shocking-barro/.

Kapitel 9

1. Stephen Hawking, Stuart Russell, Max Tegmark u. Frank Wilczek, Stephen Hawking: ‚Transcendence Looks at the Implications of Artificial Intelligence—But Are We Taking AI Seriously Enough?', in: *The Independent*, 1. Mai 2014, http://www.independent.co.uk /news/science/stephen-hawking-transcendence-looks-at-the-implications-of-artificial -intelligence-but-are-we-taking-ai-seriously-enough-9313474.html.

2. James Barrat, Our Final Invention: Artificial Intelligence and the End of the Human Era (New York: Thomas Dunne, 2013), S. 196–197.

3. Yann LeCun, Eintrag bei Google+, 28. Oktober 2013, https://plus.google.com /+YannLeCunPhD/posts/Qwj9EEkUJXY.

4. Gary Marcus, Hyping Artificial Intelligence, Yet Again, in: *New Yorker* (Blog „Elements"), 1. Januar 2014, http://www.newyorker.com/online/blogs/elements/2014/01/ the-new-york-times-artificial-intelligence-hype-machine.html.

5. Vernor Vinge, The Coming Technological Singularity: How to Survive in the Post-Human Era, NASA VISION-21 Symposium, 30./31. März 1993.

6. ebd.

7. Robert M. Geraci, The Cult of Kurzweil: Will Robots Save Our Souls?, in: *USC Religion Dispatches*, http://www.religiondispatches.org/archive/culture/4456 /the_cult_of_kurzweil%3A_will_robots_save_our_souls/.

8. „Noam Chomsky: The Singularity Is Science Fiction!" (Interview), *Youtube*, 4. Oktober 2013, https://www.youtube.com/watch?v=0kICLG4Zg8s#t=1393.

9. Zitat aus: IEEE Spectrum, Tech Luminaries Address Singularity, http://spectrum.ieee.org/computing/hardware/tech-luminaries-address-singularity.

10. ebd.

11. James Hamblin, But What Would the End of Humanity Mean for Me?, in: *The Atlantic*, 9. Mai 2014, http://www.theatlantic.com/health/archive/2014/05/but-what-does-the -end-of-humanity-mean-for-me/361931/.

12. Gary Marcus, Why We Should Think About the Threat of Artificial Intelligence, in: *New Yorker* (Blog „Elements"), 24. Oktober 2013, http://www.newyorker.com/online

/blogs/elements/2013/10/why-we-should-think-about-the-threat-of-artificial
-intelligence.html.

13. P. Z. Myers, Ray Kurzweil Does Not Understand the Brain, in: *Pharyngula Science Blog*, 17. August 2010, http://scienceblogs.com/pharyngula/2010/08/17/ray-kurzweil-does -not-understa/.

14. Barrat, Our Final Invention: Artificial Intelligence and the End of the Human Era, S. 7–21.

15. Richard Feynman, There's Plenty of Room at the Bottom, Vorlesung an der CalTech, 29. Dezember 1959, vollständiger Text abrufbar unter http://www.zyvex.com/nanotech /feynman.html.

16. Zur finanziellen Förderung der Nanotechnologie-Forschung durch die Bundesbehörden siehe: John F. Sargent Jr., The National Nanotechnology Initiative: Overview, Reauthorization, and Appropriations Issues, Congressional Research Service, 17. Dezember 2013, https://www.fas.org/sgp/crs/misc/RL34401.pdf.

17. K. Eric Drexler, Radical Abundance: How a Revolution in Nanotechnology Will Change Civilization (New York: Public Affairs, 2013), S. 205.

18. ebd.

19. K. Eric Drexler, Engines of Creation: The Coming Era of Nanotechnology (New York: Anchor Books, 1986, 1990), S. 173.

20. Bill Joy, Why the Future Doesn't Need Us, in: *Wired*, April 2000, http://www.wired.com /wired/archive/8.04/joy.html.

21. o. Verf., Nanotechnology: Drexler and Smalley Make the Case For and Against 'Molecular Assemblers,' in: *Chemical and Engineering News*, 1. Dezember 2003, http://pubs.acs.org/cen/coverstory/8148/8148counterpoint.html.

22. Webseite des Institute of Nanotechnology, http://www.nano.org.uk/nano/nanotubes. php.

23. Luciana Gravotta, Cheap Nanotech Filter Clears Hazardous Microbes and Chemicals from Drinking Water, in: *Scientific American*, 7. Mai 2013, http://www.scientificameri-can.com/article/cheap-nanotech-filter-water/.

24. Drexler, Radical Abundance, S. 147–148.

25. Drexler, Radical Abundance, S. 210.

Kapitel 10

1. Interview zwischen John F. Kennedy und Walter Cronkite, 2. September 1963, https://www.youtube.com/watch?v=RsplVYbB7b88:00. Kennedys Äußerungen zum Thema Arbeitslosigkeit beginnen nach etwa acht Minuten in diesem Video.

2. Skill Mismatch in Europe, European Centre for the Development of Vocational Training, Juni 2010, http://www.cedefop.europa.eu/EN/Files/9023_en.pdf?_ga=1.174939682 .1636948377.1400554111.

3. Jock Finlayson, The Plight of the Overeducated Worker, in: *Troy Media*, 13. Januar 2014, http://www.troymedia.com/2014/01/13/the-plight-of-the-overeducated-worker/.

4. Jin Zhu, More Workers Say They Are Over-Educated, in: *China Daily*, 8. Februar 2013, http://europe.chinadaily.com.cn/china/2013–02/08/content_16213715.htm.

5. Hal Salzman, Daniel Kuehn u. B. Lindsay Lowell, Guestworkers in the High-Skill U.S. Labor Market, Economic Policy Institute, 24. April 2013, http://www.epi.org/publication/bp359-guestworkers-high-skill-labor-market-analysis/.

6. Steven Brint, The Educational Lottery, in: *Los Angeles Review of Books*, 15. November 2011, http://lareviewofbooks.org/essay/the-educational-lottery.

7. Nicholas Carr, Transparency Through Opacity (Blogeintrag), in: *Rough Type*, 5. Mai 2014, http://www.roughtype.com/?p=4496.

8. Erik Brynjolfsson, Race Against the Machine, Präsentation vor dem Beraterausschuss des US-Präsidenten zu Wissenschaft und Technologie, 3. Mai 2013, http://www.whitehouse.gov/sites/default/files/microsites/ostp/PCAST/PCAST_May3_Erik%20Brynjolfsson.pdf, S. 28.

9. Claire Cain Miller u. Chi Birmingham, A Vision of the Future from Those Likely to Invent It, in: *New York Times* (The Upshot), 2. Mai 2014, http://www.nytimes.com/interactive/2014/05/02/upshot/FUTURE.html.

10. Friedrich A. Hayek, Law, Legislation and Liberty, Volume 3: The Political Order of a Free People (Chicago: University of Chicago Press, 1979; dt. Titel: Gesammelte Schriften in deutscher Sprache, Band 4: Recht, Gesetz und Freiheit; Mohr Siebeck, 2003), S. 54–55.

11. ebd., p. 55.

12. John Schmitt, Kris Warner u. Sarika Gupta, The High Budgetary Cost of Incarceration, Center for Economic and Policy Research, Juni 2010, http://www.cepr.net/documents/publications/incarceration-2010–06.pdf.

13. John G. Fernald u. Charles I. Jones, The Future of US Economic Growth, in: *American Economic Review: Papers & Proceedings 104*, Nr. 5 (2014), S. 44–49, http://www.aeaweb.org/articles.php?doi=10.1257/aer.104.5.44.

14. Sam Peltzman, The Effects of Automobile Safety Regulation, in: *Journal of Political Economy 83*, Nr. 4 (August 1975), http://www.jstor.org/discover/10.2307/1830396?uid=3739560&uid=2&uid=4&uid=3739256&sid=21103816422091.

15. Hanna Rosin, The Overprotected Kid, in: *The Atlantic*, 19. März 2014, http://www.theatlantic.com/features/archive/2014/03/hey-parents-leave-those-kids-alone/358631/.

16. Improving Social Security in Canada, Guaranteed Annual Income: A Supplementary Paper, kanadische Regierung, 1994, http://www.canadiansocialresearch.net/ssrgai.htm.

17. Eine Analyse der Kosten und der Vorteile durch Programme, die gestrichen werden könnten, findet man hier: Danny Vinik, Giving All Americans a Basic Income Would End Poverty, in: *Slate*, 17. November 2013, http://www.slate.com/blogs/business_insider/2013/11/17/american_basic_income_an_end_to_poverty.html.

18. Noah Smith, The End of Labor: How to Protect Workers from the Rise of Robots, in: *The Atlantic*, 14. Januar 2013, http://www.theatlantic.com/business/archive/2013/01/the-end-of-labor-how-to-protect-workers-from-the-rise-of-robots/267135/.

19. Nelson D. Schwartz, 217,000 Jobs Added, Nudging Payrolls to Levels Before the Crisis, in: *New York Times*, 6. Juni 2014, http://www.nytimes.com/2014/06/07/business/labor-department-releases-jobs-data-for-may.html.

Fazit

1. Shawn Sprague, *What Can Labor Productivity Tell Us About the U.S. Economy?*, US Bureau of Labor Statistics, *Beyond the Numbers 3*, Nr. 12 (Mai 2014), http://www.bls.gov/opub/btn/volume-3/pdf/what-can-labor-productivity-tell-us-about-the-us-economy.pdf.
2. National Climate Assessment, Welcome to the National Climate Assessment, in: *GlobalChange.gov*, undatiert, http://nca2014.globalchange.gov/.
3. Stephen Lacey, Chart: 2/3rds of Global Solar PV Has Been Installed in the Last 2.5 Years, in: *GreenTechMedia.com*, 13. August 2013, http://www.greentechmedia.com/articles/read/chart-2–3rds-of-global-solar-pv-has-been-connected-in-the-last-2.5-years.
4. Lauren Feeney, Climate Change No Problem, Says Futurist Ray Kurzweil, in: *The Guardian*, 21. Februar 2011, http://www.theguardian.com/environment/2011/feb/21/ray-kurzweill-climate-change.
5. Climate Change in the American Mind: Americans' Global Warming Beliefs and Attitudes in April 2013, Yale Project on Climate Change Communication/George Mason University Center for Climate Change Communication, http://environment.yale.edu/climate-communication/files/Climate-Beliefs-April-2013.pdf.
6. Rebecca Riffkin, Climate Change Not a Top Worry in U.S., in: *Gallup Politics*, 12. März 2014, http://www.gallup.com/poll/167843/climate-change-not-top-worry.aspx.